Das Weisungsrecht des Franchisegebers unter besonderer Berücksichtigung eines Konzerncharakters von Franchisesystemen

Studien zum deutschen und europäischen Gesellschafts- und Wirtschaftsrecht

Herausgegeben von Ulrich Ehricke

Band 7

PETER LANG
Frankfurt am Main · Berlin · Bern · Bruxelles · New York · Oxford · Wien

Axel Godron

Das Weisungsrecht des Franchisegebers unter besonderer Berücksichtigung eines Konzerncharakters von Franchisesystemen

PETER LANG
Europäischer Verlag der Wissenschaften

Bibliografische Information der Deutschen Nationalbibliothek
Die Deutsche Nationalbibliothek verzeichnet diese Publikation in der Deutschen Nationalbibliografie; detaillierte bibliografische Daten sind im Internet über <http://www.d-nb.de> abrufbar.

Zugl.: Köln, Univ., Diss., 2005

D 38
ISSN 1614-581X
ISBN 3-631-54281-X

www.peterlang.de

Meinen Eltern

Vorwort

Die Arbeit lag im Wintersemester 2004/2005 der Rechtswissenschaftlichen Fakultät der Universität zu Köln als Dissertation vor. Für die Veröffentlichung wurden Rechtsprechung und Literatur bis einschließlich Mai 2006 berücksichtigt.

Danken möchte ich meinem Doktorvater Herrn Prof. Dr. Ulrich Ehricke, LL.M., M.A., der mir nicht nur den Anstoß für das Thema dieser Arbeit gegeben hat, sondern sich darüber hinaus jederzeit meinen Fragen gestellt und durch seine Anregungen und Kritik wesentlich zum Gelingen der Arbeit beigetragen hat. Seine Betreuung dieser Arbeit war außerordentlich angenehm und gewissenhaft. Über die Aufnahme der Arbeit in seine Schriftenreihe „Studien zum deutschen und europäischen Gesellschafts- und Wirtschaftsrecht" habe ich mich gefreut. Herrn Prof. Dr. Dr. h.c. Ulrich Hübner danke ich für die zügige Zweitkorrektur.

Dank gilt ferner Frau Rechtsanwältin Dr. Nina Freiburg, die sich der mühsamen Arbeit des Korrekturlesens unterzogen und hierbei nicht allein sprachliche Verbesserungsvorschläge unterbreitet hat.

Ganz besonders möchte ich meinen Eltern danken. Sie haben mich nicht nur bei meinen Disziplinwechsel zum Studium der Rechtswissenschaften, sondern auch in meinem Promotionsvorhaben jederzeit unterstützt.

München, im Juli 2006 Dr. Axel Godron

Inhaltsübersicht

Inhaltsverzeichnis

Abkürzungsverzeichnis

a.A.	andere/r Ansicht
Abl. EG	Amtsblatt der Europäischen Gemeinschaften
Abs.	Absatz
AG	Amtsgericht; Aktiengesellschaft
AGB	Allgemeine Geschäftsbedingungen
AGBG	Gesetz über die Allgemeinen Geschäftsbedingungen
AiB	Arbeitsrecht im Betrieb
AktG	Aktiengesetz
Alt.	Alternative
Anh.	Anhang
Anm.	Anmerkung
AP	Arbeitsrechtliche Praxis (Entscheidungssammlung)
ArbG	Arbeitsgericht
ArbGG	Arbeitsgerichtsgesetz
Art.	Artikel
Aufl.	Auflage
BAG	Bundesarbeitsgericht
BB	Der Betriebs-Berater, Zeitschrift für Recht und Wirtschaft
Bd.	Band
BegrRegE	Begründung Regierungsentwurf
BetrVG	Betriebsverfassungsgesetz
BGB	Bürgerliches Gesetzbuch
BGBl	Bundesgesetzblatt
BGH	Bundesgerichtshof
BGHZ	Entscheidungen des Bundesgerichtshofs in Zivilsachen
BKartA	Bundeskartellamt
Bsp.	Beispiel
BT	Bundestag
BT-Drucks.	Drucksache des Deutschen Bundestages
BVerfG	Bundesverfassungsgericht
bzw.	beziehungsweise
ca.	circa
CR	Computer und Recht
DB	Der Betrieb
ders.	derselbe
DFV	Deutscher Franchise-Verband
d.h.	das heißt
dies.	dieselbe
Diss.	Dissertation
DStR	Deutsches Steuerrecht
EG	Vertrag zur Gründung der Europäischen Gemeinschaft/ Europäische Gemeinschaft

Einf.	Einführung
etc.	et cetera
EU	Europäische Union
EuG	Europäisches Gericht 1. Instanz
EuGH	Europäischer Gerichtshof
EuGHE	Sammlung der Rechtsprechung des Europäischen Gerichtshofs
EuZW	Europäische Zeitschrift für Wirtschaftsrecht
EWGV	Vertrag zur Gründung der Europäischen Wirtschaftsgemeinschaft
EWiR	Entscheidungen zum Wirtschaftsrecht
EzA	Entscheidungssammlung zum Arbeitsrecht
f.	folgende Seite oder folgender Paragraph
ff.	folgende Seiten oder folgende Paragraphen
FG	Festgabe
Franchise-GVO	EG-Gruppenfreistellungsverordnung für Franchisevereinbarungen
FS	Festschrift
GbR	Gesellschaft bürgerlichen Rechts
GG	Grundgesetz
GmbH	Gesellschaft mit beschränkter Haftung
GmbHG	Gesetz betreffend die Gesellschaft mit beschränkter Haftung
GmbHR	GmbH-Rundschau
GVO	Gruppenfreistellungsverordnung
GWB	Gesetz gegen Wettbewerbsbeschränkungen
Halbs.	Halbsatz
HGB	Handelsgesetzbuch
h.L.	herrschende Lehre
h.M.	herrschende Meinung
Hrsg.	Herausgeber
hrsg.	herausgegeben
i.d.R.	in der Regel
i.e.S.	im engeren Sinne
IPRax	Praxis des Internationalen Privat- und Verfahrensrechts
i.S.d.	im Sinne des / der
i.V.m.	in Verbindung mit
i.w.S.	im weiteren Sinne
JA	Juristische Arbeitsblätter
JbFfSt	Jahrbuch der Fachanwälte für Steuerrecht
JuS	Juristische Schulung
JZ	Juristen Zeitung
KG	Kammergericht; Kommanditgesellschaft
KGaA	Kommanditgesellschaft auf Aktien
KölnKomm	Kölner Kommentar
Komm.	Kommentar/EG-Kommission
LAG	Landesarbeitsgericht
LG	Landgericht
MarkenG	Markengesetz

Mio.	Millionen
MDR	Monatsschrift für deutsches Recht
MitbestG	Mitbestimmungsgesetz
m.w.N.	mit weiteren Nachweisen
MünchKomm	Münchener Kommentar
NB	Neue Betriebswirtschaft
NJW	Neue Juristische Wochenschrift
NJW-RR	Neue juristische Wochenschrift, Rechtsprechungsreport Zivilrecht
Nr.	Nummer
Nrn.	Nummern
NZA	Neue Zeitschrift für Arbeits- und Sozialrecht
OHG	Offene Handelsgesellschaft
OLG	Oberlandesgericht
RdA	Recht der Arbeit
RdW	Recht der Wirtschaft
Rn.	Randnummer
RG	Reichsgericht
RGZ	Entscheidungen des Reichsgerichts in Zivilsachen
RIW	Recht der Internationalen Wirtschaft
S.	Seite / Satz
sog.	sogenannte/r
u.a.	unter anderem
Urt.	Urteil
USA	United States of America
usw.	und so weiter
u.U.	unter Umständen
UWG	Gesetz gegen den unlauteren Wettbewerb
Vertikal-GVO	Gruppenfreistellungsverordnung für Vertikalvereinbarungen
vgl.	vergleiche
v.H.	vom Hundert
VO	Verordnung
Vorb.	Vorbemerkung
WM	Wertpapier-Mitteilung, Zeitschrift für Wirtschafts- und Bankrecht
Wpg	Wirtschaftsprüfung
WRP	Wettbewerb in Recht und Praxis
WuW	Wirtschaft und Wettbewerb
WuW/E	Entscheidungssammlung zum Kartellrecht der WuW
ZfA	Zeitschrift für Arbeitsrecht
ZfB	Zeitschrift für Betriebswirtschaft
ZGR	Zeitschrift für Unternehmens- und Gesellschaftsrecht
ZhdlwF	Zeitschrift für Handelswissenschaftliche Forschung
ZHR	Zeitschrift für das gesamte Handelsrecht und Wirtschaftsrecht
Ziff.	Ziffer
ZIP	Zeitschrift für Wirtschaftsrecht
zugl.	zugleich

§ 1 Einleitung

Nach zaghaften Anfängen zieht sich auch über Deutschland ein zunehmend engmaschigeres Netz an Franchisesystemen. Deutschland folgt damit der erfolgreichen Entwicklung dieses jüngsten vertikalen Vertriebssystems für Waren und Dienstleistungen in anderen Teilen Europas und den Vereinigten Staaten von Amerika. Betriebswirtschaftlicher Hintergrund und rechtliche Ausgestaltung der Franchisesysteme sind den meisten Verbrauchern noch unbekannt, nicht aber Namen und Symbole der einschlägigen Systeme wie Holiday-Inn, Marc O'Polo, Benneton, Coca-Cola, McDonald's, Nordsee, Obi oder der jüngste Welterfolg eines Franchisesystems, das aus Seattle/USA stammende Kaffeehaus Starbucks[1]. Unbekannt ist oft die rechtliche Selbständigkeit der einzelnen Franchisenehmerbetriebe. Die Franchisenehmerbetriebe erwecken – bewusst und gewollt – durch einheitliche Symbole und eine einheitliche Ausstattung der Geschäftsräume nach außen eher den Eindruck von Filialbetrieben des Franchisegebers als von rechtlich eigenständigen Franchisebetrieben. Der durchschlagende Erfolg des Franchising wird nicht zuletzt auf diese einheitliche Darstellung eines gesamten Systems zurückgeführt.[2]

Das Franchising beruht auf der Idee, ein regelmäßig bereits getestetes und bewährtes Unternehmenskonzept ohne eigenen Kapitaleinsatz und damit auch ohne größeres wirtschaftliches Risiko umsatz- und gewinnmaximierend vervielfältigen zu lassen. Dabei bedient sich der Franchisegeber als Schöpfer des Unternehmenskonzepts selbständiger, weiterer Unternehmer, die ihr eigenes Kapital einsetzen und über die er unter straffer und einheitlicher Marketing-Führerschaft ein filialähnliches Vertriebssystem aufbaut.[3] Der Franchisegeber kann dadurch zunächst auf ein zwar profitableres, aber kapitalintensives Filialsystem mit angestellten Geschäftsführern verzichten. Er konzentriert sich stattdessen auf ein sorgfältig konzipiertes Marketing sowie die schnelle und solide Expansion des Vertriebsnetzes.[4] Die Franchisenehmer finanzieren dem Franchisegeber seine Entwicklungs- und Forschungskosten über die von ihnen zu entrichtende, einmalige Gebühr bei Abschluss des Franchisevertrages und die laufenden Gebühren für die vom Franchisegeber während der Vertragsdauer zu erbringenden Leistungen, etwa Verkaufsförderung, Beratung und Werbung.[5] Der Franchisegeber

---

[1] Starbucks ist ein eindrucksvolles Beispiel für die rasante weltweite Etablierung eines Franchisesystems. Der Eintritt in den deutschen Markt erfolgte erst 2001 mit der Eröffnung der ersten Starbucks-Cafés in Berlin. Anders als in nahezu allen Ländern mit Starbuckspräsenz wird Starbucks in Deutschland derzeit noch nicht als Franchisesystem geführt. Hintergrund dürfte ein erwartetes geringes wirtschaftliches Risiko der Einführung von Starbucks-Cafés in Deutschland sein.

[2] Vgl. *Deutscher Franchise-Verband E.V.*, Existenzgründung mit System, S. 6; *Skaupy*, NJW 1982, 2446 (2447); *Martinek*, Franchising, S. 141; *ders.*, Moderne Vertragstypen II, S. 23; auch die Ausführungen des Mitbegründers des OBI-Franchisesystems Manfred Maus im Rahmen eines Vortrags an der Universität Würzburg im Wintersemester 1975/76, abgedruckt bei *Gross/Skaupy*, S. 93.

[3] *Martinek*, Franchising, S. VII; *Eßer*, S. 11; *Lenzen*, RIW 1984, 586; *Gross/Skaupy*, S. 39; *Skaupy*, DB 1982, 2446 f.; *Weber*, JA 1983, 347 (349).

[4] *Lenzen*, RIW 1984, 586; *Skaupy*, NJW 1992, 1785 (1786).

[5] *Martinek*, Moderne Vertragstypen II, S. 17; *Weber*, JA 1983, 347 (349); *Skaupy*, DB 1982, 2446 (2449).

profitiert beim Aufbau des Systems entscheidend von der hohen Motivation der Franchisenehmer. Sie sind als selbständige Unternehmer bereit, sich überdurchschnittlich einzusetzen und können häufig auch auf die Unterstützung von Familienmitgliedern zählen.[6] Insbesondere in kleinen Städten mit geringerem Marktpotential ist Franchising eine attraktive Lösung für den Franchisegeber, denn der Erfolg des Franchisegebers hängt in hohem Maße vom Bekanntheitsgrad des Systems ab. In Gegenden mit hohem Marktpotential nutzt der Franchisegeber daneben häufig die Möglichkeit, zusätzlich ein firmeneigenes Filialsystem zu installieren.[7]

Der Franchisenehmer kann die Vorzüge der Selbständigkeit nutzen und gleichzeitig die mit einer Selbständigkeit verbundenen Risiken minimieren. Er nimmt an einer erprobten Geschäftsidee Teil und profitiert von Image und „Good-will" des Franchisesystems sowie aufgrund der laufenden Beratung durch den Franchisegeber von dessen Erfahrung und Kenntnis bei der Betriebsführung. Dadurch verringert sich sein Startrisiko erheblich.[8] Dies zeigt sich insbesondere an einer signifikant geringeren Insolvenzrate bei Franchisenehmern im Vergleich zu anderen Selbständigen. Auch wenn in Deutschland konkrete Zahlen zur Insolvenzrate noch fehlen, lässt sich diese Einschätzung durch Statistiken aus den Vereinigten Staaten von Amerika belegen. Im Jahre 1989 wurden dort nur 3 % der Franchisebetriebe nicht fortgeführt.[9] Im Vergleich zu einer angeblich 65 %igen Insolvenzrate bei anderen Selbständigen innerhalb der ersten fünf Geschäftsjahre[10] ist dies bemerkenswert.

Das „Franchisepaket", das der Franchisenehmer gegen Zahlung einer einmaligen Einstiegsgebühr erhält, versorgt ihn mit allen wichtigen technischen, betriebswirtschaftlichen und kaufmännischen Kenntnissen. Er muss daher – anders als andere Jungunternehmer – kein erfahrener Geschäftsmann mit Branchenkenntnis sein und kann sich ganz auf den Verkauf oder die Dienstleistungserbringung konzentrieren.[11] Die Zugehörigkeit zu einem oft international bekannten System verschafft ihm neben Wettbewerbsvorteilen im Absatzbereich auch günstigere Konditionen bei der Beschaffung von Waren[12] und Kapital.[13] Als Gegenleistung verpflichtet er sich zur Entrichtung der Franchisegebühren und zum vorbehaltlosen Einsatz für das System und seine Leistungen an der Absatzfront. Insbesondere ist er auch gehalten, die örtlichen Gegebenheiten

---

[6] *Skaupy*, DB 1982, 2446 (2449); *Martinek*, Franchising, S. 94; *Lenzen*, RIW 1984, 586; *Weber*, JA 1983, 347 (349).

[7] *Skaupy*, DB 1982, 2446 (2450); *Weber*, JA 1983, 347 (349); *Lenzen*, RIW 1984, 586.

[8] *Martinek*, Franchising, S. 96 f.; *Skaupy*, Franchising, S. 201; *ders.*, NJW 1992, 1785 (1786).

[9] *Skaupy*, Franchising, S. 201; *ders.*, NJW 1992, 1785 (1786).

[10] *Skaupy*, Franchising, S. 201; *ders.*, NJW 1992, 1785 (1786); ähnlich die Zahlen bei *Martinek*, Franchising, S. 97.

[11] *Martinek*, Moderne Vertragstypen II, S. 18.

[12] Diesem Vorzug lässt sich nicht mit der Begründung entgegen treten, dass der Franchisenehmer häufig Aufschläge für die vom Franchisegeber bezogenen Waren bezahlen muss. Denn hierin enthalten sind die sonst – also vor allem beim Dienstleistungsfranchising – separat zu entrichtenden laufenden Franchisegebühren.

[13] *Martinek*, Moderne Vertragstypen II, S. 18 f.; *Tietz/Mathieu*, S. 26; *Skaupy*, DB 1982, 2246 (2449).

und Wünsche der Kunden zu berücksichtigen sowie die lokale Werbung zu übernehmen.[14]

Vor dem oben aufgezeigten wirtschaftlichen Hintergrund des Franchising wird deutlich, dass sich jedes einzelne System nur dann erfolgreich auf dem Markt behaupten kann, wenn durch ein übereinstimmendes Verhalten aller am System beteiligter Franchisenehmer ein einheitliches Image aufgebaut und erhalten wird. Diese dem Franchising immanente einheitliche Darstellung gegenüber den Kunden, die sogenannte „Imageeinheit"[15], lässt sich wiederum nur durch eine straffe einheitliche Leitung des Franchisesystems durch den Franchisegeber erreichen. Je weiter sich der einzelne Franchisenehmer von den einheitlichen Vorgaben des Franchisegebers entfernen kann, desto stärker leidet die im Franchising angestrebte Einheitlichkeit und Austauschbarkeit der Produkte und Dienstleistungen der einzelnen dem System angeschlossenen Franchisenehmerbetriebe. Andererseits ist der Franchisenehmer jedenfalls formal rechtlich und wirtschaftlich selbständiger Unternehmer. Charakteristisches Merkmal eines selbständigen Unternehmers ist dessen Möglichkeit, eigene unternehmerische Entscheidungen zu treffen. Dies scheint sich jedenfalls auf den ersten Blick mit der weitgehenden Eingliederung in das Unternehmenskonzept des Franchisegebers und die Verlagerung der unternehmerischen Entscheidungen auf den Franchisegeber nicht in Einklang bringen zu lassen.

Nach einer Ansicht ist der Franchisenehmer daher als wirtschaftlich Schwächerer vor der Willkür des Franchisegebers, „vor Ausbeutung, Übervorteilung und wirtschaftlichem Existenzverlust"[16] zu schützen. Auch wenn diese scharfe Formulierung gerade unter Praktikern[17] mehrheitlich auf Kritik gestoßen ist, lässt das filialähnliche System eine ungewöhnlich hohe vertragliche und wirtschaftliche Abhängigkeit des Franchisenehmers erahnen. Damit verbunden sind sowohl eine schwierige Abgrenzung zwischen vertraglich Erlaubtem und rechtsunwirksamer Knebelung als auch Zweifel an der wirtschaftlichen Selbständigkeit der Franchisenehmerunternehmen.

Grundlage für die Erstellung geeigneter Abgrenzungskriterien zwischen Erlaubtem und rechtsunwirksamer Knebelung sowie die Beurteilung der wirtschaftlichen Selbständigkeit der Franchisenehmerunternehmen ist in erster Linie das rechtliche Regelungswerk zwischen Franchisegeber und Franchisenehmer (der Franchisevertrag) und seine rechtliche Einordnung. Es fehlt allerdings bislang an einem einheitlichen rechtlichen Verständnis des Franchising und seiner Regelungsgrundlagen. Die Anfänge der zivilrechtlichen Auseinandersetzung mit dem Franchising im deutschen Recht waren geprägt durch die Abhandlungen der Praktiker der Kautelarjurisprudenz.[18] Erst zu Beginn der 80er Jahre entwickelte sich zögerlich eine Diskussion innerhalb der Rechts-

---

[14] *Skaupy*, DB 1982, 2447 (2449).
[15] *Martinek*, Franchising, S. 130 ff.
[16] *Martinek*, Franchising, S. 255; ähnlich die Formulierungen in *ders.*, Moderne Vertragstypen II, S. 86 und *ders.*, ZIP 1988, 1362 (1363).
[17] Vgl. insbesondere *Skaupy*, NJW 1992, 1785 (1788); *Liesegang*, NJW 1990, 1525 (1526).
[18] *Martinek*, Franchising, S. 184 f.

wissenschaft. Man widmete sich der Bestimmung eines Rechtsbegriffes des Franchising und der Rechtsnatur des Franchisevertrages.[19] Bislang haben sich dabei aber weder ein generell anerkannter Begriff noch eine verlässliche Einordnung der Rechtsnatur des Franchisevertrages herauskristallisiert. Diese Vorfragen werden zunächst zu klären sein.

Die hohe wirtschaftliche Abhängigkeit des Franchisenehmers wirft insbesondere die Frage auf, ob das auf Schuldverträge anwendbare Recht, insbesondere das Zivilrecht des BGB sowie das Wettbewerbs- und Kartellrecht, überhaupt den geeigneten und einschlägigen rechtlichen Rahmen für die Erfassung von Franchisesystemen und des Verhältnisses zwischen Franchisegeber und Franchisenehmer bilden. Die Wirtschaft hat bereits vor der Einführung des Franchising Handlungsmodelle entwickelt, die ebenfalls durch das Spannungsfeld zwischen rechtlicher Selbständigkeit und wirtschaftlicher Abhängigkeit geprägt sind. Die Rede ist von Konzernen. In der Franchisepraxis ergeben sich häufig die gleichen Synergieeffekte, aber auch ähnliche Gefahrenpotentiale für die Franchisenehmer und deren Gläubiger, wie sie für Konzerne kennzeichnend sind und denen durch das Konzernrecht begegnet werden soll.[20] Ob Franchisesysteme sich von dem in Teilen nur rudimentär entwickelten rechtlichen Rahmen, den das deutsche Recht für Konzerne vorsieht, erfasst werden können, bildet den Schwerpunkt der Untersuchung. Ausführlich werden die Folgen erläutert, die ein Konzerncharakter von Franchisesystemen auf das Weisungsverhältnis zwischen Franchisegeber und Franchisenehmer hätte. Da die Weisungsrechte des herrschenden Unternehmens sowohl in Vertragskonzernen als auch in faktischen Konzernen nie isoliert von korrespondierenden Ausgleichspflichten betrachtet werden können, wie §§ 302, 308 AktG und §§ 311, 317 AktG zeigen, ist auch auf die haftungsrechtlichen Folgen eines Konzerncharakters von Franchisesystemen einzugehen. Auch hier zeigt sich wieder die Parallele von Konzern und Franchiseverhältnis. Unter dem Stichwort Investitionsschutz wird auch in Franchiseverhältnissen ein finanzieller Ausgleich des Franchisenehmers im Gegenzug für die Weisungsbefugnis des Franchisegebers diskutiert.

Gegenstand der vorliegenden Untersuchung sind Franchisesysteme, in denen Franchisenehmer ihre Betriebe in der Rechtsform einer Personen- oder Kapitalgesellschaft führen. Ob auch Einzelkaufleute überhaupt abhängige Unternehmen im Sinne des Konzernrechts sein können und ob die in dieser Arbeit gefundenen Ergebnisse auf diesen Fall übertragbar sind, muss einer eigenen Untersuchung vorbehalten bleiben.

Ziel der Untersuchung ist es, Umfang und Grenzen des Weisungsrechts des Franchisegebers zu bestimmen. Breiten Raum nimmt dabei die Frage ein, ob Franchisesysteme Konzerne sind und inwieweit eine solche Feststellung Umfang und Grenzen dieses Weisungsrechts beeinflussen kann. Dazu bedarf es zunächst einer Klärung der Grundbegriffe des gesetzlich nicht normierten Franchising. Im Anschluss wird dargestellt, wie der Franchisevertrag derzeit in Rechtsprechung und Literatur rechtlich eingeordnet

---

[19] *Martinek*, Franchising, S. 185; *Weltrich*, S. 4 f.

[20] Dies gibt auch *Ehricke*, ZGR 1996, 300 (319) zu bedenken.

wird. Dabei soll insbesondere auf die noch umstrittene Rechtsnatur des Franchisevertrages eingegangen werden. Auf Basis dieser grundsätzlichen Überlegungen wird zu untersuchen sein, welche rechtlichen Grenzen dem in Franchiseverträgen typischerweise vereinbarten Weisungsrecht des Franchisegebers ohne Berücksichtigung eines Konzerncharakters von Franchisesystemen gesetzt sind. Wesentliche Bedeutung kommt dabei der Inhaltskontrolle des Franchisevertrages nach den Vorschriften des BGB über Allgemeine Geschäftsbedingungen zu. Ob die hierbei gewonnenen Erkenntnisse über Reichweite und Grenzen des Weisungsrechts des Franchisegebers aufrechterhalten werden können, hängt davon ab, ob Franchisesysteme Konzerne sind. Um den weitreichenden Einfluss eines Konzerncharakters auf das Weisungsverhältnis zwischen Franchisegeber und Franchisenehmer zu verdeutlichen, werden zunächst die rechtlichen Auswirkungen eines Franchisekonzerns auf das Weisungsrecht des Franchisegebers kurz aufgezeigt. Im Anschluss wird ausführlich untersucht, ob Franchiseverträge Beherrschungsverträge im Sinne des Konzernrechts sind und ob zwischen Franchisegeber und Franchisenehmer ein faktischer Konzern oder ein faktisches Abhängigkeitsverhältnis im Sinne von § 17 AktG besteht. Die konkreten Auswirkungen der dabei gewonnenen Erkenntnisse werden schließlich in einem letzten Abschnitt dargestellt.

§ 2 Grundbegriffe des Franchising

Der Begriff „Franchising“ wird von „Franchise“ abgeleitet.[21] Da beide Begriffe gesetzlich nicht normiert sind, soll zunächst deren Bedeutung erläutert werden.

A. Begriffsbestimmung

I. Herkunft des Begriffs „Franchise“

Der Begriff „Franchise“ stammt aus dem französischen Kulturkreis. Wörtlich übersetzt bedeutet er „Befreiung, Freiheit“.[22] Gemeint war damit ursprünglich jegliche Befreiung von bestimmten wirtschaftlichen Beschränkungen. Sie äußerte sich im Mittelalter darin, dass Herrscher und Feudalherren Kaufleuten gegen Entgelt oder die Leistung von Diensten Privilegien einräumten, wie das Handels- oder Marktrecht.[23] In der Neuzeit vergab der amerikanische Staat Konzessionen – die deutsche Übersetzung des amerikanischen „Franchise“[24] – zum Bau und Betrieb von Eisenbahnlinien und Transportunternehmen.[25] Seit der Jahrhundertwende erteilten private Unternehmer in den Vereinigten Staaten von Amerika eine „Franchise“, die einem anderen Unternehmer die Erlaubnis gab, Rechte des Franchisegebers kommerziell zu nutzen.[26]

Als erste Franchisesysteme in den Vereinigten Staaten von Amerika gelten Coca-Cola und das Rexall-Drugstoresystem.[27] Dabei ist allerdings zu bemerken, dass in Deutschland für derartige reine Vertriebssysteme, wie sie vor allem den Autohandel prägen, das Vertragshändlersystem entwickelt wurde. Dieses traditionelle „product distribution franchising“ wird daher heute auch außerhalb der Vereinigten Staaten von Amerika nicht mehr unter den Begriff Franchising gefasst, sondern nur noch das später entwickelte „business format franchising“.[28]

II. Heutige Definitionen

Nachdem in Deutschland lange Zeit unterschiedlichste Erklärungs- und Definitionsversuche unternommen wurden, findet sich bis heute im juristischen und betriebswirtschaftlichen Schrifttum eine große Bandbreite an Definitionen des „Franchising“.[29] Führt man sich vor Augen, dass „Franchising“ nicht in erster Linie ein Rechtsbegriff,

---

[21] Vgl. *Skaupy*, NJW 1992, 1785 f.
[22] Vgl. Giesler/Nauschütt/*Giesler/Nauschütt*, § 1 Rn. 12; *Skaupy*, NJW 1992, 1785.
[23] *Skaupy*, NJW 1992, 1785; *Martinek*, Franchising, S. 33 f.; *Weltrich*, S. 7; Giesler/Nauschütt/*Giesler/Nauschütt*, § 1 Rn. 12.
[24] Vgl. Giesler/Nauschütt/*Giesler/Nauschütt*, § 1 Rn. 12; Martinek/Semler/*Martinek*, § 18 Rn. 2.
[25] *Martinek*, Franchising, S. 34 f.
[26] *Skaupy*, NJW 1992, S. 1785; *Martinek*, Franchising, S. 37.
[27] Giesler/Nauschütt/*Giesler/Nauschütt*, § 1 Rn. 15; *Tietz/Mathieu*, S. 5; *Gitter*, S. 465.
[28] *Skaupy*, NJW 1992, 1785, vgl. dort auch die Definition des „business format franchising“ durch die International Franchise Association.
[29] Vgl. vor allem *Skaupy*, NJW 1992, 1785 (1786), der seine eigene Begriffsbestimmung regelmäßig erneuert.

sondern vielmehr ein Begriff der Betriebspraxis ist und in der betriebswirtschaftlichen Praxis der wirtschaftlichen Dynamik unterliegt, wird einem die Aussichtslosigkeit einer einheitlichen Umschreibung bewusst. Eine solche zu erstellen, ist indes auch für die Rechtspraxis nicht zwingend erforderlich. Notwendig ist jedoch, die charakteristischen Merkmale des Franchising festzustellen, will man rechtliche Aussagen zu Franchisesystemen im Allgemeinen und nicht nur zu konkreten Franchiseverträgen treffen. Solche charakteristischen Merkmale finden sich in der folgenden Definition des 1978 gegründeten Deutschen Franchise-Verbandes, die jedoch nicht als normativ-juristische verstanden werden darf[30]:

> „Franchising ist ein vertikal-kooperativ organisiertes Absatzsystem rechtlich selbständiger Unternehmer auf der Basis eines vertraglichen Dauerschuldverhältnisses. Das System tritt am Markt einheitlich auf und wird geprägt durch das arbeitsteilige Leistungsprogramm der Systempartner sowie durch ein Weisungs- und Kontrollsystem zur Sicherung eines systemkonformen Verhaltens.
>
> Das Leistungsprogramm des Franchisegebers ist das Franchise-Paket; es besteht aus einem Beschaffungs-, Absatz- und Organisationskonzept, der Gewährung von Schutzrechten, der Ausbildung des Franchisenehmers und der Verpflichtung des Franchisegebers, den Franchisenehmer aktiv und laufend zu unterstützen und das Konzept ständig weiterzuentwickeln.
>
> Der Franchisenehmer ist im eigenen Namen und für eigene Rechnung tätig; er hat das Recht und die Pflicht, das Franchise-Paket gegen Entgelt zu nutzen. Als Leistungsbeitrag liefert er Arbeit, Kapital und Informationen."

Erstmals hat die EG-Kommission in der sogenannten EG-Gruppenfreistellungs-Verordnung für Franchisevereinbarungen[31] (im Folgenden „Franchise-GVO"), die am 01.02.1989 in Kraft getreten ist, eine amtliche Definition zu den Begriffen „Franchise" und „Franchisevereinbarungen" vorgelegt. Auch wenn die Franchise-GVO zum 31.12.1999 außer Kraft getreten ist und durch die Gruppenfreistellungsverordnung für Vertikalvereinbarungen (im Folgenden „Vertikal-GVO") vom 22.12.1999[32] abgelöst wurde, die auf eine Definition der Begriffe verzichtet, behält die Definition der Franchise-GVO ihre Bedeutung. Denn die Leitlinien der Kommission, die die Vertikal-GVO ergänzen[33], greifen die Definition der „Franchisevereinbarungen" aus der Franchise-GVO auf. Die Ausführungen der Kommission in diesen Leitlinien lassen erkennen, dass die Definition der „Franchisevereinbarungen" nach der Franchise-GVO auch

[30] Informationsschrift des Deutschen Franchise-Verbandes, S. 2.

[31] Verordnung (EG) Nr. 4087/88 der Kommission vom 30.11.1988 über die Anwendung von Art. 85 Abs. 3 des Vertrages auf Gruppen von Franchisevereinbarungen, ABl. 1988, L 359/46-52.

[32] Verordnung (EG) Nr. 2790/99 der Kommission vom 29.12.1999 über die Anwendung von Art. 81 Abs. 3 (früher Art. 85 Abs. 3) des Vertrages auf Gruppen von vertikalen Vereinbarungen und aufeinander abgestimmten Verhaltensweisen, ABl. 1999, L 336/21-25.

[33] Mitteilung (EG) der Kommission vom 13.10.2000, Leitlinien für vertikale Beschränkungen, ABl. 2000, C 291/1-44.

unter Geltung der Vertikal-GVO einen entscheidungserheblichen Maßstab für die kartellrechtliche Zulässigkeit von Vereinbarungen in Franchiseverträgen bildet.[34]

Veranlasst zu einer Definition der Begriffe „Franchise" und „Franchisevereinbarungen" sah sich die Kommission durch die kartellrechtliche Problematik des Franchising. Diese stand in der Pronuptia-Entscheidung des EuGH vom 28.01.1986[35] im Mittelpunkt. Zudem häuften sich Franchisevereinbarungen, die einen grenzüberschreitenden Verkehr zum Gegenstand hatten. Nach der Franchise-GVO konnten Franchise-Vereinbarungen von dem Nichtigkeitsgebot des Art. 81 EG ausgenommen werden. Danach bezogen sich diese Begriffe unmittelbar nur auf das EG-Kartellrecht. Um sich kartellrechtlich möglichst weitgehend abzusichern, hat sich die Vertragspraxis bei Abschluss neuer Franchiseverträge zunehmend an diesen Anforderungen orientiert.[36] Die beiden Begriffsbestimmungen lauten wie folgt[37]:

> a) „Franchise" ist eine Gesamtheit von Rechten an gewerblichem oder geistigem Eigentum wie Warenzeichen, Handelsnamen, Ladenschilder, Gebrauchsmuster, Geschmacksmuster, Urheberrechte, Know-how oder Patente, die zum Zwecke des Weiterverkaufs von Waren oder der Erbringung von Dienstleistungen an Endverbraucher genutzt wird.
>
> b) „Franchisevereinbarungen" sind Vereinbarungen, in denen ein Unternehmen, der Franchisegeber, es einem anderen Unternehmen, dem Franchisenehmer, gegen unmittelbare oder mittelbare finanzielle Vergütung gestattet, eine Franchise zum Zwecke der Vermarktung bestimmter Waren und/oder Dienstleistungen zu nutzen. Sie müssen den folgenden Gegenstand enthalten:
>
> - Die Benutzung eines gemeinsamen Namens oder Zeichens sowie die einheitliche Aufmachung der vertraglich bezeichneten Geschäftslokale und/oder Transportmittel,
> - die Mitteilung von Know-how durch den Franchisegeber an den Franchisenehmer, und
> - eine fortlaufende kommerzielle oder technische Unterstützung des Franchisenehmers durch den Franchisegeber während der Laufzeit der Vereinbarung.

B. Arten des Franchising

I. Sinn und Zweck einer Typologisierung

An dieser Stelle sei zunächst die Frage erlaubt, welchen Beitrag eine Typologisierung des Franchising zur juristischen Untersuchung des Rechtsverhältnisses zwischen Franchisegeber und Franchisenehmer zu leisten vermag. Eine solche Abgrenzung erscheint

---

[34] Vgl. *Heil/Wagner*, Münchener Vertragshandbuch, S. 65 (107); näher dazu auch unten § 4 C.
[35] EuGH Slg. 1986, 353 ff.
[36] Vgl. etwa die Musterverträge von *Heil/Wagner*, Münchener Vertragshandbuch, S. 65 ff.; *Anschütz/Feick*, Beck`sches Formularhandbuch, S. 1099 ff; *Flohr*, Franchise-Vertrag, S. 47 ff.; *Giesler*, Franchiseverträge, Rn. 281 ff.; ferner *Skaupy*, NJW 1992, 1785 (1788); *Ekkenga*, S. 16.
[37] Art. 1 Ziffer 3 der VO 4087/88 ABl EG Nr. L 359/46 vom 28.12.1988.

aufgrund der fast „babylonischen Sprachverwirrung“[38] bei der Benennung der Franchisearten in der Literatur allein aus Gründen der einheitlichen Verständigung notwendig. Nicht zuletzt sind auf diesem Wege aber auch einige „Franchisetypen“ für den Fortgang der Untersuchung auszuscheiden, die nicht annähernd der wirtschaftlichen und rechtlichen Struktur der Franchisesysteme in Deutschland entsprechen.

II. Typenvielfalt

Im betriebswirtschaftlichen und juristischen Schrifttum finden sich zahlreiche typologische Unterteilungen des Franchising.[39] Dabei stehen die Abgrenzung nach den beteiligten Wirtschaftsstufen und der Leistungssubstanz im Mittelpunkt. Nach den am jeweiligen System beteiligten Wirtschaftsstufen wird nach Hersteller/Großhändler, Hersteller/Einzelhändler, Großhändler/Einzelhändler sowie Dienstleistungszentrale/Dienstleistungseinzelbetrieb differenziert.[40] Die klassische Kooperation findet zwischen Hersteller und Einzelhändler statt.

Eine weitere Unterteilung kann nach Leistungssubstanz vorgenommen werden. Hier wird unterschieden zwischen Produktionsfranchising, Vertriebsfranchising und Dienstleistungsfranchising.[41] Entscheidend ist insoweit allein der Inhalt der Leistung des Franchisenehmers gegenüber dem Kunden.[42] Beim Vertriebsfranchising stehen demnach materielle Sachgüter, beim Dienstleistungsfranchising immaterielle Dienstleistungen im Mittelpunkt des Systemangebots. Unklarheiten verursachen regelmäßig die Bezeichnungen Produkt- und Produktionsfranchising, die auf der amerikanischen Terminologie beruhen. Es bietet sich an, unter „Produktfranchising“ einheitlich die herkömmlichen Systeme im Kfz- und Mineralölbereich fassen. In den Vereinigten Staaten von Amerika fallen diese noch in den Bereich Franchising. In Deutschland werden sie hingegen den Vertragshändler-, Agentur- und Handelsvertreterverträgen zugeordnet und sollten daher nicht in das deutsche Verständnis von „Franchising“ aufgenommen werden.[43] Mit Produktionsfranchising sind vor allem die Systeme der Getränkeabfüllbranche gemeint.

III. Eingrenzung des Franchising

Sowohl der EuGH[44] als auch die Literatur[45] verwenden die Begriffe Produktions-, Vertriebs- und Dienstleistungsfranchising weitgehend inhaltsgleich und bevorzugen sie als unterscheidungsrelevante Termini.

---

[38] *Weltrich*, S. 39.
[39] Vgl. dazu vor allem *Tietz/Mathieu*, S. 15 ff.; *Tietz*, S. 33 ff.; *Martinek*, Franchising, S. 146 ff., S. 161 ff.; *Weltrich*, S. 39 ff.
[40] *Gross/Skaupy*, S. 269; *Knigge*, S. 39; *Weber*, JA 1983, 347 (348).
[41] *Martinek*, Franchising, S. 154 ff.; *Mack*, S. 31 f.; *Gitter*, S. 475; *Gross/Skaupy*, S. 269; *Knigge*, S. 42 f.; *Weber*, JA 1983, 347 (348); *Bräutigam*, S. 29 ff.
[42] Vgl. den ausdrücklichen Hinweis von *Martinek*, Moderne Vertragstypen II, S. 32.
[43] *Weltrich*, S. 41, vgl. dort auch die weiterführenden Hinweise in Fußnote 10.
[44] Vgl. die Pronuptia-Entscheidung des EuGH vom 28.01.1986 (Slg. 1986, 353 ff.).

Es mehren sich in der Literatur jedoch Stimmen, die das Produktionsfranchising nicht als eigenständige Franchiseform anerkennen wollen.[46] Ausgangspunkt dieser Literaturmeinung ist, dass das Franchising nicht lediglich die Herstellung, sondern zusätzlich auch den Vertrieb der Waren umfasst. Das Franchising zeichnet sich gerade durch das spezifische Betriebs- und Marketingkonzept aus, innerhalb dessen der Franchisegeber einheitlich die Absatzorganisation vorgibt. Dem Produktionsfranchising sei jedoch nur eine Lizenz zur Produktherstellung immanent, während der anschließende Vertrieb zwar vom Produzenten durchgeführt werde, nicht aber nach einem franchisetypischen einheitlichen Vertriebskonzept.[47] Eine Stütze findet diese Ansicht auch in der am 31.12.1999 außer Kraft getretenen Franchise-GVO.[48] Dort wird das Produktionsfranchising nicht erwähnt. Die EG-Kommission hat im Entwurf der Verordnung diese Form der Tätigkeit sogar ausdrücklich den Gruppenfreistellungsverordnungen für Patentlizenz- und Know-how-Vereinbarungen zugewiesen.[49] Ist der Vertrieb im Einzelfall franchisetypisch organisiert, führt dies zur Kombination zweier Systemformen, dem Lizenzvertrag und dem Franchisevertrag.

Gegenstand der weiteren Untersuchung ist nur das Vertriebs- und Dienstleistungsfranchising als das europaweit einheitlich anerkannte Franchising.

---

[45] *Skaupy*, Franchising, S. 30 ff.; *Bauder*, S. 86 ff.; *Ekkenga*, S. 16; *Bräutigam*, S. 30, der diese Unterteilung zum Zweck der Differenzierung bei der Haftung in Franchisesystemen vornimmt; *Martinek*, Franchising, S. 154 ff.; *Weltrich*, S. 42 f.

[46] So insbesondere *Martinek*, Franchising, S. 156; *Weltrich*, S. 45; a.A. *Skaupy*, Franchising, S. 32 f.

[47] *Weltrich*, S. 44 f.

[48] Verordnung (EG) Nr. 4087/88 der Kommission vom 30.11.1988 über die Anwendung von Art. 85 Abs. 3 des Vertrages auf Gruppen von Franchisevereinbarungen, ABl. 1988, L 359/46-52.

[49] Vgl. Erwägungsgrund 4 des Entwurfs, ABl. 1987, C 229/3. Der endgültige Verordnungstext spricht allgemeiner von „anderen Gruppenfreistellungsverordnungen“, vgl. Verordnung (EG) Nr. 4087/88 der Kommission vom 30.11.1988 über die Anwendung von Art. 85 Abs. 3 des Vertrages auf Gruppen von Franchisevereinbarungen, ABl. 1988, L 359/46-52.

§ 3 Bisherige rechtliche Einordnung des Franchising

A. Rechtsnatur von Franchiseverträgen

Das einzelne Franchisesystem erhält seine rechtliche Ausgestaltung durch den zwischen Franchisegeber und Franchisenehmer geschlossenen Franchisevertrag. In der Praxis erweisen sich Franchiseverträge als umfangreiche Schriftstücke, in denen Rechte und Pflichten der beteiligten Parteien detailliert geregelt werden.[50] Ursache für den hohen Detaillierungsgrad ist aus ökonomischer Sicht insbesondere die angestrebte Einheitlichkeit des gesamten Systems.[51]

I. Das Regelungsprogramm von Franchiseverträgen

Ausgangspunkt für die rechtliche Einordnung von Franchiseverträgen sind die Regelungen, die in den Vereinbarungen zwischen Franchisegeber und Franchisenehmer üblicherweise getroffen werden.

1. Uneinheitliche Einordnung von Franchiseverträgen

Ebenso wie die Begriffsbestimmung des Franchising gestaltet sich die rechtliche Einordnung des Franchisevertrages uneinheitlich. Die Rechtsprechung hat zur Rechtsnatur von Franchiseverträgen noch nicht entschieden. Die Gerichte haben bisher kaum zur rechtlichen Qualifikation des Franchising Stellung genommen.[52] Die Diskussion in der rechtswissenschaftlichen Literatur hat dennoch zur Entwicklung einer Reihe weitgehend anerkannter Merkmale geführt. Danach ist der Franchisevertrag ein eigenständiger Vertragstypus, der von Vertragshändler-, Agentur- und Handelsvertreterverträgen abzugrenzen ist und nicht nur eine besonders ausgestaltete Form eines dieser Vertragstypen darstellt.[53] Anerkannt ist ferner, dass der Franchisenehmer selbständiger Unternehmer ist, der im eigenen Namen und auf eigene Rechnung handelt.[54]

---

[50] Vgl. zum Inhalt von Franchiseverträgen *Martinek*, Franchising, S. 88 ff.; Metzlaff/*Erdmann*, § 17 Rn. 43 ff.; *Herrfeld*, S. 42 ff.; *Tietz*, S. 510 ff.; *Weltrich*, S. 47 ff.; die Musterverträge von *Heil/Wagner*, Münchener Vertragshandbuch, S. 65 ff.; *Anschütz/Feick*, Beck`sches Formularhandbuch, S. 1099 ff.; *Skaupy*, Franchising, S. 296 ff.; *Liesegang*, S. 21 ff.; *Flohr*, Franchise-Vertrag, S. 47 ff.; *Eßer*, S. 233 ff.

[51] Vgl. *Joerges*, AG 1991, 325 (330).

[52] Einzelne Hinweise finden sich z.B. in BGH NJW-RR 1987, 613: Im Einzelfall analoge Anwendung des Handelsvertreterrechts; OLG Koblenz WuW/E OLG 3452: Analoge Anwendung des Handelsvertreterrechts, da es sich um eine Weiterentwicklung des Vertragshändlersystems handele; KG MDR 1974, 11: Verkehrstypischer Vertrag, der nach ähnlichen gesetzlich geregelten Typen zu beurteilen ist.

[53] Vgl. OLG Schleswig NJW-RR 1987, 221; *Gross/Skaupy*, S. 281 f.; *Liesegang*, S. 2; *Mack*, S. 106; *Martinek*, Franchising, S. 264; Palandt/*Putzo*, Einf. vor § 581, Rn. 4 b; *Skaupy*, Franchising, S. 11 ff.; *Bauder*, NJW 1989, 78 (79); *Weber*, JA 1983, 347 (351).

[54] Vgl. *Bauder*, NJW 1989, 78; *Enghusen*, S. 172; *Lenzen*, RIW 1984, 586; *Liesegang*, S. 3; *Skaupy*, DB 1982, 2446 (2448); *Weber*, JA 1983, 347 (352); *Weltrich*, DB 1988, 806; OLG Schleswig NJW-RR, 1987, S. 221.

Weitgehend Einigkeit besteht über drei weitere Merkmale des Franchisevertrages:

- Der Vertrag regelt ein Absatzmittlungsverhältnis, steckt dabei aber nur den Rahmen der grundlegenden Rechte und Pflichten von Franchisegeber und Franchisenehmer während eines Dauerschuldverhältnisses ab.[55]
- Als Absatzmittlungsvertrag im engeren Sinne[56] ist er auf die dauernde Eingliederung des Franchisenehmers in die vom Franchisegeber einheitlich gesteuerte Absatzorganisation gerichtet.
- Der Franchisenehmer fördert den Absatz unter Wahrung der Interessen des Franchisegebers und hält sich dabei an dessen Weisungen.[57]

Da sich Absatzmittlungsverhältnisse in der Praxis bislang auf den Warenabsatz beschränkten, ergeben sich Schwierigkeiten bei der Zuordnung auch des Dienstleistungsfranchising zum Typus des Absatzmittlers. Nicht zuletzt aufgrund der zunehmenden Bedeutung von Dienstleistungen beim Warenabsatz und der fehlenden Beschränkung des als klassischer Absatzmittler geltenden Handelsvertreters auf den Warenabsatz, wird das Franchising ganz generell dem Absatzmittlungsrecht zugeordnet.[58]

Der Franchisevertrag ist ein Rahmenvertrag, da neben der eigentlichen Franchisevereinbarung regelmäßig eine Vielzahl weiterer Verträge abgeschlossen werden.[59] Hierbei handelt es sich beispielsweise um Warenlieferungen, den Kauf von Einrichtungs- und Ausstattungsgegenständen, Rohmaterialbezüge oder Werbemittelbeschaffung.[60] Meist beruhen diese wiederholt abzuschließenden Ausführungsverträge auf der Franchisevereinbarung.[61] Danach kann der Franchisenehmer etwa generell zum Warenbezug beim Franchisenehmer verpflichtet sein. Die Kaufverträge werden freilich erst anlässlich der einzelnen Warenlieferungen abgeschlossen. Die Franchisevereinbarung gibt also den späteren Ausführungsverträgen gleichsam „die Verfassung“[62]. Die Ausführungsverträge sind rechtlich selbständige Verträge. Sie sollen daher bei der Bestimmung der Rechtsnatur des Franchisevertrages außer Betracht bleiben.[63]

Der Charakter des Franchisevertrages als Dauerschuldverhältnisses hat ebenfalls geringen Einfluss auf die Rechtsnatur, begründet aber eine erhöhte Treuepflicht der Ver-

---

[55] Vg. *Martinek*, Franchising, S. 256; *ders.*, Moderne Vertragstypen II, S. 66 f.; *Skaupy*, NJW 1992, 1785 (1786); vgl. auch die Franchisedefinition des Deutschen Franchise-Verbandes (DFV), Leitfaden (2003), S. 3.

[56] *Ebenroth*, S. 22 ff., differenziert zwischen Absatzmittlern im engeren und weiteren Sinne. Das Franchising soll nach *Martinek*, Franchising, S. 256, und *Weltrich*, S. 68, wie beispielsweise auch das Vertragshändler- und das Handelsvertretersystem dem engeren Begriff unterfallen.

[57] Vgl. *Martinek*, Franchising, S. 257; *Bräutigam*, S. 61 f.; *Weltrich*, S. 69.

[58] *Martinek*, Franchising, S. 224 f.; *ders.*, Moderne Vertragstypen II, S. 65 f.; *Weltrich*, S. 69 f.

[59] Vgl. *Martinek*, Franchising, S. 257; *Skaupy*, DB 1982, 2446 (2447).

[60] Vgl. *Martinek*, Franchising, S. 257; *Skaupy*, DB 1982, 2446 (2447); *Weltrich*, S. 71.

[61] Vgl. *Weltrich*, S. 69.

[62] *Martinek*, Franchising, S. 257; *ders.*, Moderne Vertragstypen II, S. 67.

[63] Vgl. *Weltrich*, S. 72.

tragspartner.[64] Übereinstimmung besteht auch dahin, dass sich Franchiseverträge aus einer Reihe rechtlicher Elemente zusammensetzen. Strittig ist allerdings bereits, ob der Vertrag als Typenkombinationsvertrag, allgemeiner als gemischter Vertrag oder nicht eher als Vertrag sui generis zu klassifizieren ist.

Die entscheidenden Abweichungen bei der Bestimmung der Rechtsnatur von Franchiseverträgen bestehen bezüglich der einzelnen rechtlichen Elemente des Franchisevertrages und ihrer Bedeutung für die Beurteilung des Gesamtvertrages. Ein Teil der Literatur erkennt in erster Linie lizenzvertragliche Elemente[65], teils kombiniert mit Elementen von Know-how- und Handelsvertreterverträgen[66]. Bei anderen Autoren steht der Geschäftsbesorgungsvertrag im Mittelpunkt von Franchisevereinbarungen.[67] Vertreten wird auch eine Typenkombination vorrangig der Rechtspacht, daneben des Kaufs, der Miete und von Geschäftsbesorgungselementen.[68]

Festzuhalten bleibt, dass ein Franchisevertrag je nach – in der Praxis durchaus unterschiedlicher – Ausgestaltung Elemente eines Geschäftsbesorgungs-, Dienst-, Lizenz-, Pacht-, Werk- oder Kaufvertrages beinhaltet. Vor allem die Elemente des Lizenz- und Geschäftsbesorgungsvertrages werden von einigen Autoren als obligatorisch für das Vorliegen eines Franchisevertrages angesehen, während andere Literaturstimmen darin nur fakultative Komponenten erkennen.[69]

2. Interessenstrukturtypen nach Martinek

a. Ansatz

Martinek hat in einem „typologischen Rechtserkenntnisprozess“[70] eine zielorientierte Typeneinteilung von Franchiseverträgen nach der Macht- und Interessenkonstellation in Franchisesystemen entwickelt, um dann für jeden dieser Interessentypen die ihn kennzeichnende Rechtsnatur festzustellen.[71] Anhand dieser juristischen Strukturierung gliedert er das Franchising in „Subordinationsfranchising“, „Koordinationsfranchising“, „Koalitionsfranchising“ sowie „Konföderationsfranchising“. Die drei letzteren fasst er als horizontal strukturierte Systeme unter dem Dachbegriff „Partnerschaftsfranchising“ zusammen und stellt sie dem vertikalen „Subordinationsfranchising“ ge-

---

[64] Vgl. *Martinek*, Franchising, S. 260.
[65] *Forkel*, ZHR 153 (1989), 511 (537).
[66] *Skaupy*, DB 1982, 2447; *Gross/Skaupy*, S. 281; *Enghusen*, S. 170 f.
[67] *Martinek*, Franchising, S. 293 ff. für das Subordinationsfranchising; *ders.*, Moderne Vertragstypen II, S. 69 f.; *Ekkenga*, S. 109, wobei ein anderer Typ dem Pachtrecht folgen soll.
[68] Palandt/*Putzo*, Einf. vor § 581 Rn. 22; *Weber*, JA 1983, 347 (351); nach *Emmerich*, JuS 1986, 558 ist in erster Linie Pachtrecht anwendbar.
[69] Vgl. *Skaupy*, DB 1982, 2445 (2447); *ders.*, NJW 1992, 1785 (1789) und *Forkel*, ZHR 153 (1989), 511 (537) sehen das lizenzvertragliche Elemente als obligatorisch an, den Geschäftsbesorgungsvertrag als fakultativ; *Martinek*, Moderne Vertragstypen II, S. 69 f. hält das Gegenteil für zutreffend.
[70] *Martinek*, Franchising, S. 232, 237.
[71] *Martinek*, Franchising, S. 232 ff.

genüber.[72] Andere betriebswirtschaftliche Typologisierungen erachtet er als unergiebig für seinen Strukturierungsansatz und hält auch die Differenzierung nach Waren- und Dienstleistungen für nicht relevant.[73]

b. Subordinations- und Partnerschaftsfranchising

Das Subordinationsfranchising beschreibt Martinek als ein durch interessenwahrende Geschäftsbesorgung gekennzeichnetes Absatzmittlungsverhältnis zwischen Franchisegeber und Franchisenehmer. Das System sei rein vertikal strukturiert und beruhe auf der autokratischen Systemsteuerung und -kontrolle des Franchisegebers.[74] Im Gegensatz dazu zeichneten sich die Typen des „Partnerschaftsfranchising" durch die Gleichordnung zweier oder mehrerer gleichberechtigter Partner aus. Ihnen fehle das Element der interessenwahrenden Weisungsgebundenheit.[75]

Das Koordinationsfranchising müsse als System aus gleichförmigen Austauschverträgen angesehen werden. Die Franchisenehmer seien gegenüber dem Franchisegeber gleichberechtigte Marketingpartner und nicht dessen Interesse untergeordnet.[76] Das übergeordnete wirtschaftliche Interesse aller Beteiligten führe zu einer Gruppenkooperation. Als Beispiel für dieses System führt er unter anderem die Modeunternehmen Rodier, Benetton, Pronuptia und Bleyle sowie im Dienstleistungsbereich die Hotelsysteme Sheraton und Holiday-Inn an.

Beim Koalitionsfranchising sollen die einzelnen Franchiseverträge jeweils eine Zweckgemeinschaft einer BGB-Innengesellschaft zwischen Franchisegeber und Franchisenehmer begründen. Vertragsinhalt sei der gemeinsame Zweck der Absatzoptimierung. Die vertraglichen Leistungen sollen daher nicht im Austauschverhältnis stehen, sondern seien Beiträge zur Zweckverfolgung. Beispiel sei die Stadler-Makler-Kette.[77]

Das Konföderationsfranchising Martineks ist ein System, bei dem ein auf die Verfolgung eines gemeinsamen Zwecks gerichteter Vertrag die bilateralen Einzelverträge überlagert und regiert. Zwischen allen Systembeteiligten bestehe eine BGB-Innengesellschaft.[78] Das OBI-Baumarktsystem soll diesem Strukturtyp folgen.[79]

---

[72] *Martinek*, Franchising, S. 246 ff.
[73] *Martinek*, Franchising, S. 233.
[74] *Martinek*, Franchising, S. 255, 256 ff.
[75] *Martinek*, Franchising, S. 255, 256.
[76] *Martinek*, Franchising, S. 255, 251, 378 ff.
[77] *Martinek*, Franchising, S. 255, 251, 252, 389 ff.
[78] *Martinek*, Franchising, S. 255, 252, 410 ff.
[79] Vgl. dazu *Martineks* ausführliche Auseinandersetzung mit diesem System in *ders.*, Franchising, S. 3 ff.

c. Kritik

aa. Allgemein

Überwiegend richtet sich die Kritik an dieser Differenzierung Martineks gegen die Fallgruppen des „Partnerschaftsfranchising".[80] In der Rechtswirklichkeit existierten nur Franchisesysteme, wie sie dem Typus des „Subordinationsfranchising" entsprechen.[81] Den von Martinek als partnerschaftlich bezeichneten Systemen fehle die Franchiseverhältnisse charakterisierende Über- und Unterordnung. Sie sollten daher nicht unter dem Begriff Franchising firmieren.[82]

bb. Koordinationsfranchising

Martinek wird ferner entgegengehalten, dass die Einbindung in das vom Franchisegeber vorgegebene Betriebskonzept, die der Franchisegeber über seine Weisungsrechte und die Absatzförderungspflicht des Franchisenehmers sicherstellt, gerade das Charakteristikum eines jeden Franchiseverhältnisses bildet. Dies sei im juristischen wie im betriebswirtschaftlichen Schrifttum durchgehend anerkannt.[83] Auch die frühere Gruppenfreistellungsverordnung verfolge den Zweck, interessenwahrende Absatzmittlungsverhältnisse vom Kartellverbot des Art. 81 EG auszunehmen.[84]

Ferner biete die Rechtspraxis keine Anhaltspunkte für die Behauptung, der Franchisenehmer sei in Austauschverhältnissen nicht den Weisungen und Kontrollen des Franchisegebers unterworfen, stattdessen sogar gleichberechtigter Marketingpartner. Insbesondere sind im Rahmen rechtstatsächlicher Untersuchungen auch in den von Martinek angeführten Beispielen aus der Praxis Weisungs- und Kontrollrechte nachgewiesen worden.[85] Die Franchisenehmer von Rodier und Pronuptia etwa unterliegen bezüglich Geschäftseinrichtung, Warenausstattung sowie Werbemaßnahmen ausschließlich den Weisungen der Systemzentrale. Weiter sind sie uneingeschränkt verpflichtet, sich

---

[80] Zur Kritik an *Martineks* Differenzierung *Bauder*, S. 98 ff.; *Bräutigam*, S. 74 ff.; *K. Schmidt*, Handelsrecht, § 28 II 3 b; *Weltrich*, S. 62-68; *ders.*, DB 1988, 806, wobei *Weltrich* zumindest das Konföderationsfranchising anerkennt; *Liesegang*, NJW 1990, 1525 f.; *Forkel*, ZHR 153 (1989), 511 (515); *Joerges*, AG 1991, 325; *Skaupy*, NJW 1992, 1785 (1788); gegen diese Kritik wendet sich wiederum *Martinek* in Moderne Vertragstypen II, S. 63 f., 78 ff.

[81] *Bauder*, S. 97 ff.; ebenso *Bräutigam*, S. 74.

[82] *Forkel*, ZHR 153 (1989), 511 (515); ebenso *Liesegang*, NJW 1990, 1525 (1526) mit Hinweis auf die Definitionen des Deutschen Franchiseverbandes und der früheren EG-Gruppenfreistellungsverordnung für Franchiseverträge.

[83] *Gross/Skaupy*, S. 271 (313 f.); *Lenzen*, RIW 1984, 586 (587); *Liesegang*, S. 3; *Skaupy*, DB 1982, 2446 (2447 f.); *Tietz/Mathieu*, S. 7; *Weber*, JA 1983, 347 (350).

[84] *Bräutigam*, S. 75. Er weißt darauf hin, dass zwar die Definition die Weisungsbindung nicht enthält, diese jedoch auch keine Rechtsfolgen aufzeige. Einer Befreiung vom Kartellverbot stehe nach Art. 3 Abs. 1 lit. f und h der (ehemaligen) EG-Gruppenfreistellungsverordnung nicht entgegen, wenn der Franchisenehmer zu umfassender Absatzförderung und Duldung von Kontrollen des Franchisegebers verpflichtet ist.

[85] Vgl. *Bauder*, S. 99 ff.; *Weltrich*, S. 63 ff.

den vom Franchisegeber vorgegebenen Systemänderungen anzupassen. Zudem stehen dem Franchisegeber umfangreiche Kontrollrechte zu.[86]

Unabhängig von diesen Erkenntnissen aus der Praxis der Franchisesysteme ist Martinek zu widersprechen, wenn er beim Koordinationsfranchising im Gegensatz zum Subordinationsfranchising eine Schutzbedürftigkeit der Franchisenehmer verneint. Der Franchisenehmer bindet sich durch die Tätigung „fremdbestimmter" Investitionen in seinen Betriebsaufbau wirtschaftlich in hohem Maße an seinen Franchisegeber und dessen System. Ein Ausstieg träfe ihn ungleich härter als den Franchisegeber, zumal der Franchisegeber sich in der Regel vertraglich das Recht zusichert, den Betrieb des Franchisenehmers nach Vertragsbeendigung zu übernehmen.[87] Ein vom Subordinationsfranchising abweichender Koordinationstypus ist daher nicht erkennbar.

cc. Gesellschaftsverhältnisse

Im Kern richtet sich die Kritik an den Typen des Koalitions- und Konföderationsfranchising dagegen, dass der gemeinsame Zweck, den alle Beteiligten eines Franchisesystems verfolgen, nämlich die Absatzoptimierung, juristisch unangemessen aufgewertet wird. Dieser gemeinsame Zweck sei nicht nur in Gesellschaftsverhältnissen, sondern gerade ebenso in Absatzmittlungsverhältnissen zu finden.[88] Daneben werden die von Martinek angegebenen Beispiele aus der Praxis wiederlegt und den Handelsvertreterverträgen[89] oder Subordinationsfranchiseverhältnissen[90] zugeordnet.

3. Folgerungen

Letztlich steht im Mittelpunkt die Streitfrage, was man als Franchising einstufen will. Die frühere Franchise-GVO aus dem Jahre 1988[91] traf erstmals eine rechtliche Begriffsbestimmung, die auch weitgehend mit dem Verständnis des Franchising in Praxis und Schrifttum korrespondiert und mehr Klarheit bringt. Das Franchising als nach der Definition der früheren Franchise-GVO einheitliches Absatzkonzept, das bis zur Quasifilialisierung führt, ist dauerhaft auch nach der einhelligen Auffassung im betriebs-

---

[86] Vgl. zu beiden Systemen *Weltrich*, S. 64; zu Rodier auch *Bauder*, S. 99 f.

[87] Vgl. § 18 des Mustervertrages bei *Skaupy*, Franchising, S. 276; §§ 9 Nr. 2, 13 Nr. 4-6 (Übertragung und Ankaufsrecht) des Standard-Franchisevertrages von Yves-Rocher ebenfalls bei *Skaupy*, Franchising, S. 303, 306 sowie § 21 Abs. 2 des Franchisevertrages (Restaurant) bei *Heil/Wagner*, Münchener Vertragshandbuch, S. 65 (77) und die entsprechende Anmerkung auf S. 155.

[88] Vgl. *Bauder*, S. 103; ebenso *Ekkenga*, S. 30; ähnlich *Bräutigam*, S. 76.

[89] *Bauder*, S. 102 f., *Weltrich*, S. 66 f. für das Stadler-System.

[90] *Bauder*, S. 105 f., *Bräutigam*, S. 77 für die OBI-Baumarktkette; a.A. *Weltrich*, S. 67 f., der in den Befugnissen der Franchisenehmer-Beiräte bei OBI Anhaltspunkte für *Martineks* Konföderationssystem erblickt. Die Beiräte sowie der Werbe- und Produktausschuss, die aus je vier Marktleitern und der Geschäftsführung der Zentrale gebildet werden, dienen indes vorwiegend dem Gedankenaustausch und enthalten keine gleichberechtigten Stimmrechte der Marktleiter (so *Bauder*, a.a.O., und *Bräutigam*, a.a.O., sowie *Skaupy*, Franchising, S. 123 ff.).

[91] Verordnung (EG) Nr. 4087/88 der Kommission vom 30.11.1988 über die Anwendung von Art. 85 Abs. 3 des Vertrages auf Gruppen von Franchisevereinbarungen, ABl. 1988, L 359/46-52.

wirtschaftlichen Schrifttum nur durch die Steuerung der Systemzentrale funktionsfähig.[92] Eine bilateral vereinbarte Marketingkonzeption und weitreichende Entscheidungsbefugnisse der Franchisenehmer in systemrelevanten Bereichen unterbinden die Steuerung des Systems durch den Franchisegeber. Der Franchisegeber kann seine Geschäftsidee hingegen ohne die Möglichkeit einer Steuerung durch die Systemzentrale nicht verwirklichen. Auf gleichberechtigter gesellschaftsrechtlicher Basis kann eine Geschäftsidee gleichermaßen auf dem Markt angeboten und durch alle Systembeteiligten weiterentwickelt werden. Nur sind diese Konzepte nicht zum Franchising zu zählen.[93]

II. Die Bestimmung der Rechtsnatur

1. Vertragsfreiheit

Franchiseverträge beruhen auf vertraglicher Basis. Sie begründen Verpflichtungen. Daher sind sie schuldrechtlicher Natur. Für Schuldverhältnisse gilt nach § 311 Abs. 1 BGB das Prinzip der Vertragsfreiheit. Zur Vertragsfreiheit zählen unter anderem inhaltliche Gestaltungs- und Typenfreiheit.[94] Bedingt durch die Typenfreiheit lassen sich typische und atypische[95] Verträge sowie Typenkombinationsverträge bzw. allgemeine gemischte Verträge unterscheiden.[96] Bei Typenkombinationsverträgen setzt sich ein einheitlicher Vertrag aus Teilen verschiedener typischer Vertragsarten zusammen.[97] In diese Gruppe fallen Franchiseverträge.[98] Da sich die Elemente eines Franchisevertrages unter die im deutschen Recht bestehenden schuldrechtlichen Typen subsumieren lassen, wird kein neues Rechtsgebilde gestaltet. Es liegt demnach kein Vertrag sui generis vor.[99] Die Rechtsnaturbestimmung bei Typenkombinationsverträgen folgt in erster Linie der Kombinationstheorie, wonach die verschiedenen Bestandteile eines einheitlichen Vertrages jeweils gesondert nach den ihnen entsprechenden gesetzlichen Vertragstypen zu beurteilen sind.[100]

Für die rechtliche Beurteilung von Verträgen kommt es einzig auf die im Einzelfall getroffenen vertraglichen Abreden an. Franchiseverträge weisen freilich – wie im Rahmen der Begriffsbestimmung festgestellt – charakteristische Merkmale auf, die rechtlich gesehen bestimmten gesetzlichen Vertragstypen folgen. Diese und ihre Bedeutung für Franchiseverhältnisse sollen im Folgenden dargestellt werden.

---

[92] Vgl. vor allem *Gross/Skaupy*, S. 271, 281; *Tietz/Mathieu*, S. 7; *Tietz*, S. 6.
[93] Die Fundstellen zu *Martinek* beziehen sich daher im Folgenden nur auf das Subordinationsfranchising.
[94] *Dilcher*, NJW 1960, 1040; Palandt/*Heinrichs*, Einf. vor § 145 Rn. 7, 13, Überblick vor § 311 Rn. 3.
[95] Sie werden auch als Verträge „sui generis“ bezeichnet.
[96] Palandt/*Heinrichs*, Überblick vor § 311 Rn. 16 ff.
[97] Palandt/*Heinrichs*, Überblick vor § 311 Rn. 21.
[98] Vgl. *Martinek*, Franchising, S. 294 f.; *ders.*, ZIP 1988, 1374; *Weltrich*, S. 76, der auch klärt, warum es sich nicht nur allgemein einen gemischten Vertrag handelt.
[99] *Weltrich*, S. 75 f.; *Martinek*, Franchising, S. 294 f.; *Gitter*, S. 496; *Mack*, S. 106; *K. Schmidt*, Handelsrecht, § 28 II 3 c; *Weber*, JA 1983, 347 (351).
[100] Vgl. Palandt/*Heinrichs*, Überblick vor § 311 Rn. 21, 24.

2. Die einzelnen Elemente eines Franchisevertrages

a. Geschäftsbesorgungsvertrag

Der Franchisevertrag könnte Elemente einer dienstvertraglichen Geschäftsbesorgung beinhalten. Eine dienstvertragliche Geschäftsbesorgung nach §§ 675 Abs. 1, 611 BGB erfordert neben der bereits festgestellten Selbständigkeit des Franchisenehmers sowie der wirtschaftlichen Tätigkeit eine Dienstleistung gegen Entgelt und das Tätigwerden in fremdem Interesse. Durch die Umsetzung des Betriebskonzepts des Franchisegebers erbringt der Franchisenehmer eine Dienstleistung[101], wobei schon hier das Handeln im Interesse des Franchisegebers deutlich wird, der den Franchisenehmer für seine Strategie quasi instrumentalisiert.[102] Die eigene Gewinnerzielungsabsicht des Franchisenehmers steht dem nicht entgegen.[103] Hier wird auch die Figur des Absatzmittlungsverhältnisses deutlich. Die weisungsgebundene Absatzförderungspflicht ist die vorrangige vertragliche Aufgabe des Franchisenehmers.[104] Gegenleistung des Franchisegebers sind dessen betriebseingliedernde und -fördernde Dienstleistungen wie Beratung in technischer und betriebswirtschaftlicher Hinsicht, Werbemaßnahmen und Schulungen. Die regelmäßig vertraglich fixierte, auf der konsequenten Durchsetzung der Einheitlichkeit des Systems beruhende Weisungs- und Kontrollbefugnis entspricht dem gesetzlichen Leitbild der Geschäftsbesorgung, vgl. §§ 675 Abs. 1, 665, 666 BGB.

Die hier angeführten vertraglichen Abreden sind Kernelemente eines Franchisevertrages. Das Geschäftsbesorgungselement ist demnach immanenter Bestandteil eines Franchisevertrages.[105]

b. Dienstvertrag

Aufgrund der notwendigen Eingliederung des Franchisenehmers in das Franchisesystem enthalten Franchiseverträge auch Elemente eines Dienstvertrages. Im Rahmen der Überprüfung auf dienstvertragliche Elemente ist besonders hervorzuheben, dass die Dienste im Sinne des § 611 BGB nicht in fremdem Interesse erbracht werden.[106] Dem Franchisegeber obliegt als Pflicht die Eingliederung des Franchisenehmers in das Franchisesystem und die laufende Förderung der Franchisenehmerbetriebe, unter anderem durch Beratung in technischer und betriebswirtschaftlicher Hinsicht, Unterstützung bei der Umsetzung des Know-how, Werbemaßnahmen und Schulungen. Bei Erbringung dieser Dienstleistungen handelt der Franchisegeber nicht weisungsgebun-

---

101 Vgl. *Weltrich*, S. 77; *Bräutigam*, S. 61.

102 Vgl. *Martinek*, S. 247; *Bräutigam*, S. 62.

103 *Weltrich*, S. 77.

104 *Bauder*, S. 101; *Martinek*, ZIP 1988, 1372 (1374); *ders.*, Franchising, S. 296.

105 Im Ergebnis ebenso *Martinek*, Franchising, S. 297; *Bräutigam*, S. 62 f.; *Mack*, S. 91 f., für das Warenfranchising; *Heil/Wagner*, Münchener Vertragshandbuch, S. 65 (97); *Weltrich*, S. 78.

106 Vgl. Palandt/*Putzo*, Einf. vor § 611, Anm. 2b.

den im Interesse des Franchisenehmers[107], sondern im Hinblick auf die Gegenleistung, die in der Absatzförderungspflicht und einem Teil vor allem der laufenden Franchisegebühr gesehen werden kann.[108] Die Betriebseingliederungs- und Förderungspflichten sind ebenfalls zur Sicherstellung der Einheitlichkeit des Systems auch noch über einen Zeitraum von mehreren Jahren hinweg unverzichtbar.[109]

c. Lizenzvertrag

Der positiv-gesetzlich nicht geregelte Lizenzvertrag beinhaltet ein Nutzungsrecht an gewerblichen Schutzrechten und folgt als Vertrag sui generis dem Pachtrecht der §§ 581 ff. BGB.[110] Zahlreiche Franchiseverträge enthalten lizenzvertragliche Elemente, etwa Patent-, Gebrauchsmuster-, Geschmacksmuster- und Warenzeichenlizenzen.[111] Dabei fallen Dienstleistungsmarken und Ausstattungen ebenfalls unter das Markenrecht. Im Hinblick auf ihre Bedeutung für das Franchiserecht lassen sich deutliche Unterschiede zwischen Waren- und Dienstleistungssystemen erkennen.

Beim Warenfranchising erschöpft sich der lizenzrechtliche Schutz bereits mit dem erstmaligen In-Verkehr-Bringen der Ware durch den Schutzrechtsinhaber selbst, den Franchisenehmer, oder mit seiner ausdrücklichen Zustimmung durch Dritte, vgl. § 24 MarkenG.[112] Dies gilt für die selbst oder auch nur hinsichtlich ihrer Marke geschützte Ware.[113]

Auf Dienstleistungsmarkenlizenzen ist das vorgenannte Erschöpfungsprinzip des § 24 MarkenG hingegen nicht anzuwenden.[114] Die Marke wird, da sie nicht in der Dienstleistung verkörpert werden kann, in erster Linie zur Kennzeichnung des Geschäftslokals, bei eigenen Werbemaßnahmen, auf Rechnungen, Geschäftsbriefen und Prospekten verwendet. In Verkehr gebracht wird die Dienstleistung jedoch erst mit ihrer tatsächlichen Erbringung.[115] Auch Ausstattungslizenzen, man denke vor allem an die einheitliche Einrichtung der Geschäftsräume, sind im Dienstleistungsbereich regelmäßig erforderlich.

Festzuhalten bleibt, dass Lizenzen regelmäßig im Dienstleistungsfranchising erforder-

---

[107] *Martinek*, Franchising, S. 266; *ders.*, Moderne Vertragstypen II, S. 67 f.; *Heil/Wagner*, Münchener Vertragshandbuch, S. 65 (97); *Weltrich*, S. 91.

[108] *Weltrich*, S. 91.

[109] Im Ergebnis ebenso *Martinek*, Franchising, S. 266; *Heil/Wagner*, Münchener Vertragshandbuch, S. 65 (97); *Weltrich*, S. 92.

[110] Palandt/*Putzo*, Einf. vor § 581, Rn. 7; *Stumpf/Groß*, Lizenzvertrag, Rn. 24.

[111] Vgl. *Skaupy*, Franchising, S. 14; *ders.*, DB 1982, 2446 (2447); *Martinek*, Moderne Vertragstypen II, S. 45; *Heil/Wagner*, Münchener Vertragshandbuch, S. 65 (94); *Weltrich*, S. 79 ff.

[112] Vgl. *Hubmann/Götting*, § 19 Rn. 10 ff., § 40 Rn. 23, S. 140 ff.; *Stumpf/Groß*, Lizenzvertrag, Rn. 29.

[113] Vgl. *Hubmann/Götting*, § 40 Rn. 23.

[114] Vgl. *Hubmann*, § 40 III; *Heil/Wagner*, Münchener Vertragshandbuch, S. 65 (98).

[115] Vgl. *Martinek*, Franchising, S. 274; *Weltrich*, S. 84.

lich werden, während solche im Warenfranchising durch das Erschöpfungsprinzip nach § 24 MarkenG grundsätzlich entbehrlich sind.[116]

d. Know-how-Vertrag

Der Franchisevertrag könnte Elemente des sogenannten Know-how-Vertrages beinhalten. Wie der Lizenzvertrag ist der Know-how-Vertrag nach überwiegender Meinung Vertrag sui generis und folgt dem Pachtrecht der §§ 581 ff. BGB.[117] Das Know-how umfasst neben technischen auch betriebswirtschaftliche Erfahrungen und Kenntnisse, die nicht durch spezielle gewerbliche Rechte geschützt und entweder geheim oder nicht allgemein bekannt sind. Der Know-how-Nehmer erwirbt das Recht zur Nutzung der Kenntnisse bei Produktion und Vertrieb von Waren und Dienstleistungen.[118]

Das spezifische Betriebskonzept des einzelnen Franchisesystems wird dem Franchisenehmer im Franchisevertrag selbst oder in umfangreichen Betriebshandbüchern, die detaillierte Richtlinien und Anweisungen zur Umsetzung der Geschäftsidee des Systems enthalten, eingeräumt.[119] Dieses Paket an Kenntnissen und Erfahrungen ist im Detail ebenfalls geheim bzw. nur durch Systembeteiligte nutzbar.[120] Es handelt sich um Know-how, das zudem dem Franchisevertrag sein charakteristisches Gepräge gibt.[121]

e. Kaufvertrag

Regelmäßig werden insbesondere beim Warenfranchising Kaufverträge zwischen Franchisenehmer und Franchisegeber über die systemspezifischen Waren abgeschlossen. Vereinbarungen über den Kauf solcher Waren findet man jedoch nur selten in den Franchiseverträgen selbst. Diese beinhalten stattdessen nur generelle Warenbezugsverpflichtungen.[122] Die einzelnen Kaufverträge werden vielmehr erst anlässlich der einzelnen Warenlieferungen abgeschlossen.[123] Der Franchisevertrag hat insoweit nur Rahmencharakter.

---

[116] Im Ergebnis ebenso *Martinek*, Franchising, S. 267 ff.; *ders.*, Moderne Vertragstypen II, S. 45 ff.; *Heil/Wagner*, Münchener Vertragshandbuch, S. 65 (98); *Weltrich*, S. 85; ähnlich *Mack*, S. 89; a.A. *Skaupy*, NJW 1992, 1785 (1789); *Emmerich*, JuS 1995, 761 (763); *Forkel*, ZHR 1989 (153), 511 ff., der das komplette Unternehmen als Gegenstand der Lizenzerteilung ansieht.

[117] Palandt/*Putzo*, Einf. vor § 581, Rn. 8; *Stumpf*, Know-how-Vertrag, Rn. 19, 29 ff.

[118] *Stumpf*, Know-how-Vertrag, Rn. 10; *Gitter*, S. 438 f.; *Skaupy*, Franchising, S. 14 f.

[119] Vgl. *Martinek*, Moderne Vertragstypen II, S. 35 f.; *Heil/Wagner*, Münchener Vertragshandbuch, S. 65 (124 ff.) und § 3 des Vertragsmusters (Restaurant), S. 65 (67); *Weltrich*, S. 87.

[120] Vgl. *Weltrich*, S. 87.

[121] Ebenso *Skaupy*, Franchising, S. 11, 15; *ders.*, NJW 1992, 1785 (1789); *Emmerich*, JuS 1995, 761 (763); *Weber*, JA 1983, 347 (351); *Weltrich*, S. 90 f.; a.A. *Martinek*, Franchising, S. 267, der die know-how-vertraglichen Elemente aufgrund der fortdauernden Wissensvermittlungspflicht des Franchisegebers statt dessen als Dienstleistung ansieht.

[122] Derartige Bezugspflichten sollen nach *Martinek*, Franchising, S. 278, nach Geschäftsbesorgungsvertrag zu beurteilen sein; ebenso *Ulmer*, S. 319 f. für den Vertragshändlervertrag; a.A. BGH NJW 1986, 1988 (1989).

[123] Vgl. dazu auch BGH NJW 1997, 3304 (3305 f.) („Benetton I").

Ähnliches gilt für Vereinbarungen über den Kauf systemspezifischer Einrichtungsgegenstände und anderer Betriebsmittel. Obwohl solche Vereinbarungen meist ebenfalls in getrennten Schriftstücken getroffen werden, kommt eine Anwendung von § 139 BGB in Betracht, wenn diese und der Franchisevertrag „nach dem Willen der Vertragsparteien miteinander stehen und fallen sollen“[124]. Voraussetzung ist freilich, dass die Vereinbarungen ebenso in der Franchisevertragsurkunde hätten aufgenommen werden können.[125] Dies ist etwa hinsichtlich der Erstausstattung regelmäßig der Fall.

f. Handelsvertretervertrag

Wie Handelsvertreter sind auch Franchisenehmer interessenwahrende Absatzmittler, so dass eine Anwendung des Handelsvertreterrechts nahe liegt. Eine unmittelbare Anwendung der §§ 84 ff. HGB scheitert indes daran, dass der Handelsvertreter nicht wie der Franchisenehmer in eigenem Namen und auf eigene Rechnung handelt. In Betracht zu ziehen ist aber eine analoge Anwendung des Handelsvertreterrechts. Im Falle ihrer analogen Anwendung würden die speziellen handelsvertreterrechtlichen Vorschriften die Normen des Geschäftsbesorgungsvertrages verdrängen.[126]

Voraussetzung für eine analoge Anwendung der §§ 84 ff. HGB auf Franchiseverträge wäre neben der Regelungslücke eine vergleichbare Sachlage und eine gleiche rechtliche Bewertung.[127] Darüber hinaus werden einige Vorschriften der §§ 84 ff. HGB bereits auf den Vertragshändler angewendet. Die dort aufgestellten Kriterien für die analoge Anwendbarkeit können nach überwiegender Ansicht auch für den Franchisenehmer herangezogen werden.[128] Im Vergleich insbesondere zu dem Handelsvertreter, der nicht nur ein Unternehmen vertritt, und zum Vertragshändler, dem einen größerer Entscheidungsspielraum verbleibt, ist der Franchisenehmer sogar noch stärker in ein Vertriebssystem eingebunden. Danach wäre er schutzwürdiger. Er erfüllt dabei wie ein Handelsvertreter die Pflicht zur weisungsgebundenen Absatzförderung und unterliegt dem Konkurrenzverbot. Deutliche Unterschiede sind hingegen das Handeln des Franchisenehmers in eigenem Namen und auf eigene Rechnung, die Pflicht zur Zahlung von Franchisegebühren sowie die hohen eigenen Investitionskosten.[129] Der Bundesgerichtshof hat sich aufgrund dieser Unterschiede gegen eine Gesamtanalogie des Handelsvertreterrechts ausgesprochen.[130] In jedem Einzelfall müsse vielmehr geprüft wer-

[124] BGH NJW 1986, 1988 (1990).
[125] *Weltrich*, S. 72, 92.
[126] *Weltrich*, S. 97.
[127] Vgl. *Larenz/Canaris*, S. 202 ff.; zur Anwendung des Handelsvertreterrechts auf den Vertragshändler auch *Ulmer*, S. 408 ff.
[128] *K. Schmidt*, Handelsrecht, § 28 III 1; *Heil/Wagner*, Münchener Vertragshandbuch, S. 65 (99 f.); *Skaupy*, Franchising, S. 142 ff.; *Weltrich*, S. 97 ff.
[129] Die hohen Eigeninvestitionen können jedoch eine höhere Schutzwürdigkeit gegenüber dem Handelsvertreter begründen, vgl. *Skaupy*, Franchising, S. 142 f.
[130] So BGH, DB 1987, 1039 (1040).

den, ob die Interessenlage vergleichbar sei und damit der Grundgedanke der jeweiligen handelsvertreterrechtlichen Vorschrift anwendbar ist.[131]

Die Unterschiede beider Vertriebssysteme beziehen sich somit vorwiegend auf das Außenverhältnis, während das Innenverhältnis sehr ähnlich ausgestaltet ist. Daher wenden Rechtsprechung und Schrifttum die Vorschriften des Handelsvertreterrechts analog auf Vereinbarungen in Franchiseverträgen, die sich mit dem Innenverhältnis zwischen Unternehmer und Absatzmittler befassen, an.[132] Die Analogie wird durchgehend bejaht für die „Zentralnorm" des Absatzmittlerrechtes, § 86 HGB, die Schutzvorschriften der §§ 89, 89 a, 90, 90 a HGB und für den Ausgleichsanspruch des § 89 b HGB.[133]

g. Zusammenfassung

Franchiseverträge sind Typenkombinationsverträge, die Elemente der dienstvertraglichen Geschäftsbesorgung, des Know-how-Vertrages und des Dienstvertrages beinhalten. Daneben können je nach Einzelfall Elemente anderer Vertragstypen treten, insbesondere lizenzvertragliche Elemente. Die Vorschriften zum Geschäftsbesorgungsvertrag können durch die speziellen Normen des Handelsvertreterrechts verdrängt werden. Zuweilen finden sich in Franchiseverträgen auch Elemente von Kauf-, Miet- und Pachtvertrag.

B. Abgrenzung zu anderen Vertriebswegen

Neben dem Franchisesystem existieren noch eine Reihe weiterer Vertriebswege. Die Grenzlinie zum Franchising droht allerdings gelegentlich zu verwischen. Es bedarf daher einer genauen Abgrenzung dieser Vertriebswege zum Franchising.

I. Vertragshändlersystem

Der gesetzlich nicht geregelte Vertragshändlervertrag ist in erster Linie Rahmenvertrag und wird heute überwiegend als Geschäftsbesorgungsvertrag angesehen.[134] Der

---

[131] So BGH, DB 1987, 1039 (1040); vgl. in der Literatur *Skaupy*, Franchising, S. 142 ff.; *Heil/Wagner*, Münchener Vertragshandbuch, S. 65 (99 f.); *K. Schmidt*, Handelsrecht, § 28 III 1; *Martinek*, Franchising, S. 315 ff.; *ders.*, ZIP 1988, 1372 (1375 ff.) hingegen spricht sich für eine Gesamtanalogie aus, will jedoch ebenfalls die Vorschriften nicht anwenden, die auf dem Handeln in fremdem Namen, für fremde Rechnung und „auf Provisionsbasis" beruhen.

[132] Vgl. *Martinek*, Franchising, S. 318 ff.; *ders.*, ZIP 1988, 1372 (1375 ff.); Martinek/Semler/*Martinek/Habermeier*, § 23 Rn. 60 ff.; *K. Schmidt*, Handelsrecht, § 28 III 1; *Ekkenga*, S. 97; *Weber*, JA 1983, 347 (353); auch BGH DB 1987, 1039 (1040).

[133] Vgl. dazu ausführlich *Martinek*, Franchising, S. 318 ff.; *ders.*, ZIP 1988, 1372 (1375 ff.); *Heil/Wagner*, Münchener Vertragshandbuch, S. 65 (99); *K. Schmidt*, Handelsrecht, § 28 III 1 b bb) und 2; *Skaupy*, Franchising, S. 142 ff.; *Gitter*, S. 505 ff.; *Weber*, JA 1983, 347 (352 f.); *Emmerich*, JuS 1995, 761 (763 f.).

[134] Vgl. *Ulmer*, S. 341; Staudinger/*Martinek*, § 675 Rn. D 12; *Ebenroth*, S. 32 f.; *K. Schmidt*, Handelsrecht, § 28 II 2 b; a.A. BGHZ 29, 83 (87 f.); BGHZ 54, 338 (340 f.).

Vertragshändler übernimmt es als selbständiger Gewerbetreibender, für einen Hersteller von Markenwaren die Vertragsware im eigenen Namen und auf eigene Rechnung zu vertreiben und ihren Absatz zu fördern. Er ist dabei in die Vertriebsorganisation des Herstellers eingegliedert.[135]

Die entscheidenden Unterschiede zum Franchisenehmer ergeben sich aus der Art der Eingliederung. Beim Vertragshändlersystem steht die Vertragsware, beim Franchisesystem hingegen eine Absatzkonzeption im Mittelpunkt. Dem Vertragshändlersystem fehlt deshalb das bis in alle Einzelheiten geregelte straffe Organisations- und Marketingsystem und die laufende Beratungs- und Unterstützungspflicht des Franchisegebers. Es findet keine Quasifilialisierung statt, der Vertragshändler hat ein gewisses individuelles Gestaltungsrecht bezüglich seiner Geschäftsräume und stellt im Geschäftsverkehr neben dem Herstellernamen auch seinen eigenen heraus.

II. Lizenzsystem

Die Lizenzerteilung beinhaltet regelmäßig sowohl Herstellung als auch Vertrieb eines Produkts. In einigen Franchisesystemen beschränkt sich die Pflicht des Franchisenehmers nicht auf den Vertrieb des Systemprodukts. Insbesondere in der Systemgastronomie übernimmt der Franchisenehmer bereits die Herstellung des Produkts nach Weisung des Franchisegebers. Franchiseverträge gehen jedoch weit über die bloße Erteilung einer Lizenz zur Herstellung und dem Vertrieb eines Produkts hinaus. Dem Franchisenehmer wird typischerweise neben einer Lizenz betriebswirtschaftliches und häufig auch technisches Know-how zur Verfügung gestellt.[136] Anders als der Lizenzgeber verpflichtet sich der Franchisegeber ferner, den Vertrieb der Systemprodukte durch den Franchisenehmer aktiv zu fördern.[137] Diese Hauptpflicht[138] des Franchisegebers umfasst neben der ständigen Weiterentwicklung des Systems die fortlaufende Beratung und Unterstützung des Franchisenehmers bei der Nutzung des Franchisekonzeptes.[139] Die enge Einbindung des Franchisenehmers in Absatzkonzept und Betriebssystem des Franchisegebers und die damit einhergehenden Pflichten des Franchisenehmers im Rahmen der Absatzförderung entsprechen ebenfalls nicht dem auf bloße

---

[135] Vgl. die Definitionen von *Ulmer*, S. 206 und in BGHZ 54, 338 (340 f.).

[136] Vgl. Ziffer 4 der Präambel, § 2 Abs. 4 des Franchisevertrages (Restaurant) bei *Heil/Wagner*, Münchener Vertragshandbuch, S. 65 f.; Ziffer 5 der Präambel, § 4 Abs. 3 lit. a) des Franchisevertrages bei *Anschütz/Feick*, Beck'sches Formularhandbuch, S. 1099 (1100 f.); Giesler/Nauschütt/*Giesler*, § 5 Rn. 109, 111; *Skaupy*, NJW 1982, 2446 (2447).

[137] Vgl. etwa § 2 Abs. 3, § 3 Abs. 1 des Franchisevertrages (Restaurant) bei *Heil/Wagner*, Münchener Vertragshandbuch, S. 65 (66 f.) einschließlich Anmerkung 4 (4) lit. d) (bb), S. 65 (97); § 4 Abs. 3 des Franchisevertrages bei *Anschütz/Feick*, Beck'sches Formularhandbuch, S. 1099 (1101); BGH NJW-RR 2000, 1159 ff.; *Martinek*, Franchising, S. 263 ff.; Giesler/Nauschütt/*Giesler*, § 5 Rn. 121 ff.

[138] Giesler/Nauschütt/*Giesler*, § 5 Rn. 122 m.w.N.

[139] Vgl. etwa § 2 Abs. 3, § 3 Abs. 1 des Franchisevertrages (Restaurant) bei *Heil/Wagner*, Münchener Vertragshandbuch, S. 65 (66 f.) einschließlich Anmerkung 4 (4) lit. d) (bb), S. 65 (97); § 4 Abs. 3 des Franchisevertrages bei *Anschütz/Feick*, Beck'sches Formularhandbuch, S. 1099 (1101); *Martinek*, Franchising, S. 263 ff.; Giesler/Nauschütt/*Giesler*, § 5 Rn. 109.

Lizenzvergabe ausgerichteten Lizenzvertrag.[140] Nicht zuletzt fehlt es in Lizenzverträgen an dem franchisetypischen Weisungs- und Kontrollrecht der Systemspitze.[141] Die Gemeinsamkeit zwischen Lizenzsystem und Franchisesystem beschränkt sich demnach auf das in Franchisesystemen regelmäßig anzutreffende Lizenzvertragselement, das jedoch nur ein Element eines Franchisevertrages ist.

III. Filialsystem

Nach außen sind die Verkaufsstellen von Franchisenehmern regelmäßig nicht von Filialen des Franchisegebers zu unterscheiden. Zwischen reinen Filialsystemen, in denen der Unternehmer die einzelnen Verkaufsstellen selbst betreibt, und Franchisesystemen besteht indes ein zentraler Unterschied. Während ein Franchisenehmer selbständiger Unternehmer ist, ist ein Filialleiter lediglich Angestellter. Als Kriterium für eine solche Angestelltenstellung zieht die arbeitsgerichtliche Rechtsprechung die persönliche Abhängigkeit des Angestellten im Vergleich zum Selbständigen heran.[142] Indes bereitet dieses Kriterium in der Praxis regelmäßig Schwierigkeiten. Zunehmend stellt die Lehre daher auf das Unternehmerrisiko und die Gewinnchancen ab.[143] Ein Franchisenehmer sei dann kein Arbeitnehmer, der Betrieb des Franchisenehmers daher keine Filiale des Franchisegebers, wenn der Franchisenehmer sowohl das Unternehmerrisiko trage als auch genügend unternehmerische Freiräume habe, um seine Gewinnchancen durch den Einsatz eigener Leistung und eigenen Kapitals wahrnehmen zu können.

C. Zwischenergebnis

Grundlage für Umfang und Grenzen des Weisungsrechts des Franchisegebers ist der Franchisevertrag, der stets Elemente der dienstvertraglichen Geschäftsbesorgung, des Know-how-Vertrages – und damit des gesetzlich geregelten Pachtvertrages – und des Dienstvertrages beinhaltet. Die Vorschriften des BGB zu diesen gesetzlich normierten Vertragstypen ergänzen die Rechte und Pflichten von Franchisegeber und Franchisenehmer. Sie können ebenfalls Einfluss auf Umfang und Grenzen des Weisungsrechts des Franchisegebers haben. Dies gilt auch für die Vorschriften des Handelsvertreterrechts, die zum Teil analog auf Franchiseverträge anzuwenden sind. Franchisesysteme sind dabei klar von Vertragshändler-, Lizenz- und Filialsystemen und den jeweils einschlägigen Rechtsnormen abzugrenzen.

---

[140] *Martinek*, Moderne Vertragstypen II, S. 48 f.; ähnlich Giesler/Nauschütt/*Giesler*, § 5 Rn. 74, 109.

[141] *Skaupy*, Franchising, S. 14; *ders.*, DB 1982, 2446 (2448); *Weltrich*, S. 111; *Weber*, JA 1983, 347 (352).

[142] Vgl. BAG AP Nr. 26, 42, 43, 45 zu § 611 BGB.

[143] Vgl. etwa *Wank*, S. 122 ff.; *ders.*, DB 1992, 90 f.; *Bräutigam*, S. 68 f.; *Martinek*, Moderne Vertragstypen II, S. 73; *Joerges*, AG 1991, 325 (343); dagegen sehen OLG Schleswig NJW-RR 1987, 220 (223) und *Weltrich*, S. 115 einseitig das Unternehmerrisiko als entscheidendes Abgrenzungskriterium an.

§ 4 Das Weisungs- und Dispositionsrecht des Franchisegebers und dessen Grenzen

Der Franchisenehmer hat sich dem Interesse des Franchisegebers insbesondere an einer straffen Organisation seines Vertriebssystems unterzuordnen. So soll der Franchisenehmer „im Konfliktfall seine Interessen hintanstellen“[144] müssen. Der Bundesgerichtshof erkennt einseitig das unternehmerische Ziel des Franchisegebers als gemeinsamen Vertragszweck an.[145] Zu einem gewissen Grade gibt der Franchisenehmer seine unternehmerische Autonomie auf und unterwirft sich der Entscheidungsgewalt seines Geschäftsherrn.

Der Beschränkung der unternehmerischen Autonomie haben Gesetzgeber und Rechtsprechung jedoch Grenzen gesetzt.[146] Anknüpfungspunkt sind Verbotsnormen, die den Schutz der Privatautonomie als Institution bezwecken, namentlich in § 138 BGB, daneben auch in § 307 BGB sowie im Kartell- und Wettbewerbsrecht. Vorschriften, die Maßstäbe für ein ausgewogenes Verhältnis von Rechten und Pflichten der Vertragsparteien vorgeben, sind § 138 BGB und § 307 BGB. Schließlich kann auf Schutznormen insbesondere des Handelsvertreterrechts zurückgegriffen werden.
Ergebnis der Ausgestaltung einer Franchisebeziehung durch den Franchisegeber ist meist ein perfektionistisches Vertragswerk, das dem Franchisenehmer ein umfassendes System an Richtlinien und Grundsätzen zur Verwirklichung des Unternehmenskonzepts einerseits an die Hand gibt, andererseits aber auch verpflichtend vorschreibt. Der Franchisegeber behält sich ferner stets das Recht vor, das System über die Richtlinien und Grundsätze einseitig zu ändern.[147] Er erhält so ein umfassendes Weisungsrecht gegenüber dem Franchisenehmer.

Untersucht man die Grenzen der Autonomiebeschränkung des Franchisenehmers und damit der Bindung des Franchisenehmers an Weisungen des Franchisegebers, ist auf § 138 BGB, § 307 BGB sowie Bestimmungen des Wettbewerbs- und Kartellrechts einzugehen.

A. Keine obligatorische Schriftform von Franchiseverträgen

Franchisenehmer werden nicht durch Schriftformerfordernisse geschützt. Franchiseverträge können vielmehr mündlich oder in jeder beliebigen anderen Form geschlossen werden. Sind in einem Franchisevertrag Kaufverträge über Grundstücke enthalten, ist ausnahmsweise die Schriftform des § 311 b BGB zu beachten.[148]

---

[144] *Martinek*, Franchising, S. 309.
[145] BGH NJW 1985, 1894 (1895) („McDonald's“).
[146] Vgl zur folgenden Gliederung auch *Joerges*, AG 1991, 325 (335).
[147] Vgl. etwa § 3 Abs. 2 S. 2 des Franchisevertrages (Restaurant) bei *Heil/Wagner*, Münchener Vertragshandbuch, S. 65 (67); § 3 Abs. 1, § 5, § 6 Abs. 2, § 10 Abs. 1 des Franchisevertrages bei *Anschütz/Feick*, Beck'sches Formularhandbuch, S. 1099 (1100 ff.); *Herrfeld*, S. 44, 53 f.
[148] Anzumerken ist, dass § 85 HGB analoge Anwendung findet. Daher steht beiden Vertragspartner das nicht entziehbare Recht zu, den Inhalt des Vertrages sowie spätere Vereinbarungen zu dem Ver-

Da Franchiseverträge nahezu ausnahmslos Absatz-, Vertriebs-, Bezugs- oder Koppelungsbedingungen enthalten, die Wettbewerbsbeschränkungen im Sinne von §§ 16, 17 und 18 GWB (früher §§ 18, 20, 21 GWB) darstellen, bedurften sie allerdings bis zum Inkrafttreten der 6. GWB-Novelle am 1.01.1999 gemäß § 34 GWB der Schriftform. Andernfalls war der gesamte Vertrag nach § 125 Satz 1 BGB nichtig. Mit Inkrafttreten der GWB-Novelle ist das Schriftformerfordernis ersatzlos entfallen. Es gilt allerdings weiterhin für die Franchiseverträge, die vor dem 1.01.1999 abgeschlossen wurden.[149]

B. Sittenwidrigkeit von Franchiseverträgen als Grenze

Eine in der Praxis bedeutsame Grenze für die Weisungs- und Dispositionsrechte des Franchisegebers ergibt sich aus dem Maßstab der guten Sitten nach § 138 Abs. 1 BGB. Im Gegensatz zur weitaus strengeren Kontrolle nach den AGB-rechtlichen Vorschriften des BGB[150] geht es bei der Sittenwidrigkeitskontrolle des § 138 Abs. 1 BGB nicht um die Überprüfung einzelner Klauseln, sondern um eine Gesamtwürdigung des Franchisevertrages. Der Franchisevertrag ist wegen Sittenwidrigkeit nichtig, wenn er insgesamt gegen das Anstandsgefühl aller billig und gerecht Denkenden verstößt.[151]

Die Funktionsfähigkeit eines Franchisesystems hängt wesentlich von der Imageeinheit, die ein ausgeprägtes Weisungs- und Kontrollsystem voraussetzt, ab. Die Unterordnung liegt im wohlverstandenen Interesse gerade auch der Franchisenehmer, die sich erhebliche wirtschaftliche Vorteile von der Systemzugehörigkeit erhoffen. Die straffe Einbindung des Franchisenehmers in das Vertriebssystem allein führt daher auch dann noch nicht zur Sittenwidrigkeit, wenn ein Missverhältnis zwischen Leistung und Gegenleistung besteht. Erforderlich sind weitere Umstände, etwa Knebelung oder die Ausnutzung einer Machtstellung.[152] Ein Sittenverstoß im Sinne von § 138 Abs. 1 BGB ist daher erst dann zu bejahen, wenn ein bestimmter Intensitätsgrad der Freiheitsbeschränkung erreicht wird. Dem Franchisenehmer muss ein hinreichender Spielraum für ein eigenes unternehmerisches und wirtschaftliches Handeln verbleiben, so dass er nicht nur mit Risiken belastet wird, sondern selbst Einfluss auf seine wirtschaftlichen Chancen nehmen kann. Die Grenze zur sittenwidrigen Knebelung ist dann erreicht, wenn die Weisungs- und Kontrollrechte des Franchisegebers derart bestimmend ausfallen, dass der Franchisenehmer „faktisch zum Angestellten in seinem eigenen Geschäftsbetrieb degradiert ist“[153]. Davon ist auszugehen, wenn sich der Franchisegeber

trag in eine vom anderen Teil unterzeichnete Urkunde aufnehmen zu lassen, vgl. *Martinek*, Franchising, S. 318.

149 BGH BB 1999, 865; BGH WRP 2003, 1129 (1130).

150 Die Würdigung einzelner Klauseln nach dem AGB-rechtlichen Vorschriften des BGB erfolgt nach der Überprüfung der Wirksamkeit des gesamten Vertrages, da von einer Unwirksamkeit regelmäßig nur einzelne Klauseln erfasst werden, der Vertrag im Übrigen aber wirksam bleibt, vgl. § 306 Abs. 1 und 3 BGB.

151 Vgl. Palandt/*Heinrichs*, § 138 Rn. 5.

152 Vgl. *Ulmer*, S. 343 ff.; zu den Grundsätzen der Bindung in Vertriebssystemen schon das Reichsgericht, RGZ 82, 308 (318); 161, 153 (162).

153 *Martinek*, Franchising, S. 302; ihm folgend u.a.: *Heil/Wagner*, Münchener Vertragshandbuch, S. 65 (125 f.); *Ekkenga*, S. 258 ff.; *Joerges*, AG 1991, 325 (336).

vertraglich vorbehält, beliebig mit Einzelanweisungen in die Finanzierungs- und Investitionsentscheidungen eines einzelnen Franchisenehmers einzugreifen oder jederzeit Einsicht in die Geschäftsbücher und einzelne Geschäftsvorgänge nehmen zu können.[154] In der Praxis wird diese Grenze jedoch allein deshalb selten überschritten, weil der Franchisegeber im Zuge einer Systemänderung Anweisungen gegenüber sämtlichen am System beteiligten Franchisenehmern trifft. Ferner will sich der Franchisegeber jedenfalls in gewissem Umfang das eigene kreative und wirtschaftliche Potential seines Vertragspartners zu Nutzen machen.[155]

C. Beschränkungen durch Wettbewerbs- und Kartellrecht

Wettbewerbsrechtliche Beschränkungen sind dem Franchising nahezu immanent. Absatz-, Vertriebs-, Bezugs- oder Koppelungsbedingungen, die Wettbewerbsbeschränkungen im Sinne von §§ 14, 16 GWB sind, finden sich in fast jedem Franchisevertrag. Aufgrund einer wenig einschneidenden Missbrauchsaufsicht nach § 16 GWB bleiben derartige grundsätzlich erlaubte Beschränkungen jedoch in der Regel unbeanstandet.[156]

Gemäß § 14 GWB dürfen dem Franchisenehmer keine verbindlichen Verkaufspreise oder andere Weiterveräußerungskonditionen vorgeschrieben werden.[157] Allerdings sind unverbindliche Preisempfehlungen bei Markenwaren und sogenannte Mittelstandsempfehlungen mit dem Ziel der Verbesserung der Wettbewerbslage gegenüber Großunternehmen nach § 23 GWB bzw. § 22 Abs. 2 GWB zulässig. Insoweit ist unschädlich, dass die Kunden selten Preise des Franchisenehmers akzeptieren werden, die über der unverbindlichen Preisempfehlung liegen. Die bloße Möglichkeit des Franchisenehmers, einen geringeren Preis zu verlangen, genügt für die Zulässigkeit der Preisempfehlung.[158] Übt der Franchisegeber dagegen Druck zur Durchsetzung der „unverbindlichen" Preise aus, liegt ein Verstoß gegen § 14 GWB vor mit der Folge der Nichtigkeit des Franchisevertrages.[159]

Die Beurteilung von Franchiseverträgen nach dem EG-Kartellrecht[160] wurde maßgeblich durch das Pronuptia-Urteil des EuGH vom 28.01.1986[161] geprägt. Nach Ansicht

---

[154] Vgl. OLG Hamm BB 1970, 374 („Sittenwidrige Geschäftsbüchereinsicht"); *Martinek*, Franchising, S. 302; *Heil/Wagner*, Münchener Vertragshandbuch, S. 65 (125 f.).

[155] *Mack*, S. 119; *Martinek*, Franchising, S. 302; *Heil/Wagner*, Münchener Vertragshandbuch, S. 65 (126).

[156] Vgl. den Tätigkeitsbericht des Bundeskartellamts 1985/86, S. 32, in Teilen abgedruckt bei *Heil/Wagner*, Münchener Vertragshandbuch, S. 65 (103); *Eßer*, S. 81.

[157] Die Anwendbarkeit des § 14 GWB auf Franchiseverträge hat der BGH in der „Sixt"-Entscheidung (BGH NJW 1999, 2671 (2674 f.)) bestätigt.

[158] LG Düsseldorf, Urteil vom 06.01.1993, Az. 38 O 5/92 (nicht veröffentlicht).

[159] Vgl. den Tätigkeitsbericht des Bundeskartellamts 1985/86, S. 32, in den maßgeblichen Passagen abgedruckt bei *Heil/Wagner*, Münchener Vertragshandbuch, S. 65 (103).

[160] Vgl. zum EG-Kartellrecht vor allem: *Martinek*, Moderne Vertragstypen II, S. 169 ff.; Martinek/Semler/*Martinek/Habermeier*, § 24 Rn. 52 ff; Giesler/Nauschütt/*Gerstner*, § 2 Rn. 5 ff.; *Weltrich*, S. 121 ff.; *Skaupy*, DB 1989, 765 ff.; *ders.*, BB 1996, 1899 ff.; *Bunte*, NJW 1986, 1406 f.

[161] EuGH Slg. 1986, 353 ff.; dazu auch *Skaupy*, BB 1996, S. 1899 ff.

des EuGH lässt sich die Vereinbarkeit von Franchiseverträgen mit Art. 81 Abs. 1 EG „nicht abstrakt, sondern nur aufgrund der einzelnen Vertragsbestimmungen beurteilen“[162]. Grundsätzlich beeinträchtige ein Franchisesystem, „mit dessen Hilfe der Franchisegeber seinen Erfolg verwerten kann, [...] an sich nicht den Wettbewerb“[163]. Im Anschluss an die Pronuptia-Entscheidung hat die Kommission mehrere Einzelfreistellungs-Entscheidungen erlassen, in denen sie die Wertungen des EuGH aufgegriffen und im Ergebnis die grundlegenden Regelungen in Franchiseverträgen vom Wettbewerbsverbot freigestellt hat.[164]

Auf Grundlage dieser Entscheidungen erließ die Kommission 1988 die Franchise-GVO.[165] Nach der Franchise-GVO war die Vereinbarkeit von Vertriebs-Franchiseverträgen mit Art. 81 Abs. 1 EG anhand der einzelnen Vertragsbestimmungen zu beurteilen. Dabei wurde grundsätzlich davon ausgegangen, dass Beschränkungen, die zum Schutz der Rechte des Franchisegebers oder zur Aufrechterhaltung der Einheitlichkeit des Ansehens des Franchisesystems erforderlich sind, den Wettbewerb nicht beeinträchtigen.[166] Ihre Auffassung von wettbewerbsbeeinträchtigen Regelungen konkretisierte die Kommission, indem sie in die Verordnung eine „Weiße Liste“ (Art. 3) erlaubter und eine „Schwarze Liste“ (Art. 5) unerlaubter Wettbewerbsbeschränkungen aufnahm. Mit der Vertikal-GVO[167], die die drei bis 31.12.1999 geltenden Gruppenfreistellungsverordnungen für Alleinvertrieb, Alleinbezug und Franchising ersetzt, hat die Kommission die Franchise-GVO abgelöst. Die neue Verordnung umfasst sektor- und branchenübergreifend alle Arten und Formen von vertikalen Vereinbarungen sowie abgestimmten Verhaltensweisen im Zusammenhang mit dem Bezug, Verkauf oder Weiterverkauf von Waren und Dienstleistungen.[168] Vorbehaltlich einer genauen Prüfung im Einzelfall handelt es sich bei Klauseln in Franchiseverträgen regelmäßig um vertikale Vereinbarungen im Sinne der neuen Verordnung.[169] Zwar führt die Vertikal-GVO die Listen erlaubter und nicht erlaubter Wettbewerbsbeschränkungen nicht fort und lässt sich ihr im Gegensatz zur Franchise-GVO auch im Übrigen nicht mehr im Einzelnen entnehmen, welche Regelungen in Franchiseverträgen erlaubt sind oder nicht. Die Ausführungen der Kommission zum Franchising in den Leitlinien für vertikale Beschränkungen[170], die die Vertikal-GVO ergänzen, verdeutlichen je-

---

[162] EuGH Slg. 1986, 353 (381) Rn. 14.
[163] EuGH Slg. 1986, 353 (381) Rn. 15.
[164] Vgl. *Heil/Wagner*, Münchener Vertragshandbuch, S. 65 (105), mit Nachweisen aus der Entscheidungspraxis der Kommission.
[165] Verordnung (EG) Nr. 4087/88 der Kommission vom 30.11.1988 über die Anwendung von Art. 85 Abs. 3 des Vertrages auf Gruppen von Franchisevereinbarungen, ABl. 1988, L 359/46-52.
[166] Vgl. *Skaupy*, DB 1989, 765 (767).
[167] Verordnung (EG) Nr. 2790/99 der Kommission vom 29.12.1999 über die Anwendung von Art. 81 Abs. 3 (früher Art. 85 Abs. 3) des Vertrages auf Gruppen von vertikalen Vereinbarungen und aufeinander abgestimmten Verhaltensweisen, ABl. 1999, L 336/21-25.
[168] Siehe Art. 2 Abs. 1 der Verordnung.
[169] Giesler/Nauschütt/*Gerstner*, § 2 Rn. 21; *Fritzemeyer*, BB 2002, 1658 (1659); *Metzlaff*, BB 2000, 1201 (1203 ff.).
[170] Mitteilung (EG) der Kommission vom 13.10.2000, Leitlinien für vertikale Beschränkungen, ABl. EG 2000, C 291/1-44.

doch, dass sich die Kommission bei ihrer kartellrechtlichen Beurteilung von Franchiseverträgen weiterhin an den Grundsätzen der Pronuptia-Entscheidung des EuGH, den anschließenden Kommissionsentscheidungen und der Franchise-GVO orientieren wird.[171]

Die detaillierten Freistellungsbestimmungen der Franchise-GVO liefern damit auch unter Geltung der Vertikal-GVO wichtige Anhaltspunkte für eine wettbewerbsrechtlich konforme Gestaltung von Franchiseverträgen.

D. Inhaltskontrolle nach §§ 305 ff. BGB

Durch die umfangreichen Vertrags- und Regelungswerke der Franchisepraxis wird ein erheblicher Teil des dispositiven Rechts in Franchiseverträgen abbedungen. Daher kommt der Inhaltskontrolle nach den Vorschriften des BGB zu den Allgemeinen Geschäftsbedingungen (AGB) bei der Beurteilung der Wirksamkeit von Vereinbarungen in Franchiseverträgen besondere Bedeutung zu. Das dispositive Recht selbst fließt über § 307 BGB wieder in die Inhaltskontrolle ein. Nach § 307 Abs. 1 Satz 1 BGB sind Klauseln unwirksam, wenn sie den Vertragspartner des Verwenders unangemessen benachteiligen. Eine unangemessene Benachteiligung liegt nach § 307 Abs. 2 Nr. 1 BGB „im Zweifel“ dann vor, wenn eine Bestimmung „mit wesentlichen Grundgedanken der gesetzlichen Regelung, von der abgewichen wird, nicht zu vereinbaren ist“.[172]

I. Anwendbarkeit der §§ 305 ff. BGB auf Franchiseverträge

Die Nichtigkeitsfolge des § 307 Abs. 1 Satz 1 BGB kann nur ausgelöst werden, wenn §§ 305 ff. BGB auf Franchiseverträge anwendbar sind. Rationalisierungserwägungen und die Einheitlichkeit des jeweiligen Franchisesystems führen neben der nach § 242 BGB und § 20 Abs. 2 GWB erforderlichen[173] Wahrung der Gleichbehandlung der Franchisenehmer dazu, dass der Franchisegeber einheitliche Formularverträge ohne Abänderungsmöglichkeit für die einzelnen Franchisenehmer verwendet.[174] Franchiseverträge erfüllen damit die Voraussetzungen für Allgemeine Geschäftsbedingungen im Sinne von § 305 Abs. 1 und 2 BGB. Der einzelne Franchisevertrag unterliegt demnach regelmäßig der Kontrolle der §§ 305 ff. BGB.[175]

---

[171] Vgl. *Heil/Wagner*, Münchener Vertragshandbuch, S. 65 (107).

[172] Vgl. auch *Ekkenga*, S. 43; *ders.*, AG 1989, 301; nach *Martinek*, Franchising, S. 307 soll es beim Franchising keine „gesetzlichen Regelungen“ geben, so dass nur § 9 Abs. 2 Nr. 2 AGBG (jetzt § 307 Abs. 2 Nr. 2 BGB) anwendbar sei. Dem ist nicht zu folgen, da der Franchisevertrag wie oben festgestellt Typenkombinationsvertrag ist, also auf gesetzliche Regelungen, vor allem des Geschäftsbesorgungs- und Dienstvertrages zurückzugreifen ist.

[173] Allgemeine Meinung, vgl. nur Giesler/Nauschütt/*Giesler*, § 5 Rn. 147 m.w.N.

[174] *Martinek*, S. 305; *Heil/Wagner*, Münchener Vertragshandbuch, S. 65 (112).

[175] Allgemeine Meinung; siehe etwa Giesler/Nauschütt/*Giesler*, § 9 Rn. 7 ff.; *Martinek*, S. 305; *Heil/Wagner*, Münchener Vertragshandbuch, S. 65 (112); *Ekkenga*, S. 110 ff.; *Liesegang*, BB 1991, 2381.

Der Kontrollumfang hängt davon ab, ob der Franchisenehmer bei Unterzeichnung des Franchisevertrages Verbraucher oder aber Unternehmer im Sinne der §§ 14, 310 Abs. 1 Satz 1 BGB ist. Denn nach § 310 Abs. 1 Satz 1 BGB finden die gesetzlich normierten Klauselverbote der §§ 308 und 309 BGB keine Anwendung auf Allgemeine Geschäftsbedingungen, die gegenüber einem Unternehmer verwendet werden. Den Schutz durch die Inhaltskontrolle nach § 307 BGB genießt hingegen auch ein Unternehmer. Nach der Legaldefinition in § 14 Abs. 1 BGB ist Unternehmer jede natürliche oder juristische Person oder rechtsfähige Personengesellschaft, die bei Abschluss eines Rechtsgeschäfts in Ausübung ihrer gewerblichen oder selbständigen beruflichen Tätigkeit handelt. Verbraucher ist nach § 13 BGB jede natürliche Person, die ein Rechtsgeschäft zu einem Zweck abschließt, der weder ihrer gewerblichen noch ihrer selbständigen beruflichen Tätigkeit zugerechnet werden kann. Ein Franchisenehmer ist daher bei Unterzeichnung des Franchisevertrages Unternehmer, wenn er (i) bereits zu diesem Zeitpunkt ein im Handelsregister eingetragener Kaufmann ist oder (ii) nicht er, sondern unmittelbar eine Gesellschaft Vertragspartner wird, als deren Geschäftsführer der Franchisenehmer den Franchisevertrag unterzeichnet. In Rechtsprechung und Literatur umstritten sind indes die Fälle, in denen ein Existenzgründer den Franchisevertrag abschließt. Eine Ansicht in der Literatur geht davon aus, dass die Unternehmereigenschaft bereits dadurch begründet wird, dass der Franchisenehmer den Franchisevertrag unterzeichnet.[176] Deshalb soll der Existenzgründer bei Vertragsunterzeichnung bereits in Ausübung seiner gewerblichen Tätigkeit handeln.[177] Dieser Ansicht hat sich auch das OLG Oldenburg angeschlossen.[178] Nach der Gegenauffassung[179] ist der Abschluss eines Franchisevertrages eine rein vorbereitende Maßnahme zur Aufnahme einer zukünftigen gewerblichen Tätigkeit, die noch nicht „in Ausübung" einer gewerblichen Tätigkeit erfolgt.

Die AGB-rechtlichen Vorschriften des BGB nehmen in § 310 Abs. 1 Satz 2 Halbsatz 2 BGB Bezug auf die Handelsgeschäfte des HGB. Daher soll sich die Auslegung dessen, was zur Ausübung der gewerblichen Tätigkeit zu rechnen ist, an den handelsgesetzlichen Vorschriften orientieren.[180] Vorbereitungsgeschäfte zur Gründung eines Unternehmens, durch die eine Kaufmannseigenschaft erst begründet wird, sind indes Handelsgeschäfte im Sinne von § 343 HGB.[181] Auch die Neuregelung in § 507 BGB, wonach ein Existenzgründer bei Darlehensverträgen, Finanzierungshilfen und Ratenliefe-

---

176 Giesler/Nauschütt/*Giesler*, § 9 Rn. 34; *Heil/Wagner*, Münchener Vertragshandbuch, S. 65 (112); Metzlaff/*Erdmann*, § 17 Rn. 19; *Erdmann*, BB 1992, 795 (796); *Ekkenga*, S. 43 f.; im Ergebnis wohl ebenso *Liesegang*, BB 1991, 2381 f.

177 Giesler/Nauschütt/*Giesler*, § 9 Rn. 34; *Heil/Wagner*, Münchener Vertragshandbuch, S. 65 (112); Metzlaff/*Erdmann*, § 17 Rn. 19; *Erdmann*, BB 1992, 795 (796); *Ekkenga*, S. 43 f.; im Ergebnis wohl ebenso *Liesegang*, BB 1991, 2381 f.

178 OLG Oldenburg BB 2001, 2499 f.; für den Abschluss von Agenturverträgen bereits OLG Oldenburg NJW-RR 1989, 1081 f.

179 OLG Koblenz NJW 1987, 74 f.; OLG Düsseldorf MDR 1996, 465; *Martinek*, S. 306; Palandt/*Heinrichs*, § 13 Rn. 3, § 310 Rn. 3; Martinek/Semler/*Martinek/Habermeier*, § 23 Rn. 29; Wolf/Horn/Lindacher/*Horn*, § 24 Rn. 7.

180 Für den insoweit wortgleichen § 24 AGBG *Ekkenga*, S. 43 f.; *Erdmann*, BB 1992, 795 (796).

181 OLG Oldenburg BB 2001, 2499 (2500); *Ekkenga*, S. 44 Fn. 4; *Erdmann*, BB 1992, 795 (796).

rungsverträgen in den Schutzbereich der Verbraucherschutzbestimmungen einbezogen wird, spricht dafür, dass der Gesetzgeber Existenzgründer im Recht der Allgemeinen Geschäftsbedingungen gerade nicht mehr als Verbraucher behandeln wollte. Denn trotz der Kenntnis des vorstehend dargestellten Meinungsstreit hat er eine dem § 507 BGB entsprechende Vorschrift in §§ 305 ff. BGB nicht aufgenommen.[182] Auch die Legaldefinition des Verbrauchers in § 13 BGB stützt diese Ansicht.[183] Der Franchisenehmer schließt den Franchisevertrag gerade zu dem Zweck ab, eine gewerbliche Tätigkeit aufzunehmen. Mit der wohl überwiegenden Meinung[184] ist daher davon auszugehen, dass der Franchisenehmer mit Abschluss des Franchisevertrages als Unternehmer handelt und der Franchisevertrag deshalb nicht der erweiterten Inhaltskontrolle nach §§ 308 f. BGB unterliegt.

Im Ergebnis ergeben sich aus dieser eingeschränkten Anwendbarkeit der AGB-rechtlichen Vorschriften indes keine wesentlichen Nachteile für den Franchisenehmer. Die Mehrzahl der Klauselverbote der §§ 308 und 309 BGB fließt über die Generalklausel des § 307 BGB vielmehr auch in den Geschäftsverkehr unter Unternehmern ein.[185]

Der Franchisegeber legt größtenteils nicht nur die Reichweite, sondern auch die Grenzen seines Weisungsrechts bereits in den Bestimmungen des Franchisevertrages fest. Dazu gehören genaue Richtlinien, die den Franchisenehmer zu Verhaltens- und Qualitätsstandards verpflichten, des Weiteren ausdrückliche Kontroll- und Weisungsrechte sowie insbesondere auch Vorbehalts- und Änderungsklauseln bezüglich der Produktpalette, des Absatzgebietes und der allgemeinen Geschäftspolitik.[186] Ob diese im Einzelfall der Inhaltskontrolle nach § 307 BGB standhalten, bleibt zu prüfen. Bei Unwirksamkeit einzelner Klauseln treten gemäß § 306 Abs. 2 BGB die gesetzlichen Regelungen an deren Stelle, sofern der Vertrag nicht nach § 306 Abs. 3 BGB insgesamt unwirksam wird. Überschreitet der Franchisegeber die vertraglich fixierten Grenzen, entfällt die Bindung seines Vertragspartners.

Die Prüfung der Direktionsgewalt des Franchisegebers über die ihm zustehenden Weisungs- und Änderungsvorbehalte hat deshalb, auch wenn sie sich erst im Laufe des Vertragsverhältnisses konkret auswirken mag, bereits im Rahmen der Inhaltskontrolle nach § 307 BGB zu erfolgen.

---

182 So auch Giesler/Nauschütt/*Giesler*, § 9 Rn. 34.

183 Metzlaff/*Erdmann*, § 17 Rn. 19.

184 OLG Oldenburg BB 2001, 2499 f.; Giesler/Nauschütt/*Giesler*, § 9 Rn. 34; *Heil/Wagner*, Münchener Vertragshandbuch, S. 65 (112); Metzlaff/*Erdmann*, § 17 Rn. 19; *Erdmann*, BB 1992, 795 (796); *Ekkenga*, S. 43 f.; im Ergebnis wohl ebenso *Liesegang*, BB 1991, 2381 f.

185 Martinek/Semler/*Martinek/Habermeier*, § 23 Rn. 30; *Martinek*, Franchising, S. 305 f.; *Heil/Wagner*, Münchener Vertragshandbuch, S. 65 (112).

186 Vgl. zu typischen Vertragsklauseln in Franchiseverträgen *Martinek*, Franchising, S. 88 ff.; Metzlaff/*Erdmann*, § 17 Rn. 43 ff.; *Herrfeld*, S. 42 ff.; *Tietz*, S. 510 ff.; *Weltrich*, S. 47 ff.; die Musterverträge von *Heil/Wagner*, Münchener Vertragshandbuch, S. 65 ff.; *Anschütz/Feick*, Beck`sches Formularhandbuch, S. 1099 ff.; *Skaupy*, Franchising, S. 296 ff.; *Liesegang*, S. 10 ff.; *Flohr*, Franchise-Vertrag, S. 47 ff.; *Eßer*, S. 233 ff.

II. Einbeziehung Allgemeiner Geschäftsbedingungen in den Franchisevertrag

Die im Franchisevertrag selbst niedergelegten Regelungen erfüllen in aller Regel die Voraussetzungen des § 305 Abs. 2 BGB zur Einbeziehung Allgemeiner Geschäftsbedingungen in den Vertrag. Dies gilt ebenso für die in den Betriebshandbüchern enthaltenen Regelungen, sofern die Betriebshandbücher dem Franchisenehmer – wie üblich[187] – vor Abschluss des Vertrages zur Kenntnisnahme und Prüfung zur Verfügung gestellt werden.

Im Einzelfall ist hingegen keineswegs ausgeschlossen, dass eine Einbeziehung von Klauseln in Franchiseverträge an der Einhaltung des Transparenzgebotes scheitert. So müssen Klauseln klar und aus sich heraus verständlich sein.[188] Während das in § 307 Abs. 1 Satz 2 BGB gesetzlich geregelte Transparenzgebot die Fälle inhaltlicher Unklarheit und Unbestimmtheit erfasst, setzt die Einbeziehung einzelner Allgemeiner Geschäftsbedingungen in einen Vertrag eine transparente formale Gestaltung des Vertrages voraus.[189] Daran fehlt es etwa, wenn – wie in der Praxis nicht unüblich – unter der Überschrift „Pflichten des Franchisegebers" auch Pflichten des Franchisenehmers geregelt werden.[190] Häufig verweisen Klauseln in Franchiseverträgen auf detailliertere Bestimmungen in den Betriebshandbüchern.[191] Wird dem Franchisenehmer das Betriebshandbuch vor Vertragsschluss nicht vorgelegt, wird die Klausel im Franchisevertrag, die auf eine Bestimmung im Betriebshandbuch verweist, aus sich heraus nicht verständlich. Sie ist dann nicht Vertragsbestandteil.

III. Kontrollfreie Klauseln nach § 307 Abs. 3 Satz 1 BGB

Anhand der aufgezeigten Rechtsnatur des Franchisevertrages[192] als Leitbild des dispositiven Rechts ist zunächst zu entscheiden, welche Vertragsklauseln gemäß § 307 Abs. 3 Satz 1 BGB von der AGB-rechtlichen Kontrolle ausgenommen werden müssen, weil sie weder „von Rechtsvorschriften abweichende" noch „diese ergänzende Regelungen" enthalten. Nach dem Willen des Gesetzgebers sind nach § 307 Abs. 3 Satz 1 BGB nicht nur Regelungen von der Kontrolle ausgenommen, die lediglich den Inhalt einer ohnehin geltenden Rechtsnorm oder eines Rechtsprinzips wiedergeben, sondern auch Leistungsbeschreibungen, die Hauptleistungen der Parteien festlegen.[193] Die Kontrollfreiheit leistungsbeschreibender Klauseln erfasst allerdings nur die unmittelbare Bestimmung der Hauptleistungen der Vertragsparteien. Der Inhaltskontrolle un-

---

[187] Vgl. dazu den letzten Absatz der Präambel des Franchisevertrages (Restaurant) bei *Heil/Wagner*, Münchener Vertragshandbuch, S. 65 sowie die dazugehörige Anmerkung 14, S. 65 (115).
[188] MünchKommBGB/*Basedow*, § 305 Rn. 69.
[189] MünchKommBGB/*Basedow*, § 305 Rn. 69.
[190] Giesler/Nauschütt/*Giesler*, § 9 Rn. 51.
[191] Vgl. etwa § 4 Abs. 2, Abs. 5 lit. b, § 5 Abs. 2 und 5, § 9 Abs. 1 und 2 des Franchisevertrages (Restaurant) bei *Heil/Wagner*, Münchener Vertragshandbuch, S. 65; § 5 Abs. 1 des Franchise-Vertrages bei *Anschütz/Feick*, Beck'sches Formularhandbuch, S. 1099 (1101); § 4 des Mustervertrages bei *Giesler*, Franchiseverträge, S. 117 f.
[192] Siehe oben § 3 A.
[193] Vgl. die Begründung des Regierungsentwurfs BT-Dr. 7/3919, S. 22.

terliegen hingegen sämtliche Regelungen, die die Hauptleistungspflichten ausgestalten, modifizieren und einschränken.[194] Beurteilt man die Hauptleistungspflichten von Franchisegeber und Franchisenehmer, sind als gesetzliches Leitbild in erster Linie der Geschäftsbesorgungs- und der Dienstvertrag heranzuziehen.

Schwierigkeiten bereitet es, Kriterien zur Abgrenzung von kontrollfähigen und kontrollfreien Leistungsbeschreibungen aufzustellen. Die einzelnen Vorschläge in Literatur und Rechtsprechung lassen im Kern jedoch keine entscheidenden Abweichungen erkennen: Kontrollfrei sind danach Leistungsbeschreibungen, ohne deren Vorliegen mangels Bestimmtheit oder Bestimmbarkeit des wesentlichen Vertragsinhalts ein wirksamer Vertrag nicht mehr angenommen werden kann.[195] Dies betrifft Leistungsbeschreibungen, die das Ob der Leistung sowie Gegenstand, Art, Umfang, Quantität und Qualität der vertraglichen Leistung unmittelbar festlegen.[196] Kontrollfähig sind indes etwa leistungsbeschreibende Angaben, die den Inhalt der Leistung, die der Gläubiger nach Treu und Glauben mit Rücksicht auf die Verkehrssitte erwarten darf, ändern oder einschränken. Das Gleiche gilt für Leistungsänderungsvorbehalte und Leistungsbestimmungsrechte zugunsten des Verwenders der Allgemeinen Geschäftsbedingungen.[197]

Für Franchiseverträge bedeutet dies, dass Klauseln, die auf die Betriebsführung in einer bestimmten standardisierten Art und Weise gerichtet sind, kontrollfrei bleiben. Darunter fallen Gebietszuweisungen, Anweisungen zur Einrichtung und Ausstattung des Geschäftslokals und der Transportmittel, zur Benutzung der Warenzeichen, Vorschriften über den Bezug von Waren und Rohstoffen, über die Art und Weise der Fertigung, die Zusammensetzung des Verkaufssortiments, die Verkaufskonditionen und Serviceleistungen, den Einsatz von Werbemitteln und schließlich die Betriebshandbücher, auch wenn sie akribisch genau gefasst sind.[198] Kontrollfähig im Bereich der Leistungsbeschreibungen sind hingegen Klauseln über Betriebsinterna des Franchisenehmers, die die einheitliche Darstellung nach außen nicht beeinflussen. Vor allem enthalten die Klauseln und Betriebshandbücher zahlreiche Gestaltungsrechte, durch die der Franchisegeber während der Vertragslaufzeit Leistungsinhalte nachträglich festlegen und insbesondere bestehende abändern kann.[199] Sie unterliegen der Inhaltskontrolle.[200]

---

[194] Ulmer/Brandner/Hensen/*Brandner*, § 8 Rn. 10; Wolf/Horn/Lindacher/*Wolf*, § 8 Rn. 12; Giesler/Nauschütt/*Giesler*, § 9 Rn. 24.
[195] BGHZ 100, 157 (174); Ulmer/Brandner/Hensen/*Brandner*, § 8 Rn. 28; Wolf/Horn/Lindacher/*Wolf*, § 8 Rn. 8, 10.
[196] BGHZ 93, 358; Wolf/Horn/Lindacher/*Wolf*, § 8 Rn. 10.
[197] Ulmer/Brandner/Hensen/*Brandner*, § 8 Rn. 29.
[198] *Ekkenga*, S. 114; *ders.*, AG 1989, 301 (312); Giesler/Nauschütt/*Giesler*, § 9 Rn. 25; zustimmend zum Ausschluss von Klauseln, die die Absatzförderungspflicht des Franchisenehmers erst konkretisieren auch *Martinek*, WM 1991, 1357 (1359).
[199] Vgl. etwa § 3 Abs. 2, § 5 Abs. 5 des Franchisevertrages (Restaurant) bei *Heil/Wagner*, Münchener Vertragshandbuch, S. 65 (67); § 5 Abs. 3 des Franchise-Vertrages bei *Anschütz/Feick*, Beck'sches Formularhandbuch, S. 1099 (1101); § 6 Abs. 2 des Franchise-Vertrages bei Liesegang, S. 30; § 7 Abs. 3 des Vertragsmusters bei *Flohr*, Franchise-Vertrag, S. 56 f.; Giesler/Nauschütt/*Pasderski*, § 8 Rn. 67; *Herrfeld*, S. 49, 53 f.

Das franchisetypische Weisungsrecht der Systemspitze beruht gerade auf den Änderungsvorbehalten und steht daher auch im Mittelpunkt der folgenden Inhaltskontrolle nach § 307 BGB.

IV. Bewertungsmaßstäbe für die Inhaltskontrolle nach § 307 BGB

Nach § 307 Abs. 1 BGB sind Klauseln dann unwirksam, wenn sie den Vertragspartner des Verwenders „entgegen den Geboten von Treu und Glauben unangemessen benachteiligen". Orientierungshilfen dazu, wann eine „unangemessene Benachteiligung" im Sinne von § 307 Abs. 1 BGB vorliegt, bieten § 307 Abs. 1 Satz 2 und Abs. 2 BGB.

1. Transparenzgebot

Nach § 307 Abs. 1 Satz 2 BGB kann sich eine unangemessene Benachteiligung daraus ergeben, dass eine Bestimmung nicht klar und verständlich ist. Der Franchisevertrag muss also die Rechte und Pflichten des Franchisenehmers durch geeignete Formulierungen verständlich und möglichst klar und bestimmt wiedergeben.[201] Aus diesem Transparenzgebot folgt ferner, dass der Inhalt einer Regelung möglichst genau zu konkretisieren ist.[202] Bestimmungen eines Franchisevertrages, die diese Voraussetzungen nicht erfüllen, sind nach § 307 Abs. 1 Satz 1 BGB unwirksam.
Der Franchisenehmer soll so in die Lage versetzt werden, Inhalt und Reichweite seiner Rechte und Pflichten abzusehen. Augenscheinlich müssen sich daher gerade die Änderungsvorbehalte und Weisungsrechte des Franchisegebers an dem Transparenzgebot messen lassen.[203]

2. Interessenabwägung

Eine unangemessene Benachteiligung des Franchisenehmers kann sich nach § 307 Abs. 2 Nr. 1 BGB ferner daraus ergeben, dass eine Bestimmung mit wesentlichen Grundgedanken der gesetzlichen Regelung, von der abgewichen wird, nicht zu vereinbaren ist. Für Franchiseverträge können die Regelungen des Geschäftsbesorgungsvertrages oder auch die spezielleren Regelungen aus dem Handelsvertreterrecht als „gesetzliche Regelung", von der abgewichen wird, eine Orientierungshilfe bieten.

Entscheidend kommt es bei der Beurteilung, ob eine Klausel den Vertragspartner unangemessen benachteiligt, auf eine gründliche Abwägung der Interessen der Vertrags-

[200] *Ekkenga*, S. 115; *ders.*, AG 1989, 301 (312); Giesler/Nauschütt/*Giesler*, § 9 Rn. 25; *Herrfeld*, S. 205; *Liesegang*, BB 1991, 2381 ff. In diesem Sinne sind auch alle globalen Bindungen des Franchisenehmers an die Richtlinien des Franchisegebers zu verstehen.
[201] Giesler/Nauschütt/*Giesler*, § 9 Rn. 50.
[202] BGH NJW 1991, 1750; Giesler/Nauschütt/*Giesler*, § 9 Rn. 51.
[203] Siehe dazu näher unten § 4 D V 3.

partner an.[204] Das bedeutet im Ergebnis nichts anderes, als dass auf die Prinzipien zurückzugreifen ist, die zur Würdigung von Formularverträgen nach §§ 242, 138 BGB entwickelt wurden.[205] Nach ständiger Rechtsprechung des Bundesgerichtshofs ist danach eine Klausel als unangemessen anzusehen, in der der Verwender „missbräuchlich eigene Interessen auf Kosten des Vertragspartners durchzusetzen versucht, ohne von vornherein die Interessen seines Partners hinreichend zu berücksichtigen und ihm einen angemessenen Ausgleich zuzugestehen“[206].

Bei der Interessenabwägung im Rahmen von Franchiseverträgen sind auf der einen Seite das Interesse des Franchisegebers an einer straffen Organisation seines Vertriebssystems mit weitreichenden Weisungs- und Kontrollbefugnissen zu berücksichtigen, auf der anderen Seite das Interesse des Franchisenehmers an Selbständigkeit, also einem ausreichenden Freiraum für die Entfaltung seiner unternehmerischen Tätigkeit.[207] In Franchisesystemen besteht eine besondere Abhängigkeit des Absatzmittlers vom Systemgeber. Der Franchisenehmer übernimmt mit der Einbindung in das Absatzkonzept des Franchisegebers ein unternehmerisches Risiko, das nicht nur von dem Erfolg seiner eigenen Tätigkeit, sondern in besonderem Maße auch von dem des Franchisegebers beeinflusst wird.[208] Er ist nicht in der Lage, die unternehmerischen und geschäftspolitischen Entscheidungen des Franchisegebers in Bezug auf die Steuerung des Systems mitzugestalten, stellt gleichwohl seine Arbeitskraft und Kapital zur Verfügung.[209] Insbesondere richtet er seine häufig erheblichen Investitionen ganz auf das System aus. Die Entscheidungs- und Kontrollbefugnis des Franchisegebers kann den Franchisenehmer daher in seinem Interesse an möglichst weitgehender Selbstbestimmung in seinem Betrieb (Autonomieinteresse), am Erwerb einer seinen Verkaufsbemühungen gleichwertigen Gegenleistung (Äquivalenzinteresse) oder an der Erhaltung seiner Systemmitgliedschaft als Erwerbsquelle (Bestandsinteresse) beeinträchtigen.[210]

Vor allem aber verdeutlicht diese Betrachtung, dass die Entscheidungsbefugnisse des Franchisegebers dort an ihre Grenze stoßen müssen, wo sie nicht mehr zur Eingliederung des Franchisenehmers in das Vertriebssystem und zur Wahrung des Rufes und der Identität und Integrität des Systems erforderlich sind. Dies hat insbesondere für die Kontroll- und Weisungsrechte zu gelten.[211] Denn nur soweit dies zur Wahrung der

---

[204] Vgl. Wolf/Horn/Lindacher/*Wolf*, § 9 Rn. 100; *Ekkenga*, S. 24; *Martinek*, Moderne Vertragstypen II, S. 96; Martinek/Semler/*Martinek/Habermeier*, § 23 Rn. 35; Giesler/Nauschütt/*Giesler*, § 9 Rn. 36; *Joerges*, AG 1991, 325 (337); *Liesegang*, BB 1991, 2381; *Lenzen*, RIW 1984, 586 (587).
[205] Vgl. *Lenzen*, RIW 1984, 586 (587); *Joerges*, AG 1991, 325 (337).
[206] BGH NJW 1984, 1182; vgl. auch BGHZ 74, 383 (390); BGHZ 90, 280 (284); BGH NJW 1985, 53 (55).
[207] *Liesegang*, BB 1991, 2381 (2382); *Martinek*, Moderne Vertragstypen II, S. 96; Martinek/Semler/*Martinek/Habermeier*, § 23 Rn. 35.
[208] *Liesegang*, BB 1991, 2381; für den Vertragshändler *Löwe/Graf von Westphalen/Trinkner*, Vertragshändlerverträge Rn. 6.
[209] *Liesegang*, BB 1991, 2381 (2382); für den Vertragshändler wiederum *Löwe/Graf von Westphalen/Trinkner*, Vertragshändlerverträge Rn. 6.
[210] *Ekkenga*, S. 22 f.
[211] *Liesegang*, BB 1991, 2381 (2382); Martinek/Semler/*Martinek/Habermeier*, § 23 Rn. 36.

dem Franchising immanenten Einheitlichkeit eines Systems erforderlich ist, lässt sich rechtfertigen, dass die unternehmerische Freiheit des selbständigen Franchisenehmers durch Weisungs- und Kontrollrechte des Franchisegebers eingeschränkt wird. Bei Vereinbarung einer laufenden umsatzabhängigen Franchisegebühr etwa ist allerdings auch das in diesen Fällen gesteigerte Interesse des Franchisegebers an einer rentabilitätsorientierten Betriebsführung des Franchisenehmers zu berücksichtigen.

Zieht man als Orientierungshilfe für die Interessenabwägung die gesetzlichen Regelungen des Geschäftsbesorgungsvertrages und des Handelsvertreterrechts heran, ist zu bedenken, dass der Franchisevertrag als Typenkombinationsvertrag eine integrierende Betrachtung aller Elemente, auch des Dauerschuldcharakters, erfordert.

Nach § 307 Abs. 2 BGB sind Klauseln nur „im Zweifel" unangemessen, wenn ein Fall des Abs. 2 Nr. 1 oder Nr. 2 vorliegt. Die Vermutung der Unwirksamkeit ist somit widerlegbar. Die Unwirksamkeit entfällt, wenn eine Gesamtwürdigung aller Umstände ergibt, dass die Klausel den anderen Vertragsteil nicht unangemessen benachteiligt.[212] Auf die Möglichkeiten einer solchen Rechtfertigung von Benachteiligungen ist im Anschluss an die Bewertung der einzelnen Klauseln gemäß § 307 Abs. 2 BGB einzugehen.

Die folgende Auswahl aus den in der Vertragspraxis des Franchising bekannten Bestimmungen beschränkt sich auf solche Klauseln, die sich mit Weisungsrechten und Dispositionsbefugnissen des Franchisegebers befassen.

V. Kontrolle einzelner Klauseln in Franchiseverträgen anhand von § 307 BGB

1. Richtlinienbindung

Fast durchgängig enthalten Franchiseverträge Klauseln, in denen die Franchisenehmer durch Richtlinien und Systemgrundsätze zur Einhaltung bestimmter Verhaltens- und Qualitätsstandards verpflichtet werden. Geregelt werden etwa Werbemaßnahmen, die einheitliche Art und Weise der Zubereitung und Präsentation von Speisen und Getränken, die Einrichtung des Geschäftslokals in der systemtypischen Weise, Öffnungszeiten oder betriebswirtschaftliche Richtlinien zur Buchführung, Inventur oder termingerechten Begleichung von Verbindlichkeiten.[213] Die betriebswirtschaftlichen Vorgaben betreffen dagegen nicht das der breiten Öffentlichkeit zugängliche Erscheinungsbild, sondern Betriebsinterna und bedürfen einer gesonderten Betrachtung.[214]

Häufig finden sich Richtlinien nicht in der Vertragsurkunde selbst, sondern in Betriebshandbüchern, die als verbindliche Vorgaben in den Vertrag miteinbezogen und

---

[212] Palandt/*Heinrichs*, § 307 Rn. 25.

[213] Vgl. den umfangreichen Katalog an Richtlinien in § 3 des Franchisevertrages (Restaurant) bei *Heil/Wagner*, Münchener Vertragshandbuch, S. 65 (67 f.); ebenso die in BGH ZIP 1984, 1494 ff. zitierten Richtlinien des McDonald's Systems.

[214] Vgl. dazu die unter 2. folgenden Ausführungen.

damit zu Vertragsbestandteilen werden.[215] Spätestens in der sogenannten „McDonald's"-Entscheidung des Bundesgerichtshofs[216] wurde ersichtlich, wie akribisch genau derartige Richtlinien abgefasst sein können. In Auszügen finden sich in dem Urteil des Bundesgerichtshofs, in dem sich das Gericht mit der Frage einer außerordentlichen Kündigung durch den Franchisegeber wegen Verstoßes gegen eben diese Richtlinien zu beschäftigen hatte, die Vertragsbestimmungen und Systemrichtlinien des „McDonald's"-Systems.[217] Danach hatte sich der Franchisenehmer „streng an die von dem Franchisegeber aufgestellten Vorschriften für Speisen und Getränke sowie an die von dem Franchisegeber vorgeschriebenen Qualitätsnormen und -richtlinien für Bedienung und Sauberkeit in dem Restaurantbetrieb des Franchisenehmers zu halten" (§ 1 Abs. 4 lit. b cc des Vertrages). Laut den Betriebshandbüchern, die in § 4 Abs. 2 des Franchisevertrages als verbindlich für den Betrieb des Franchisenehmers vereinbart werden, muss beispielsweise die Grilltemperatur bei der Zubereitung von „Hamburgern" 177°C und bei der Zubereitung von „Viertelpfündern" 191°C betragen.

An der Entscheidung selbst ist bemerkenswert, dass der Bundesgerichtshof einseitig das vom Franchisegeber verfolgte unternehmerische Ziel als normativen „Vertragszweck" im Sinne von § 307 Abs. 2 Nr. 2 BGB[218] identifiziert.[219] Das ist schon deshalb bedenklich, weil auf diese Weise der Schutz des Franchisenehmers nach §§ 305 ff. BGB nahezu ins Leere laufen muss. Wird der Vertragszweck einheitlich nach den Vorstellungen des Franchisegebers festgelegt, wird der Raum für eine „unangemessene Benachteiligung" im Sinne einer Abweichung vom Vertragszweck, § 307 Abs. 2 Nr. 2 BGB, zu Lasten des Franchisenehmers auf ein Minimum zurückgeführt. Der Bundesgerichtshof hat zwar nicht jeder einzelnen Richtlinie zu Gunsten des Franchisegebers ein derartiges Gewicht beigemessen, dass ein Verstoß gegen sie ohne weiteres zur fristlosen Kündigung berechtigen sollte, jedoch ändert das an der grundsätzlich einseitigen Definition des Vertragszwecks nichts. Darüber hinaus wird in der Literatur zu Recht darauf hingewiesen, dass die schwierige Abgrenzung zwischen „leichtem" und „schwerem" Richtlinienungehorsam allein von der subjektiven Sichtweise des Franchisegebers bestimmt wird.[220] Der Franchisenehmer trägt dabei das in der Unsicherheit der Abgrenzung liegende Risiko alleine. Insbesondere wenn man die hohe wirtschaftliche Abhängigkeit des Franchisenehmers von der Zugehörigkeit zu dem

[215] Vgl. BGH ZIP 1984, 1894; *Heil/Wagner*, Münchener Vertragshandbuch, S. 65 (124 f.); Wolf/Horn/Lindacher/*Wolf*, § 9 Rn. 111.

[216] BGH NJW 1985, 1894 f. = ZIP 1984, S. 1494 ff. (der Abdruck in der ZIP enthält Sachverhalt und Entscheidungsgründe vollständig); vgl. dazu die Anmerkung von *Böhner*, NJW 1985, 2811 f.

[217] BGH NJW 1985, 1894 = ZIP 1984, 1494.

[218] Der Entscheidung lagen die vor dem 01.01.2002 geltenden Bestimmungen des AGB-Gesetzes zu Grunde, die aber mit den §§ 305 ff. BGB übereinstimmen. Im Folgenden werden daher die aktuellen Vorschriften zitiert, wenn sie mit den in das BGB integrierten AGB-Vorschriften identisch sind. Sollte eine neue, in das BGB integrierte Vorschrift von einer Bestimmung des AGB-Gesetzes, die einem Zitat zu Grunde lag, abweichen, wird hierauf näher eingegangen.

[219] *Böhner*, NJW 1985, 2811; auch *Ekkenga*, S. 47.

[220] So *Böhner*, NJW 1985, 2811.

System des Franchisegebers bedenkt, in das er regelmäßig erhebliche Investitionen getätigt hat, kann man dem Bundesgerichtshof in dieser Beurteilung nicht folgen.[221]

Ob die vom Franchisegeber aufgestellten Richtlinien überhaupt im Rahmen des § 307 BGB überprüft werden können oder ob sie nicht vielmehr kontrollfreie Klauseln im Sinne von § 307 Abs. 3 Satz 1 BGB darstellen, ist umstritten.[222] Fallen sie als kontrollfreie Klauseln nicht unter die Inhaltskontrolle der §§ 305 ff. BGB, so sind als Bewertungsmaßstäbe die §§ 242, 138 BGB heranzuziehen und ist daher ebenfalls eine Interessenabwägung vorzunehmen. Dies gilt losgelöst von der – im weiteren Verlauf der Untersuchung noch zu klärenden – Frage, ob Franchiseverträge als Beherrschungsverträge qualifiziert werden können. Allerdings werden bei der AGB-rechtlichen Beurteilung nach §§ 310 Abs. 1, 307 BGB gegenüber einer Bewertung anhand der §§ 242, 138 BGB strengere Maßstäbe angelegt, so dass sich durchaus Unterschiede in der Würdigung der betroffenen Klausel ergeben können. Welche Bewertungsmaßstäbe der Bundesgerichtshof in der „McDonald's"-Entscheidung angewandt hat, bringt er nicht klar zum Ausdruck. Die vom Gericht vorgenommene Inhaltskontrolle nach §§ 310 Abs. 1, 307 BGB bezieht sich vom Wortlaut her nur auf die Vereinbarung des außerordentlichen Kündigungsrechts gemäß § 14 Abs. 3 lit. a des Franchisevertrages. Der Bundesgerichtshof erkannte an, dass die Verwirklichung des Konzepts von McDonald's, „weltweit bestimmte Speisen von stets gleichbleibender Qualität in Restaurants eines spezifischen Zuschnitts für den Massenkonsum preisgünstig anzubieten", ein „umfassendes System von Richtlinien" als das „geeignete Mittel zu seiner Durchsetzung" erfordert.[223] Damit beschäftigt es sich mit der Frage der Wirksamkeit der Systemrichtlinien und nimmt im Weiteren eine Interessenabwägung vor. Daraus unzweifelhaft auf eine Kontrolle nach §§ 310 Abs. 1, 307 BGB zu schließen und eine Bewertung anhand der §§ 242, 138 BGB als Alternative von vornherein nicht zu diskutieren, kann nicht vollständig überzeugen.[224]

In der Frage ist ganz wesentlich auf zwei Faktoren abzustellen: Richtlinien, die dem Franchisegeber Weisungsvorbehalte einräumen, sind in diesem Rahmen kontrollfähig. Nach den festgelegten Abgrenzungskriterien zwischen kontrollfähigen und kontrollfreien Klauseln sind Richtlinien, die keine Hilfsfunktion erfüllen, sondern noch der Leistungsbezeichnung, die den Inhalt des Vertrages und den Vertragszweck bestimmt, dienen, kontrollfrei. Dazu sind auch die Richtlinien bezüglich der Grilltemperatur im Falle des McDonald's-Franchisevertrages zu zählen. Ob eine äußerst geringfügige Abweichung von der vorgeschriebenen Temperatur zur Kündigung wegen Gefährdung

[221] Zur Kritik an dem BGH-Urteil vgl. auch *Ekkenga*, S. 47 ff.; *Böhner*, NJW 1985, 2811 f.

[222] Die meisten Autoren gehen auf dieses Abgrenzung überhaupt nicht ein, vgl. etwa *Martinek*, Franchising, S. 306 f.; *Heil/Wagner*, Münchener Vertragshandbuch, S. 65 (112 f.); *Eßer*, S. 51 ff.; *Liesegang*, BB 1991, 2381 (2382). Anders dagegen *Ekkenga*, der die Problematik ausführlich behandelt, vgl. *ders.*, S. 110 ff.; *ders.*, AG 1989, 301 (311 f.).

[223] BGH NJW 1985, 1894 (1895) = ZIP 1984, 1494 (1495).

[224] So verfährt jedoch *Martinek*, Franchising, S. 307; Martinek/Semler/*Martinek/Habermeier*, § 23 Rn. 32; in diesem Sinne auch *Ekkenga*, S. 47 Fn. 27, der selbst die Richtlinien, die keine Vorbehalte zugunsten des Franchisegebers beinhalten, als kontrollfreie ansieht.

des Vertragszwecks genügen soll, ist dann anhand von § 242 BGB zu beurteilen. Ein Verstoß gegen Treu und Glauben (§ 242 BGB) ließe sich im vorliegenden Fall wohl kaum bejahen.[225] Die Klausel an sich kann aber nicht im Rahmen einer Überprüfung nach § 307 BGB für unwirksam erklärt werden.

Bezüglich der Systemgrundsätze sind Richtlinien als kontrollfreie Klauseln anzusehen. Durch sie konkretisiert sich erst die Absatzförderungspflicht des Franchisenehmers als dessen Hauptleistung gegenüber dem Franchisegeber. Soweit eine Inhaltskontrolle der Richtlinien nach § 307 BGB überhaupt in Betracht kommt, ist die Grenze ihrer Wirksamkeit dort zu ziehen, wo deren Einhaltung nicht mehr zur Sicherung der Identität und Integrität des Systems erforderlich ist.[226] Franchisesysteme beruhen auf der Imageeinheit aller Geschäftsbetriebe und -methoden. Einheitliche und gleichbleibende Qualität der zu vertreibenden Waren oder Dienstleistungen sowie der nach außen erkenntlichen Aufmachung sind für den Erfolg des Systems unabdingbar, nicht zuletzt im wohlverstandenen Interesse der Franchisenehmer.

2. Bestimmungen über Art und Weise der Betriebsführung

Für Betriebspflichten des Franchisegebers, die sich mit der Organisation seines Unternehmens und dem Bereich des Personalwesens befassen, bietet sich als Wertungsmodell hinsichtlich der wesentlichen Grundgedanken der gesetzlichen Regelung im Sinne von § 307 Abs. Nr. 1 BGB die Vorschrift des § 86 Abs. 1 HGB an. Insbesondere der 2. Halbsatz des § 86 Abs. 1 HGB, wonach der Handelsvertreter bei der Vermittlung oder dem Abschluss von Geschäften das Interesse des Unternehmers wahrzunehmen hat, gilt als zentrale Norm des interessenwahrenden Absatzmittlungsrechts.[227] Da sie gleichermaßen die für Absatzmittlungsverhältnisse charakteristische Innenbeziehung zwischen Geschäftsherr und Geschäftsführer betrifft, ist sie auf Franchiseverträge analog anwendbar.[228]

Auch wenn § 86 Abs. 1 HGB dem Handelsvertreter die Pflicht zur Wahrnehmung der Interessen des Unternehmers auferlegt, ist dieser in seinen Einflussrechten bezüglich der Geschäftsführung im Betrieb des Handelsvertreters nach einhelliger Auffassung beschränkt. Dem Handelsvertreter steht als selbständiger Gewerbetreibender ein weisungsfreier „Kernbereich" unternehmerischen Handelns zu.[229] Zu diesem Kernbereich zählen unter anderem die Selbstbestimmung des Handelsvertreters über Art und Weise

---

[225] Im Ergebnis durfte der BGH zu keiner anderen Beurteilung gelangen, da er einen nachhaltigen Verstoß gegen die Richtlinien für das Kündigungsrecht voraussetzt, vgl. BGH NJW 1985, 1894 (1895).

[226] *Liesegang*, BB 1991, 2381 (2382); Ulmer/Brandner/Hensen/*Schmidt*, Anh. §§ 9-11 Rn. 361; dem folgend *Martinek*, Moderne Vertragstypen II, S. 96; Martinek/Semler/*Martinek/Habermeier*, § 23 Rn. 36.

[227] *Martinek*, Franchising, S. 319; Martinek/Semler/*Martinek/Habermeier*, § 23 Rn. 64.

[228] Vgl. oben § 3 A II 2 f.

[229] So ausdrücklich BGH NJW 1966, 882 (883); OLG Nürnberg MDR 1974, 144; zustimmend Staub/*Brüggemann*, § 86 Rn. 19; Schlegelberger/*Schröder*, § 86 Rn. 32; für den Vertragshändler ebenso *Ulmer*, S. 420.

der Inventur und Buchführung sowie der Personalpolitik.[230] Daher soll der Vertragshändler dem Weisungsrecht des Herstellers in den Bereichen der internen Organisation seines Betriebes nicht unterworfen sein, solange sie nicht mit der Absatzförderung im Zusammenhang stehen.[231] Nach diesem Leitbild des dispositiven Rechts wäre eine Klausel im Zweifel unangemessen, die dem Franchisegeber ein Direktionsrecht in den Organisationsbereichen einräumt, die nicht das eigentliche Absatzförderungsprogramm des Franchisenehmers betreffen.

Ob der Franchisenehmer völlig frei in seinen Personalentscheidungen sein kann, ist fraglich. In Kleinbetrieben wird der Franchisenehmer selbst die wichtigen Entscheidungen im Absatzbereich treffen. Handelt es sich hingegen um umsatzstärkere Unternehmen, beschäftigt der Franchisenehmer auch Angestellte, die mit leitenden Aufgaben betraut sind. Ebenfalls kommt es in der Franchisepraxis vor, dass ein Franchisenehmer mehrere Ladenlokale betreibt, die er nicht alle ausschließlich selbst leiten kann.[232] Häufig greift der Franchisenehmer also auf Angestellte zurück, die zentrale Aufgaben gerade im Absatzbereich übernehmen. Der Bundesgerichtshof hat in seiner „Opel-Händler“-Entscheidung daher dem Hersteller zu Recht die Möglichkeit eingeräumt, die einzelnen Vertragshändler an bestimmte Auswahlrichtlinien bei der Bestellung ihrer Geschäftsführer zu binden.[233] Als im Zweifel unangemessen anzusehen sind im Ergebnis Klauseln, die grundsätzlich ein Mitbestimmungsrecht des Franchisegebers in Personalangelegenheiten des Franchisenehmerbetriebs statuieren, ohne vorher die Auswahlkriterien und Bedingungen genau zu beschreiben, die der Franchisegeber für seine Zustimmung voraussetzt.[234]

3. Weisungsvorbehalte

Die Grundlage für die Weisungsbefugnis des Franchisegebers bilden in erster Linie Weisungsvorbehalte, die er sich im Vertrag sichert. Die Rechtsprechung unterteilt sie in Vorbehaltsklauseln und Änderungsklauseln.[235] Vorbehaltsklauseln räumen dem Franchisegeber das Recht zur nachträglichen Konkretisierung vorgegebener Rahmenbedingungen ein, Änderungsklauseln das Recht zur nachträglichen Änderung im Vertrag bereits konkretisierter Leistungen.

In der Praxis sind Vorbehaltsklauseln selten, da der Franchisegeber sein Leistungspaket nach der Probephase des Systems fest konzipiert hat. Änderungsvorbehalte sind hingegen regelmäßig Inhalt von Franchiseverträgen und ermöglichen dem Franchise-

---

[230] Staub/*Brüggemann*, § 86 Rn. 21; für Vertraghändlerverträge *Ulmer*, S. 418, 420.
[231] *Ulmer*, S. 418.
[232] Ein Beispiel dafür, dass ein Franchisenehmer mehrere Geschäfte betreibt, bietet der Pronuptia-Prozess, OLG Frankfurt WiB 1996, 640 ff. („Pronuptia III“), vgl. auch *Skaupy*, BB 1996, 1899.
[233] BGHZ 93, 29 (40 f). = EWiR § 315 BGB 1/85, 55 mit Anm. *Graf von Westphalen*; dem BGH zustimmend *Ekkenga*, S. 119.
[234] Vgl. BGHZ 93, 29 (40 f.); *Ekkenga*, S. 119; *Liesegang*, BB 1991, 2381 (2383).
[235] BGH NJW 1984, 1180 (1181); BGH NJW 1983, 1603 (1604).

geber die alleinige Planungs- und Entwicklungsherrschaft im System.[236] In den Verträgen finden sich daher Klauseln, die den Franchisenehmer zur Einhaltung der jeweils gültigen oder der zukünftigen Richtlinien verpflichten.[237] Nahezu ausnahmslos sehen Franchiseverträge auch ausdrücklich ein einseitiges Recht zur Änderung der Richtlinien und Grundsätze durch den Franchisegeber vor.[238] Dispositionsvorbehalte bezüglich der Unterstützungspflichten des Franchisegebers können gleichfalls der Kategorie der Weisungsvorbehalte zugeordnet werden, da der Franchisenehmer regelmäßig zur Nutzung des Franchisepakets verpflichtet ist.[239]

Die Frage nach der Wirksamkeit und Reichweite von Weisungsvorbehalten zugunsten des Franchisegebers ist vor allem eine Frage des Investitionsschutzes des Franchisenehmers. Denn die Änderungen, die sich der Franchisegeber vorbehält, betreffen Neu- und Umgestaltungen vor allem des Geschäftslokals und seiner Ausstattung, der Produktionsanlage, des Warendepots, des Vertragsgebiets und der hauseigenen Transportmittel sowie Sortimentserweiterungen und Sortimentsumstellungen. Ohne die Bereitstellung finanzieller und personeller Mittel ist der Franchisenehmer zu derartigen Anpassungen nicht in der Lage. Auch das Transparenzgebot des § 307 Abs. 1 Satz 2 BGB beeinflusst die Ausgestaltung der Weisungsvorbehalte zugunsten des Franchisegebers. Der Franchisenehmer muss absehen können, in welchen Bereichen und in welchem Umfang der Franchisegeber Investitionen von ihm verlangen kann. In Ausnahmefällen können Franchisenehmer ferner die Einwendung des § 275 Abs. 2 Satz 1, Abs. 3 BGB geltend machen, wenn sie zu nicht vorhersehbaren unverhältnismäßig hohen Investitionen verpflichet werden sollen.[240] Ob der Franchisenehmer Investitionsschutz genießt und welche Grenzen ein Investitionsschutz den Weisungsvorbehalten des Franchisegebers setzt, ist Gegenstand der folgenden Betrachtungen.

a. Gesetzliches Wertungsmodell

Als dispositive gesetzliche Vorschriften, deren Leitbildfunktion den Maßstab für einen Investitionsschutz des Franchisenehmers bilden könnte, bieten sich zunächst § 87 d HGB und §§ 675, 670 BGB an. Nach § 87 d HGB kann der Handelsvertreter den Er-

---

[236] Vgl. *Ekkenga*, S. 116.

[237] Vgl. § 3 Abs. 1, § 4 Abs. 2 des Franchisevertrages (Restaurant) bei *Heil/Wagner*, Münchener Vertragshandbuch, S. 65 (67); § 3 Abs. 1 des Franchise-Vertrages bei Anschütz/Feick, Beck'sches Formularhandbuch, S. 1099 (1101); § 6 Abs. 1 des Franchise-Vertrages bei Liesegang, S. 30; § 7 Abs. 1 und 3 des Vertragsmusters bei *Flohr*, Franchise-Vertrag, S. 56 f.; Giesler/Nauschütt/*Pasderski*, § 8 Rn. 67; *Herrfeld*, S. 49, 53 f.

[238] Vgl. § 3 Abs. 2, § 5 Abs. 5 des Franchisevertrages (Restaurant) bei *Heil/Wagner*, Münchener Vertragshandbuch, S. 65 (67); § 5 Abs. 3 des Franchise-Vertrages bei *Anschütz/Feick*, Beck'sches Formularhandbuch, S. 1099 (1101); § 6 Abs. 2 des Franchise-Vertrages bei Liesegang, S. 30; § 7 Abs. 3 des Vertragsmusters bei *Flohr*, Franchise-Vertrag, S. 56 f.; Giesler/Nauschütt/*Pasderski*, § 8 Rn. 67; *Herrfeld*, S. 49, 53 f.; vgl. auch die entsprechende Freistellung in Art. 3 Abs. 1 lit. f der früheren Franchise-GVO (Verordnung (EG) Nr. 4087/88 der Kommission vom 30.11.1988 über die Anwendung von Art. 85 Abs. 3 des Vertrages auf Gruppen von Franchisevereinbarungen, ABl. 1988, L 359/46-52.).

[239] So konsequenterweise *Ekkenga*, S. 142 Fn. 185, S. 134.

[240] Giesler/Nauschütt/*Giesler*, § 9 Rn. 72.

satz seiner im regelmäßigen Geschäftsbetrieb entstandenen Aufwendungen vom Unternehmer verlangen, wenn dies handelsüblich ist. §§ 675, 670 BGB verpflichten den Auftraggeber, dem Beauftragten die Aufwendungen zu ersetzen, die dieser den Umständen nach für erforderlich halten durfte. Beide Vorschriften sollen nach herrschender Ansicht indes nicht analog auf das Franchising anwendbar sein.[241] Zur Begründung heißt es, dass die Vorschriften nicht mit dem franchisetypischen Handeln auf eigene Rechnung zu vereinbaren seien.[242] Handelsvertreter und Geschäftsbesorger handelten im fremden Namen. Der Franchisenehmer hingegen tätige seine Investitionen im eigenen Namen.

aa. § 87 d HGB als Wertungsmodell

Dem lässt sich entgegen halten, dass die Interessenlage im Hinblick auf die interne Risikoverteilung zwischen Franchisenehmer und Franchisegeber nicht wesentlich von der zwischen Handelsvertreter und Unternehmer abweicht.[243] Auch wenn es zutrifft, dass der Franchisenehmer anders als der Handelsvertreter und sonstige Geschäftsbesorger in eigenem Namen handelt, ist er vertraglich zur Vornahme von Investitionen verpflichtet, sofern sie Teil der Fortentwicklung und Änderung des Franchisesystems durch den Franchisegeber sind.[244] Hintergrund ist die Pflicht des Franchisenehmers zur Wahrung der Interessen des Franchisegebers und des Franchisesystems sowie die Absatzförderungspflicht des Franchisenehmers. Diese charakteristischen Pflichten eines Absatzmittlers führen gerade zur Anwendbarkeit zahlreicher Vorschriften über den Geschäftsbesorgungs- und Handelsvertretervertrag im Franchising. Während die Investitionsentscheidung vom Franchisegeber getroffen wird, liegen die wesentlichen finanziellen Risiken beim Franchisenehmer. Der Unterschied in der internen Risikoverteilung zwischen Handelsvertreter- und Franchiserecht ist nur ein gradueller, der bei der Auslegung des „regelmäßigen Geschäftsbetriebs" in § 87 d HGB berücksichtigt werden kann.[245] Als Konsequenz kann der Franchisenehmer zwar nicht seine vollständigen Aufwendungen über §§ 675, 670 BGB vom Franchisegeber herausverlangen. Einen Anspruch auf Erstattung seiner Aufwendungen hat der Franchisenehmer gemäß § 87 d HGB analog allerdings insoweit, als sie über seinen „regelmäßigen Geschäftsbetrieb" hinausgehen.[246]

---

[241] *Martinek*, S. 317; Martinek/Semler/*Martinek/Habermeier*, § 23 Rn. 59, 67; *Mack*, S. 109; Staub/*Koller*, § 383 Rn. 50; für den Vertragshändler *Ulmer*, S. 195, 415 f.; für eine analoge Anwendung der §§ 675, 670 BGB plädieren *Giesler*, WM 2001, 1441 (1444); *Höpfner*, S. 182 ff.; Giesler/Nauschütt/*Höpfner*, § 12 Rn. 92.
[242] *Martinek*, S. 317; Martinek/Semler/*Martinek/Habermeier*, § 23 Rn. 59, 67; *Mack*, S. 109; Staub/*Koller*, § 383 Rn. 50.
[243] *Ekkenga*, S. 72 f., 122 f.; *ders.*, AG 1989, 301 (310).
[244] Vgl. *Giesler*, WM 2001, 1441 (1444).
[245] *Ekkenga*, S. 122 f.; *ders.*, AG 1989, 301 (310).
[246] *Ekkenga*, S. 122 f.; *ders.*, AG 1989, 301 (310); mit einer Beschränkung auf Ausnahmefälle auch Martinek/Semler/*Martinek/Habermeier*, § 23 Rn. 59.

bb. Treu und Glauben (§ 242 BGB)

Andere Vertreter des Schrifttums gelangen zum gleichen Ergebnis, indem sie über § 242 BGB auf allgemeine Grundsätze wie die Treuepflicht[247] oder den Verbot des Rechtsmissbrauchs[248] zurückgreifen.[249] Auch diese Ansichten laufen auf eine Abgrenzung nach dem Grundgedanken des § 87 d HGB hinaus. Der Absatzmittler soll von finanziellen und personellen Absatzrisiken entlastet werden, die bei Vertragsschluss nicht absehbar waren und über deren Verteilung die Parteien daher keine, wenn auch nur stillschweigende, Regelung treffen konnten.[250]

b. Weisungsvorbehalte bezüglich der Absatzförderungspflicht des Franchisenehmers

aa. Investitionsschutz als Grenze?

Nach überwiegender Ansicht genießt der Franchisenehmer einen Schutz vor Weisungen des Franchisegebers, die für den Franchisenehmer mit unverhältnismäßig hohen Investitionen verbunden sind.[251] Dieser Investitionsschutz zielt weitgehend auf die Sicherung des Äquivalenz- oder Bestandsinteresses des Franchisenehmers ab. Nach einer Ansicht sollte eine Kalkulationsgrundlage in den Franchisevertrag aufgenommen werden, die eine vom Franchisegeber aufgestellte Rentabilitätsrechnung für den Betrieb des Franchisenehmers enthält.[252] Der Franchisenehmer könne dann von vornherein ersehen, wie weit seine finanzielle Belastung über das Startkapital hinausgehen kann. Auf diese Weise wird jedoch nur das Äquivalenzinteresse des Franchisenehmers geschützt.[253] Eine andere Ansicht überträgt ein noch vor der Verbreitung des Franchising in Deutschland für Absatzmittlungsverhältnisse entwickeltes Modell zur Gewährleistung eines Kündigungs- und Investitionsschutzes auf das Franchising.[254] Nach diesem Modell soll dem Absatzherrn bei eigener treuepflichtwidriger Kündigung das Wahlrecht zustehen, die Kündigung entweder als relativ unwirksam gelten zu lassen und das Vertragsverhältnis bis zur Amortisation der Investitionen des Absatzmittlers

---

[247] *Ulmer*, S. 420 f.; *Lenzen*, RIW 1984, 586 (588); *Foth*, BB 1987, 1270 (1272); *Ebenroth/Parcher*, BB 1988, Beilage 10, 1 (26 ff.); Metzlaff/*Metzlaff*, § 8 Rn. 373.

[248] *Martinek*, Franchising, S. 334, 339 f; *Foth*, BB 1987, 1270 (1272); *Ebenroth/Parcher*, BB 1988, Beilage 10, 1 (26 ff.).

[249] Die auf der Grundlage des dispositiven Rechts erarbeiteten Lösungsvorschläge *Ekkengas* finden jedoch auch bei den Kritikern seiner Ansicht große Zustimmung, vgl. *Martinek*, WM 1991, 1357 (1359 f.).

[250] Vgl. *Ebenroth*, S. 210; *Ulmer*, S. 420 f.; *Martinek*, Franchising, S. 334, 339; *Liesegang*, BB 1991, 2381 (2383 f.); *Lenzen*, RIW 1984, 586 (588); ähnlich Martinek/Semler/*Martinek/Habermeier*, § 25 Rn. 33 ff.

[251] Vgl. *Martinek*, Franchising, S. 334, 339; *Liesegang*, BB 1991, 2381 (2383 f.); *Lenzen*, RIW 1984, 586 (588); ähnlich Martinek/Semler/*Martinek/Habermeier*, § 25 Rn. 33 ff; generell für Absatzmittler *Ebenroth*, S. 210; für den Vertragshändler *Ulmer*, S. 420 f.; abgelehnt wird ein Investitionsschutz des Franchisenehmers ohne eingehende Begründung von Metzlaff/*Erdmann*, § 17 Rn. 104; ähnlich ablehnend äußert sich Röhricht/Graf von Westphalen/*Graf von Westphalen*, Franchise-Vertrag, Rn. 72.

[252] *Lenzen*, RIW 1984, 586 (588).

[253] So auch *Lenzen* RIW 1984, 586 (588); vgl. dazu *Ekkenga*, S. 124.

[254] *Martinek*, Franchising, S. 339 f.

fortzusetzen oder bei Aufrechterhaltung der Kündigung Schadensersatz an den Absatzmittler zu leisten.[255] Der Schadensersatzanspruch ist dabei nicht auf den Vertrauensschaden begrenzt, sondern umfasst auch die investitionsbezogenen Gewinnerwartungen des Absatzmittlers bis zur Amortisierung. Damit wird im Ergebnis allerdings nur dem Bestandsinteresse des Absatzmittlers an der Sicherung seiner Erwerbsquelle Rechnung getragen.[256]

Modelle, die der Weisungsbefugnis des Absatzherrn gezielt Grenzen setzen und damit den Autonomieschutz des Absatzmittlers gewährleisten, haben mit abweichenden Tatbestandsvoraussetzungen *Ulmer*[257] für den Vertragshändler und *Ekkenga*[258] für den Franchisenehmer entwickelt.

aaa. Investitionsschutz nach *Ulmer*

Einer Weisungsbefugnis des Herstellers unterliegt nach *Ulmer* der Vertragshändler nur für solche Investitionen, die er aus im Betrieb erwirtschafteten Mitteln decken kann. Ausgenommen von der Weisungsbefugnis sind daher alle Neuinvestitionen, die eine Zuführung neuen Kapitals erfordern. Es soll der autonomen Entscheidung des Vertragshändlers überlassen sein, ob er seinem Betrieb neue Mittel zur Verfügung stellen will.[259] Es kann dahin gestellt bleiben, ob diesem Vorschlag *Ulmers* zu folgen ist. Auf Franchiseverträge ist das Modell *Ulmers* jedenfalls nicht übertragbar. Weitreichende und für den Franchisenehmer mit nicht unerheblichen Investitionen verbundene Systemänderungen sind dem Franchising anders als dem Vertragshändlersystem immanent. Bereits bei Abschluss des Franchisevertrages ist Franchisegeber und Franchisenehmer bewusst, dass das Franchisesystem insbesondere bei längerer Laufzeit des Franchisevertrages einer ständigen Weiterentwicklung unterliegt.

Anders als das Vertragshändlersystem ist Franchising kein reines Vertriebssystem, sondern ein umfassendes Betriebsführungssystem. Die häufigen Systemänderungen betreffen daher einen weitaus größeren Bereich des Unternehmens des Franchisenehmers. Der Franchisenehmer ist üblicherweise in regelmäßigen Abständen zur Einführung von Systemänderungen in seinem Betrieb verpflichtet. Die Funktionsfähigkeit und der wirtschaftliche Erfolg eines Franchisesystems hängen davon ab, dass Systemänderungen von sämtlichen Franchisenehmern umgesetzt werden. Andernfalls wäre die für den wirtschaftlichen Erfolg von Franchisesystemen ausschlaggebende Einheitlichkeit des Systems nicht gewährleistet. Weder Franchisegeber noch Franchisenehmer wollen daher die systemweite Umsetzung von Systemänderungen davon abhängig machen, ob die Franchisenehmer erforderliche Investitionen aus den in ihren Betrieben erwirtschafteten Mitteln decken können. Dies wäre jedoch Voraussetzung für den von *Ulmer* vorgeschlagenen Investitionsschutz.

---

[255] *Ebenroth*, S. 186 ff.
[256] *Ekkenga*, S. 124; *ders.*, AG 1989, 301 (311).
[257] *Ulmer*, S. 420 f.
[258] *Ekkenga*, S. 124 ff.; *ders.*, AG 1989, 301 ff., insbesondere 309 ff.
[259] *Ulmer*, S. 420 f.

bbb. Investitionsschutz nach *Ekkenga*

Ekkenga, der konsequent auf die Abgrenzung nach dem „regelmäßigen Geschäftsbetrieb“ hinweist[260] und damit das Wertungsmodell aus § 87 d HGB zur Begründung eines Investitionsschutzes heranzieht, hält die mit dem Modell *Ulmers* verbundene statische Beurteilung anhand der momentan verfügbaren Mittel allerdings für praxisfern. Sie entspricht in der Tat nicht den heutigen wirtschaftlichen Gegebenheiten, die eine flexible und zügige Anpassung an die Bedürfnisse der Kunden verlangen.

Ekkenga schlägt stattdessen eine Orientierung am Umfang des Kapitalbedarfs vor, der wiederum durch den Investitionszweck bestimmt wird. Damit gelangt er zu einer dynamischen Betrachtung, die sich an der tatsächlichen oder potentiellen Auslastung des Franchisenehmerbetriebes orientiert. Es werden in den Fällen Erweiterungs- und Umstellungsinvestitionen erlaubt, in denen dies die Nachfragesituation am Absatzmarkt erforderlich erscheinen lässt.[261] Als unangemessen sind daher bereits Investitionen zu bewerten, die nicht durch die Wettbewerbssituation indiziert sind, sondern den Franchisegeber in der Weise begünstigen, dass er sich die Investitionen des Franchisenehmers in der kapitalintensiven Anlaufphase mit dem Ziel zunutze macht, den Franchisenehmerbetrieb zu übernehmen und in eine Filiale umzuwandeln, sobald dieser rentabel geführt werden kann.[262]

Fehlinvestitionen im Betrieb des Franchisenehmers erhöhen regelmäßig dessen finanzielles Risiko weitaus mehr als das des Franchisegebers, der davon nur über die Umsatzentwicklung eines von häufig zahlreichen Betrieben betroffen ist. Investitionen, die der Franchisenehmer aufgrund einer Systementwicklung oder Sytemänderung des Franchisegebers tätigen muss, dürfen aber nicht zu einer Verschiebung einer im Vertrag vereinbarten Risikoverteilung führen.[263]

Das Modell *Ekkengas*, als Investitionen, die unter den regelmäßigen Geschäftsbetrieb des Franchisenehmers fallen, nur solche zu betrachten, die sich im Rahmen des im Franchisevertrag „vereinbarten Risikos“ halten, scheint daher auf den ersten Blick griffig und interessengerecht. Das vereinbarte Risiko will *Ekkenga* dabei nach der im Vertrag zu Grunde gelegten Kapitalbindungsdauer bemessen.[264] Entscheidendes Gewicht komme dabei der Vertragslaufzeit und einer auf ihr basierenden Amortisationsrechnung zu. Danach sei die Angemessenheit von Weisungsvorbehalten des Franchisegebers zu bemessen.

Im Ergebnis kann § 87 d HGB jedoch für Franchiseverträge nicht als gesetzliches Wertungsmodell dafür herangezogen werden, wirksame und unwirksame Weisungen des Franchisegebers zu unterscheiden. Der von *Ekkenga* verwendete „regelmäßige

---

[260] *Ekkenga*, S. 125.
[261] *Ekkenga*, S. 127; *ders.*, AG 1989, 301 (313).
[262] *Ekkenga*, S. 128; *ders.*, AG 1989, 301 (313).
[263] Vgl. zum Ergebnis *Ekkenga*, S. 129; *Liesegang*, BB 1991, 2381 (2383 f.).
[264] *Ekkenga*, S. 129; *ders.*, AG 1989, 301 (313).

Geschäftsbetrieb" nach § 87 d HGB ist in Franchiseverhältnissen kein geeigneter Maßstab für diese Abgrenzung. Anders als der Handelsvertreter ist der Franchisenehmer eng in das Franchisesystem und in die Organisation des Systems durch den Franchisegeber eingegliedert. Die vertraglich vereinbarte Aufgabe des Franchisenehmers beschränkt sich nicht nur auf den Vertrieb eines Produktes. Er ist vielmehr zur Umsetzung eines umfassenden Betriebsführungssystems verpflichtet, das sich in straff organisierten Franchisesystemen auf sämtliche Bereiche des Betriebes des Franchisenehmers erstreckt. Dieses System gibt neben einem einheitlichen Erscheinungsbild aller Franchisenehmerbetriebe auch die interne Organisation und Verwaltung der einzelnen Franchisenehmerbetriebe einheitlich vor. Änderungen dieses Systems und Weisungen des Franchisegebers betreffen daher nicht nur die Systemprodukte oder die Systemdienstleistungen. Sie erfassen beispielsweise ebenso das Marketing, von Werbemaßnahmen über Sonderaktionen bis zur Preispolitik, die Wahl der Großhändler, von denen Zulieferprodukte zu beziehen sind, Vorgaben zur Führung und Ausbildung des Personals der Franchisenehmer oder zur Buchführung in den Franchisenehmerbetrieben. Eine Abgrenzung von Maßnahmen danach, ob sie noch in einen regelmäßigen Geschäftsbetrieb fallen oder nicht ist in der Praxis von Franchisesystemen nicht mit der nötigen Rechtssicherheit möglich. Anders könnte man allenfalls dann entscheiden, wenn ein Franchisevertrag definiert, welche Art von Maßnahmen zum regelmäßigen Geschäftsbetrieb zählen und welche darüber hinausgehen. In der Franchisepraxis fehlt es aber bislang an einer solchen Regelung.

ccc. Investitionsschutz im Wege der ergänzenden Vertragsauslegung

Zu überlegen wäre, ob man das Modell des „vereinbarten Risikos" dennoch als Abgrenzungskriterium heranziehen könnte. Weisungen des Franchisegebers, die über das im Franchisevertrag vereinbarte und anhand der Amortisationsdauer der Investitionen des Franchisenehmers zu berechnende Risiko des Franchisenehmers hinausgehen, müsste der Franchisenehmer nicht umsetzen. Sofern der Franchisevertrag – wie regelmäßig – nicht ausdrücklich regelt, dass der Franchisenehmer Weisungen in diesen Fällen nicht zu befolgen hat, könnte ein solcher Investitionsschutz anhand einer ergänzenden Vertragsauslegung nach § 157 BGB gewonnen werden.[265]

Es fehlt indes bereits an einer Lücke im Franchisevertrag, die auslegungsbedürftig wäre.[266] Ebenso hat der Franchisegeber nicht den Willen, dem Franchisenehmer Investitionsschutz zu gewähren. Der Franchisegeber hat kein Interesse daran, dem Franchisenehmer das Recht einzuräumen, Vorgaben und Systemänderungen nicht umzusetzen, wenn sie einen bestimmten finanziellen Rahmen, der anhand der Amortisationsdauer einer Investition zu berechnen ist, überschreiten. Eine solche Regelung wird im Franchisevertrag vielmehr bewusst nicht getroffen. Sowohl Franchisegeber als auch Franchisenehmer wollen verhindern, dass einzelne Franchisenehmer Vorgaben und Sys-

[265] Dem Vertragshändler gewähren einige Autoren auf Grundlage der ergänzenden Vertragsauslegung einen Investitionserstattungsanspruch gegen den Hersteller, vgl. *Foth*, BB 1987, 1270 (1271); Martinek/Semler/*Ulrich*, § 15 Rn. 80 f.

[266] Vgl. für den Vertragshändler *Creutzig*, NJW 2002, 3430 (3431).

temänderungen nicht umsetzen. Dies würde die für den Erfolg eines Franchisesystems ausschlaggebende Einheitlichkeit des Systems gefährden.

Ziel des Franchisegebers ist es zudem, das finanzielle Absatzrisiko vollständig auf den Franchisenehmer abzuwälzen. Das gilt für die Anfangsinvestitionen in den Franchisenehmerbetrieb ebenso wie für laufende Investitionen etwa aufgrund von Marketingmaßnahmen oder Systemänderungen. Damit lässt sich für den Franchisegeber ein Investitionsschutz zu Gunsten des Franchisenehmers nicht vereinbaren.

ddd. Schranke der Unangemessenheit

Der Franchisenehmer ist daher regelmäßig zur Umsetzung von Weisungen des Franchisegebers verpflichtet, selbst wenn sie für den Franchisenehmer mit Investitionen verbunden sind. Grenzen für das Weisungsrecht des Franchisegebers ziehen das Transparenzgebot des § 307 Abs. 1 Satz 2 BGB und die im Rahmen von § 307 Abs. 2 Nr. 1 BGB und § 242 BGB vorzunehmende Abwägung der Interessen von Franchisegeber und Franchisenehmer.[267] Eine Weisung ist dem Franchisegeber somit nur dort nicht verwehrt, wo die Umsetzung der Weisung nicht mehr zur Sicherung der Identität und Integrität des Franchisesystems erforderlich ist.[268] Nur in diesem Fall ist eine Weisung unangemessen und verstößt gegen die Grundsätze von Treu und Glauben.

In allen anderen Fällen kann der Franchisegeber die Systemführerschaft und Entwicklungsherrschaft in dem System wahrnehmen. Das mit der Umsetzung des Systems verbundene finanzielle Risiko überträgt er im Franchisevertrag vollständig auf die Franchisenehmer. Der Franchisenehmer wiederum verpflichtet sich im Franchisevertrag dazu, das System einschließlich etwaiger Systemänderungen umfassend und ohne Vorbehalte anzuwenden.[269] Häufig erkennen die Franchisenehmer darüber hinaus im Franchisevertrag ausdrücklich an, dass die umfassende Anwendung des Systems als Ganzes und im Einzelnen unabdingbar erforderlich und notwenig ist für den Bestand des Franchisevertrages.[270]

bb. Änderungen in der Produkt- und Sortimentspolitik

Im Ergebnis kein anderer Bewertungsmaßstab ist bezüglich nachträglicher Änderungen im Bereich der Produkt- und Sortimentspolitik anzulegen. Grundsätzlich steht dem Franchisegeber als Systemspitze, der zur ständigen Weiterentwicklung des Systems verpflichtet ist, die alleinige Entscheidung über Produktumstellung oder -einstellung zu, solange das Sortiment nicht vollständig verändert wird. Mit einer Produktumstellung oder -einstellung ist für den Franchisegeber indes häufig kein erheblicher finan-

---

[267] Vgl. hierzu bereits oben § 4 D IV 2 und V 1.
[268] Ebenso *Liesegang*, BB 1991, 2381 (2382).
[269] Vgl. § 4 Abs. 2 Satz 2, § 3 Abs. 1 und 2 des Franchisevertrages (Restaurant) bei *Heil/Wagner*, Münchener Vertragshandbuch, S. 65 (67 f.).
[270] So etwa § 4 Abs. 2 Satz 2 des Franchisevertrages (Restaurant) bei *Heil/Wagner*, Münchener Vertragshandbuch, S. 65 (68).

zieller Aufwand im Sinne von Neuinvestitionen oder zusätzlicher Lager-, Transport- oder Werbekosten verbunden. Die Systemänderung ist daher regelmäßig nicht unangemessen und der Franchisenehmer damit nach § 307 BGB oder § 242 BGB nicht von der Umsetzung befreit.[271]

Eine Vereinbarkeit solcher Änderungen mit §§ 242, 307 BGB entbindet den Franchisegeber indes nicht davon, den Rahmen, in dem er Änderungen in der Produkt- und Sortimentspolitik vornehmen möchte, möglichst klar und damit vorhersehbar im Franchisevertrag zu formulieren. Andernfalls könnte eine entsprechende Bestimmung im Franchisevertrag den Franchisenehmer wegen Verstoßes gegen das Transparenzgebot nach § 307 Abs. 1 Satz 2 BGB unangemessen benachteiligen. Sie wäre somit unwirksam, § 307 Abs. 1 Satz 1 BGB.

c. Weisungsvorbehalte bezüglich der Unterstützungspflichten des Franchisegebers

aa. Änderungen im eigenen Leistungsprogramm

Zur Frage, inwieweit der Franchisegeber zu nachträglichen Änderungen seiner eigenen Unterstützungspflichten aus dem Franchisevertrag berechtigt sein soll, findet sich indes kein geeignetes gesetzliches Wertungsmodell. Dem Franchisegeber steht hinsichtlich der Absatzförderungspflicht des Franchisenehmers allerdings ein mittelbares Weisungsrecht durch die Disposition über sein Leistungsprogramm zu. Daher können die zuvor dargestellten Grundsätze zum Investitionsschutz des Franchisenehmers auch hier herangezogen werden. Der Franchisegeber muss also die durch die vertraglich vereinbarte Risikoverteilung gezogenen Grenzen beachten.

Seine Dispositionsfreiheit ist jedoch vor allem dadurch beschränkt, dass er auf die Interessen des Franchisenehmers Rücksicht zu nehmen hat.[272] In erster Linie darf er die Erfolgschancen seines Vertragspartners auf dem Absatzmarkt nicht ohne schwerwiegende Gründe beeinträchtigen.[273] Solche Gründe können in der Entwicklung des Absatzmarktes liegen, auf die der Franchisegeber durch neue Absatzstrategien reagieren muss. In diesen Fällen muss der Franchisenehmer die Systemänderungen des Franchisegebers hinnehmen, auch wenn dies für den Franchisenehmer etwa durch Einschränkung der systemeinheitlichen Dienstleistungen mit Umsatzeinbußen verbunden sein kann.[274] Entsprechende Ermächtigungsklauseln sollten allerdings klarstellen, dass Veränderungen aus eigennützigen systemfremden Motiven nicht zulässig sind.

---

[271] Vgl. zum Bereich der Sortimentspolitik auch *Liesegang*, BB 1991, 2381 (2383 f.).

[272] Nach *Ekkenga*, AG 1989, 301 (314), ergibt sich aus § 308 Nr. 4 BGB, der über § 307 BGB auch im kaufmännischen Rechtsverkehr zu berücksichtigen ist, nichts anderes.

[273] Vgl. BGH BB 1988, 2201 (2204); BGH BB 1972, 193; *Löwe/Graf von Westphalen/Trinkner*, Vertragshändlerverträge, Rn. 15; *Ulmer*, S. 411; *Liesegang*, BB 1991, 2381 (2383); *Ekkenga*, S. 143.

[274] Vgl. *Liesegang*, BB 1991, 2381 (2383); *Ekkenga*, S. 143.

bb. Wettbewerbsvorbehalte und Gebietsänderungsklauseln

Solange der Franchisegeber seinem Vertragspartner keinen Gebietsschutz eingeräumt hat, verstößt er nicht gegen seine Treuepflicht, wenn er im Einzugsbereich des Franchisenehmerbetriebes die Nachfrage durch eigene Filialen, Vergabe weiterer Franchisen oder Direktbelieferung ausgewählter Kunden bedient.[275] Eine Grenze setzt jedoch das Gebot der Rücksichtnahme. Der Franchisenehmer darf durch derartige Maßnahmen nicht wesentlich in seinen Erfolgsaussichten beeinträchtigt werden.[276] Die Einrichtung eigener Filialen, die Vergabe weiterer Franchisen und die Direktbelieferung ausgewählter Kunden sind daher nur insoweit zulässig, als der Franchisenehmer selbst nicht in der Lage ist, die gestiegene Nachfrage zu bedienen und er sich gegenüber Erweiterungsinvestitionen in seinen Betrieb sperrt.[277] Voraussetzungen, Umfang und Folgen derartiger Änderungen müssen allerdings im Vertrag konkretisiert werden.[278]

5. Rechtfertigung der unangemessenen Benachteiligung[279]

Die durch § 307 Abs. 2 BGB begründete Vermutung der Unwirksamkeit einer Klausel kann durch ein überwiegendes Interesse des Franchisegebers widerlegt werden.[280] Dabei muss es sich um Interessen handeln, die nicht bereits von den Regelungen des dispositiven Rechts abgedeckt sind.

Zur Begründung eines solchen überwiegenden Interesses des Franchisegebers könnte sich auch nach Inkrafttreten der Vertikal-GVO[281] am 1.01.2000 die sogenannte „weiße Liste“ der bis dahin anwendbaren Franchise-GVO[282] heranziehen lassen.[283] In Art. 3 der Franchise-GVO wurden eine Reihe freigestellter Wettbewerbsbeschränkungen aufgelistet. Danach wurde die den Franchisenehmer wettbewerbsrechtlich beschränkende Absatzherrschaft des Franchisegebers grundsätzlich anerkannt, solange sie zur Aufrechterhaltung der Einheitlichkeit und des Ansehens des Franchisenetzes erforderlich ist.[284]

---

[275] *Ekkenga*, S. 145; *Liesegang*, BB 1991, 2381 (2383); *Löwe/Graf von Westphalen/Trinkner*, Vertragshändlerverträge, Rn. 14 f.

[276] *Ekkenga*, S. 145 f.; *Löwe/Graf von Westphalen/Trinkner*, Vertragshändlerverträge, Rn. 15.

[277] Vgl. *Ekkenga*, AG 1989, 301 (314); mit gleichem Grundgedanken *Löwe/Graf von Westphalen/Trinkner*, Vertragshändlerverträge, Rn. 15 f.

[278] So wiederholt auch die Rechtsprechung: BGH BB 1988, 2201 (2204); BGH NJW 1985, 623 (628) („Opel-Händler-Fall“); BGH NJW 1984, 1182 (1183) („Ford-Händler-Fall“); *Liesegang*, BB 1991, 2381 (2383); *Löwe/Graf von Westphalen/Trinkner*, Vertragshändlerverträge, Rn. 15.

[279] Vgl. dazu insbesondere *Ekkenga*, AG 1989, 301 (314 f.); zustimmend *Martinek*, WM 1991, 1357 (1360).

[280] Vgl. Palandt/*Heinrichs*, § 307 Rn. 25; *Ekkenga*, AG 1989, 301 (314).

[281] Verordnung (EG) Nr. 2790/99 der Kommission vom 29.12.1999 über die Anwendung von Art. 81 Abs. 3 (früher Art. 85 Abs. 3) des Vertrages auf Gruppen von vertikalen Vereinbarungen und aufeinander abgestimmten Verhaltensweisen, ABl. 1999, L 336/21-25.

[282] Verordnung (EG) Nr. 4087/88 der Kommission vom 30.11.1988 über die Anwendung von Art. 85 Abs. 3 des Vertrages auf Gruppen von Franchisevereinbarungen, ABl. 1988, L 359/46-52.

[283] Vgl. *Heil/Wagner*, Münchener Vertragshandbuch, S. 65 (107).

[284] Vgl. dazu auch *Skaupy*, DB 1989, 765 (767 f.); *Sauter*, WuW 1989, 284 (286 ff.).

Meinungen dazu, wie die Wertungsunterschiede zum deutschen Wettbewerbsrecht, das den Franchisegeber weitgehender einschränkt, rechtlich zu behandeln sind, gibt es bislang kaum. In der Literatur wurde vereinzelt ein Vorstoß in Richtung einer möglichst weitgehenden Angleichung von deutschem Zivilrecht und europäischem Kartellrecht gewagt.[285] Die Benachteiligung des Franchisenehmers sei jedenfalls dann gerechtfertigt, „wenn die betreffende Vertragsklausel kartellrechtlich nicht nur geduldet, sondern wettbewerbspolitisch gewünscht ist“[286]. Dies treffe auf die Vereinbarungen der „weißen Liste“ zu, da sie dem Gemeinwohl der Verbraucher zu dienen bestimmt seien.[287]

Indem die frühere Franchise-GVO die Aufrechterhaltung der Einheitlichkeit und das Ansehen des betroffenen Franchisesystems zum Kriterium für die Zulässigkeit von Wettbewerbsbeschränkungen heranzieht, verwendet sie ein Abgrenzungskriterium, das bereits im Rahmen der Interessenabwägung nach § 307 Abs. 2 Nr. 1 BGB über die Frage der Unangemessenheit einer Klausel entscheidet. Das Interesse des Franchisegebers an der Einheitlichkeit und Funktionsfähigkeit des Systems lässt sich daher nicht mehr zur Rechtfertigung einer zuvor festgestellten unangemessenen Benachteiligung heranziehen. Andere überwiegende Interessen des Franchisegebers, die eine unangemessene Benachteiligung des Franchisenehmers zu rechtfertigen vermögen, sind regelmäßig nicht ersichtlich.

E. Zusammenfassung

- Franchiseverträge sind Typenkombinationsverträge mit zwingenden Elementen des Geschäftsbesorgungs-, Dienst- und Know-how-Vertrages, sowie je nach konkreter Ausgestaltung im Dienstleisungsfranchising lizenzvertraglichen Elementen.

- Die Weisungskompetenzen des Franchisegebers hinsichtlich bereits konkretisierter Leistungspflichten des Franchisenehmers sind nur aufrecht zu erhalten, solange es die Sicherung der Identität und Integrität des gesamten Systems erfordert.

- Sichert sich der Franchisegeber im Vertrag Weisungsvorbehalte, so ist der Franchisenehmer an hierauf gestützte Weisungen nur insofern nicht gebunden, als ihre Einhaltung zur Sicherung der Identität und Integrität des Franchiseystems nicht erforderlich ist. Ein darüber hinausgehender Investitionsschutz steht dem Franchisenehmer nur zu, wenn er im Franchisevertrag vereinbart wurde.

---

[285] So von *Ekkenga*, AG 1989, 301 (315).
[286] *Ekkenga*, AG 1989, 301 (315).
[287] *Ekkenga*, AG 1989, 301 (315).

§ 5 Der Franchisekonzern

Das Franchising steht unter „Konzernverdacht“[288]. Sollte sich dieser Verdacht bestätigen, wäre das Weisungsverhältnis zwischen Franchisegeber und Franchisenehmer womöglich von Grund auf neu zu bewerten. So könnte nicht nur die Kontrolle von Franchiseverträgen anhand der AGB-rechtlichen Vorschriften des BGB entfallen. Die spezifischen konzernrechtlichen Schutzvorschriften, die eingeschränkte Anwendung des Wettbewerbs- und Kartellrecht auf den Unternehmensverbund sowie die Weisungsrechte und die Verlustausgleichspflicht des herrschenden Unternehmens bei Bestehen eines Beherrschungsvertrages könnten die bisherige rechtliche Einordnung der Vertragsbeziehungen zwischen Franchisegeber und Franchisenehmer grundlegend ändern.

Angesichts der weitgehenden Eingliederung des Franchisenehmer-Unternehmens in das Vertriebssystem des Franchisegebers drängt sich die Parallele von Franchisesystemen zu Konzernen geradezu auf. Das Konzernrecht ist strukturell geprägt durch die Aufgabe der wirtschaftlichen Selbständigkeit der Tochterunternehmen, die aber gleichzeitig ihre rechtliche Selbständigkeit beibehalten. Auch die Unternehmen der Franchisenehmer bleiben rechtlich selbständig, geben ihre wirtschaftliche Selbständigkeit zu einem erheblichen Teil jedoch zu Gunsten des einheitlichen Auftretens des Franchisesystems am Markt auf. Es ist gerade diese System- und Imageeinheit, auf die sich der wirtschaftliche Erfolg des Franchising gründet.[289] Die teilweise Aufgabe der wirtschaftlichen Selbständigkeit der Franchisenehmer ist daher dem Franchising immanent.

Umso mehr verwundert es, dass sich in der Rechtsprechung bislang keine Stellungnahmen zum Konzerncharakter von Franchisesystemen finden.[290] Eingehender hat sich auch die Literatur bislang nur vereinzelt, zuletzt jedoch in zunehmendem Maße mit der Frage beschäftigt, ob zwischen Franchisegeber und Franchisenehmer ein vertraglich oder faktisch begründetes Konzernverhältnis im Sinne von § 18 AktG oder zumindest eine Abhängigkeit im Sinne von § 17 AktG besteht, jedenfalls im Einzelfall bestehen kann.[291]

Nach überwiegender Ansicht muss die konzernrechtliche Abhängigkeit einer Tochtergesellschaft gesellschaftsrechtlich vermittelt sein. Eine wirtschaftliche Abhängigkeit auf Grundlage von schuldrechtlichen Austauschverträgen kann auch nach Ansicht des

---

[288] *Martinek*, Franchising, S. 633.

[289] Vgl. *Deutscher Franchise-Verband E.V.*, Existenzgründung mit System, S. 6; *Skaupy*, NJW 1982, 2446 (2447); *Martinek*, Franchising, S. 141; *ders.*, Moderne Vertragstypen II, S. 23.

[290] Anders zur Frage der arbeitsrechtlichen Abhängigkeit des Franchisenehmers, vgl. hierzu BAG ZIP 1997, 1714 ff. („Eismann I"); BGHZ 140, 11 ff. („Eismann II"); BAG NZA 1998, 364 f.; BAG AP Nr. 57 zu § 611 BGB Abhängigkeit („Jacques' Weindepot II").

[291] *Martinek*, Franchising, S. 633 ff.; *ders.*, Moderne Vertragstypen II, S. 75 ff.; Giesler/Nauschütt/ *Pasderski*, § 8 Rn. 28 ff.; *Pasderski*, S. 37 ff.; *Bayreuther*, S. 363 ff.; *Veil*, S. 297 ff.; *Herrfeld*, S. 413 ff.; *Oechsler*, ZGR 1997, 464 ff.; *Teubner*, ZHR 154 (1990), 295 (317 ff.).

Bundesgerichtshofs[292] eine Abhängigkeit im Sinne des § 17 AktG hingegen nicht begründen. Daher verneint die Literatur den Konzerncharakter von Franchisesystemen in der Regel ohne weitere, darüber hinausgehende Begründung.[293]

Diese grundsätzliche Ablehnung des Konzerncharakters von Franchisesystemen gilt es zu überdenken. Gerade die langsam zunehmende und dabei auch differenziertere Diskussion in der Literatur[294] über den möglichen Konzerncharakter von Franchisesystemen macht dies deutlich. Hintergrund ist vor allem die Erkenntnis, dass Franchiseverhältnisse nicht ohne Weiteres mit der Art schuldrechtlicher Austauschverträge vergleichbar sind, die Gegenstand der oben genannten, den Konzerncharakter ablehnenden Entscheidung des Bundesgerichtshofs – ein Darlehensvertrag – war. Neben dem schuldrechtlichen Charakter ist für Franchiseverhältnisse vielmehr ein besonderer organisationsrechtlicher Bezug prägend.[295] Allein dieser Bezug, der auf der straff koordinierten Binnenorganisation von Franchisesystemen gründet, rückt Franchisesysteme jedenfalls in die Nähe einer *Organisation* und zeigt, dass eine Zuordnung ausschließlich zur rechtlichen Kategorie des schuldrechtlichen *Vertrages* angreifbar ist. Dieser rechtlich klaren Trennung zwischen *Organisation*, also Gesellschaftsrecht, auf der einen und *Vertrag*, also Schuldrecht, auf der anderen Seite, haben sich die Unternehmen in Deutschland unter dem Einfluss der Entwicklungen in den Vereinigten Staaten von Amerika und Japan verstärkt ab den 80er Jahren des 20. Jahrhunderts entzogen und neue, wirtschaftlich erfolgsversprechende Netzwerke geschaffen. Gemeint sind nicht nur die in den Vereinigten Staaten von Amerika entstandenen Franchisesysteme, sondern insbesondere auch die in der japanischen Automobilindustrie aus Rationalisierungsgründen entwickelten Just-in-Time-Lieferbeziehungen.

Beides sind Gestaltungen der Wirtschaftspraxis, die häufig nicht nur die gleichen Synergieeffekte wie ein Konzern erzeugen, sondern auch die gleichen Gefahrenpotentiale aufweisen[296], ohne dass sich ihre rechtliche Zulässigkeit und Ausgestaltung nach der bisherigen Auffassung von Rechtslehre und Rechtsprechung an den Regeln des Konzernrechts messen lassen müssten. Diese in der Wirtschaftswissenschaft häufig als Netzwerk bezeichneten Strukturen entstehen nicht durch die Gründung von Gesellschaften, sondern beruhen auf vermeintlich schuldrechtlichen Verträgen. Wie das Beispiel des Beherrschungsvertrages im Sinne von § 291 Abs. 1 Satz 1 AktG sowie die Abhängigkeit im Sinne von § 17 Abs. 1 AktG zeigen, setzt aber auch das Entstehen organisationsrechtlicher Strukturen nicht zwingend den Abschluss eines Gesellschaftsvertrages voraus. Dabei verlangt der Wortlaut des § 17 Abs. 1 AktG nicht, dass

---

[292] BGHZ 90, 381 (395 ff).

[293] GroßkommAktG/*Windbichler*, 4. Aufl., § 17 Rn. 41; MünchKommAktG/*Bayer*, § 17 Rn. 23; Münch HdbAG/*Krieger*, § 68 Rn. 40; *Giesler*, Franchiseverträge, Rn. 155 f., 236.

[294] *Martinek*, Franchising, S. 633 ff.; *ders.*, Moderne Vertragstypen II, S. 75 ff.; Giesler/Nauschütt/*Pas-derski*, § 8 Rn. 28 ff.; *Pasderski*, S. 37 ff.; *Bayreuther*, S. 363 ff.; *Veil*, S. 297 ff.; *Herrfeld*, S. 413 ff.; *Oechsler*, ZGR 1997, 464 ff.; *Teubner*, ZHR 154 (1990), 295 (317 ff.).

[295] Vgl. *Oechsler*, ZGR 1997, 464 (466); MünchKommAktG/*Bayer*, § 17 Rn. 30; auch GroßkommAktG/*Windbichler*, 4. Aufl., § 17 Rn. 41; *Teubner*, ZHR 154 (1990), 295 (317).

[296] So auch *Ehricke*, ZGR 1996, 300 (319).

eine Abhängigkeit im Sinne dieser Vorschrift zwingend eine – in Franchiseverhältnissen in aller Regel nicht bestehende – Beteiligung des herrschenden am abhängigen Unternehmen voraussetzt. So ist nach einer Ansicht zur Begründung eines konzernrechtlichen Abhängigkeitsverhältnisses zwischen Franchisegeber-Unternehmen und Franchisenehmer-Unternehmen eine kapitalmäßige Verflechtung beider Unternehmen nicht erforderlich.[297] Vielmehr legten die Struktur- und Funktionsmerkmale des Franchising wie Kooperationsintensität, Marketinggemeinschaft, Wettbewerbs- und Imageeinheit eine Anwendung des Konzernrechts auf Franchisesysteme nahe. Dies gelte umso mehr in Fällen, in denen der Franchisegeber nach dem Franchisevertrag zur „Eingliederung" des Franchisenehmers in das Kooperationssystem verpflichtet sei.[298] Nach einer anderen Ansicht drängt sich die Parallele zum Unterordnungskonzern insbesondere bei einem Vergleich der Wettbewerbspolitik eines Unterordnungskonzerns mit der eines Franchisesystems auf. In beiden Fällen werde eine unternehmensübergreifende Politik verfolgt und durch ein mächtiges, mit Weisungsbefugnis ausgestattetes Unternehmen vorgegeben.[299]

Neben den zahlreichen genannten Indizien deutet ein weiterer wichtiger Gesichtspunkt auf einen Konzerncharakter von Franchisesystemen hin. Der Franchisenehmer ist stets zur Umsetzung geänderter Systemvorgaben des Franchisegebers verpflichtet. Dabei bleibt es auch dann, wenn sich eine Systemänderung für das Franchisesystem insgesamt positiv auswirkt, einzelnen Franchisenehmer hingegen wirtschaftlich schadet. Der Konzern wiederum zeichnet sich gerade dadurch aus, dass die abhängigen Unternehmen für sie nachteilige Maßnahmen durchführen müssen, solange sie nur im übergeordneten Konzerninteresse liegen.

Ob Franchiseverträge rechtlich tatsächlich Beherrschungsverträge im Sinne von § 291 Abs. 1 Satz 1 AktG sind oder eine Abhängigkeit im Sinne von Art. 17 Abs. 1 AktG begründen können, bedarf hingegen einer eingehenden Untersuchung.

A. Konsequenzen eines Konzerncharakters von Franchisesystemen

Bestätigte sich der Verdacht des Konzerncharakters von Franchisesystemen generell oder im Einzelfall, so hätte dies entscheidenden Einfluss auf die Reichweite der Entscheidungsbefugnisse des Franchisegebers. Die rechtliche Wirksamkeit sowohl der im Rahmen des Franchisevertrages festgelegten Vorgaben des Franchisegebers als auch der von ihm gegenüber dem Franchisenehmer im Laufe der Vertragsbeziehung erfolgenden Weisungen ist grundsätzlich, das heißt losgelöst von der Einordnung des Franchisesystems als Konzern, anhand des Schuldrechts, hier insbesondere §§ 138, 242 und 307 BGB, und des Wettbewerbs- und Kartellrechts zu überprüfen.[300] Bestünde zwischen Franchisegeber und Franchisenehmer ein Konzernverhältnis, so kämen

[297] Martinek/Semler/*Martinek*, § 4 Rn. 80; *Martinek*, Franchising, S. 640 ff.
[298] *Martinek*, Franchising, S. 634; im Ergebnis verneint *Martinek* jedoch den Konzerncharakter von Franchisesystemen, siehe *Martinek*, Franchising, S. 644 f.
[299] *Pasderski*, S. 37; Giesler/Nauschütt/*Pasderski*, § 8 Rn. 28.
[300] Siehe dazu oben § 4 B, C und D.

nicht nur die konzernrechtlichen Regelungen – hinsichtlich der Weisungsmöglichkeiten der Konzernspitze im Aktienkonzernrecht insbesondere § 308 oder § 311 AktG sowie im GmbH-Konzernrecht und im Konzernrecht der Personengesellschaften die hierzu entwickelten entsprechenden Regelungen – zur Anwendung. Die Beurteilung des Franchiseverhältnisses anhand kartell- und zivilrechtlicher Vorschriften bedürfte ebenfalls einer kritischen Betrachtung sowie einer eingehenden Überarbeitung. Bestünde keine Abhängigkeit im Sinne des Konzernrechts, wäre der Franchisenehmer aber abhängig im Sinne von § 17 Abs. 1 AktG, hätte dies ähnlich weitreichende Auswirkungen.

Im Folgenden sollen insbesondere die möglichen Rechtsfolgen von Franchisekonzernen, die für die Beurteilung des Weisungsverhältnisses zwischen Franchisegeber und Franchisenehmer maßgeblich sind und die den finanziellen Schutz des Franchisenehmers vor Investitionsverpflichtungen durch den Franchisegeber betreffen, aufgezeigt werden. Unterschiede ergeben sich dabei insbesondere im Hinblick auf die Rechtsform, in der Franchisenehmer ihr Unternehmen betreiben, und im Hinblick auf die vielfältige Binnenstruktur von Konzernen.

I. Spezifisch konzernrechtliche Auswirkungen

Bilden Franchisegeber und Franchisenehmer einen Konzern oder besteht zwischen beiden ein Abhängigkeitsverhältnis im Sinne des § 17 Abs. 1 AktG, hat dies zunächst spezifisch konzern- bzw. gesellschaftsrechtliche Konsequenzen.

Die konzernrechtlichen Regelungen befassen sich in erster Linie mit den gesellschaftsrechtlichen Problemen, die sich daraus ergeben, dass sich mehrere rechtlich selbständige Unternehmen zu einer neuen wirtschaftlichen Einheit verbinden. Die unternehmenspolitischen Entscheidungen werden im Konzern nicht mehr ausschließlich am wirtschaftlichen Interesse des einzelnen Unternehmens, sondern maßgeblich am Interesse des Unternehmensverbundes ausgerichtet.[301] Aufgrund bestimmter Beherrschungsmittel, wie etwa eines Beherrschungsvertrages oder einer gesellschaftsrechtlichen Beteiligung an dem abhängigen Unternehmen, hat das herrschende Unternehmen die Möglichkeit, diese Interessen unmittelbar oder mittelbar gegenüber der Geschäftsführung des abhängigen Unternehmens durchzusetzen. Je nach Beherrschungsmittel ist dies auch gegen den Willen und zu Ungunsten des abhängigen Unternehmens sowie insbesondere seiner Minderheitsgesellschafter und Gläubiger möglich. Das Konzernrecht soll hier einen Ausgleich zwischen den Interessen der Beteiligten schaffen. Daraus resultieren einerseits Regelungen, die dem herrschenden Unternehmen Einfluss auf die Unternehmenspolitik des abhängigen Unternehmens ermöglichen, andererseits aber auch solche Bestimmungen, die diesem Einfluss Grenzen setzen und Ausgleichsmechanismen im Falle erlaubter oder unerlaubter Einflussnahme festsetzen. Zu den Ausgleichsmechanismen zählt etwa die Verpflichtung des herrschenden Unternehmens

---

[301] Vgl. etwa *Emmerich/Habersack*, § 1 I 1, § 1 II 6, § 2 I, II; Beck'sches HdbGmbH/ *Rosenbach*, § 17 Rn. 1; *Timm*, JuS 1999, 553 (554, 556); *Martinek*, Franchising, S. 635.

im Vertragskonzern, einen etwaigen Jahresfehlbetrag des abhängigen Unternehmens auszugleichen.[302]

Wendet man nun dieses Regelungssystem auf das Rechtsverhältnis zwischen Franchisegeber und seinen Franchisenehmern an, könnte der Franchisegeber zwar neue Einflussmöglichkeiten auf die Unternehmenspolitik der Franchisenehmer hinzugewinnen. Er müsste aber unter Umständen hinnehmen, dass seine bislang bestehenden Einflussmöglichkeiten eingeschränkt werden. Zudem hätte dies gegebenenfalls die sehr weitreichende Folge für den Franchisegeber, Jahresfehlbeträge seiner Franchisenehmer ausgleichen zu müssen. Welche konzernrechtlichen Rechtsfolgen das Verhältnis zwischen Franchisegeber und Franchisenehmer im Einzelfall beeinflussen würden, hängt entscheidend davon ab, ob zwischen den am Franchisesystem Beteiligten ein Vertragskonzern, ein faktischer Konzern oder ein reines Abhängigkeitsverhältnis im Sinne von § 17 Abs. 1 AktG besteht und in welcher Rechtsform die betroffenen Franchisenehmer ihre Unternehmen betreiben.

Positivrechtlich normiert ist bislang lediglich das Konzernrecht der Aktiengesellschaft und der Kommanditgesellschaft auf Aktien, das heißt solcher konzernrechtlicher Unternehmensverbindungen, bei denen das abhängige Unternehmen in den Rechtsformen der Aktiengesellschaft oder der Kommanditgesellschaft auf Aktien betrieben wird. Die entsprechenden Regelungen wurden Teil des Aktiengesetzes von 1965. Trotz entsprechender Vorhaben[303] ist ein GmbH-Konzernrecht bislang nicht gesetzlich normiert. Ebenso fehlt es an gesetzlichen Regeln für das Konzernrecht der Personengesellschaften. Rechtsprechung und Lehre haben diese Lücke in vielen Bereichen für das Recht der abhängigen GmbH geschlossen. Die Entwicklung des Konzernrechts der Personengesellschaften setzte indes erst in den 80er Jahren ein und bleibt noch weit hinter dem des GmbH-Konzernrecht zurück.[304] Es ist aber völlig unstreitig und von der Rechtsprechung des Bundesgerichtshofs bestätigt, dass es Personengesellschaften gibt, die von anderen Unternehmen im Sinne des § 17 Abs. 1 AktG abhängig sind oder zusätzlich unter der einheitlichen Leitung des herrschenden Unternehmens, das heißt in einem Konzernverbund, stehen.[305] Jedenfalls die §§ 15 ff. AktG bilden unabhängig von der Rechtsform des abhängigen Unternehmens einen allgemeinen Teil des Konzernrechts[306], das die Begriffe des Unternehmens, der Abhängigkeit und des Konzerns einheitlich für Kapital- und Personengesellschaften definiert.

---

[302] Vgl. *Emmerich/Habersack*, § 20 V 1; *Raiser*, § 54 IV 3; *Hoffmann-Becking*, WiB 1994, 57 (58); MünchHdbAG/*Krieger*, § 70 Rn. 55; *Bälz*, AG 1992, 277 (286). Im Aktienkonzernrecht ergibt sich diese Verpflichtung aus § 302 AktG. Ähnliche Folgen ergeben sich aber auch im Konzernrecht der GmbH und der Personengesellschaften (siehe dazu genauer unten § 5 A I 1 b bb).

[303] Im Regierungsentwurf 1971/73 zu der sogenannten großen GmbH-Reform war nach dem Regelungsmuster des AktG 1965 im GmbHG ein „Zweites Buch" über verbundene Unternehmen vorgesehen, siehe BT-Drucks. VI/3088; vgl. dazu auch Hachenburg/*Ulmer*, Anh. § 77, Rn. 12.

[304] Vgl. *Emmerich/Habersack*, § 33 I; *K. Schmidt*, Gesellschaftsrecht, § 43 III 1 a.

[305] Vgl. *Emmerich/Habersack*, § 33 I; *K. Schmidt*, Gesellschaftsrecht, § 43 III 1 a.

[306] Für das GmbH-Konzernrecht Hachenburg/*Ulmer*, Anh. § 77, Rn. 16 ff.; für das Konzernrecht der Personengesellschaften Staub/*Ulmer*, Anh. § 105, Rn. 23; *Schießl*, S. 3 f.; *K. Schmidt*, Gesellschafts-

Franchisenehmer sind in aller Regel nicht als Unternehmen in der Rechtsform der Aktiengesellschaft oder Kommanditgesellschaft auf Aktien organisiert. Franchisesysteme bildeten daher nur in wenigen Ausnahmefällen Aktienkonzerne, die konzernrechtlichen Vorschriften der §§ 291 ff. AktG fänden damit nur selten direkte Anwendung. Meist führen Franchisenehmer ihre Unternehmen vielmehr als Einzelunternehmung, GmbH oder Personengesellschaft.[307] Nach einer empirischen Untersuchung, die Ende der 80er Jahre durchgeführt wurde, betrieben etwa 30 % der Franchisenehmer ihr Unternehmen in der Rechtsform der GmbH, 10 % in der Form der GmbH & Co KG, 8 % als Kommanditgesellschaft, offene Handelsgesellschaft oder Gesellschaft bürgerlichen Rechts und 53 % als Einzelunternehmen.[308] 8 % der befragten Franchisenehmer machten keine Angaben zur Rechtsform.[309]

Dennoch spielt das Aktienkonzernrecht im Folgenden eine wichtige Rolle. Es beinhaltet ein Regelungsmodell für verbundene Unternehmen, dessen Leitgedanken für das Konzernrecht insbesondere der GmbH, aber ebenfalls das der Personengesellschaften fruchtbar gemacht werden.[310] Eine generelle analoge Anwendung des Aktienkonzernrechts kommt für abhängige GmbH und Personengesellschaften wegen der strukturellen Unterschiede zwischen Aktiengesellschaft und GmbH oder Personengesellschaft nicht in Betracht. Es können indes in Einzelfällen Vorschriften des Aktienkonzernrechts im GmbH-Konzernrecht und gelegentlich auch im Konzernrecht der Personengesellschaften analog angewendet werden. Daher bietet es sich an, zunächst die Rechtsfolgen, die das Aktienkonzernrecht vorsähe, wollte man einen Franchisekonzern bejahen, darzustellen. Im Anschluss soll näher auf die Situation für abhängige GmbH und Personengesellschaften eingegangen werden.

1. Franchisevertrag als Beherrschungsvertrag

Sind Franchiseverträge Beherrschungsverträge im Sinne von § 291 Abs. 1 Satz 1 AktG, bilden Franchisegeber und Franchisenehmer-Unternehmen einen Vertragskonzern, wie ihn § 18 Abs. 1 Satz 2 1. Fall AktG regelt. Die Annahme eines solchen Franchisevertragskonzerns liegt gerade deshalb besonders nahe, weil im Franchisevertrag regelmäßig die Unternehmensorgane der Franchisenehmer zur Befolgung von Weisungen des Franchisegebers verpflichtet werden und dem Franchisegeber damit auf vertraglicher Grundlage Leitungsmacht gegenübei der Geschäftsführung des Franchisenehmer-Unternehmens eingeräumt wird. Insoweit „beherrscht" der Franchisegeber das Franchisenehmer-Unternehmen.

---

recht, § 43 II 1 c, schlägt eine analoge Anwendung der §§ 15 ff. AktG auf GmbH und Personengesellschaften vor.

307 Vgl. *Martinek*, Franchising, S. 635; *Pasderski*, S. 41; *Clemens*, S. 70.

308 *Clemens*, S. 70.

309 *Clemens*, S. 70.

310 Vgl. *Bälz*, AG 1992, 277 (285); auch *K. Schmidt*, Gesellschaftsrecht, § 17 III, nach dem das deutsche Konzernrecht ein vom Aktiengesetz zwar vorgeprägtes System ist, es allerdings verfehlt wäre, aus dem Aktiengesetz weitergehend „das System des Konzernrechts" ablesen zu wollen.

Durch einen Beherrschungsvertrag unterstellt das abhängige Unternehmen die Leitung der Gesellschaft einem anderen, dem herrschenden Unternehmen, § 291 Abs. 1 Satz 1 AktG. Die wesentlichen Folgen des Abschlusses eines Beherrschungsvertrages sind (i) ein Weisungsrecht des herrschenden Unternehmens gegenüber dem Geschäftsführungsorgan des abhängigen Unternehmens (§ 308 Abs. 1 AktG) und (ii) die Verpflichtung des herrschenden Unternehmens, einen etwaigen Jahresfehlbetrag des abhängigen Unternehmens auszugleichen (§ 302 Abs. 1 AktG). Durch die Verlustausgleichspflicht des § 302 Abs. 1 AktG wird ein Ausgleich dafür geschaffen, dass das abhängige Unternehmen – auch nachteilige – Weisungen des herrschenden Unternehmens zu befolgen hat.[311]

a. Zulässigkeit von Beherrschungsverträgen außerhalb des Aktiengesetzes

Diese Rechtsfolgen gelten zunächst nur für das Vertragskonzernrecht der Aktiengesellschaften, da nur dieses in §§ 291 ff. AktG (einschließlich der §§ 302, 308 AktG) unmittelbar gesetzlich geregelt ist.

aa. Beherrschungsverträge mit abhängigen GmbH

Aufgrund der strukturellen Unterschiede zwischen Aktiengesellschaft und GmbH verbietet es sich zwar, §§ 291 ff. AktG pauschal im Wege einer „Gesamtanalogie" auf die positivrechtlich nicht normierten GmbH-Vertragskonzerne zu übertragen.[312] Es ist vielmehr im Einzelfall zu prüfen, ob die Interessenlage bei Aktiengesellschaft und GmbH vergleichbar ist und ob einer Analogie nicht vorrangige Wertungen des GmbH-Rechts entgegenstehen.[313] Diese Voraussetzungen für eine Analogie sind allerdings in vielen Fällen erfüllt. Das gilt insbesondere für die Anwendung der im vorliegenden Zusammenhang maßgeblichen Vorschrift des § 308 AktG über das Weisungsrecht[314] des herrschenden Unternehmens. Ferner ist das herrschende Unternehmen nach der Rechtsprechung des Bundesgerichtshofs sowie der ganz überwiegenden Ansicht in der Literatur verpflichtet, einer abhängigen GmbH den bei ihr angefallenen Jahresfehlbetrag analog § 302 Abs. 1 AktG zu ersetzen.[315] Die Haftung des herrschenden Unternehmens im GmbH-Vertragskonzern nach § 302 Abs. 1 AktG stößt indes in der Literatur auch auf Kritik.[316] Aufgrund der Strukturunterschiede zwischen GmbH und Akti-

---

[311] Vgl. *Bälz*, AG 1992, 277 (286); *Hoffmann-Becking*, WiB 1994, 57 (58).

[312] Scholz/*Emmerich*, Anhang Konzernrecht, Rn. 139; *Emmerich/Habersack*, § 32 I 2 a.

[313] Scholz/*Emmerich*, Anhang Konzernrecht, Rn. 140; *Raiser*, § 54 I 3.

[314] Scholz/*Emmerich*, Anhang Konzernrecht, Rn. 177; Beck'schesHdbGmbH/*Rosenbach*, § 17 Rn. 29; *Hoffmann-Becking*, WiB 1994, 57 (60); Roth/Altmeppen/*Altmeppen*, Anh. § 13, Rn. 27, 50; *Bälz*, AG 1992, 277 (287); wohl auch OLG Oldenburg, NZG 2000, 1138 (1139).

[315] BGHZ 105, 324 (336) („Supermarkt"); BGH DB 1992, 29 (30); OLG Oldenburg NZG 2000, 1138 (1139); Scholz/*Emmerich*, Anhang Konzernrecht, Rn. 187; Baumbach/Hueck/*Zöllner*, GmbH-KonzernR, Rn. 51; Rowedder/Schmidt-Leithoff/*Koppensteiner*, Anh. § 52, Rn. 112; Beck'schesHdb GmbH/*Rosenbach*, § 17 Rn. 37; Michalski/*Zeidler*, Syst. Darst. 4, Rn. 110; *Raiser*, § 54 IV 3; *Zöllner*, ZGR 1992, 173 (192); *Hoffmann-Becking*, WiB 1994, 57 (61); *Lutter*, ZIP 1985, 1425 (1432); *Bälz*, AG 1992, 277 (287).

[316] So v.a. von *Ehricke*, FS Immenga, S. 537 ff.

engesellschaft lasse sich der Begründungsansatz für eine Ausgleichspflicht des herrschenden Unternehmens beim AG-Vertragskonzern nicht auf den GmbH-Vertragskonzern übertragen.[317] Im AG-Vertragskonzern diene § 302 Abs. 1 AktG nach allgemeiner Auffassung als Ausgleich dafür, dass das herrschende Unternehmen mit Abschluss eines Beherrschungsvertrages über das Weisungsrecht nach § 308 AktG direkten Einfluss auf die Geschäftsführung der abhängigen Aktiengesellschaft nehmen kann, während auch den Gesellschaftern diese Möglichkeit ohne bestehenden Beherrschungsvertrag wegen §§ 76 und 117 AktG verwehrt ist.[318] Den Gesellschaftern einer GmbH stehe diese Möglichkeit, direkt auf die Geschäftsführung der Gesellschaft Einfluss zu nehmen, hingegen gerade auch ohne Beherrschungsvertrag zu (vgl. § 37 GmbHG).[319] Eine konzernspezifische Haftung ließe sich daher nur rechtfertigen, wenn sich durch den Abschluss eines Beherrschungsvertrages andere Gefahren für die Gesellschafter, insbesondere die Minderheitsgesellschafter oder die Gläubiger ergeben, die ohne Abschluss eines solchen Vertrages nicht bestünden.[320] Da solche Gefahren jedoch nicht bestünden[321], und es damit ebenfalls an der für eine analoge Anwendung des § 302 Abs. 1 AktG auf den GmbH-Vertragskonzern als Begründung herangezogenen spezifischen Konzerngefahr fehle, müsse es für Haftungsfragen bei den allgemeinen gesellschaftsrechtlichen Tatbeständen bleiben.[322] Wie die Begründung dieser Ansicht verdeutlicht, bleibt der Begründungsansatz der herrschenden Meinung für eine analoge Anwendung des § 302 Abs. 1 AktG in den Fällen bestehen, in dem das herrschende Unternehmen nicht zugleich auch Gesellschafter der abhängigen GmbH ist. Hier erwirbt der Vertragspartner der abhängigen GmbH überhaupt erst mit Abschluss des Beherrschungsvertrages Einfluss auf die Geschäftsführung der abhängigen GmbH. Auch unter Berücksichtigung der Argumentation der Gegenansicht[323] wäre daher § 302 Abs. 1 AktG analog in den hier untersuchten Fällen anwendbar, in denen der Franchisegeber nicht Gesellschafter der GmbH des Franchisenehmers ist.

bb. Beherrschungsverträge mit abhängigen Personengesellschaften

Ob Beherrschungsverträge im Sinne von § 291 Abs. 1 AktG mit einer Personengesellschaft als abhängigem Unternehmen geschlossen werden können, war in der Literatur umstritten und ist bis heute nicht abschließend geklärt.[324] Dem Bundesgerichtshof lag

---

[317] *Ehricke*, FS Immenga, S. 537 ff.
[318] *Ehricke*, FS Immenga, S. 537 (540) m.w.N.
[319] *Ehricke*, FS Immenga, S. 537 (540 f.).
[320] *Ehricke*, FS Immenga, S. 537 (538, 541).
[321] Siehe die dezidierte Begründung von *Ehricke*, FS Immenga, S. 537 (541 ff.).
[322] *Ehricke*, FS Immenga, S. 537 (556).
[323] *Ehricke*, FS Immenga, S. 537 ff.
[324] Möglich ist dies nach einer Entscheidung des BayObLG aus dem Jahre 1993 stets, wenn an der Gesellschaft keine natürlichen Personen beteiligt sind (BayObLG NJW 1993, 1804), ein in der Franchisepraxis aber eher seltener Fall (vgl. dazu *Clemens*, S. 70). In den übrigen Fällen ist es nach überwiegender Ansicht unabdingbar, dass alle Gesellschafter dem Abschluss des Beherrschungsvertrages zustimmen. Sonst ist der Vertrag sittenwidrig und gemäß § 138 Abs. 1 BGB nichtig (*Emmerich/Habersack*, § 34 III 2 m.w.N.). Zusätzlich verlangen zahlreiche Autoren, dass das herrschende Unternehmen die Mitgesellschafter im Innenverhältnis von ihrer Haftung für die Verbindlichkeiten der

diese Frage bislang noch nicht zur Entscheidung vor. Entgegen vereinzelter Stimmen in der Literatur[325] kann auch dem „Gervais/Danone"-Urteil des Bundesgerichtshofs aus dem Jahre 1979 kein sicherer Rückschluss auf die Zulässigkeit von Beherrschungsverträgen mit Personengesellschaften entnommen werden.[326]

Der rechtlichen Anerkennung eines Beherrschungsvertrages mit einer abhängigen Personengesellschaft steht nach heute überwiegender Meinung in der Literatur jedoch weder (i) der Grundsatz der Selbstorganschaft, also eine Unvereinbarkeit von fremdbestimmter Unternehmensleitung mit der unbeschränkten Haftung der Gesellschafter, noch (ii) eine Unvereinbarkeit der einheitlichen, am Konzerninteresse ausgerichteten Leitung mit dem – dem Personengesellschaftsrecht immanenten – Erfordernis der gemeinsamen Zweckverfolgung aller Gesellschafter entgegen.[327] Wenn auch die Voraussetzungen im Einzelnen noch umstritten sind, werden daher Beherrschungsverträge mit abhängigen Personengesellschaften in der konzernrechtlichen Literatur inzwischen von der überwiegenden Ansicht für zulässig erachtet.[328] Ob dieser Ansicht zu folgen

---

Gesellschaft freistellt, da die persönliche Haftung der Gesellschafter nicht mit der Fremdsteuerung durch einen Dritten, das herrschende Unternehmen, zu vereinbaren sei (so etwa *Raiser*, § 54 I 4; *ders.*, ZGR 1980, 558 (563); *Emmerich*, AG 1991, 303 (310); *Schießl*, S. 51; *Jäger*, DStR 1997, 1813 (1814); *Liebscher*, S. 322 ff.; vgl. zum Meinungsstand auch *Emmerich/Habersack*, § 34 III 1 m.w.N.). Entbehrlich dürfte eine Freistellung danach nur sein, wenn keine natürliche Person unbeschränkt haftet (ohne dies ausdrücklich festzustellen im Ergebnis wohl u.a. *Raiser*, § 54 I 4; *ders.*, ZGR 1980, 558 (563); *Emmerich*, AG 1991, 303 (310)), also etwa in dem im Franchising häufig vorkommenden Fall (vgl. *Clemens*, S. 70), dass eine GmbH & Co. KG abhängiges Unternehmen ist. Der oben genannten Ansicht wird jedoch zu Recht entgegen gehalten, dass das Gesetz einen Fall der unbeschränkten persönlichen Haftung in § 291 Abs. 1 S. 1 AktG bereits vorsieht (*Emmerich/Habersack*, § 34 III 2). Beherrschungsverträge können danach auch mit einer Kommanditgesellschaft auf Aktien als abhängigem Unternehmen geschlossen werden. Komplementär einer Kommanditgesellschaft auf Aktien kann aber auch eine natürliche Person sein. Der Gesetzgeber selbst hat also die persönliche Haftung natürlicher Personen trotz der Fremdbestimmung aufgrund eines Beherrschungsvertrages für zulässig erachtet (*Emmerich/Habersack*, § 34 III 2; vgl. auch *Schießl*, S. 52).

[325] Etwa *Bälz*, AG 1992, 277 (287); wohl auch Staub/*Ulmer*, Anh. § 105, Rn. 5.

[326] Der Bundesgerichtshof hat in dem Urteil zwar mehrfach von einem „Beherrschungsvertrag" gesprochen, ein Beherrschungsvertrag im Sinne von § 291 Abs. 1 S. 1 AktG lag tatsächlich aber nicht vor (*Emmerich/Habersack*, § 34 III 1; MünchKommHGB/*Mülbert*, KonzernR, Rn. 126; *Schießl*, S. 43 f.; *Löffler*, S. 37 ff.; *Reuter*, AG 1986, 130 (134); *Schneider*, ZGR 1980, 511 (515); *Jäger*, DStR 1997, 1813 (1817); *K. Schmidt*, Gesellschaftsrecht, § 43 III 2 c), sondern vielmehr ein schuldrechtlicher, kein organisationsrechtlicher Vertrag (*K. Schmidt*, Gesellschaftsrecht, § 43 III 2 c).

[327] Vgl. *Emmerich/Habersack*, § 34 III 1, 2; *Emmerich*, AG 1991, 303 (310); *Bälz*, AG 1992, 277 (287); *Jäger*, DStR 1997, 1813ff.; MünchKommHGB/*Mülbert*, KonzernR, Rn. 168; *Schießl*, S. 45 ff.; *Kleindiek*, S. 94 ff.; Beck'schesHdbPersG/*Rosenbach*, § 24 Rn. 12 ff.; eingeschränkt auch Staub/*Ulmer*, Anh. § 105, Rn. 13 ff., insbesondere Rn. 16, der aber anscheinend bei fehlender Gesellschafterstellung des herrschenden Unternehmens nur einen „schuld"-, nicht aber organisationsrechtlichen Beherrschungsvertrag im Auge hat.

[328] So etwa von *Emmerich/Habersack*, § 34 III 1, 2; *Emmerich*, AG 1991, 303 (310); *K. Schmidt*, Gesellschaftsrecht, § 43 III 2 c; *Baumbach/Hopt*, § 105 Rn. 105; MünchKommHGB/*Mülbert*, KonzernR, Rn. 165, 168; *Bälz*, AG 1992, 277 (287 f.); *Raiser*, § 54 I 4; *Jäger*, DStR 1997, 1813 ff.; *Kleindiek*, S. 110 ff.; *Lange*, IPRax 1998, 438 (439); ähnlich, aber mit der Einschränkung, dass ein Beherrschungsvertrag nicht außerhalb einer gesellschaftsvertraglichen Konzernierungsregelung bestehen kann, Schlegelberger/*Martens*, Anh. § 105, Rn. 37 ff. *Ulmer* scheint einen organisationsrechtlichen

ist, kann hier noch dahingestellt bleiben.[329] Ob Beherrschungsverträge mit abhängigen Personengesellschaften gleichermaßen dann zulässig sind, wenn das herrschende Unternehmen nicht zugleich eine Gesellschafterstellung im abhängigen Unternehmens inne hat, wird in der Literatur – soweit überhaupt angesprochen – kontrovers diskutiert[330], kann an dieser Stelle aber ebenfalls noch dahingestellt bleiben.[331]

Weitgehend anerkannt ist, dass das herrschende Unternehmen zum Ausgleich eines Jahresfehlbetrages der abhängigen Personengesellschaft verpflichtet ist. Unterschiedlich fällt in der Literatur allerdings die Begründung für die Verlustübernahmepflicht aus. Teilweise wird sie auf eine Analogie zu § 302 Abs. 1 AktG[332], teilweise auf eine analoge Anwendung des § 670 BGB oder auf allgemeine Rechtsgedanken gestützt.[333] Soweit sich aus den voneinander abweichenden Begründungen Unterschiede bei der Beurteilung der Rechtsfolgen für mögliche Franchisekonzerne ergeben, wird darauf an entsprechender Stelle eingegangen.

Dem herrschenden Unternehmen steht gegenüber der abhängigen Personengesellschaft mit Abschluss des Beherrschungsvertrages ein Weisungsrecht zu. Der Umfang des Weisungsrechts ergibt sich dabei in erster Linie aus dem Beherrschungsvertrag selbst.[334] Ergänzend soll wie im GmbH-Konzernrecht § 308 AktG analog anzuwenden sein.[335] Nach anderer Ansicht sind zur Bestimmung von Umfang und Grenzen des Weisungsrechts ergänzend die Wertungen des Personengesellschaftsrechts des BGB und des HGB heranzuziehen.[336]

Beherrschungsvertrag im Sinne von § 291 Abs. 1 S. 1 AktG nur für möglich zu halten, wenn das herrschende Unternehmen zugleich auch als Gesellschafter an dem abhängigen Unternehmen beteiligt ist; andernfalls liegt nach seiner Ansicht lediglich ein Fall rein „schuldrechtlicher" Weisungsbindung gegenüber Nichtgesellschaftern vor, die er „wegen der damit verbundenen Gefahr der Selbstentmündigung der gebundenen Personengesellschaft und ihrer Organe allenfalls in engen Grenzen" für zulässig hält (Staub/*Ulmer*, Anh. § 105, Rn. 16, 69).

[329] Siehe dazu im Einzelnen unten § 5 C II 1 c.

[330] Kritisch dazu Staub/*Ulmer*, Anh. § 105, Rn. 16, 69; dafür *Bälz*, AG 1992, 277 (287); MünchKommHGB/*Mülbert*, KonzernR, Rn. 168; *Kleindiek*, S. 103; wohl auch *Schießl*, S. 47; dagegen *Reuter*, ZHR 146 (1982), 1 (16); Schlegelberger/*Martens*, Anh. § 105, Rn. 34 f.; *Schneider*, ZGR 1975, 253 (270); *Löffler*, S. 29 f.; *Jäger*, DStR 1997, 1813 (1814).

[331] Siehe dazu im Einzelnen unten § 5 C II 1 c.

[332] So *Emmerich/Habersack*, § 34 III 4; *Raiser*, § 54 IV 3; *Wiedemann*, S. 81 ff; *Jäger*, DStR 1997, 1813 (1816); wohl auch *Bälz*, AG 1992, 277 (288).

[333] Einen Überblick über die unterschiedlichen Meinungen bieten Schlegelberger/*Martens*, Anh. § 105, Rn. 40 ff., Staub/*Ulmer*, Anh. § 105, Rn. 72 ff. und *Ulmer*, Probleme des Konzernrechts, S. 26 (56). Im „Gervais/Danone"-Urteil nahm auch der Bundesgerichtshof eine Verlustübernahmepflicht an, die er aus allgemeinen Rechtsgedanken ableitete (BGH NJW 1980, 231, 232). Zu berücksichtigen bleibt aber, dass der Bundesgerichtshof hier zwar von einem „Beherrschungsvertrag" sprach, ein Beherrschungsvertrag im Sinne von § 291 Abs. 1 S. 1 AktG tatsächlich aber nicht abgeschlossen worden war (vgl. *Emmerich/Habersack*, § 34 III 1), sondern vielmehr ein schuldrechtlicher Vertrag (*K. Schmidt*, Gesellschaftsrecht, § 43 III 2 c).

[334] *Emmerich/Habersack*, § 34 III 3; MünchKommHGB/*Mülbert*, KonzernR, Rn. 237 f.; *Jäger*, DStR 1997, 1813 (1815).

[335] *Emmerich/Habersack*, § 34 III 3; *Jäger*, DStR 1997, 1813 (1815); *Bälz*, AG 1992, 277 (288).

[336] MünchKommHGB/*Mülbert*, KonzernR, Rn. 149, 238 f.

Was den weiteren Fortgang der Untersuchung zu den Vertragskonzernen angeht, erübrigt sich aufgrund der dargestellten Parallelen in der Regel eine Unterscheidung nach der Rechtsform des abhängigen Unternehmens, also der des Franchisenehmer-Unternehmens. Sofern sich im Einzelfall die Beurteilung ändert, wenn abhängiges Unternehmen nicht eine Aktiengesellschaft, sondern eine GmbH oder Personengesellschaft ist, wird darauf an entsprechender Stelle eingegangen.

b. Auswirkungen eines Franchisevertragskonzerns auf das Rechtsverhältnis zwischen Franchisegeber und Franchisenehmer

Der obige Überblick deutet bereits an, welche weitreichenden Konsequenzen es hätte, wären Franchiseverträge als Beherrschungsverträge zu qualifizieren. Überträgt man die auf Vertragskonzerne anwendbaren Regelungen auf das Rechtsverhältnis zwischen Franchisegeber und Franchisenehmer, ist zu berücksichtigen, dass das Vertragskonzernrecht ein aufeinander abgestimmtes Regelungssystem bildet. Dieses kann nicht generell, undifferenziert und unkritisch als Ganzes für mögliche Franchisevertragskonzerne übernommen werden. Es muss vielmehr jeweils im Hinblick auf die einzelnen Regelungsbereiche überprüft werden, ob sich aus dem Franchisevertrag nicht eine abweichende Beurteilung gegenüber den bestehenden vertragskonzernrechtlichen Regelungen ergeben kann.

aa. Neugestaltung des Weisungsverhältnisses

Nach § 308 Abs. 1 Satz 1 AktG (analog)[337] ist das herrschende Unternehmen berechtigt, der Geschäftsführung des abhängigen Unternehmens hinsichtlich der Leitung der Gesellschaft Weisungen zu erteilen.[338] Die Geschäftsführung des abhängigen Unternehmens ist dazu verpflichtet, den Weisungen Folge zu leisten (vgl. § 308 Abs. 2 Satz 1 AktG (analog)).

Durch das aus dem Abschluss des Beherrschungsvertrages resultierende umfassende Weisungsrecht gemäß § 308 Abs. 1 AktG (analog) erhielte der Franchisegeber ein zusätzliches Instrument zur Leitung des Franchisesystems und zur Durchsetzung seiner Systemvorstellungen gegenüber den Franchisenehmern. Während das Weisungsrecht des Franchisegebers darin besteht, dass sich der Franchisegeber im Franchisevertrag Änderungsvorbehalte hinsichtlich des Franchisesystems und seiner Umsetzung durch die Franchisenehmer einräumen lässt, könnte das „neue“ umfassende Weisungsrecht nach § 308 Abs. 1 AktG (analog) noch darüber hinausgehen.

---

[337] Der Klammerzusatz (analog) zu Vorschriften des Aktienkonzernrechts wird im Folgenden immer dann verwendet, wenn die entsprechende Vorschrift im GmbH-Konzernrecht und im Konzernrecht der Personengesellschaften analog anzuwenden ist.

[338] Für das GmbH-Konzernrecht: BGH NJW 1992, 1452 (1454); *Zöllner*, ZGR 1992, 173 (186); Scholz/*Emmerich*, Anhang Konzernrecht, Rn. 183; Hachenburg/*Ulmer*, Anh. § 77, Rn. 218; Rowedder/Schmidt-Leithoff/*Koppensteiner*, Anh. nach § 52, Rn. 108; Beck'schesHdb GmbH/*Rosenbach*, § 17 Rn. 32; *Kort*, S. 46, 139; für das Konzernrecht der Personengesellschaften: *Emmerich/Habersack*, § 34 III 3; *Jäger*, DStR 1997, 1813 (1815); *Bälz*, AG 1992, 277 (288).

bb. Verlustausgleichspflicht des Franchisegebers im Franchisevertragskonzern

Der Franchisenehmer genießt grundsätzlich keinen Schutz gegenüber Weisungen des Franchisegebers, die sich für ihn finanziell nachteilig auswirken. Allenfalls im Falle von Weisungen, die den Franchisenehmer zu neuen Investitionen in seinen Geschäftsbetrieb verpflichten, gesteht die Literatur dem Franchisenehmer eingeschränkten Investitionsschutz zu.[339] Der Investitionsschutz hat nach einer Ansicht den Schutz des Franchisenehmers vor einer einseitigen ordentlich Kündigung des Franchisegebers zum Gegenstand, solange sich die Investitionen des Franchisenehmers nicht amortisiert haben.[340] Nach anderer Ansicht behält der Franchisegeber sein Kündigungsrecht. Der Franchisenehmer soll aber im Falle einer Kündigung einen Erstattungsanspruch in Höhe der noch nicht amortisierten Investitionen gegen den Franchisegeber erwerben.[341]

Wesentlich weiter könnte der Schutz des Franchisenehmers im Franchisevertragskonzern reichen. Unabhängig von der Rechtsform des Franchisenehmer-Unternehmens träfe den Franchisegeber eine Verlustausgleichspflicht (§ 302 Abs. 1 AktG).[342] Diese muss das herrschende Unternehmen im Vertragskonzern jedenfalls auch als Ausgleich für seine umfassenden Weisungsbefugnisse hinnehmen.[343] Danach hätte der Franchisegeber bei uneingeschränkter Anwendung des § 302 AktG jeden während der Vertragsdauer entstehenden Jahresfehlbetrag des Franchisenehmer-Unternehmens zu ersetzen.[344]

---

[339] Vgl. Giesler/Nauschütt/*Höpfner*, § 12 Rn. 82 ff.; *Martinek*, Franchising, S. 334 ff.; *Liesegang*, BB 1991, 2381 (2383 f.); mit Einschränkungen auch *Ekkenga*, S. 127 f.

[340] *Ebenroth/Parche*, BB 1988, Beilage 10, 1 (27); Martinek/Semler/*Martinek/Habermeier*, § 25 Rn. 33 ff.; *Foth*, BB 1987, 1270 (1272); ähnlich auch *Martinek*, Franchising, S. 337 ff.

[341] Giesler/Nauschütt/*Höpfner*, § 12 Rn. 91 f.; *Höpfner*, S. 182 ff.; *Giesler*, Franchiseverträge, Rn. 278; *Liesegang*, BB 1991, 2381 (2384); *Ebenroth/Parche*, BB 1988, Beilage 10, 1 (27): Wahlmöglichkeit für Franchisenehmer, ob Kündigungsschranke oder Erstattungsanspruch.

[342] Zur Verlustausgleichspflicht gegenüber beherrschten GmbH: BGH DB 1992, 29 (30); Scholz/*Emmerich*, Anhang Konzernrecht, Rn. 187; Baumbach/Hueck/*Zöllner*, GmbH-KonzernR, Rn. 51; Rowedder/Schmidt-Leithoff/*Koppensteiner*, Anh. § 52, Rn. 112; Beck'schesHdbGmbH/*Rosenbach*, § 17 Rn. 37; *Zöllner*, ZGR 1992, 173 (192); *Hoffmann-Becking*, WiB 1994, 57 (61); Michalski/*Zeidler*, Syst. Darst. 4, Rn. 110; *Raiser*, § 54 IV 3; *Lutter*, ZIP 1985, 1425 (1432); *Bälz*, AG 1992, 277 (287). Zur Verlustausgleichspflicht gegenüber beherrschten Personengesellschaften: Schlegelberger/*Martens*, Anh. § 105, Rn. 40 ff; Staub/*Ulmer*, Anh. § 105, Rn. 72 ff.; *Ulmer*, Probleme des Konzernrechts, S. 26 (56); MünchKommHGB/*Mülbert*, KonzernR, Rn. 191; *Jäger*, DStR 1997, 1813 (1816); *Raiser*, § 54 IV 3.

[343] Vgl. zum Grundgedanken der Verlustausgleichspflicht, die auch als Kompensation für den Wegfall des gesetzlichen Systems der Kapitalerhaltung dient, *Emmerich/Habersack*, § 20 V 1; *Raiser*, § 54 IV 3; *Hoffmann-Becking*, WiB 1994, 57 (58); MünchHdbAG/*Krieger*, § 70 Rn. 55; *Bälz*, AG 1992, 277 (286).

[344] Einschränkungen dieser Verlustausgleichspflicht bleiben einer näheren Darstellung für den Fall vorbehalten, dass Franchiseverträge tatsächlich Beherrschungsverträge im Sinne des Konzernrechts sind.

2. Abhängige und faktisch konzernierte Franchisenehmer-Unternehmen

Franchisesysteme bilden faktische Konzerne, wenn zwei Voraussetzungen erfüllt sind. Zunächst müsste das Franchisenehmer-Unternehmen nach § 17 Abs. 1 AktG beherrschenden Einfluss auf das Franchisenehmer-Unternehmen ausüben können. Zu diesem Abhängigkeitsverhältnis hinzukommen müsste ferner, dass das Franchisegeber-Unternehmen von seiner Möglichkeit, beherrschenden Einfluss auszuüben in der Praxis Gebrauch macht und die Unternehmen somit unter einheitlicher Leitung des Franchisegebers im Sinne von § 18 Abs. 1 Satz 1 AktG zusammengefasst sind. Bis auf wenige Ausnahmen knüpfen die einschlägigen Rechtsfolgen bereits an das Abhängigkeitsverhältnis nach § 17 Abs. 1 AktG, nicht erst an den Konzerntatbestand des § 18 AktG an. Sie werden deshalb im Folgenden gemeinsam dargestellt.

a. Einfluss auf die Weisungsrechte des Franchisegebers

Auf das Weisungsverhältnis zwischen Franchisegeber und Franchisenehmer hätte eine Konzernierung keinen wesentlichen Einfluss. Ähnlich weitreichende Einflussmöglichkeiten auf die abhängige Gesellschaft wie sie § 308 Abs. 1 AktG dem herrschenden Unternehmen im Vertragskonzern einräumt, sieht das faktische Konzernrecht zu Gunsten des herrschenden Unternehmens nicht vor. Zu einer Erweiterung der Weisungsrechte des Franchisegebers käme es nicht. Zwar gestattet § 311 AktG dem herrschenden Unternehmen, nachteiligen Einfluss auf die abhängige Gesellschaft auszuüben, sofern das herrschende Unternehmen diese Nachteile nach § 317 AktG wieder ausgleicht. Die Vorschriften der §§ 311, 317 AktG sind indes nur auf abhängige Aktiengesellschaften oder Kommanditgesellschaften auf Aktien, nicht jedoch analog auf abhängige GmbH[345] und Personengesellschaften[346] anzuwenden. Grund dafür ist, dass weder GmbH noch Personengesellschaft über eine nicht weisungsgebundene Geschäftsführung nach dem Vorbild des § 76 AktG verfügen.[347] Beiden Gesellschaften fehlt es ebenfalls an einem obligatorischen Aufsichtsrat, dem die Prüfung des Abhängigkeitsberichts obliegt.[348] Nicht zuletzt gewährleisten §§ 311, 317 AktG lediglich einen Vermögensschutz. Darauf lassen sich die Interessen von Gesellschaftern einer GmbH und einer Personengesellschaft jedoch nicht verkürzen.[349] Franchisenehmer-Unternehmen sind aber allenfalls in seltenen Ausnahmefällen Aktiengesellschaften,

---

[345] Allgemeine Meinung; siehe u.a. BGHZ 65, 15 (18); BGHZ 95, 330 (340); *Emmerich/Habersack*, § 29 III 2 a); Scholz/*Emmerich*, Anhang Konzernrecht Rn. 12; Rowedder/Schmidt-Leithoff/*Koppensteiner*, Anh. nach § 52, Rn. 74; Hachenburg/*Ulmer*, GmbHG, Anh. § 77 Rn. 56; Baumbach/Hueck/*Zöllner*, GmbH-Konzernrecht, Rn. 56; *Lutter/Hommelhoff*, Anh. § 13 Rn. 16.

[346] Allgemeine Meinung; siehe u.a. Baumbach/*Hopt*, § 105 Rn. 103; *Emmerich/Sonnenschein/Habersack*, § 34 I 1; Heymann/*Emmerich*, § 105 Rn. 9; MünchKommHGB/*Mülbert*, Konzernrecht, Rn. 199; Ebenroth/Boujong/Joost/*Lange*, § 105 Anh. Rn. 35 f.; *Reuter*, ZHR 146 (1982), 1 (4 f.); *Jäger*, DStR 1997, 1813 (1815).

[347] *Emmerich/Habersack*, § 29 III 2 a); *Hüffer*, § 311 Rn. 51.

[348] *Emmerich/Habersack*, § 29 III 2 a).

[349] *Hüffer*, § 311 Rn. 51.

regelmäßig hingegen in der Rechtsform der GmbH oder Personengesellschaft organisiert.[350]

Eine Ausnahme könnte allenfalls für faktisch konzernierte Franchisenehmer-Personengesellschaften gelten. Jedenfalls in den Fällen qualifizierter faktischer Konzernierung von Personengesellschaften will eine Ansicht dem herrschenden Unternehmen ein Weisungsrecht analog § 308 AktG einräumen.[351] In Anbetracht des Abschieds von Rechtsprechung und Literatur von der Rechtsfigur des qualifizierten faktischen Konzerns[352] lässt sich diese Ansicht jedoch kaum aufrecht erhalten. Ferner beruht sie auf einem Konzernierungsbeschluss der Gesellschafter des abhängigen Unternehmens und geht dabei von einer Beteiligung auch des herrschenden Unternehmens an der abhängigen Gesellschaft aus.[353] Ob sich die gleiche Rechtsfolge bei fehlender Gesellschafterstellung des Franchisegebers ergäbe, ist höchst fraglich. Vielmehr bedürfte es einer Entwicklung der Rechtsfolgen im Falle einer Abhängigkeit oder faktischen Konzernierung der Franchisenehmer-Personengesellschaft.

b. Haftungsrechtliche Folgen für den Franchisegeber

Erweisen sich Franchisesysteme als faktische Konzerne, hat dies in erster Linie haftungsrechtliche Konsequenzen. Auch das faktische Konzernrecht ist nicht nur Organisationsrecht, sondern zugleich Schutzrecht zu Gunsten der abhängigen Gesellschaft, ihrer Minderheitsgesellschafter und insbesondere ihrer Gläubiger.[354] Anders als im Recht der Vertragskonzerne unterscheiden sich die Rechtsfolgen einer faktischen Konzernbeziehung je nach Rechtsform der abhängigen Gesellschaft.

aa. Franchisenehmer-Unternehmen als Aktiengesellschaft

Ist das Franchisenehmer-Unternehmen eine Aktiengesellschaft oder Kommanditgesellschaft auf Aktien könnte der Franchisegeber den Franchisenehmer nicht ohne Folgen zu einem nachteiligen Rechtsgeschäft oder einer nachteiligen Maßnahme veranlassen.

---

[350] Siehe oben § 5 A I.

[351] BGH NJW 1980, 231(„Gervais"); *Emmerich/Habersack*, § 34 II 1 b); *Löffler*, S. 79 f.

[352] Grundlegend BGHZ 149, 10 („Bremer Vulkan"): nach dem ersten Leitsatz des Urteils folgt der Schutz einer abhängigen GmbH gegen Eingriffe ihres Alleingesellschafters nicht dem Haftungssystem des Konzernrechts des Aktienrechts (§§ 291 ff., 311 ff. AktG), sondern ist auf die Erhaltung des Stammkapitals und die Gewährleistung ihres Bestandsschutzes beschränkt; bestätigt in BGH ZIP 2002, 848 und BGHZ 151, 181 („KBV"); in Ansätzen bereits BGHZ 122, 123 („TBB"); dem Bundesgerichtshof folgend *Emmerich/Habersack*, § 34 II 1 b); *Altmeppen*, NJW 2002, 321; *ders.*, ZIP 2002, 1553; *Bitter*, WM 2001, 2133; *Boujong*, NZG 2003, 497 (509); *Ehricke*, FS Immenga, S. 537; *Hirte*, NJW 2003, 1154 (1157); *ders.*, NJW 2003, 1285 (1290); *Hoffmann*, NZG 2002, 68 (71, 74); *Keßler*, GmbHR 2001, 1095; *Ulmer*, ZIP 2001, 2021 ff.; *Lutter/Hommelhoff*, § 13 Rn. 15, Anh. § 13 Rn. 26; zum TBB-Urteil ähnlich bereits *Mülbert*, DStR 2001, 1937 ff.; Rowedder/Schmidt-Leithoff/*Koppensteiner*, Anh. nach § 52, Rn. 61 b); zurückhaltender hingegen *K. Schmidt*, NJW 2001, 3577 ff; *Westermann*, NZG 2002, 1129 (1131 f.); Michalski/*Zeidler*, Syst. Darst. 4 Rn. 260 a.

[353] Vgl. *Emmerich/Habersack*, § 34 II 1 a).

[354] *Emmerich/Habersack*, § 30 I; *Hüffer*, § 311 Rn. 1, § 317 Rn. 1.

Entweder müsste der Franchisegeber den Nachteil ausgleichen (§ 311 Abs. 1, 2 AktG). Unterließe er den Nachteilsausgleich, wäre er dem Franchisenehmer-Unternehmen sowie dessen Aktionären zum Ersatz eines ihnen daraus entstehenden Schadens verpflichtet (§ 317 Abs. 1 AktG). Die Pflicht zum Nachteilsausgleich wirkt hier also gleichermaßen wie ein Investitionsschutz zu Gunsten des Franchisenehmer-Unternehmens. Dies gilt jedenfalls soweit bereits bei Vornahme der Investition erkennbar war, dass sie sich für den betroffenen Franchisenehmer nicht amortisieren wird.[355]

bb. Franchisenehmer-Unternehmen als GmbH

Handelt es sich bei dem Unternehmen des Franchisenehmers um eine GmbH, käme das Modell der §§ 311 ff. AktG, das die Zufügung eines Nachteils gegen Gewährung eines Nachteilsausgleichs legitimiert, nicht zur Anwendung.[356] Vielmehr sind die Folgen der Abhängigkeit und Konzernierung anhand allgemeiner Grundsätze und Institute des GmbH-Rechts zu lösen.[357] Nach ganz überwiegender Auffassung entscheiden das aus der mitgliedschaftlichen Treuepflicht folgende Schädigungsverbot sowie der Grundsatz der Gleichbehandlung aller Gesellschafter darüber, inwieweit das herrschende Unternehmen die abhängige GmbH zu einem nachteiligen Rechtsgeschäft oder einer nachteiligen Maßnahme veranlassen darf.[358]

Dieser Ansatz wäre indes auf Franchiseverhältnisse regelmäßig nicht übertragbar. Da Franchisegeber in aller Regel nicht Gesellschafter des Franchisenehmer-Unternehmens sind, trifft sie somit keine auf der Mitgliedschaft beruhende Treuepflicht gegenüber den Mitgesellschaftern. Nichts anderes gilt für den Gleichbehandlungsgrundsatz. Das parallele Problem stellt sich auch in der Einpersonen-GmbH. Schutzbedürftige Minderheitsgesellschafter gibt es hier nicht. Ein Schutzbedürfnis der Gesellschaft selbst ergibt sich nur aus Gründen des Gläubigerschutzes. Gewährleistet wird es über die Treuepflicht des Gesellschafters gegenüber seiner Gesellschaft.[359] Auch dieser Ansatz wäre in Franchiseverhältnissen mangels Gesellschafterstellung des Franchisegebers in der Franchisenehmer-Gesellschaft unanwendbar. Die Gläubiger einer Einpersonen-GmbH werden weiterhin über die Kapitalerhaltungsregeln der §§ 30, 31 GmbHG ge-

[355] Vgl. zum Zeitpunkt zu dem die Nachteiligkeit einer Maßnahme beurteilt wird *Hüffer*, § 311 Rn. 28.

[356] Siehe zur Nichtanwendbarkeit der §§ 311 ff. AktG analog auf Abhängigkeitsverhältnisse und Konzerne mit abhängigen GmbH oben § 5 A I 2 a.

[357] *Emmerich/Habersack*, § 29 III 2 a); Scholz/*Emmerich*, Anhang Konzernrecht, Rn. 67 ff.; Hachenburg/*Ulmer*, Anh. § 77 Rn. 56; *Lutter/Hommelhoff*, Anh. § 13 Rn. 16 ff.

[358] *Emmerich/Habersack*, § 29 III 2 a); Scholz/*Emmerich*, Anhang Konzernrecht, Rn. 68, 71 ff.; Hachenburg/*Ulmer*, GmbHG, Anh. § 77 Rn. 56; Baumbach/Hueck/*Zöllner*, GmbH-Konzernrecht, Rn. 56; *Lutter/Hommelhoff*, Anh. § 13 Rn. 17, 22; Beck'schesHdbGmbH/*Rosenbach*, § 17 Rn. 164.

[359] *Emmerich/Habersack*, § 30 V 2; Scholz/*Emmerich*, Anhang Konzernrecht, Rn. 68, 71 ff.; Rowedder/Schmidt-Leithoff/*Koppensteiner*, Anh. nach § 52, Rn. 74; Hachenburg/*Ulmer*, GmbHG, Anh. § 77 Rn. 56; Baumbach/Hueck/*Zöllner*, GmbH-Konzernrecht, Rn. 56; *Lutter/Hommelhoff*, Anh. § 13 Rn. 17, 22; Beck'schesHdbGmbH/*Rosenbach*, § 17 Rn. 164.

schützt.[360] Für nachteilige Weisungen des Franchisegebers an das Franchisenehmer-Unternehmen ließe sich dieser Ansatz nicht heranziehen. Auch er beruht auf der Gesellschafterstellung des herrschenden Unternehmens.

In Fällen einer umfassenden und dauerhaft schädigenden Einwirkung des Franchisegebers auf die abhängige Franchisenehmer-GmbH, die einen Einzelausgleich nachteiliger Maßnahmen im Sinne von § 311 AktG unmöglich macht, und die bislang in die Fallgruppe des qualifizierten faktischen Konzerns eingeordnet worden wären[361], stellt sich die Situation ähnlich dar. Nach der früheren Rechtsprechung zum qualifizierten faktischen Konzern traf das herrschende Unternehmen zwar die Verlustausgleichspflicht nach § 302 Abs. 1 AktG analog.[362] Es ist indes bereits fraglich, ob man diese Rechtsprechung auf faktische Konzerne hätte übertragen können, in denen es an einer Beteiligung des herrschenden Unternehmens an der abhängigen Gesellschaft fehlt. Eine Klärung dieser Frage erübrigt sich jedoch. Der Bundesgerichtshof hat die Rechtsfigur des qualifizierten faktischen Konzerns nach überwiegender Ansicht in der Literatur[363] mit den Urteilen „Bremer Vulkan" vom 17. September 2001[364] und „KBV" vom 24. Juni 2002[365] aufgegeben und durch eine konzernunabhängige[366] Haftung wegen existenzvernichtenden Eingriffs ersetzt[367]. Statt sich mit einer analogen Anwendung der §§ 302 ff. AktG und damit dem Haftungssystem des Aktienkonzernrechts zu behelfen, beschränkt der Bundesgerichtshof den Schutz der abhängigen Gesellschaft – auch zu Gunsten ihrer Gläubiger – auf die Erhaltung des Stammkapitals der Gesell-

---

[360] *Emmerich/Habersack*, § 30 V 1; Roth/Altmeppen/*Altmeppen*, Anh. § 13 Rn. 24, 28; Baumbach/Hueck/*Zöllner*, GmbH-Konzernrecht, Rn. 56; vgl. auch *Lutter/Hommelhoff*, Anh. § 13 Rn. 41.

[361] Näher zu den Tatbestandsvoraussetzungen qualifizierter faktischer Konzernierung BGHZ 122, 123 („TBB").

[362] BGHZ 95, 330 („Autokran"); BGHZ 107, 15 („Tiefbau"); BGHZ 115, 187 („Video"); BGHZ 122, 123 („TBB"); so auch die überwiegende Ansicht in der Literatur vor dem „Bremer Vulkan"-Urteil des Bundesgerichtshofs (BGHZ 149, 10), siehe etwa *Emmerich/Habersack*, § 31 II 1; Scholz/*Emmerich*, Anhang Konzernrecht, Rn. 99 ff.; Rowedder/Schmidt-Leithoff/*Koppensteiner*, Anh. nach § 52, Rn. 91 ff.; Hachenburg/*Ulmer*, GmbHG, Anh. § 77 Rn. 159; Baumbach/Hueck/*Zöllner*, GmbH-Konzernrecht, Rn. 56; *K. Schmidt*, Gesellschaftsrecht, § 39 III 4 b) bb)); Beck'schesHdbGmbH/*Rosenbach*, § 17 Rn. 173.

[363] Vgl. *Altmeppen*, NJW 2002, 321; *ders.*, ZIP 2002, 1553; *Bitter*, WM 2001, 2133; *Boujong*, NZG 2003, 497 (509); *Ehricke*, FS Immenga, S. 537; *Hirte*, NJW 2003, 1154 (1157); *ders.*, NJW 2003, 1285 (1290); *Hoffmann*, NZG 2002, 68 (71, 74); *Keßler*, GmbHR 2001, 1095; *Ulmer*, ZIP 2001, 2021; *Lutter/Hommelhoff*, § 13 Rn. 15, Anh. § 13 Rn. 26; zurückhaltender hingegen *K. Schmidt*, NJW 2001, 3577 ff.; *Westermann*, NZG 2002, 1129 (1131 f.); Michalski/*Zeidler*, Syst. Darst. 4 Rn. 260 a.

[364] BGHZ 149, 10.

[365] BGHZ 151, 181.

[366] *Boujong*, NZG 2003, 497 (509); *Bitter*, WM 2001, 2133; *Ehricke*, FS Immenga, S. 537 f.; *Ulmer*, ZIP 2001, 2021 (2023); *Wilhelm*, NJW 2003, 175 (176); siehe auch *Röhricht*, FS 50 Jahre BGH, S. 83 (88, 101).

[367] BGHZ 149, 10 („Bremer Vulkan"); bestätigt in BGHZ 151, 181 (186 f.) („KBV"); *Altmeppen*, ZIP 2002, 1553 f.; *Bitter*, WM 2001, 2133, 2137; *Boujong*, NZG 2003, 497 (509); *Ehricke*, FS Immenga, S. 537 f.; *Hoffmann*, NZG 2002, 68 (70); *Keßler*, GmbHR 2001, 1095 (1097 ff.); *Ulmer*, ZIP 2001, 2021 (2023 ff.); *Wilhelm*, NJW 2003, 175 (176).

schaft und die Gewährleistung ihres Bestandsschutzes.[368] Der Bestandsschutz fordere eine angemessene Rücksichtnahme auf die Eigenbelange der Gesellschaft.[369] An dieser Rücksichtnahme fehle es, wenn die GmbH infolge der Eingriffe ihres Alleingesellschafters ihren Verbindlichkeiten nicht mehr nachkommen kann.[370] In seiner Urteilsbegründung zu „KBV" verweist der Bundesgerichtshof darauf, dass die Absonderung des Gesellschaftsvermögens vom Vermögen der Gesellschafter und die Respektierung der Zweckbindung des Gesellschaftsvermögens zur vorrangigen Befriedigung der Gesellschaftsgläubiger unabdingbare Voraussetzungen für die auf das Gesellschaftsvermögen beschränkte Haftung der Gesellschafter einer GmbH nach § 13 Abs. 2 GmbHG sind.[371] Wenn die Gesellschafter der Gesellschaft unter Außerachtlassung dieser Zweckbindung Gesellschaftsvermögen entzögen und dadurch in einem ins Gewicht fallenden Ausmaß die Fähigkeit der Gesellschaft zur Befriedigung ihrer Gläubiger beeinträchtigen, so läge darin ein Missbrauch der Rechtsform der GmbH. Dies habe den Verlust des Haftungsprivilegs nach § 13 Abs. 2 GmbHG zur Folge, soweit nicht der der GmbH durch den Eingriff insgesamt zugefügte Nachteil nach den Kapitalerhaltungsvorschriften der §§ 30, 31 GmbHG vollständig ausgeglichen werden kann oder kein ausreichender Ausgleich in das Gesellschaftsvermögen erfolge.[372] Diese Ausführungen des Bundesgerichtshofs machen deutlich, dass die Haftung wegen Existenzvernichtung allein die Gesellschafter eines Unternehmens trifft. Der Bundesgerichtshof hat dies in der „Bremer Vulkan"-Entscheidung auch ausdrücklich betont.[373] Der Franchisegeber ist indes in den hier untersuchten Fällen nicht Gesellschafter der Franchisenehmer-Gesellschaft. Es fehlte damit in möglichen faktischen Franchisekonzernen an einer Tatbestandsvoraussetzung für eine Haftung wegen Existenzvernichtung, wie sie der Bundesgerichtshof in den Urteilen „Bremer Vulkan"[374] und „KBV"[375] herausgearbeitet hat. Eine Haftung des Franchisegebers gegenüber der Gesellschaft des Franchisenehmers sowie deren Gläubigern wegen Existenzvernichtung käme nicht in Betracht.

Sollte sich herausstellen, dass Franchisenehmer-GmbHs von Franchisegebern abhängig im Sinne von § 17 Abs. 1 AktG oder faktisch konzerniert sind, wären die sich daraus ergebenden haftungsrechtlichen Folgen daher grundlegend neu zu entwickeln.

cc. Franchisenehmer-Unternehmen als Personengesellschaft

Nicht wesentlich anders wäre die Situation für im Sinne von § 17 Abs. 1 AktG abhängige Franchisenehmer-Personengesellschaften. Ein Nachteilsausgleich oder eine Schadenersatzpflicht des herrschenden Unternehmens analog §§ 311, 317 AktG kämen

---

[368] BGHZ 149, 10.
[369] BGHZ 149, 10.
[370] BGHZ 149, 10.
[371] BGHZ 151, 181 (186 f.).
[372] BGHZ 151, 181 (186 f.).
[373] BGHZ 149, 10 (16 f.).
[374] BGHZ 149, 10.
[375] BGHZ 151, 181.

nicht in Betracht.[376] In Personengesellschaften sind die Gesellschafter einander zur Förderung des gemeinsamen Zwecks und zur gegenseitigen Rücksichtnahme verpflichtet (§§ 705, 242 BGB).[377] Dem herrschenden Unternehmen ist jede Schädigung des abhängigen Unternehmens verboten.[378] Die Rücksichtnahmepflicht und das Schädigungsverbot beruhen indes wiederum auf der Gesellschafterstellung des herrschenden Unternehmens, die dem Franchisegeber fehlt.

Etwas anders stellt sich die Situation in faktischen Personengesellschaftskonzernen dar, wenn also ein Franchisenehmer-Unternehmen nicht nur abhängig, sondern darüber hinaus mit dem Franchisegeber-Unternehmen unter einheitlicher Leitung zusammengefasst ist. Stimmen hier alle Gesellschafter einer „Eingliederung" der abhängigen Gesellschaft in den Konzern zu, ändert sich der Zweck der Gesellschaft.[379] Umstritten sind die Rechtsfolgen.[380] Jedenfalls in Fällen der qualifizierten faktischen Konzernbildung soll das herrschende Unternehmen die Verlustausgleichspflicht nach § 302 Abs. 1 AktG treffen.[381] Nach einer Ansicht soll die Verlustausgleichspflicht auch bei nicht qualifizierter faktischer Konzernierung anwendbar sein.[382] Indes gründen auch diese Ansichten auf die Gesellschafterstellung des herrschenden Unternehmens, die in Franchiseverhältnissen fehlt. Sie wären überdies im Hinblick auf die Abkehr des Bundesgerichtshof vom Institut des qualifizierten faktischen Konzerns[383] zu überdenken. Auch für abhängige und konzernierte Franchisenehmer-Personengesellschaften müssten daher die Rechtsfolgen erst anhand der Besonderheiten des Personengesellschaftsrechts entwickelt werden.

II. Auswirkungen auf die Inhaltskontrolle nach §§ 305 ff. BGB

Ist ein Franchisevertrag zugleich Beherrschungsvertrag im Sinne von § 291 Abs. 1 Satz 1 AktG, müsste sich der Inhalt des Vertrages womöglich nicht an §§ 305 ff. BGB messen lassen. Der Schutz des Franchisenehmers nach den gesetzlichen Vorgaben über Allgemeine Geschäftsbedingungen entfiele. Nach § 310 Abs. 4 Satz 1 BGB finden die §§ 305 ff. BGB über Allgemeine Geschäftsbedingungen keine Anwendung auf Verträge auf dem Gebiet des Gesellschaftsrechts. Dazu könnte auch der Beherrschungsvertrag zählen.

---

[376] Vgl. *Emmerich/Habersack*, § 34 I 1; Heymann/*Emmerich*, § 105 Anh. Rn. 16 ff.; Staub/*Ulmer*, § 105 Anh. Rn. 71 ff.; *Reuter*, ZHR 146 (1982), 1 (4 f.); *Jäger*, DStR 1997, 1813 (1815).

[377] *Emmerich/Habersack*, § 34 I 1; *Jäger*, DStR 1997, 1813 (1815).

[378] *Emmerich/Habersack*, § 34 I 1; Heymann/*Emmerich*, § 105 Anh. Rn. 8, 16; *Jäger*, DStR 1997, 1813 (1815); Staub/*Ulmer*, § 105 Anh. Rn. 64; vgl. auch *K. Schmidt*, Gesellschaftsrecht, § 43 III 3 b).

[379] *Emmerich/Habersack*, § 34 II 1 a).

[380] Vgl. zu den unterschiedlichen Ansichten *Emmerich/Habersack*, § 34 II 1 b); dezidiert ferner *Reuter*, ZHR 146 (1982), 1 (9 ff.).

[381] BGH NJW 1980, 231 („Gervais"); *Emmerich/Habersack*, § 34 II 1 b); Heymann/*Emmerich*, § 105 Anh. Rn. 16 ff.; Staub/*Ulmer*, § 105 Anh. Rn. 71 ff.; *Baumgartl*, S. 113 ff.; *Jäger*, DStR 1997, 1813 (1817); *Limmer*, GmbHR 1992, 265 (272); *K. Schmidt*, Gesellschaftsrecht, § 43 III 4 b.

[382] Heymann/*Emmerich*, § 105 Anh. Rn. 18; *Limmer*, GmbHR 1992, 265 (270 ff.).

[383] Zu den Auswirkungen des „Bremer Vulkan"-Urteils des Bundesgerichtshofs auf das Konzernrecht der Personengesellschaften vgl. *Baumbach/Hopt*, § 105 Rn. 104.

Verträge auf dem Gebiet des Gesellschaftsrechts sind in erster Linie Gründungsverträge und Satzungen der Personen- und Kapitalgesellschaften des HGB, AktG und GmbHG.[384] Sie werden einer Kontrolle nach dem Recht der Allgemeinen Geschäftsbedingungen nicht unterworfen, da die Regelungen der §§ 305 ff. BGB auf schuldrechtliche Austauschverträge, nicht aber Organisationsverträge zugeschnitten sind.[385] So unterliegen Regelungen, die unmittelbar auf dem Gesellschaftsvertrag beruhen, mitgliedschaftlicher Natur sind und dazu dienen, den gemeinsamen Zweck zu verwirklichen, nicht der AGB-rechtlichen Kontrolle.[386] Im Ergebnis dürfte es sich dabei um die sogenannten materiellen Bestandteile eines Gesellschaftsvertrages handeln[387], die insbesondere nur durch das für eine Änderung des Gesellschaftsvertrages vorgesehene Verfahren abgeändert werden können[388]. Von der AGB-Kontrolle erfasst werden hingegen die formellen Bestandteile eines Gesellschaftsvertrages[389], das heißt insbesondere die rein schuldrechtlichen Austauschbeziehungen[390].

Der Beherrschungsvertrag ist zwar kein Gesellschaftsvertrag in diesem engeren Sinne. Er hat andererseits wie Gesellschaftsverträge organisationsrechtlichen Charakter, da die Weisungsbefugnis des herrschenden Unternehmens nach § 308 AktG zu einer Strukturänderung in dem abhängigen Unternehmen führt.[391] Für eine Kontrolle zumindest einzelner Bestimmungen eines Beherrschungsvertrages anhand der Vorschriften über Allgemeine Geschäftsbedingungen spricht wiederum, dass der Beherrschungsvertrag auch schuldrechtliche Elemente in Form von Leistungspflichten enthält.[392] Dies sind jedenfalls die Pflicht zur Befolgung von Weisungen des abhängigen Unternehmens (§ 308 AktG) und die Pflicht zum Ausgleich eines Jahresfehlbetrags durch das herrschende Unternehmen (§ 302 Abs. 1 AktG).[393] Einer Kontrolle der schuldrechtlichen Elemente des Beherrschungsvertrages nach §§ 305 ff. BGB steht die Kontrollfreiheit der anderen Elemente des Beherrschungsvertrages nicht entgegen. Auch ein Vertrag auf dem Gebiet des Gesellschaftsrechts fällt nur insoweit unter die Bereichsausnahme des § 310 Abs. 4 Satz 1 BGB, als er organisationsrechtlichen Charakter hat. Schuldrechtliche Bestimmungen eines Gesellschaftsvertrages werden von der

---

[384] Ulmer/Brandner/Hensen/*Ulmer*, § 23 Rn. 21.

[385] *K. Schmidt*, Gesellschaftsrecht, § 5 III 4 b); Ulmer/Brandner/Hensen/*Ulmer*, § 23 Rn. 21a; Wolf/Horn/Lindacher/*Horn*, § 23 Rn. 72.

[386] BGHZ 103, 219 (222 f.); *K. Schmidt*, Gesellschaftsrecht, § 5 III 4 b); kritisch gegenüber der Formulierung, im Ergebnis aber ähnlich *Grunewald*, FS Semler, S. 179 (182 f.).

[387] *Grunewald*, FS Semler, S. 179 (183).

[388] *Grunewald*, FS Semler, S. 179 (183) m.w.N.

[389] *Grunewald*, FS Semler, S. 179 (183).

[390] Ulmer/Brandner/Hensen/*Ulmer*, § 23 Rn. 21a; *Grunewald*, FS Semler, S. 179 (181 ff.); Wolf/Horn/Lindacher/*Horn*, § 23 Rn. 72.

[391] *Flume*, DB 1955, 485; *Würdinger*, DB 1958, 1447 (1451 f.); GroßKommAktG/*Würdinger*, 3. Aufl., § 291 Anm. 11 f.; MünchKommAktG/*Altmeppen*, § 291 Rn. 25; KölnKomm/*Koppensteiner*, vor § 291 Rn. 68; *Emmerich/Habersack*, § 11 II 1 m.w.N; vgl. zum organisationsrechtlichen Charakter des Beherrschungsvertrages auch unten § 5 C II 4 f.

[392] *Hüffer*, § 291 Rn. 18; *Raiser*, § 54 Rn. 6; KölnKomm/*Koppensteiner*, vor § 291 Rn. 68a; MünchKommAktG/*Altmeppen*, § 291 Rn. 35 ff. m.w.N. auch zur Gegenansicht.

[393] *Emmerich/Habersack*, § 8 II 4; *Hüffer*, § 291 Rn. 18; MünchKommAktG/*Altmeppen*, § 291 Rn. 35 ff.

Bereichsausnahme nicht erfasst und bleiben kontrollfähig.[394] Auch wenn man die Vorschriften über Allgemeine Geschäftsbedingungen auf die schuldrechtlichen Elemente von Beherrschungsverträgen vom Grundsatz her anwenden wollte, kann dies jedoch nicht dazu führen, das Weisungsrecht und die Verlustausgleichspflicht des herrschenden Unternehmens inhaltlich zu verändern. Das Weisungsrecht und die korrespondierende Verlustausgleichspflicht sind gesetzlich geregelte Rechtsfolgen eines Beherrschungsvertrages. Das Weisungsrecht kann gegenüber der weitreichenden gesetzlichen Regelung zwar eingeschränkt werden. Als gesetzliches Leitbild, anhand dessen über eine unangemessene Benachteiligung des beherrschten Unternehmens nach § 307 Abs. 2 BGB zu entscheiden wäre, käme indes nur die insoweit zu Gunsten des herrschenden Unternehmens weitreichende Regelung des § 308 AktG in Betracht. Die Pflicht des herrschenden Unternehmens zum Ausgleich eines Jahresverlustes des abhängigen Unternehmens kann im Interesse des Gläubigerschutzes nicht eingeschränkt werden.

Die Weisungsrechte und Änderungsvorbehalte des Franchisegebers unterlägen daher nicht der Kontrolle nach §§ 305 ff. BGB, sollte der Franchisevertrag Beherrschungsvertrag sein.

III. Kartellrechtliche Auswirkungen

Die Einstufung von Franchisesystemen als Vertragskonzerne, faktische Konzerne oder reine Abhängigkeitsverhältnisse im Sinne von § 17 Abs. 1 AktG hätte erhebliche Auswirkungen auf die wettbewerbsrechtliche Beurteilung der Beziehungen zwischen Franchisegeber und Franchisenehmer. Dem Kartellrecht kommt bei der Abfassung von Franchiseverträgen große Bedeutung zu[395], da die Verträge meist zahlreiche wettbewerbsbeschränkende Klauseln enthalten. Um das einheitliche Erscheinungsbild des Franchisesystems zu wahren und damit dessen Erfolg sicherzustellen, enthalten Franchiseverträge detaillierte Vorgaben darüber, wie die Franchisenehmer das Franchisekonzept umzusetzen haben. Solche Vertragsbestimmungen begrenzen die wirtschaftliche Handlungsfreiheit der Franchisenehmer. Damit beschränken sie potentiell den Wettbewerb. Sie sind daher – wie bereits näher ausgeführt[396] – der Kontrolle durch das Kartellrecht unterworfen. Andererseits sind konzerninterne Wettbewerbsbeschränkungen unter bestimmten Voraussetzungen der Beurteilung anhand kartellrechtlicher Re-

---

[394] MünchKommAktG/*Altmeppen*, § 291 Rn. 35 ff.; vgl. dazu auch *Grunewald*, FS Semler, S. 179 (181 ff.).

[395] Vgl. dazu vor allem EuGH Slg. 1986, 353 ff. („Pronuptia"); BGH, DStR 1999, 1156 ff. („Sixt"); OLG Bremen, WRP 2002, 224 ff. („Apollo Optik I"); OLG Bremen, WRP 2002, 235 ff. („Apollo Optik II"); aus der Literatur vor allem Giesler/Nauschütt/*Gerstner*, § 2; *Metzlaff*, BB 2000, 1201 ff.; *Weltrich*, Franchising im EG-Kartellrecht; und insbesondere die EG-Gruppenfreistellungsverordnung, Verordnung (EG) Nr. 4087/88 der Kommission vom 30.11.1988 über die Anwendung von Art. 85 Abs. 3 EG a.F. auf Gruppen von Franchisevereinbarungen, ABl. 1988, L 359/46-52, sowie die sie ersetzende Verordnung (EG) Nr. 2790/99 der Kommission vom 29.12.1999 über die Anwendung von Art. 81 Abs. 3 EG auf Gruppen von vertikalen Vereinbarungen und aufeinander abgestimmte Verhaltensweisen, ABl. 1999, L 336/21-25.

[396] Siehe dazu oben § 4 C.

gelungen entzogen. Bei konzerninternen Wettbewerbsbeschränkungen handelt es sich um wettbewerbsbeschränkende Vereinbarungen zwischen Unternehmen, die einem Konzern angehören. Man spricht in diesem Zusammenhang häufig vom sogenannten Konzern- oder Konzentrationsprivileg.[397] Sollten Franchisesysteme Konzerne sein, könnten Franchisegeber und Franchisenehmer also wettbewerbsbeschränkende Vereinbarungen treffen, ohne zwangsläufig auf kartellrechtliche Vorgaben Rücksicht nehmen zu müssen.

Dem bisherigen Schutz des Franchisenehmers durch das Kartellrecht steht nicht entgegen, dass Schutzgut des Kartellrechts nicht unmittelbar der am Wirtschaftsleben Beteiligte – hier also der Franchisenehmer – ist, sondern vielmehr ein funktionsfähiger und wirksamer Wettbewerb, das heißt der Wettbewerb als Institution.[398] Denn mittelbar wird dadurch auch derjenige geschützt, dessen wirtschaftliche Betätigungsfreiheit durch Vereinbarungen und aufeinander abgestimmte Verhaltensweisen beschnitten wird und damit auch der Franchisenehmer.[399]

B. Voraussetzungen für das Vorliegen von Vertragskonzernen, faktischen Konzernen und der faktischen Abhängigkeit im Sinne von § 17 AktG

Sowohl in den Rechtsfolgen als auch in ihren Voraussetzungen unterscheiden sich die einzelnen Konzernarten zum Teil erheblich voneinander. Das gilt insbesondere für Vertragskonzerne einerseits und faktische Abhängigkeitsverhältnisse sowie faktische Konzerne andererseits. Bevor man im Einzelnen der Frage nachgeht, ob Franchiseverhältnisse unter eine der genannten Unternehmensverbindungen fallen, bietet es sich dennoch an, kurz auf die Gemeinsamkeiten aller Konzernverbindungen einzugehen.

Die wenigen gemeinsamen, auf alle Arten von Unternehmensverbindungen anwendbaren Regelungen, finden sich in §§ 15 ff. AktG (allgemeiner Teil des Konzernrechts).

I. Allgemeiner Teil des Konzernrechts

Der allgemeine Teil des Konzernrechts enthält insbesondere die Voraussetzungen für das Vorliegen der faktischen Abhängigkeit (§ 17 Abs. 1 AktG), an die bereits die meisten gesellschaftsrechtlichen Rechtsfolgen geknüpft werden, sowie die weitergehenden Voraussetzungen für das Vorliegen eines faktischen Konzerns (§ 18 AktG). Die Frage, ob es sich bei Verträgen zwischen Unternehmen um Beherrschungsverträge handelt, richtet sich hingegen nach §§ 291 ff. AktG, die unmittelbar nur auf Aktienkonzerne anwendbar sind. Dass mit Abschluss eines Beherrschungsvertrages zwangsläufig ein Konzern zwischen den Vertragsparteien entsteht, bestimmt § 18 Abs. 1 Satz 2 i.V.m. Satz 1 AktG als Regelung aus dem allgemeinen Teil des Konzernrechts.

---

[397] Siehe etwa *Fleischer*, AG 1997, 491 (502); Langen/Bunte/*Bunte*, § 1 Rn. 257; *Klippert*, S. 147; *Martinek*, Franchising, S. 638.
[398] Vgl. *Bechthold*, Einführung Rn. 43; *von Gamm*, Einführung A Rn. 12.
[399] Vgl. auch *von Gamm*, Kartellrecht, Einführung A Rn. 12 mit dem Hinweis darauf, dass der Individualschutz im GWB zunehmend gestärkt wurde.

Für die vorliegende Untersuchung ist von besonderer Bedeutung, dass dieser allgemeine Teil des Konzernrechts auf sämtliche Unternehmensverbindungen Anwendung findet, unabhängig von der Rechtsform der beteiligten Unternehmen.

II. Rechtliche Selbständigkeit der Konzernunternehmen

Unabhängig davon, welche Art von Unternehmensverbindung im Sinne von § 15 ff. AktG die beteiligten Unternehmen eingehen, müssen sie stets rechtlich selbstständig sein und bleiben. Unabhängig vom Abschluss des Franchisevertrages bleiben Franchisegeber und Franchisenehmer rechtlich selbständige Unternehmen. Dem lässt sich nicht entgegen halten, dass vermeintliche Franchiseverträge in der Praxis tatsächlich Arbeitsverträge waren und die vermeintlichen Franchisenehmer damit keine selbständigen Unternehmer. Denn in diesen Fällen handelt es sich nicht um Franchiseverhältnisse, sondern um reine Arbeitsverhältnisse.

C. Das Franchiseverhältnis als Vertragskonzern

Zieht man die Parallele zwischen Franchisesystemen und Konzernen, empfiehlt es sich, zunächst der Frage nachzugehen, ob Franchisesysteme als Vertragskonzerne zu qualifizieren sind. Soweit in der Literatur überhaupt einmal angesprochen, wird die Frage nach dem Konzerncharakter von Franchisesystemen eingehender nur unter dem Gesichtspunkt diskutiert, ob die durch den Franchisevertrag begründete Abhängigkeit des Franchisenehmers als Mittel der Abhängigkeit im Sinne des § 17 Abs. 1 AktG in Betracht kommt, sich der Franchisenehmer des Weiteren der einheitlichen Leitung durch den Franchisegeber unterstellt und Franchisesysteme daher einen einfachen oder qualifiziert faktischen Konzern bilden.[400]

Es liegt jedoch näher, zunächst zu überlegen, ob der als Mittel der faktischen Abhängigkeit in Betracht kommende Franchisevertrag nicht vielmehr als Beherrschungsvertrag im Sinne des § 291 Abs. 1 Satz 1 AktG zu qualifizieren ist. Nach der jedenfalls im Aktienkonzernrecht anwendbaren Vermutung des § 18 Abs. 1 Satz 2 AktG stünde damit unwiderlegbar fest, dass zwischen Franchisegeber und Franchisenehmer ein Vertragskonzern besteht.

I. Parallelen zwischen Franchisesystem und Vertragskonzern

Zwischen Franchisesystem und Vertragskonzern bestehen zahlreiche Parallelen, die die Vermutung nahe legen, dass zwischen Franchisegeber und Franchisenehmer mit Abschluss des Franchisevertrages ein Vertragskonzern zu Stande kommt.

---

[400] So *Martinek*, Franchising, S. 633 ff., insbesondere S. 641 ff.; *ders.*, Moderne Vertragstypen II, S. 75 ff.; *Bayreuther*, S. 394 ff.; *Pasderski*, S. 37 ff., insbesondere S. 44 ff., der neben *Veil*, S. 297 ff., als einziger Autor auch näher auf die Frage eingeht, ob Franchiseverträge Beherrschungsverträge im Sinne des § 291 Abs. 1 Satz 1 AktG sein können; Giesler/Nauschütt/*Pasderski*, § 8 Rn. 28 ff., insbesondere Rn. 47 ff.; im Hinblick auf Franchisesysteme und Just-in-Time Zulieferbeziehungen *Oechsler*, ZGR 1997, 464 ff.; nur knapp *Teubner*, ZHR 154 (1990), 295 (316 ff.).

1. Einräumung von Leitungsmacht auf vertraglicher Grundlage

So verpflichtet sich der Franchisenehmer im Franchisevertrag zur Befolgung von Weisungen des Franchisegebers (vgl. § 308 Abs. 2 AktG). Er räumt diesem damit auf vertraglicher Grundlage, wenn auch nicht umfassend, Leitungsmacht über sein Unternehmen ein. Im Vertragskonzern unterstellt das abhängige Unternehmen die Leitung der Gesellschaft ebenfalls auf Grundlage eines Vertrages, dem Beherrschungsvertrag, einem anderen, dem herrschenden Unternehmen (§ 291 Abs. 1 Satz 1 AktG).

2. Befolgung auch nachteiliger Weisungen

Mit Abschluss eines Beherrschungsvertrages verpflichtet sich das abhängige Unternehmen im Vertragskonzern zur Befolgung von Weisungen, selbst wenn sie für die eigene Gesellschaft nachteilig sind. Voraussetzung ist nur, dass die nachteiligen Weisungen den Belangen des herrschenden Unternehmens oder den Belangen der anderen konzernverbundenen Unternehmen dienen (§ 308 Abs. 1 Satz 2 AktG). Auch im Franchising kommt es vor, dass der Franchisegeber etwa Systemänderungen vornimmt, die für das Franchisesystem im Ganzen und gegebenenfalls einzelne Franchisenehmer positiv sind, sich für andere Franchisenehmer aber wirtschaftlich nachteilig auswirken. Die Franchisenehmer, denen durch die Systemänderung Nachteile entstehen, sind nach dem Franchisevertrag grundsätzlich dazu verpflichtet, die entsprechenden Systemänderungen des Franchisegebers umzusetzen.[401] Denn die Franchisenehmer verpflichten sich im Franchisevertrag, die sogenannten Betriebshandbücher des Franchisegebers, in denen dieser das Franchisesystem detailgenau schildert und den Franchisenehmern ebenso detaillierte Vorgaben zur Umsetzung des Systems macht, in ihrer jeweils geltenden Fassung anzuwenden. Die Möglichkeit, die Betriebshandbücher jederzeit und einseitig zu ändern, behält sich der Franchisegeber im Franchisevertrag stets vor.[402]

---

[401] So ausdrücklich auch Giesler/Nauschütt/*Pasderski*, § 8 Rn. 31. Es sei an dieser Stelle besonders darauf hingewiesen, dass die Weisungsbefugnis des Franchisegebers nicht generell dort endet, wo dem Franchisenehmer durch die Umsetzung der Weisungen wirtschaftliche Nachteile entstehen. Welchen Grenzen die Weisungsbefugnis des Franchisegebers unterliegt, dazu siehe oben § 4 D V 3 b; vgl. auch das ähnlich gelagerte Problem, das beim Anschluss an eine „Kette" aufgrund sogenannter Managementverträge eintritt bei *Windbichler*, ZIP 1987, 825 (826) „Holiday-Inn": „Die Interessen [des Systemführers „Holiday-Inn" auf der einen und der an die Hotelkette „Holiday-Inn" angeschlossenen Hotelinhaber auf der anderen Seite] können sich auch gegenläufig entwickeln, nämlich wenn die optimale Hotelführung Abweichungen von den Kettenstandards verlangt, die Kettenstandards im Interesse der Einheitlichkeit, der Wertsteigerung des Kettennamens und Optimierung der Erträge der gesamten Kette Einbußen bei den einzelnen angeschlossenen Objekten hinzunehmen verlangt."

[402] Vgl. *Liesegang*, BB 1991, 2381 (2382 ff.); *Giesler*, Franchiseverträge, Rn. 289, 420; Giesler/Nauschütt/*Giesler*, § 9 Rn. 72; Giesler/Nauschütt/*Pasderski*, § 8 Rn. 31; *Ekkenga*, S. 22, 116; *ders.*, AG 1989, 301 (302 ff.); *Herrfeld*, S. 43 ff., 49, 53 f.; *Zwecker*, S. 82 ff; § 3 Abs. 2 S. 2 des Franchisevertrages (Restaurant) bei *Heil/Wagner*, Münchener Vertragshandbuch, S. 65 (67); ähnlich Vertragshändlerverträge, vgl. Ulmer/Brandner/Hensen/*Ulmer*, Anh. §§ 9-11 Rn. 882. Entsprechende Klauseln finden sich in sämtlichen Franchiseverträgen, die dem Verfasser vorlagen.

Nach einer empirischen Untersuchung enthalten Franchiseverträge zum Teil sogar ausdrückliche Regelungen dazu, wann Franchisenehmer verpflichtet sind, für sie nachteilige Systemänderungen umzusetzen.[403] Während die Franchisenehmer in den untersuchten Verträgen meist vorab ihre generelle Zustimmung zu Änderungen des Franchisesystems erteilten, erhielten sie zum Ausgleich die Möglichkeit, im Einzelfall ihre Zustimmung zu einer Änderung zu widerrufen, die sich für sie wirtschaftlich nachteilig auswirkt.[404] Diese Möglichkeit blieb ihnen nach dem Franchisevertrag aber bezeichnenderweise in den Fällen versagt, in denen die Änderung im übergeordneten Interesse des gesamten Systems liegt und die überwiegende Anzahl der Franchisenehmer der Änderung zustimmt.[405]

3. Vorrang des Konzerninteresses

Die in Franchiseverträgen vereinbarten Änderungsvorbehalte zu Gunsten des Franchisegebers sind die Grundlage für das Weisungsrecht des Franchisegebers. Sie sichern dem Franchisegeber für die gesamte Laufzeit des Vertrages die Planungs- und Entwicklungsherrschaft über das von ihm erstellte Franchisesystem. Nicht zuletzt aufgrund der Verpflichtung, selbst für ihn nachteilige Systemänderungen umzusetzen, stellt der Franchisenehmer damit im Konfliktfall sein eigenes wirtschaftliches Interesse hinter das Interesse des Franchisesystems oder des Franchisegebers[406] zurück. Manche Franchiseverträge regeln ausdrücklich, dass Systemänderungen, die einzelne Franchisenehmer wirtschaftlich erheblich beeinträchtigen, zulässig sind, wenn die Änderungen im übergeordneten Interesse des gesamten Systems liegen.[407] Auch im Vertragskonzern steht das Wohl des Konzerns oder des herrschenden Unternehmens im Vordergrund, das Interesse des einzelnen Konzernunternehmens fällt dahinter zurück (vgl. § 308 Abs. 1 Satz 2 AktG).[408]

4. Franchisevertrag als Austauschvertrag mit organisationsrechtlicher Prägung

Der einen Vertragskonzern begründende Beherrschungsvertrag ist seiner Rechtsnatur nach ein körperschaftsrechtlicher Organisationsvertrag[409], der allerdings gleichfalls

---

[403] *Herrfeld*, S. 53 f.

[404] *Herrfeld*, S. 53 f.

[405] Vgl. *Herrfeld*, S. 54.

[406] Im Regelfall sind die Interessen des Franchisegebers und die des Franchisesystems identisch.

[407] *Herrfeld*, S. 54; § 7 Abs. 3 des Vertragsmusters bei *Flohr*, Franchise-Vertrag, S. 56 f.

[408] Die gleiche Parallele zwischen Franchisesystemen und Konzernen zieht Giesler/Nauschütt/*Pasderski*, § 8 Rn. 31, ohne allerdings zwischen faktischem Konzern und Vertragskonzern zu unterscheiden.

[409] *Flume*, DB 1955, 485; *Würdinger*, DB 1958, 1447 (1451 f.); GroßKommAktG/*Würdinger*, 3. Aufl., § 291 Anm. 11 f.; KölnKomm/*Koppensteiner*, vor § 291 Rn. 68; *Emmerich/Habersack*, § 11 III 1 m.w.N.; *K. Schmidt*, Gesellschaftsrecht, § 31 III 1 a (für Beherrschungsverträge mit abhängige Aktiengesellschaften), § 39 II 1 (für Beherrschungsverträge mit abhängigen GmbH), § 43 III 2 c (für Beherrschungsverträge mit abhängigen Personengesellschaften).

Elemente eines schuldrechtlichen Austauschvertrages enthält[410]. Als Organisationsvertrag wird er insbesondere deshalb angesehen, weil durch ihn die gesellschaftsrechtliche Zuständigkeitsordnung des abhängigen Unternehmens grundlegend verändert wird, indem das abhängige Unternehmen die Leitung seiner Gesellschaft dem herrschenden Unternehmen unterstellt.[411] Die sonst eigenverantwortliche Leitung der Gesellschaft durch die hierzu berufenen Organe wird, soweit das herrschende Unternehmen von seiner Leitungsbefugnis Gebrauch macht, mit Abschluss des Beherrschungsvertrages beseitigt.

Auch wenn Franchiseverträge schuldrechtliche Austauschverträge sind, ist für sie doch ebenfalls ein besonderer organisationsrechtlicher Bezug prägend.[412] Um den einheitlichen Auftritt aller Franchisenehmer eines Franchisesystems gegenüber den Kunden auf dem Absatzmarkt zu gewährleisten und damit das franchisetypische einheitliche Erscheinungsbild des Systems herzustellen, nimmt der Franchisegeber über den Franchisevertrag maßgeblichen Einfluss auf die Organisation des Franchisenehmer-Betriebs. Die unternehmensinterne Organisation des Franchisenehmers wird „gerade zum wesentlichen Vertragsgegenstand“[413] im Franchising. Auch der Franchisevertrag unterscheidet sich daher aufgrund seiner organisationsrechtlichen Prägung vom klassischen schuldrechtlichen Austauschvertrag, ähnlich wie der Beherrschungsvertrag.

5. Ähnlichkeiten zwischen Franchisevertrag und Just-in-Time-Zuliefervertrag

Ob schuldrechtliche Austauschverträge, für die ein besonderer organisationsrechtlicher Bezug kennzeichnend ist, die Annahme eines Konzerns rechtfertigen können, wird in besonderem Maße für Just-in-Time-Zulieferbeziehungen diskutiert.[414] Das Stichwort „Just-in-Time“ bezeichnet eine neue, von den Automobilherstellern eingeführte EDV-gesteuerte Organisation ihrer Produktion und Logistik, die vor allem Lagerkosten vermeiden soll. Die Zulieferer werden dabei umfassend in die Material- und Produktionssteuerung des Herstellers einbezogen. Ziel der umfassenden Einbeziehung der Zulieferer ist es, die Produktion so zu steuern, dass die Zulieferer die häufig erst Stunden zuvor vom Hersteller bestellten Einzelteile jeweils genau zu dem Zeitpunkt – Just-in-Time – und in der Reihenfolge beim Hersteller anliefern, in der sie für den Einbau benötigt werden.[415] Bestandteil des Zuliefervertrages sind regelmäßig sogenannte Qualitätssicherungsvereinbarungen. Sie enthalten vor allem technische Vorgaben, die die Durchführung von Qualitätskontrollen noch beim Zulieferer sowie umfängliche Kon-

---

410 So etwa KölnKomm/*Koppensteiner*, vor § 291 Rn. 68 a; *K. Schmidt*, Gesellschaftsrecht, § 31 III 1 a; *Hoffmann-Becking*, WiB 1994, 57 (58); *Ensthaler*, NJW 1994, 817 (819).

411 KölnKomm/*Koppensteiner*, vor § 291 Rn. 68; MünchKommAktG/*Altmeppen*, § 291 Rn. 25 ff.

412 Dazu eingehend *Oechsler*, ZGR 1997, 464 ff.; *Nagel/Riess/Theis*, S. 53.

413 *Oechsler*, ZGR 1997, 464 (468).

414 So von *Nagel*, DB 1988, 2291 ff.; *ders.*, DB 1991, 319 (326 f.); *Ensthaler*, NJW 1994, 817 ff.; *Oechsler*, ZGR 1997, 465 ff.; *Wellenhofer-Klein*, S. 403 ff.; *Bayreuther*, S. 244 ff.; *Steinmann*, S. 167 ff.; *Martinek*, Moderne Vertragstypen III, S. 304 ff.; *Hirte*, CR 1992, 193 (196 ff.); *Däubler*, CR 1988, 834 (836 ff.); *Zirkel*, NJW 1990, 345 (348 f.).

415 Vgl. *Nagel*, DB 1988, 2291.

trollrechte des Herstellers regeln.[416] Damit das Just-in-Time-System reibungslos funktioniert, ist es erforderlich, „den gesamten logistischen Prozess von der Beschaffung bis zur eigentlichen Produktion des Automobils als eine Einheit zu betrachten und hierbei die Unternehmensgrenzen zu überspringen“[417]. Um dies zu erreichen, gewährt der Zuliefervertrag dem Hersteller einen erheblichen Einfluss auf die Binnenorganisation des Zulieferbetriebes.[418]

Die modernen Just-in-Time-Zulieferverträge passen daher nicht in das Schema reiner Austauschverträge, sondern zeichnen sich durch eine Mischung von austauschvertraglichen und gesellschaftsvertraglichen Elementen aus.[419] Entsprechend haben sich bereits zahlreiche Autoren mit der konzernrechtlichen Bedeutung von Just-in-Time-Lieferbeziehungen auseinandergesetzt.[420] Fast ausnahmslos sind die Autoren dabei zunächst der Frage nachgegangen, ob der Just-in-Time-Zuliefervertrag als Beherrschungsvertrag zu qualifizieren ist.[421] Erst nach Verneinung eines Beherrschungsvertrages wurde eine Parallele zum faktischen Konzern gezogen.

Umso mehr überrascht es, dass sich die Literatur trotz der offensichtlichen Parallelen zwischen Franchisevertrag und Just-in-Time-Liefervertrag bislang nahezu überhaupt nicht näher mit der Frage beschäftigt hat, ob der Franchisevertrag ein Beherrschungsvertrag im Sinne von § 291 Abs. 1 Satz 1 AktG (analog) ist.[422] Zwar sind die Gründe dafür, warum Franchiseverträge und Just-in-Time-Zulieferverträge dem einen Vertragspartner erheblichen Einfluss auf die betriebsinterne Organisation des anderen Vertragspartners einräumen, unterschiedlich. Die Mittel zur Durchsetzung hingegen unterscheiden sich – insbesondere in ihrer konzernrechtlichen Bedeutung – kaum. Während der Franchisegeber auf ein einheitliches Erscheinungsbild seines Systems gegenüber dem Verbraucher abzielt (Quasifilialisierung), will der Automobilhersteller die Zulieferer zur Rationalisierung der eigenen Produktion organisatorisch in sein Unternehmen eingliedern. Die Mittel, die Franchisegeber und Automobilhersteller einsetzen, um ihre jeweiligen Ziele zu erreichen, sind die gleichen: Beiden geht es um eine umfangreiche organisatorische Einflussnahme auf die Unternehmen ihrer Vertragspartner, die sie durch detaillierte Vorgaben, Weisungsrechte und Kontrollbefugnisse sicherstellen. Soweit sich die Literatur in jüngerer Zeit überhaupt mit dem Konzern-

---

[416] *Ensthaler*, NJW 1994, 817 (818 f.).

[417] *Nagel*, DB 1988, 2291.

[418] Vgl. *Wellenhofer-Klein*, S. 405; *Oechsler*, ZGR 1997, 465 (468 f., 475).

[419] *Wellenhofer-Klein*, S. 403; *Ensthaler*, NJW 1994, 817 (819); ähnlich *Oechsler*, ZGR 1997, 465 (467 ff.).

[420] *Nagel*, DB 1988, 2291 ff.; *ders.*, DB 1991, 319 (326 f.); *Ensthaler*, NJW 1994, 817 ff.; *Oechsler*, ZGR 1997, 465 ff.; *Wellenhofer-Klein*, S. 403 ff.; *Bayreuther*, S. 244 ff., 534 ff.; *Steinmann*, S. 167 ff.; *Martinek*, Moderne Vertragstypen III, S. 304 ff.; *Hirte*, CR 1992, 193 (196 ff.); *Däubler*, CR 1988, 834 (836 ff.).

[421] So *Wellenhofer-Klein*, S. 405 f.; *Nagel*, DB 1988, 2291 (2294 ff.); *ders.*, DB 1991, 319 (326 f.); *Ensthaler*, NJW 1994, 817 (819); *Bayreuther*, S. 244 ff.; *Steinmann*, S. 168 ff.; *Hirte*, CR 1992, 193 (196 ff.).

[422] Näher ist auf die Frage bislang – soweit ersichtlich – nur *Pasderski*, S. 86 ff., eingegangen; in Ansätzen *Veil*, S. 297 ff.; *Oechsler*, ZGR 1997, 464 (476); *Bayreuther*, S. 243 ff., 363 ff. und 534 ff.

charakter von Franchisesystemen befasst hat, wurden konsequenterweise beide Systeme gemeinsam daraufhin untersucht, ob sie als Vertragskonzerne oder faktische Konzerne zu qualifizieren sind.[423]

II. Der Franchisevertrag als Beherrschungsvertrag

Ist der Franchisevertrag Beherrschungsvertrag im Sinne des § 291 Abs. 1 Satz 1 AktG (analog), steht damit nach der Vermutung des § 18 Abs. 1 Satz 2 AktG unwiderlegbar fest, dass zwischen Franchisegeber und Franchisenehmer ein Vertragskonzern besteht. Die Konzernvermutung des § 18 Abs. 1 Satz 2 AktG gilt in jedem Fall dann, wenn das beherrschte Unternehmen eine Aktiengesellschaft oder eine GmbH[424] ist. Ist das herrschende Unternehmen zugleich Gesellschafter des abhängigen Unternehmens, findet die Konzernvermutung uneingeschränkt auch im Konzernrecht der Personengesellschaften Anwendung.[425] Wird der Beherrschungsvertrag hingegen mit einem Dritten, das heißt einem Nichtgesellschafter, abgeschlossen, soll die Konzernvermutung nach einer Ansicht unanwendbar sein.[426] Grund dafür ist, dass diese Ansicht den Abschluss eines organisationsrechtlichen Beherrschungsvertrages im Sinne von § 291 Abs. 1 Satz 1 AktG mit einer Personengesellschaft stets nur dann für möglich hält, wenn das herrschende Unternehmen zum Kreis der Gesellschafter der abhängigen Personengesellschaft zählt.[427] Hält man hingegen Beherrschungsverträge mit Nichtgesellschaftern für möglich[428], gibt es keinen sachlichen Grund, die Konzernvermutung des § 18 Abs. 1 Satz 2 AktG im Konzernrecht der Personengesellschaften nicht ebenfalls uneingeschränkt anzuwenden.

1. Franchisegeber und Franchisenehmer als Unternehmen im Sinne des Vertragskonzernrechts

Ein Beherrschungsvertrag kann nur von zwei Unternehmen abgeschlossen werden.[429] Der Begriff des Unternehmens ist im Aktiengesetz nicht definiert. Zwar hat der Gesetzgeber den Begriff des *Unternehmers* inzwischen durch Gesetz vom 27.06.2000[430] in § 14 BGB legaldefiniert. Die Definition kann jedoch nicht per se für den Begriff des *Unternehmens* im Sinne des Konzernrechts übernommen werden. Der Gesetzgeber wollte mit der Legaldefinition des Unternehmers keine Regelung für das gesamte deutsche Recht oder das gesamte deutsche Privatrecht schaffen. Ausgehend vom Recht der Europäischen Gemeinschaft ging es um eine Definition des Unternehmerbegriffs für das Verbraucherrecht, als Gegenbegriff zu dem in § 13 BGB definierten Begriff des Verbrauchers.[431] Weiterhin geht daher weder die Rechtsordnung insgesamt noch

---

[423] Siehe die Untersuchungen von *Oechsler*, ZGR 1997, 464 ff. und *Bayreuther*, S. 243 ff.
[424] Scholz/*Emmerich*, Anhang Konzernrecht, Rn. 13, 23; Rowedder/Schmidt-Leithoff/*Koppensteiner*, Anh. § 52, Rn. 18; Hachenburg/*Ulmer*, Anh. § 77, Rn. 39.
[425] Staub/*Ulmer*, Anh. § 105, Rn. 30; MünchKommHGB/*Mülbert*, KonzernR, Rn. 63; *Baumgartl*, S. 80 f.; *Schießl*, S. 13.
[426] Staub/*Ulmer*, Anh. § 105, Rn. 30, 69.
[427] Staub/*Ulmer*, Anh. § 105, Rn. 69.
[428] Siehe hierzu näher unten § 5 C II 1 c.

das Aktiengesetz von einem einheitlichen Unternehmensbegriff aus.[432] Der Begriff ist vielmehr anhand des Zwecks der jeweiligen Regelung auszulegen.[433] Aufgrund des unterschiedlichen Regelungszwecks ist selbst innerhalb des Konzernrechts zwischen dem Begriff des herrschenden und dem des abhängigen Unternehmens zu unterscheiden.[434] Abhängiges Unternehmen im Sinne des Konzernrechts kann jede rechtlich irgendwie verselbständigte Organisationseinheit mit wirtschaftlicher Betätigung ohne Rücksicht auf ihre Rechtsform sein.[435]

a. Unternehmenseigenschaft von Existenzgründern

Der Wortlaut des § 291 Abs. 1 Satz 1 AktG scheint vorauszusetzen, dass ein Beherrschungsvertrag nur zwischen bereits bestehenden Unternehmen geschlossen werden

---

[429] § 291 Abs. 1 Satz 1 AktG verwendet den Begriff des *Unternehmens* nicht für das abhängige Unternehmen, sondern den der *Gesellschaft*. Grund dafür ist, dass § 291 Abs. 1 Satz 1 AktG nicht rechtsformunabhängig eine Definition des Beherrschungsvertrages aufstellt, sondern lediglich für das gesetzlich normierte Vertragskonzernrecht der Aktiengesellschaft und der Kommanditgesellschaft auf Aktien. Bei beiden handelt es sich aber zweifellos um *Gesellschaften*. Dass für den Beherrschungsvertrag der Begriff des Unternehmens maßgeblich sein sollte, zeigt auch ein Blick auf die §§ 15 ff. AktG sowie auf § 291 Abs. 1 S. 2, Abs. 2 AktG und §§ 292 ff. AktG (vgl. auch MünchKommAktG/*Altmeppen*, § 291 Rn. 3, wonach ein Beherrschungsvertrag nur zwischen Unternehmen abgeschlossen werden kann; ebenso KölnKomm/*Koppensteiner*, § 291 Rn. 6: „An einem Konzern sind [aber] nur Unternehmen beteiligt"; siehe auch BegrRegE zu § 291 AktG bei *Kropff*, S. 376). Auch im Konzernrecht der GmbH und der Personengesellschaften wird in Anlehnung an die §§ 15 ff., 291 AktG stets und ohne nähere Begründung davon ausgegangen, dass als Vertragsparteien eines Beherrschungsvertrages nur *Unternehmen* in Frage kommen. Der Begriff der *Gesellschaft* wird in der Literatur zum Vertragskonzernrecht der GmbH und Personengesellschaft überhaupt nicht erwähnt.

[430] BGBl. I 897, mit Berichtigung 1139.

[431] Palandt/*Heinrichs*, § 14 Rn. 1, § 13 Rn. 1.

[432] Vgl. dazu auch *Kübler*, § 28 II 1 b; KölnKomm/*Koppensteiner*, § 15 Rn. 8 f.; MünchKommAktG/*Bayer*, § 15 Rn. 9; *Hüffer*, § 15 Rn. 7.

[433] *Kübler*, § 28 II 1 b; KölnKomm/*Koppensteiner*, § 15 Rn. 11; MünchKommAktG/*Bayer*, § 15 Rn. 10; *Hüffer*, § 15 Rn. 7.

[434] *Kübler*, § 28 II 1 b; KölnKomm/*Koppensteiner*, § 15 Rn. 10; MünchKommAktG/*Bayer*, § 15 Rn. 11; *Hüffer*, § 15 Rn. 7.

[435] MünchHdbAG/*Krieger*, § 68 Rn. 13; MünchKommAktG/*Bayer*, § 15 Rn. 42; *Timm*, JuS 1999, 656 (657). Exkurs: Ob auch Einzelkaufleute abhängiges Unternehmen sein können, ist noch nicht abschließend geklärt. In der Literatur wird dies für den allgemeinen Teil des Konzernrechts nach §§ 15 ff. AktG inzwischen aber von einigen Autoren bejaht (KölnKomm/*Koppensteiner*, § 15 Rn. 53; MünchKommAktG/*Bayer*, § 15 Rn. 48; *Hüffer*, § 15 Rn. 14; ausführlich *Bayreuther*, S. 443 ff.). Ob Einzelkaufleute als abhängiges Unternehmen eines *Vertragskonzerns* in Frage kommen, bedürfte einer eingehenden Untersuchung, die den Rahmen der vorliegenden Arbeit sprengen würde. Dafür streitet, dass abhängiges Unternehmen im Vertragskonzern jede verselbständigte Organisationseinheit ist, deren „Leitung" einem anderen Unternehmen unterstellt wird. Einzelkaufleute stellen eine solche Organisationseinheit dar, deren „Leitung" sie einem anderen Unternehmen unterstellen können. Darüber hinaus sind Einzelkaufleute und ihre Gläubiger, nicht anders als Gesellschaften und deren Gläubiger, schutzbedürftig, wenn sich das Unternehmen des Einzelkaufmanns der Leitung eines anderen Unternehmens unterstellt (vgl. zum Schutzzweck der §§ 300 ff. AktG KölnKomm/*Koppensteiner*, vor § 291 Rn. 65). Andererseits sind Privatpersonen keine Unternehmen im Sinne des Konzernrechts. Insbesondere im Vertragskonzernrecht könnte womöglich Art. 1 GG dagegen sprechen, dass sich Einzelkaufleute der Weisungsgewalt eines Unternehmens unterstellen können.

kann. Hintergrund ist, dass nur ein Unternehmen, nicht aber eine Privatperson eine „Leitung“ im Sinne von § 291 Abs. 1 Satz 1 AktG hat, die einem anderen Unternehmen unterstellt werden kann. Unproblematisch ist dies in den Fällen, in denen der Franchisenehmer bereits vor Abschluss des Franchisevertrages unternehmerisch tätig ist, sei es, dass er bereits Franchisen desselben Franchisegebers nutzt oder sich mit seinem Unternehmen einem Franchisesystem anschließt. Häufig ist der Franchisenehmer jedoch Existenzgründer, betreibt bei Abschluss des Franchisevertrages also unter Umständen noch kein Unternehmen im Sinne des § 291 Abs. 1 Satz 1 AktG. Bei dieser Fallgestaltung ergeben sich jedoch keine Probleme, wenn der Franchisenehmer zeitlich noch vor Unterzeichnung des Franchisevertrages eine Gesellschaft (häufig eine GmbH oder Personenhandelsgesellschaft) errichtet hat. Ob die Gesellschaft bereits im Handelsregister eingetragen ist, ist nicht entscheidend, da auch eine Vorgesellschaft „Unternehmen“ im Sinne des Konzernrechts ist[436] und eine „Leitung“ hat, die sie einem anderen Unternehmen unterstellen kann.

Wenn der Franchisenehmer eine geplante Gesellschaft noch nicht errichtet hat, sprechen ebenfalls gute Argumente dafür, dass der Franchisenehmer bereits vor Gründung eines Unternehmens einen wirksamen Beherrschungsvertrag abschließen kann. Dies ergibt sich zwar nicht schon aus einem Vergleich zu anderen Rechtsgebieten. Im Handelsrecht etwa sind Vorbereitungsgeschäfte zur Gründung eines Unternehmens bereits als Handelsgeschäfte im Sinne von §§ 343 ff. HGB anzusehen.[437] Ebenso begründet ein Existenzgründer durch die Unterzeichnung eines Franchisevertrages seine Unternehmereigenschaft im Sinne von § 14 BGB.[438] In beiden Fällen gibt der Franchisenehmer mit Abschluss des Franchisevertrages zu erkennen, dass er unternehmerisch tätig werden will und sich nunmehr dem Sonderrecht der Kaufleute und Unternehmer unterwerfen und es für sich in Anspruch nehmen will.[439] Diese Argumentation geht im Zusammenhang mit dem konzernrechtlichen Unternehmensbegriff fehl, da Verbraucherschutzrecht und Handelsrecht andere Regelungsziele verfolgen. Im Vertragskonzernrecht geht es nicht um ein Sonderrecht, das dem Unternehmer erweiterte Rechte und Pflichten gegenüber den Vertragspartnern im Geschäftsverkehr zugesteht oder auferlegt, sondern vielmehr um die Verfolgung wirtschaftlicher Interessen in einem Unternehmensverbund.

Dafür, dass auch ein Existenzgründer bereits einen wirksamen Beherrschungsvertrag abschließen kann, spricht jedoch, dass sich das Weisungsrecht, das der Franchisenehmer dem Franchisegeber im Franchisevertrag einräumt und das Grundlage für die Annahme eines Beherrschungsvertrages ist, gerade auf die unternehmerische – nicht etwa die private – Tätigkeit des Franchisenehmers bezieht. Sollte der Franchisevertrag als Beherrschungsvertrag zu qualifizieren sein, geht der übereinstimmende Wille von

[436] GroßKommAktG/*Windbichler*, 4. Aufl., § 15 Rn. 16.
[437] OLG Oldenburg DB 2002, 423 (424) m.w.N.; Giesler/Nauschütt/*Giesler*, § 9 Rn. 32.
[438] OLG Oldenburg DB 2002, 423 m.w.N.; OLG Oldenburg NJW-RR 1989, 1081; *Liesegang*, BB 1991, 2381 f.; *Ekkenga*, S. 43 f.; Giesler/Nauschütt/*Giesler*, § 9 Rn. 34; anderer Ansicht sind: OLG Koblenz NJW 1997, 74; Wolf/Horn/Lindacher/*Horn* § 24 Rn. 7; Soergel/*Stein*, § 24 AGBG Rn. 4.
[439] OLG Oldenburg DB 2002, 423 f.

Franchisenehmer und Franchisegeber also dahin, die Leitung des noch in der Gründung befindlichen Unternehmens des Franchisenehmers dem Franchisegeber zu unterstellen. Dass sich eine Vertragspartei dazu verpflichten kann, dem Vertragspartner nicht nur gegenwärtige, sondern auch zukünftige Rechtspositionen einzuräumen, ist im Zivilrecht anerkannt. Es ließe sich allenfalls überlegen, ob der Beherrschungsvertrag zunächst als fehlerhaft zu werten ist und der Fehler mit Aufnahme der unternehmerischen Tätigkeit des Franchisenehmers ex nunc geheilt wird. Ein Bedürfnis dafür besteht jedoch nicht. Denn im Zeitraum zwischen Abschluss des Beherrschungsvertrages und Beginn der unternehmerischen Tätigkeit des Franchisenehmers können die wesentlichen Rechtsfolgen des Beherrschungsvertrages, das Weisungsrecht und die Verlustausgleichspflicht, keine Wirkung entfalten, da sie gerade ein unternehmerisches Tätigwerden voraussetzen.

Einer abschließenden Klärung der Frage bedarf es im Rahmen dieser Untersuchung indes nicht. Wie oben dargelegt gibt es zahlreiche Fälle, in denen der Franchisenehmer bei Abschluss des Franchisevertrages unzweifelhaft „Unternehmen" im Sinne des Vertragskonzernrechts ist. Selbst dann, wenn der Franchisenehmer den Franchisevertrag als Existenzgründer unterzeichnet, ohne bereits ein Unternehmen gegründet zu haben, dessen Leitung er dem Franchisegeber unterstellen kann, gibt es gute Argumente dafür, dass der von ihm abgeschlossene Vertrag auch als Beherrschungsvertrag wirksam wäre.

b. Identität der Vertragsparteien von Beherrschungsvertrag und Franchisevertrag

Wie oben angesprochen können nur Unternehmen, nicht aber Privatpersonen, einen Beherrschungsvertrag schließen. Voraussetzung dafür, dass der Franchisevertrag als Beherrschungsvertrag zu qualifizieren ist, wäre also, dass Franchisegeber und Franchisenehmer als Vertragsparteien Unternehmen sind.

Während auf Seiten des Franchisegebers in aller Regel ein Unternehmen Vertragspartei wird, schließt der Franchisenehmer den Vertrag häufig zunächst als Privatperson und nicht als Unternehmen. Die Rechte und Pflichten aus dem Franchisevertrag, das heißt insbesondere auch die Pflicht, Weisungen des Franchisegebers zu befolgen, treffen dann ausschließlich den Franchisenehmer, nicht ein Unternehmen. Franchisenehmer übertragen indes oftmals die Rechte und Pflichten aus dem Franchisevertrag nachträglich auf eine von ihnen gegründete oder jedenfalls von ihnen kontrollierte Gesellschaft.[440] In diesen Fällen wäre auch auf Seiten des Franchisenehmers ein Unternehmen zur Erfüllung der Pflichten aus dem Franchisevertrag, und insbesondere der Befolgung der Weisungen des Franchisegebers, verpflichtet. Dass sich in solchen Fallgestaltungen ein Beherrschungsvertrag zwischen zwei Unternehmen erst aus der Gesamtschau meherer Vereinbarungen ergeben kann, schadet für die Annahme eines Beherrschungsvertrages nicht. Weder der Wortlaut des § 291 Abs. 1 Satz 1 AktG noch Sinn und Zweck der Regelung sprechen dagegen, dass sich ein Beherrschungsvertrag

[440] Dies bestätigen die empirischen Erkenntnisse von *Clemens*, S. 70.

aus mehreren Einzelverträgen zusammensetzen kann. Es muss sich nur aus der Gesamtschau der Verträge ergeben, dass sich ein Unternehmen der Leitung eines anderen unterstellt und die Zustimmungs- und Formerfordernisse eingehalten wurden.[441] In der Praxis enthalten Franchiseverträge häufig Klauseln, die es dem Franchisenehmer gestatten, sämtliche Rechte und Pflichten aus dem Franchisevertrag, die nicht höchstpersönlicher Natur sind oder eine natürliche Person voraussetzen, auf eine Personen- oder Kapitalgesellschaft zu übertragen.[442] In aller Regel steht das Recht zur Übertragung unter dem Vorbehalt, dass der Franchisenehmer Mehrheitsgesellschafter und einzelvertretungsberechtigter Geschäftsführer der Gesellschaft ist und der Franchisegeber der Übertragung zustimmt.[443] Zum Teil erlaubt der Franchisevertrag eine Übertragung nur dann, wenn sämtliche Gesellschafter den Franchisevertrag nachträglich mitunterzeichnen.[444]

c. Zulässigkeit von Beherrschungsverträgen mit Nicht-Gesellschaftern

Beherrschungsverträge können grundsätzlich mit Nicht-Gesellschaftern geschlossen werden.[445] Andernfalls könnten Franchiseverträge keine Beherrschungsverträge sein, da der Franchisegeber bis auf seltene Ausnahmefälle nicht am Unternehmen des Franchisenehmers beteiligt ist. Anders als es die herrschende Meinung für die Abhängigkeit im Sinne von § 17 Abs. 1 AktG verlangt, ist es also für den Abschluss eines Beherrschungsvertrages nicht erforderlich, dass das herrschende Unternehmen am abhängigen Unternehmen eine gesellschaftsrechtliche Beteiligung hält. Dies gilt uneingeschränkt für Beherrschungsverträge mit abhängigen Aktiengesellschaften und GmbH. In der Literatur umstritten und von der Rechtsprechung bislang nicht geklärt ist dagegen, ob auch Beherrschungsverträge mit abhängigen Personengesellschaften zulässig sind, wenn das herrschende Unternehmen nicht zugleich Gesellschafter des abhängigen Unternehmens ist.[446] Zwei zentrale Argumente, die bereits gegen die

---

[441] Im „Gervais/Danone"-Fall (BGH NJW 1980, 231) hat auch der Bundesgerichtshof entschieden, dass mehrere, nicht in einer Urkunde getroffene Vereinbarungen zur Annahme eines Beherrschungsvertrages führen können. Wenn auch tatsächlich kein organisationsrechtlicher, sondern ein rein schuldrechtlicher Beherrschungsvertrag vorlag, so war der Bundesgerichtshof, der jedenfalls von einem Beherrschungsvertrag mit einer Personengesellschaft und den entsprechenden konzernrechtlichen Rechtsfolgen ausging, offensichtlich ebenfalls der Ansicht, dass sich ein konzernrechtlicher Beherrschungsvertrag aus einer Gesamtschau mehrerer Vereinbarungen ergeben kann.

[442] Vgl. *Herrfeld*, S. 55, die 1994 eine empirische Untersuchung von Franchiseverträgen durchgeführt hat.

[443] Vgl. *Herrfeld*, S. 55.

[444] *Herrfeld*, S. 55.

[445] Vgl. BegrRegE zu § 291 AktG bei *Kropff*, S. 377 f.; OLG Nürnberg AG 1996, 228 (229); KölnKomm/*Koppensteiner*, § 291 Rn. 79; Martinek/Semler/*Martinek*, § 4 Rn. 80; *Kort*, BB 1988, 79 ff.

[446] Vgl. zum Meinungsstand MünchKommHGB/*Mülbert*, KonzernR, Rn. 168; von den Autoren, die das Problem überhaupt ansprechen, sind für einen Beherrschungsvertrag mit einem Nicht-Gesellschafter *Bälz*, AG 1992, 277 (287); MünchKommHGB/*Mülbert*, KonzernR, Rn. 168; *Kleindiek*, S. 103; wohl auch *Schießl*, S. 48 f.; *Raiser*, § 54 I 4; kritisch Staub/*Ulmer*, Anh. § 105, Fn. 24, der bei fehlender gesellschaftsrechtlicher Beteiligung des Vertragspartners nur einen „schuldrechtlichen" Beherrschungsvertrag anerkennen will; gegen einen Beherrschungsvertrag mit Nicht-Gesellschaftern sprechen sich aus Schlegelberger/*Martens*, Anh. § 105, Rn. 34 f; *Stimpel*, Probleme des Konzern-

grundsätzliche Zulässigkeit von Beherrschungsverträgen mit Personengesellschaften ins Feld geführt werden, sollen nach Ansicht einiger Autoren jedenfalls Beherrschungsverträge mit Nicht-Gesellschaftern verbieten.[447] Es geht um die Grundsätze der Selbstorganschaft und der Verbandssouveränität.

aa. Vereinbarkeit mit dem Grundsatz der Selbstorganschaft

Nach dem Grundsatz der Selbstorganschaft müssen die organschaftlichen Geschäftsführer und Vertreter einer Personenhandelsgesellschaft zwingend aus dem Kreis der Gesellschafter kommen. Dies soll sich aus §§ 114, 125 ff. HGB ergeben.[448] Mit Abschluss des Beherrschungsvertrages sichert sich indes das herrschende Unternehmen die Befugnis, den Geschäftsführern der abhängigen Gesellschaft Weisungen hinsichtlich der Leitung der Gesellschaft zu erteilen (§ 308 AktG analog). Diese teilweise[449] inhaltliche Verlagerung der Leitungsbefugnis von der abhängigen Personengesellschaft auf das herrschende Unternehmen könnte mit der Selbstorganschaft unvereinbar sein. Der Grundsatz der Selbstorganschaft ist jedoch formaler Natur.[450] Er beschränkt sich darauf, der Personengesellschaft eine bestimmte Organisation ihrer Unternehmensführung vorzugeben.[451] Die damit vorgegebene Eigenverwaltung soll Gewähr bieten für eine ordnungsgemäße Geschäftsleitung. Aufgrund seiner Beschränkung auf formale Vorgaben verbietet die Selbstorganschaft jedoch keine noch so weitgehende Fremdsteuerung[452] und damit auch keine Weisungsgebundenheit der Geschäftsführung.[453] Denn formal verbleibt, auch im Franchisevertragskonzern, die Organstellung bei den Gesellschaftern. Nur ihnen obliegt die Geschäftsführung im formalen Sinne. Beherrschungsverträge mit abhängigen Personengesellschaften sind daher mit dem Grundsatz der Selbstorganschaft vereinbar.

bb. Vereinbarkeit mit dem Grundsatz der Verbandssouveränität

Der Grundsatz der Verbandssouveränität ist hingegen materieller Natur und besagt im Kern, „dass das Schicksal der Gesellschaft nicht Dritten überlassen werden darf"[454]. Er sichert umfassend den Selbstschutz jeder Gesellschaft. Folglich gilt er nicht nur für Personengesellschaften, sondern ebenso für Kapitalgesellschaften.[455] Bereits deshalb

---

rechts, S. 11 (18); *Jäger*, DStR 1997, 1813 (1814); *Reuter*, ZHR 146 (1982), 1 (16); *Schneider*, ZGR 1975, 253 (270); *Löffler*, S. 29 f.

[447] Schlegelberger/*Martens*, Anh. § 105, Rn. 34 f.; *Jäger*, DStR 1997, 1813 (1814); *Reuter*, ZHR 146 (1982), 1 (16); *Schneider*, ZGR 1975, 253 (270); *Löffler*, S. 29 f.

[448] *Baumbach/Hopt*, § 114 Rn. 24, § 125 Rn. 5; bei der Gesellschaft bürgerlichen Rechts ergibt sich dies aus §§ 709 Abs. 1, 714 BGB.

[449] Soweit das herrschende Unternehmen von seinem Weisungsrecht keinen Gebrauch macht, verbleibt die Leitungsbefugnis beim abhängigen Unternehmen.

[450] *Wiedemann*, FS Schilling, S. 105 (111 f.).

[451] *Wiedemann*, FS Schilling, S. 105 (111).

[452] *Wiedemann*, FS Schilling, S. 105 (111); *Schneider*, ZGR 1975, 253 (268 f.); *Schießl*, S. 47.

[453] Beck'schesHdbPersG/*Rosenbach*, § 24 Rn. 12.

[454] *Wiedemann*, FS Schilling, S. 105 (111).

[455] *Wiedemann*, FS Schilling, S. 105 (111).

erscheint es zweifelhaft, warum der Grundsatz der Verbandssouveränität dem Abschluss eines Beherrschungsvertrages von Nicht-Gesellschaftern mit abhängigen Kapitalgesellschaften unstreitig nicht entgegensteht, einen Beherrschungsvertrag von Nicht-Gesellschaftern mit einer abhängigen Personengesellschaft hingegen verbieten sollte. Einen überzeugenden Grund für eine unterschiedliche Behandlung sehen zahlreiche Autoren[456] zu Recht nicht. Insbesondere höre eine Personengesellschaft ebenso wenig wie eine Kapitalgesellschaft durch die Ausrichtung auf das Konzerninteresse auf, als abgrenzbare Erwerbseinheit mit eigenem Zweck zu bestehen.[457]

Dass der materielle Selbstschutz der Personengesellschaft – selbst bei fehlender Beteiligung des anderen Vertragsteils – ihrer Beherrschung durch eine andere Gesellschaft nicht entgegen steht, zeigt auch folgende Überlegung: Die Verbandssouveränität verpflichtet die geschäftsführenden Gesellschafter in ihrer Amtsführung auf das gemeinsame Gesellschaftsinteresse.[458] Das Interesse der Gesellschaft ist also Richtschnur und verbindlicher Maßstab für das Handeln der geschäftsführenden Gesellschafter. Über eine Änderung ihres Gesellschaftsvertrages und damit des Gesellschaftsinteresses sollen ausschließlich die Gesellschafter selbst entscheiden.[459] Durch den Abschluss eines Beherrschungsvertrages und die damit einhergehende Konzernierung findet zwar eine wenigstens teilweise Interessenverschiebung zugunsten des herrschenden Unternehmens bzw. des Konzerns statt und damit eine Änderung des gemeinsamen Gesellschaftsinteresses[460], das Richtschnur allen Gesellschafterhandelns ist. Es ist den Gesellschaftern jedoch unbenommen, die von ihnen vereinbarte Interessenausrichtung der Gesellschaft jederzeit zugunsten der Sonderinteressen des herrschenden Unternehmens

---

[456] Etwa *Schießl*, S. 49; *Kleindiek*, S. 96 f; ohne danach zu differenzieren, ob das herrschende Unternehmen an der abhängigen Gesellschaft beteiligt ist oder nicht, *Raiser*, ZGR 1980, 558 (563).

[457] *Kleindiek*, S. 97; *Raiser*, ZGR 1980, 558 (563), der dies durch das „Gervais/Danone"-Urteil des Bundesgerichtshofs (NJW 1980, 231) bestätigt sieht.

[458] *Wiedemann*, FS Schilling, S. 105 (112 f.). Das gemeinsame Gesellschaftsinteresse ist konstitutives Merkmal eines Verbandes. Es dient der Abgrenzung zu den Individualinteressen der einzelnen Gesellschafter, die diese mit ihrer Beteiligung verfolgen.

[459] Staub/*Ulmer*, Anh. § 105, Rn. 13 f.; Beck'schesHdbPersG/*Rosenbach*, § 24 Rn. 13. Einige Autoren (etwa Staub/*Ulmer*, Anh. § 105 Rn. 14; *Wiedemann*, FS Schilling, S. 105 ff.) unterscheiden deutlich zwischen gemeinsamem Zweck und gemeinsamem Interesse der Gesellschafter. Eine Konzernierung ändert nach *Ulmer* (a.a.O.) bei Personenhandelsgesellschaften weder notwendig noch regelmäßig den gemeinsamen Zweck, da dieser lediglich in dem Betrieb eines Handelsgewerbes unter gemeinsamer Firma bestehen muss (vgl. § 105 Abs. 1 HGB). Es ändert sich jedoch die Interessenausrichtung, weshalb ebenso eine Änderung des Gesellschaftsvertrages erforderlich sein wird (*Ulmer*, a.a.O.). Andere Autoren differenzieren weniger genau zwischen gemeinsamem Zweck und gemeinsamem Interesse und gehen deshalb bei der Konzernierung von einer Zweckänderung aus. Der Zweck, als werbende Gesellschaft auf dem Markt aufzutreten, bleibe zwar bestehen, werde aber durch den vorrangigen Zweck, dem Konzerninteresse zu dienen, überlagert oder modifiziert (vgl. *Schießl*, S. 45; MünchKommHGB/*Mülbert*, KonzernR, Rn. 132; *Kleindiek*, S. 97). Entscheidend dürfte es darauf ankommen, was die Gesellschafter im Einzelfall im Gesellschaftsvertrag geregelt haben, das heißt ob sie etwa einen über den notwendigen Inhalt des § 105 Abs. 1 HGB hinausgehenden Zweck/Interesse vereinbart haben. Der Genauigkeit halber wird im Folgenden mit *Ulmer* zwischen gemeinsamem Zweck und gemeinsamem Interesse der Gesellschaft unterschieden.

[460] Vgl. Staub/*Ulmer*, Anh. § 105 Rn. 14; *Emmerich*, AG 1991, 303 (310).

zu ändern.[461] Die Änderung des gemeinsamen Gesellschaftsinteresses, die einen Beschluss der Gesellschafter erfordert, ist formfrei und sogar stillschweigend[462] möglich.[463] Stillschweigend wird das Gesellschaftsinteresse durch Zustimmung der Gesellschafter zum Abschluss eines Beherrschungsvertrages geändert.[464] Diese Zustimmung erfolgt im Franchising regelmäßig. Denn meist verlangt der Franchisegeber dann, wenn der Franchisenehmer die Rechte und Pflichten aus dem Franchisevertrag auf eine Personengesellschaft überträgt, ohnehin die Zustimmung aller Gesellschafter, teilweise sogar, dass diese den Franchisevertrag nachträglich ebenfalls unterzeichnen.[465]

cc. Zusammenfassung

Es bleibt festzuhalten, dass Franchisenehmer unabhängig davon, in welcher Rechtsform sie ihr Unternehmen betreiben, abhängiges Unternehmen eines Beherrschungsvertrages sein können. Dies gilt unabhängig davon, ob der Franchisegeber an ihrem Unternehmen beteiligt ist.

2. Abschluss des Beherrschungsvertrages

Die formalen Voraussetzungen für den Abschluss eines Beherrschungsvertrages unterscheiden sich je nach Rechtsform der Vertragsparteien. Ob die üblichen Franchiseverträge die jeweiligen Voraussetzungen erfüllen, ist Gegenstand der folgenden Überlegungen.

a. Zustimmungs- und Formerfordernisse

Der Abschluss des Beherrschungsvertrages richtet sich im Aktienkonzernrecht nach den §§ 292 ff. AktG. Der Vertrag bedarf der Schriftform (§ 293 Abs. 3 AktG). Wirksam wird er erst, wenn die Hauptversammlungen sowohl des abhängigen wie des herrschenden Unternehmens mit qualifizierter Mehrheit zugestimmt haben (§ 293 Abs. 1, 2 AktG), und der Vertrag sowie der Zustimmungsbeschluss der abhängigen Gesellschaft ins Handelsregister eingetragen sind (§ 294 AktG).

Für das Konzernrecht der GmbH gilt nach dem „Supermarkt"-Beschluss des Bundesgerichtshofs[466] im Grundsatz das Gleiche. Der Vertrag ist ebenfalls schriftlich abzufas-

---

[461] MünchKommHGB/*Mülbert*, KonzernR, Rn. 131 ff.; *Schießl*, S. 45 f., 49.
[462] Vgl. *Emmerich*, AG 1991, 303 (310); MünchKommHGB/*Mülbert*, KonzernR, Rn. 133.
[463] *Baumbach/Hopt*, § 119 Rn. 27.
[464] *Emmerich*, AG 1991, 303 (310); MünchKommHGB/*Mülbert*, KonzernR, Rn. 133.
[465] *Herrfeld*, S. 55. Auch in den übrigen Fällen liegt ein entsprechender Wille der Gesellschafter des Franchisenehmer-Unternehmens nicht fern, da die Interessen von Franchisenehmer und Franchisegeber im Regelfall nahezu deckungsgleich sind. Es ist für das Franchising geradezu typisch, dass beide für ihren eigenen wirtschaftlichen Erfolg auf den Erfolg des gesamten Systems angewiesen sind. Ist sein System erfolgreich, erhält der Franchisegeber nicht nur höhere laufende Franchisegebühren seiner Franchisenehmer, sondern kann zusätzlich mehr neue Franchisen vergeben, die Eintrittsgebühr in sein System erhöhen und mit mehr Erfolg eigene Filialen eröffnen.
[466] BGHZ 105, 324.

sen, wird von der Geschäftsführung abgeschlossen und bedarf der Zustimmung durch die Gesellschafterversammlungen des abhängigen und des herrschenden Unternehmens. Der Zustimmungsbeschluss ist analog § 53 Abs. 2 Satz 1 GmbHG notariell zu beurkunden.[467] Auf Seiten der abhängigen GmbH muss die Zustimmung nach wohl überwiegender Ansicht in der Literatur einstimmig erteilt werden.[468] Dem ist zuzustimmen. Die Übertragung des Weisungsrechts auf das herrschende Unternehmen stellt einen derart schwerwiegenden Eingriff in die Mitverwaltungs- und Gewinnbezugsrechte der Gesellschafter dar, dass mit Abschluss des Beherrschungsvertrages der Gesellschaftszweck der abhängigen GmbH geändert wird.[469] Er ist zukünftig auf das Interesse des herrschenden Unternehmens gerichtet.[470] Ist das herrschende Unternehmen eine GmbH, genügt für den Zustimmungsbeschluss wie bei der Aktiengesellschaft eine Dreiviertelmehrheit.[471] Der Zustimmungsbeschluss der abhängigen GmbH ist ins Handelsregister einzutragen.[472] Die genannten Formvorschriften sind auch bei der – auf Seiten des Franchisenehmers häufig anzutreffenden – Einmann-GmbH einzuhalten.[473]

Ungeklärt ist bislang, ob auch der Beherrschungsvertrag mit einer abhängigen Personengesellschaft besonderen Zustimmungs- und Formerfordernissen unterliegt. Soweit die Literatur den Abschluss eines Beherrschungsvertrages mit einer Personengesellschaft als abhängigem Unternehmen für zulässig erachtet, fordert sie auch bei der Personengesellschaft, dass sämtliche Gesellschafter dem Beherrschungsvertrag zustimmen müssen.[474] Da Franchiseverträge wohl ausnahmslos schriftlich abgefasst werden, kommt es hier auf die umstrittene Frage, ob der Beherrschungsvertrag zu seiner Wirksamkeit entsprechend § 293 Abs. 3 AktG der Schriftform bedarf, nicht an.[475] Die Au-

---

[467] BGHZ 105, 324 (338 ff.).

[468] Scholz/*Emmerich*, Anhang Konzernrecht, Rn. 153 f.; Baumbach/Hueck/*Zöllner*, GmbH-KonzernR, Rn. 39; Roth/Altmeppen/*Altmeppen*, Anh. § 13 Rn. 36; Beck'schesHdbGmbH/*Rosenbach*, § 17 Rn. 16; *Ehricke*, S. 433 f.; *ders.*, FS Immenga, S. 537 (545); *Emmerich/Habersack*, § 32 II 2 b); *Raiser*, § 54 II 3; *K. Schmidt*, Gesellschaftsrecht, § 38 III 2 a. Eine Dreiviertelmehrheit soll hingegen genügen nach *Lutter/Hommelhoff*, Anh. § 13, Rn. 54; Rowedder/Schmidt-Leithoff/*Koppensteiner*, Anh. § 52, Rn. 47. Der Bundesgerichtshof musste die Frage im „Supermarkt"-Beschluss nicht entscheiden, da abhängiges Unternehmen eine Einmann-GmbH war (BGHZ 105, 324 (332)).

[469] *Ehricke*, S. 434; *ders.*, FS Immenga, S. 537 (545 ff.); *Emmerich/Habersack*, § 32 II 2 a).

[470] *Ehricke*, S. 434; *ders.*, FS Immenga, S. 537 (545 ff.); *Emmerich/Habersack*, § 32 II 2 a); Roth/Altmeppen/*Altmeppen*, Anh. § 13 Rn. 26.

[471] BGHZ 105, 324 (336).

[472] BGHZ 105, 324 (342 f.). Der Beherrschungsvertrag selbst ist der Handelsregisteranmeldung beizulegen, eingetragen werden müssen hingegen nur einige Angaben zum Vertrag (zu den Einzelheiten BGHZ 105, 324 (337, 345 f.); Scholz/*Emmerich*, Anhang Konzernrecht, Rn. 152).

[473] BGHZ 105, 324; Scholz/*Emmerich*, Anhang Konzernrecht, Rn. 152; Baumbach/Hueck/*Zöllner*, GmbH-KonzernR, Rn. 37; Beck'schesHdbGmbH/*Rosenbach*, § 17 Rn. 18; a.A. *Gäbelein*, GmbHR 1992, 786 ff.

[474] Vgl. *Emmerich/Habersack*, § 34 III 2; Schlegelberger/*Martens*, § 105 Anh. 43; *Kleindiek*, S. 218 ff.

[475] Eine Anwendung des Schriftformerfordernisses befürworten etwa *Jäger*, DStR 1997, 1813 (1814 f.); Heymann/*Emmerich*, Anh. § 105 Rn. 22; *Emmerich/Habersack*, § 34 III 2; Ebenroth/Boujong/Joost/*Lange*, Anh. § 105 Rn. 46; *Timm*, JuS 1999, 966; a.A. MünchKommHGB/*Mülbert*, KonzernR, Rn. 152.

toren, die Schriftform für den Beherrschungsvertrag verlangen, sprechen sich jedoch auch für das Erfordernis einer Handelsregistereintragung analog § 294 AktG aus, um einen möglichst effektiven Gläubigerschutz zu gewährleisten.[476]

b. Ausgleichs- und Abfindungsansprüche außenstehender Gesellschafter

Nach § 304 Abs. 1 Satz 2 AktG muss ein Beherrschungsvertrag mit einer abhängigen Aktiengesellschaft oder Kommanditgesellschaft auf Aktien zwingend einen Ausgleichsanspruch der außenstehenden Aktionäre enthalten. Andernfalls ist der Beherrschungsvertrag nichtig (§ 304 Abs. 3 Satz 1 AktG). Der Anspruch ist auf die Zahlung eines in § 304 Abs. 2 AktG näher bestimmten Betrages in Geld gerichtet.

Umstritten ist, ob § 304 AktG auf Beherrschungsverträge mit abhängigen GmbH analog anzuwenden ist.[477] Es ist jedoch kein überzeugender Grund ersichtlich, zu Gunsten der Gesellschafter einer GmbH zwingend einen Ausgleichsanspruch vorzusehen.[478] Nach der überwiegenden Ansicht in der Literatur bedarf der Beherrschungsvertrag der Zustimmung aller Gesellschafter der abhängigen GmbH.[479] Die Gesellschafter einer GmbH sind daher in der Lage, selbst für die Wahrung ihrer Rechte zu sorgen. Anders als die Minderheitsaktionäre einer Aktiengesellschaft können sie eine vertraglich geregelte Ausgleichszahlung des herrschenden Unternehmens erzwingen. Denn sie haben jederzeit die Möglichkeit, die erforderliche Zustimmung zum Abschluss des Beherrschungsvertrages zu verweigern.[480]

Auf Beherrschungsverträge mit abhängigen Personengesellschaften ist § 304 AktG ebenfalls nicht analog anzuwenden.[481] Die Situation unterscheidet sich nicht gegenüber derjenigen bei der abhängigen GmbH. Auch die Gesellschafter einer abhängigen Personengesellschaft müssen dem Beherrschungsvertrag einstimmig zustimmen. Sie können daher ebenfalls eine Ausgleichszahlung erzwingen.[482]

---

[476] So *Jäger*, DStR 1997, 1813 (1815); Heymann/*Emmerich*, Anh. § 105 Rn. 22; *Emmerich/Habersack*, § 34 III 2; *Baumbach/Hopt*, § 105 Rn. 105; *Timm*, JuS 1999, 966; *Fabian*, S. 174; für eine lediglich deklaratorische Eintragung Ebenroth/Boujong/Joost/*Lange*, Anh. § 105 Rn. 46; *Baumgartl*, S. 93; *Kleindiek*, S. 244; vgl. auch MünchKommHGB/*Mülbert*, KonzernR, Rn. 152.

[477] *Zöllner*, ZGR 1992, 173 (193) m.w.N. zum Meinungsstand.

[478] *Zöllner*, ZGR 1992, 173 (194); *Emmerich/Habersack*, § 32 II 7; vgl. auch Hachenburg/*Ulmer*, Anh. § 77 Rn. 213.

[479] Scholz/*Emmerich*, Anhang Konzernrecht, Rn. 153 f.; Baumbach/Hueck/*Zöllner*, GmbH-KonzernR, Rn. 39; Roth/Altmeppen/*Altmeppen*, Anh. § 13 Rn. 36; Beck'schesHdbGmbH/*Rosenbach*, § 17 Rn.16; *Ehricke*, S. 434; *ders.*, FS Immenga, S. 537 (545); *Emmerich/Habersack*, § 32 II 2 b); *Raiser*, § 54 II 3; *K. Schmidt*, Gesellschaftsrecht, § 38 III 2 a. Eine Dreiviertelmehrheit soll hingegen genügen nach *Lutter/Hommelhoff*, Anh. § 13, Rn. 54; Rowedder/Schmidt-Leithoff/*Koppensteiner*, Anh. § 52, Rn. 47. Der Bundesgerichtshof musste die Frage im „Supermarkt"-Beschluss nicht entscheiden, da abhängiges Unternehmen eine Einmann-GmbH war (BGHZ 105, 324 (332)).

[480] *Zöllner*, ZGR 1992, 173 (194); vgl. auch dessen Ausführungen dazu, dass die Höhe des Ausgleichs ebenfalls nicht zwingend gesetzlich geregelt werden muss.

[481] *Emmerich/Habersack*, § 34 III 2; Schlegelberger/*Martens*, § 105 Anh. 43; *Kleindiek*, S. 218 ff.

[482] *Emmerich/Habersack*, § 34 III 2; Schlegelberger/*Martens*, § 105 Anh. 43; *Kleindiek*, S. 218 ff.

In Franchiseverhältnissen wird in aller Regel ohnehin der Franchisenehmer Alleingesellschafter der abhängigen Gesellschaft sein. Schon das Aktienrecht sieht für diesen Fall eine Ausnahme von der zwingenden Regelung eines Ausgleichsanspruchs zu Gunsten außenstehender Aktionäre im Beherrschungsvertrag vor. Nach § 304 Abs. 1 Satz 3 AktG besteht diese Verpflichtung nicht, wenn die abhängige Gesellschaft zum Zeitpunkt der Beschlussfassung ihrer Hauptversammlung über den Vertrag keine außenstehenden Aktionäre hat. Man könnte allenfalls überlegen, ob außenstehender Aktionär in diesem Sinne auch der Alleingesellschafter des abhängigen Unternehmens ist. Da er es selbst in der Hand hat, den Beherrschungsvertrag mit dem herrschenden Unternehmen abzuschließen, ließe sich diese Ansicht indes nicht überzeugend begründen.

Unabhängig davon, ob das abhängige Franchisenehmer-Unternehmen nur einen oder mehrere Gesellschafter hat, ist § 304 AktG auf Beherrschungsverträge im Franchising nicht anwendbar. Eine Ausnahme bildet allein der Beherrschungsvertrag mit einer abhängigen Franchisenehmer-Aktiengesellschaft, in der es mehrere Gesellschafter gibt. Dabei muss schon bezweifelt werden, ob ein solcher Fall in der Praxis überhaupt vorkommt. In einer umfangreichen empirischen Untersuchung zur Rechtsform von Franchisenehmer-Gesellschaften hatte bereits keiner der Franchisenehmer für die von ihm gegründete Gesellschaft die Rechtsform der Aktiengesellschaft gewählt.[483]

Im Aktienrecht muss der Beherrschungsvertrag nach § 305 Abs. 1 AktG auch eine angemessene Abfindungsregelung für die außenstehenden Aktionäre enthalten. Sieht ein Beherrschungsvertrag eine solche Regelung nicht vor, ist er indes nicht nichtig. Vielmehr ist der Beschluss, mit dem die Gesellschafter des abhängigen Unternehmens dem Abschluss des Beherrschungsvertrages zugestimmt haben, nur anfechtbar. Alternativ kann der Minderheitsgesellschafter nach Erklärung des Austritts aus der Gesellschaft auf Zahlung einer angemessenen Abfindung klagen. Ob die Regelung im GmbH-Konzernrecht analog anzuwenden ist, ist umstritten.[484] Ebenso wie § 304 AktG ist sie im Franchising indes von geringer Bedeutung. Sie setzt ebenfalls voraus, dass die Franchisenehmer-Gesellschaft wenigstens zwei Gesellschafter hat. Dies ist jedoch regelmäßig nicht der Fall.

c. Anwendung der Grundsätze der fehlerhaften Gesellschaft

Während Franchiseverträge das Schriftformerfordernis stets erfüllen dürften, wird es im Regelfall an den für Beherrschungsverträge erforderlichen Zustimmungsbeschlüssen (sowohl auf Seiten der abhängigen als auch auf Seiten der herrschenden Gesellschaft) fehlen. Das Gleiche gilt für die Handelsregistereintragung. Als Beherrschungsverträge wären die bislang abgeschlossenen Franchiseverträge daher regelmäßig unwirksam. Etwas anderes könnte allenfalls in den Fällen gelten, in denen Franchisenehmer ihr Unternehmen in der Rechtsform der Personengesellschaft betreiben, da

---

[483] *Clemens*, S. 70.

[484] Dafür u.a. Rowedder/Schmidt-Leithoff/*Koppensteiner*, Anh. nach § 52, Rn. 59 m.w.N.; dagegen Hachenburg/*Ulmer*, Anh. § 77, Rn. 215 ff.

sich die Forderung nach einer konstitutiven Handelsregistereintragung im Konzernrecht der Personengesellschaften bisher nicht durchgesetzt hat.[485]

Ein fehlerhafter Beherrschungsvertrag ist jedoch nicht zwangsläufig nichtig. Als Organisationsvertrag unterliegt er den Grundsätzen der fehlerhaften Gesellschaft, die auch im Konzernrecht angewendet werden.[486] Danach kann der Beherrschungsvertrag nicht rückwirkend, sondern nur durch fristlose Kündigung[487] einer der Vertragsparteien mit Wirkung ex nunc, also für die Zukunft beseitigt werden.[488] Solange er von den Vertragsparteien tatsächlich durchgeführt wird, ist von einem wirksamen Vertragskonzern auszugehen, der die üblichen konzernrechtlichen Folgen auslöst.[489] Auch der Inhalt des Beherrschungsvertrages ist bis zur Kündigung für die Vertragsparteien verbindlich.[490] Etwas anderes gilt indes für Beherrschungsverträge mit abhängigen Aktiengesellschaften, sofern sie nicht in das Handelsregister eingetragen sind. Sie sind nach überwiegender Auffassung in der Literatur stets nichtig.[491] Ohne Eintragung ins Handelsregister sei niemand schutzwürdig.[492] Beherrschungsverträge mit abhängigen GmbH hingegen sind nach der Rechtsprechung des Bundesgerichtshofs gemäß den Grundsätzen der fehlerhaften Gesellschaft auch dann als wirksam zu behandeln, wenn sie nicht in das Handelsregister eingetragen sind.[493] Nach Ansicht des Bundesgerichtshofs gibt es keinen sachlich gerechtfertigten Grund, warum bei fehlender Registereintragung anders verfahren werden sollte als in anderen Fällen, in denen die Grundsätze

---

[485] *Jäger*, DStR 1997, 1813 (1815); Sudhoff/*Jäger*, 4. Teil C Rn. 8.

[486] BGHZ 103, 1 (4 f.) („Familienheim"); BGHZ 116, 37 (39) („Stromlieferung"); BGH NJW 2002, 822 (823); GroßKommAktG/*Windbichler*, 4. Aufl., § 17 Rn. 38; *Hüffer*, § 291 Rn. 20 f.; *K. Schmidt*, Gesellschaftsrecht, § 31 III 2 b, § 39 II 2 b, § 6 IV 4; *Ulmer*, BB 1989, 10 (16); *Nagel*, DB 1988, 2291 (2293); *ders.*, DB 1991, 319 (327); *Ensthaler*, NJW 1994, 817 (819); *Oechsler*, ZGR 1997, 464 (474); *Steinmann*, S. 169; kritisch dazu *Kleindiek*, ZIP 1988, 613 ff.

[487] Nach *Emmerich/Habersack*, § 11 IV 1, soll es genügen, dass sich eine der Parteien auf die Unwirksamkeit des Beherrschungsvertrages beruft.

[488] BGHZ 103, 1 (5) („Familienheim"); BGHZ 116, 37 (39) („Stromlieferung"); BGH NJW 2002, 822 (823); *K. Schmidt*, Gesellschaftsrecht, § 31 III 2 b, § 39 II 2 b, § 6 IV 4; Beck'schesHdbGmbH/*Rosenbach*, § 17 Rn. 25; *Nagel*, DB 1988, 2291 (2293); *Ensthaler*, NJW 1994, 817 (819); *Oechsler*, ZGR 1997, 464 (474); *Steinmann*, S. 169; *Wellenhofer-Klein*, S. 405 f.; einschränkend Scholz/*Emmerich*, Anhang Konzernrecht, Rn. 172 ff., der es bei der ex tunc - Nichtigkeit des Beherrschungsvertrages belassen will, wenn es an mindestens einem der beiden Zustimmungsbeschlüsse oder der Handelsregistereintragung fehlt; für eine Beschränkung der Grundsätze im Falle des Beherrschungsvertrages auf den Gläubigerschutz Baumbach/Hueck/*Zöllner*, GmbH-KonzernR, Rn. 44. Allgemein zu den Grundsätzen der fehlerhaften Gesellschaft Palandt/*Sprau*, § 705 Rn. 17 f.

[489] BGHZ 103, 1 (4 ff.) („Familienheim"); BGHZ 116, 37 (39 ff.) („Stromlieferung"); BGH NJW 2002, 822 (823); GroßKommAktG/*Windbichler*, 4. Aufl., § 17 Rn. 38; *K. Schmidt*, Gesellschaftsrecht, § 31 III 2 b, § 39 II 2 b, § 6 IV 4; *Ulmer*, BB 1989, 10 (15 ff.); *Nagel*, DB 1988, 2291 (2293); *ders.*, DB 1991, 319 (327); *Ensthaler*, NJW 1994, 817 (819); *Oechsler*, ZGR 1997, 464 (474); *Steinmann*, S. 169. Allgemein zu den Grundsätzen der fehlerhaften Gesellschaft Palandt/*Sprau*, § 705 Rn. 17 f.

[490] Vgl. Palandt/*Sprau*, § 705 Rn. 18.

[491] *Krieger*, ZHR 158 (1994), 35 (41); *Hüffer*, § 291 Rn. 21; *Emmerich/Habersack*, § 11 IV 1.

[492] *Krieger*, ZHR 158 (1994), 35 (41).

[493] BGHZ 103, 1 (4 f.) („Familienheim"); BGHZ 116, 37 (39) („Stromlieferung"); BGH NJW 2002, 822 (823).

der fehlerhaften Gesellschaft auf Beherrschungsverträge Anwendung finden, wie etwa bei unterbliebener, aber erforderlicher notarieller Beurkundung des Zustimmungsbeschlusses.[494]

Damit ist es trotz regelmäßig vorliegender Formfehler möglich, dass auch die heute bestehenden fehlerhaften Franchiseverträge mit GmbH und Personengesellschaften auf Franchisenehmerseite als konzernrechtliche Beherrschungsverträge zu qualifizieren sind und bis zu ihrer Aufhebung die Rechtsfolgen eines Vertragskonzerns auslösen. Sollte Vertragspartner des Franchisegebers hingegen ausnahmsweise[495] eine Aktiengesellschaft sein, wäre der Franchisevertrag als Beherrschungsvertrag im Falle fehlender Handelsregistereintragung nichtig.

3. Keine Unwirksamkeit des Franchisevertrages nach § 138 Abs. 1 BGB

Die Einstufung des Franchisevertrages als Beherrschungsvertrag scheidet auch nicht deshalb aus, weil der Franchisevertrag bei einer so weitgehenden Unterwerfung unter den Willen des Franchisegebers bereits wegen sittenwidriger Knebelung nichtig wäre. *Würdinger* hat in Anlehnung an die Rechtsprechung des Reichsgerichts zwar die Ansicht vertreten, dass Leistungsaustauschverträge bereits deshalb als Beherrschungsmittel – und damit wohl zwangsläufig auch als Beherrschungsverträge – ausscheiden, weil sie ohnehin nach § 138 Abs. 1 BGB nichtig seien, falls sie die Unterwerfung des Vertragspartners unter den Willen des anderen Vertragsteils bewirken sollen.[496] Andererseits sieht das Gesetz in §§ 291 Abs. 1 Satz 1, 308 AktG einen solchen Fall der „Unterwerfung" auf vertraglicher Basis gerade als zulässig an. Das generelle Sittenwidrigkeitsverdikt erscheint deshalb kaum vertretbar.[497] Auch werden Franchiseverträge trotz der umfangreichen Einflussmöglichkeiten des Franchisegebers in aller Regel gerade nicht als sittenwidrig angesehen.[498]

Aber selbst dann, wenn man der Ansicht *Würdingers* folgen wollte, lässt sie nicht den Schluss zu, dass Leistungsaustauschverträge auch als konzernrechtliche Beherrschungsverträge ausscheiden.[499] Das Aktiengesetz erkennt die Konzernierung aufgrund eines Beherrschungsvertrages gerade an. Es erlaubt eine fast unbeschränkte Unterwerfung des abhängigen Unternehmens (§ 308 AktG). Als Ausgleich hat es ein Schutzsystem zugunsten des abhängigen Unternehmens und seiner Gläubiger geschaf-

---

[494] BGHZ 116, 37 (39) („Stromlieferung").

[495] Siehe dazu, dass Franchisenehmer für die von ihnen gegründeten Gesellschaften wohl ausnahmslos von der Rechtsform der Aktiengesellschaft absehen oben § 5 C II 2 b.

[496] *Würdinger*, Aktien- und Konzernrecht, § 55 III 1 b.

[497] *Martinek*, Franchising, S. 642; *ders.*, Moderne Vertragstypen II, S. 75 ff.; *Köhler*, NJW 1978, 2473 (2475); *Martens*, S. 18 Fn. 16; *Dierdorf*, S. 114.

[498] Vgl. *Martinek*, Franchising, S. 642; auch Giesler/Nauschütt/*Nauschütt*, § 4 Rn. 17 ff.

[499] Im Ergebnis ist auch *Martinek* der Ansicht, dass eine Qualifizierung von Franchiseverträgen als Beherrschungsverträge nicht an § 138 Abs. 1 BGB scheitert (*Martinek*, Franchising, S. 642; *ders.*, Moderne Vertragstypen II, S. 77). Auch nach *Dierdorf*, S. 114, und *Martens*, S. 18, ist eine Anwendung des § 138 Abs. 1 BGB ausgeschlossen, wenn die Vorschriften über den Beherrschungsvertrag anwendbar sind, da diese Sonderregelung gegenüber den allgemeinen Vorschriften sind.

fen, das wesentlich weiter reicht als im Falle faktischer Abhängigkeit, also in dem Fall, den *Würdinger* betrachtet hat. Der weiterreichende Schutz zeigt sich besonders an der Verlustausgleichspflicht (§ 302 Abs. 1 AktG) im Vertragskonzern im Vergleich zum einfachen Nachteilsausgleich (§ 311 AktG) bei nur faktischer Abhängigkeit. Reicht die „Unterwerfung" unter den Willen des Franchisegebers so weit, dass der Franchisevertrag als Beherrschungsvertrag zu qualifizieren ist, kommt dem Franchisenehmer auch das angesprochene Schutzsystem zugute, so dass sich eine sittenwidrige Knebelung des Franchisenehmers kaum begründen lässt.

4. Inhaltliche Übereinstimmung von Franchisevertrag und Beherrschungsvertrag

Es bleibt die Frage zu klären, ob der Franchisevertrag tatsächlich nicht nur ein schuldrechtlicher Austauschvertrag ist, sondern vielmehr ein Organisationsvertrag im Sinne von § 291 Abs. 1 Satz 1 AktG (analog), durch den der Franchisenehmer die Leitung seines Unternehmens dem Franchisegeber unterstellt. Auch als fehlerhafter Beherrschungsvertrag kann der Franchisevertrag nur dann Wirksamkeit entfalten, wenn er gerade als Organisationsvertrag faktisch durchgeführt wird.[500] Denn andernfalls wären die Grundsätze der fehlerhaften Gesellschaft auf den Vertrag nicht anwendbar.

a. Merkmale des Beherrschungsvertrages

In der konzernrechtlichen Praxis steht man selten vor dem Problem, einen Vertrag näher daraufhin untersuchen zu müssen, ob es sich inhaltlich auch tatsächlich um einen Beherrschungsvertrag im Sinne des § 291 Abs. 1 Satz 1 AktG (analog) handelt. Beherrschungsverträge lassen sich meist eindeutig als solche qualifizieren. Denn in der Praxis beschränken sich die Parteien durchweg darauf, den Gesetzeswortlaut in der Vertragsurkunde zu zitieren. Formulierungen wie *„Die X unterstellt die Leitung ihrer Gesellschaft der Y."* sind der Regelfall.[501] Sie werden häufig ergänzt um die Klarstellung, dass damit das herrschende Unternehmen dazu berechtigt ist, der Geschäftsführung der abhängigen Gesellschaft hinsichtlich der Leitung der Gesellschaft Weisungen zu erteilen.[502] In der Praxis werden Beherrschungsverträge zudem selten isoliert, sondern meist gemeinsam mit einem Gewinnabführungsvertrag (§ 291 Abs. 1 Satz 1 2. Fall AktG (analog)) abgeschlossen, um so die Voraussetzungen einer körperschaftssteuerlichen Organschaft nach § 17 KStG zu erfüllen. Bei Vorliegen einer körperschaftssteuerlichen Organschaft können verbundene Unternehmen negative Einkünfte der einen Gesellschaft mit positiven Einkünften der anderen Gesellschaft durch die einheitliche Besteuerung bei der herrschenden Gesellschaft, dem sogenannten Organträger, verrechnen. Um nicht Gefahr zu laufen, das für die körperschaftssteuerliche Organschaft erforderliche Merkmal der organisatorischen Eingliederung – das durch den Abschluss eines Beherrschungsvertrages unwiderlegbar vermutet wird (§§ 14 Nr. 2, 17 KStG) – nicht erfüllen zu können, wählen die Vertragsparteien regelmäßig die

---

[500] Vgl. GroßKommAktG/*Windbichler*, 4. Aufl., § 17 Rn. 38.
[501] *Hoffmann-Becking*, WiB 1994, 57 (61); vgl. auch *Lutter/Hommelhoff*, Anh. § 13 Rn. 65.
[502] Vgl. *Hoffmann-Becking*, WiB 1994, 57 (61).

oben genannte klare und unzweifelhafte Formulierung im Beherrschungsvertrag und bezeichnen den Vertrag ausdrücklich als „Beherrschungs- und Gewinnabführungsvertrag".[503]

Einer Qualifikation des Franchisevertrages als Beherrschungsvertrag steht nicht entgegen, dass Franchiseverträge weder als Beherrschungsverträge bezeichnet sind noch den Wortlaut des § 291 Abs. 1 Satz 1 AktG zitieren. Entgegen einer früher häufig geäußerten Ansicht[504] kommt es nach heute herrschender Meinung auf die ausdrückliche Bezeichnung eines Vertrages als Beherrschungsvertrag in der Vertragsurkunde nicht an.[505] Entscheidend ist allein der Inhalt des Vertrages.[506] Nur hierauf stellt das Gesetz in § 291 Abs. 1 Satz 1 AktG für die Annahme eines Beherrschungsvertrages ab.[507] Aus dem gleichen Grund ist es ebensowenig erforderlich, dass ein Beherrschungsvertrag den Wortlaut des § 291 Abs. 1 Satz 1 AktG zitieren muss.[508] Auch das Weisungsrecht des herrschenden Unternehmens und die Folgepflicht der abhängigen Gesellschaft (§ 308 AktG) müssen nicht ausdrücklich im Beherrschungsvertrag genannt werden. Dies macht schon der Wortlaut des § 291 Abs. 1 Satz 1 AktG deutlich.[509] Weisungsrecht und Folgepflicht sind vielmehr gerade Rechtsfolgen bei Vorliegen eines Beherrschungsvertrages. An dem Rechtsfolgencharakter des Weisungsrechts ändert sich auch nichts dadurch, dass die Vertragsparteien Einfluss auf den Umfang des Weisungsrechts haben, indem sie jedenfalls die Möglichkeit zur Erteilung nachteiliger Weisungen im Beherrschungsvertrag ausschließen können (§ 308 Abs. 1 Satz 2 AktG).

Welche Kriterien erfüllt sein müssen, damit Verträge, die – wie Franchiseverträge – ihrem Wortlaut und ihrer Bezeichnung nach nicht als Beherrschungsverträge erkennbar sind, aufgrund ihrer Wirkungen als Beherrschungsverträge zu qualifizieren sind, ist aber umstritten. Das liegt vor allem daran, dass der Wortlaut des § 291 Abs. 1 Satz 1 AktG, der eine *„Unterstellung der Leitung"* der abhängigen Gesellschaft verlangt, mit dieser Formulierung nur eine grobe Vorstellung von dem notwendigen Inhalt eines Beherrschungsvertrages vermittelt.[510] Mit dem Begriff der *„Leitung"* knüpft das Gesetz zwar an die in § 76 AktG geregelte eigenverantwortliche Leitung der Gesellschaft durch den Vorstand an.[511] Unklar bleibt dabei allerdings nicht nur, welche unternehmerischen Entscheidungsbereiche die abhängige Gesellschaft dem herrschenden Un-

---

[503] Vgl. *Hoffmann-Becking*, WiB 1994, 57 (61).
[504] GroßkommAktG/*Würdinger*, 3. Aufl., § 291 Rn. 14; weitere Nachweise bei KölnKomm/*Koppensteiner*, vor § 291 Rn. 67.
[505] KG AG 2001, 186; KölnKomm/*Koppensteiner*, vor § 291 Rn. 67; *Hüffer*, § 291 Rn. 13; MünchHdbAktG/*Krieger*, § 70 Rn. 7; Geßler/Hefermehl/*Geßler*, § 291 Rn. 28 f.; *Geßler*, FS Ballerstedt, S. 219 (235); *Emmerich/Habersack*, § 11 II 1; *Mestmäcker*, FG Kronstein, S. 129 (149 f.); *Dierdorf*, S. 107.
[506] KG AG 2001, 186; KölnKomm/*Koppensteiner*, vor § 291 Rn. 67; *Hüffer*, § 291 Rn. 13; MünchHdbAktG/*Krieger*, § 70 Rn. 7; Geßler/Hefermehl/*Geßler*, § 291 Rn. 28 f.; *Geßler*, FS Ballerstedt, S. 219 (235); *Emmerich/Habersack*, § 11 II 1; *Mestmäcker*, FG Kronstein, S. 129 (149 f.); *Dierdorf*, S. 107.
[507] Vgl. KölnKomm/*Koppensteiner*, vor § 291 Rn. 67; *Emmerich/Habersack*, § 11 II 1.
[508] So ausdrücklich u.a. KG AG 2001, 186; Geßler/Hefermehl/*Geßler*, § 291 Rn. 29.
[509] KölnKomm/*Koppensteiner*, § 291 Rn. 13.
[510] *Martens*, S. 13.
[511] Vgl. BegrRegE zu § 291 AktG bei *Kropff*, S. 377.

ternehmen unterstellen muss und inwieweit dabei das Weisungsrecht des herrschenden Unternehmens eingeschränkt werden kann[512], sondern auch, ob die Rechtsnatur des Beherrschungsvertrages bei der Aufstellung der Kriterien besonders zu berücksichtigen ist. Im Schrifttum wurde die Frage nach den Merkmalen eines Beherrschungsvertrages bislang fast ausschließlich im Zusammenhang mit den anderen Unternehmensverträgen des § 292 AktG, insbesondere dem Betriebspacht- und Betriebsüberlassungsvertrag, sowie dem Betriebsführungsvertrag[513] gestellt.[514] Die Kriterien, die zur Abgrenzung des Beherrschungsvertrages von den Unternehmensverträgen des § 292 AktG entwickelt wurden, sind jedoch ebenfalls umstritten. Sie lassen sich – wie noch zu zeigen sein wird – zudem nur bedingt heranziehen, wenn es darum geht, Austauschverträge, die nicht von § 292 AktG erfasst werden, von Beherrschungsverträgen zu unterscheiden.

b. Abgrenzung zu reinen Austauschverträgen

Die Bandbreite der in der Literatur vorgeschlagenen Kriterien zur Abgrenzung von Austausch- und Beherrschungsverträgen ist groß. So soll es nach einigen Autoren darauf ankommen, ob dem herrschenden Unternehmen Weisungsrechte außerhalb des Vertragsgegenstandes eingeräumt werden.[515] Nach anderer Ansicht ist ausschlaggebend, ob durch die Ausübung des Weisungsrechts Bestand und Charakter des Unternehmens der abhängigen Gesellschaft verändert werden können.[516] Eine weitere Ansicht stellt darauf ab, ob das Unternehmen der abhängigen Gesellschaft in einer Weise in den Konzern eingegliedert werden soll, wie es §§ 311 ff. AktG nicht zulassen würden.[517] Vertreten wird auch, dass ein schuldrechtlicher Austauschvertrag immer dann vorliege, wenn sich Leistung und Gegenleistung noch nach dem Äquivalenzprinzip bemessen lassen. Ein Beherrschungsvertrag solle hingegen vorliegen, wenn die Auswirkungen der Leitungsmacht des herrschenden Unternehmens finanziell nicht mehr messbar sind, sondern zu einer strukturellen Unternehmensänderung führen.[518]

Für *Koppensteiner*, der sich eingehend mit der Frage auseinandergesetzt hat, nach welchen Kriterien sich schuldrechtlicher Austauschvertrag und Beherrschungsvertrag

---

[512] *Martens*, S. 13.
[513] Auf den Betriebsführungsvertrag, der gesetzlich nicht ausdrücklich geregelt ist, wird § 292 AktG entweder direkt oder analog angewendet (siehe dazu KölnKomm/*Koppensteiner*, vor § 291 Rn. 66 m.w.N.).
[514] Ausführlich dazu *Veelken*, S. 248 ff.; *Oesterreich*, S. 137 ff.; *Dierdorf*, S. 117 ff.; daneben auch Geßler/Hefermehl/*Geßler*, § 292 Rn. 99 ff.; *Geßler*, FS Ballerstedt, S. 219 (227 ff.); *Mestmäcker*, FG Kronstein, S. 129 (148 ff.); GroßKommAktG/*Würdinger*, § 292 Rn. 21, 25; KölnKomm/*Koppensteiner*, § 291 Rn. 15 m.w.N.
[515] *Emmerich/Habersack*, § 15 VI; ähnlich *Geßler*, FS Ballerstedt, S. 219 (229): Entscheidend sei, ob sich etwaige Weisungsrechte auf betriebliche oder unternehmerische Maßnahmen erstrecken würden.
[516] *Dierdorf*, S. 129.
[517] *Veelken*, S. 260 zur Abgrenzung zwischen Betriebspacht- bzw. Betriebsüberlassungsvertrag und Beherrschungsvertrag.
[518] *Martens*, S. 20 f.

voneinander abgrenzen lassen[519], ist entscheidender Anknüpfungspunkt die unwiderlegbare Konzernvermutung des § 18 Abs. 1 Satz 2, Satz 1 AktG.[520] Nach § 18 Abs. 1 Satz 2 AktG sind Unternehmen, zwischen denen ein Beherrschungsvertrag im Sinne von § 291 Abs. 1 Satz 1 AktG besteht, als unter einheitlicher Leitung zusammengefasst anzusehen. Sie bilden daher nach § 18 Abs. 1 Satz 1 AktG einen Konzern. *Koppensteiner* zieht aus der unwiderlegbaren Konzernvermutung den Schluss, dass ein Beherrschungsvertrag im Sinne von § 291 Abs. 1 Satz 1 AktG nur dann vorliegen kann, wenn die im Beherrschungsvertrag getroffenen Vereinbarungen eine Durchsetzung einheitlicher Leitung im Sinne von § 18 Abs. 1 Satz 1 AktG ermöglichen.[521] Der Beherrschungsvertrag müsste danach alle Merkmale erfüllen, die zur Definition der „einheitlichen Leitung“ herangezogen werden. Der von *Koppensteiner* gezogene Schluss ist jedoch nicht zwingend. Er kann daher auch nicht als entscheidendes Kriterium dafür dienen, den Beherrschungsvertrag von schuldrechtlichen Austauschverträgen abzugrenzen. Abgesehen davon ist fraglich, ob es weiterführt, wenn man versucht, den Begriff der „Leitung“ im Sinne von § 291 Abs. 1 Satz 1 AktG, der das konstitutive Merkmal eines Beherrschungsvertrages ist, durch einen Rückgriff auf den inhaltlich ebenfalls umstrittenen Begriff der „einheitlichen Leitung“ und damit den Konzernbegriff näher zu bestimmen.

aa. Kritik an dem Rückgriff auf das Merkmal der einheitlichen Leitung

Koppensteiner geht davon aus, dass ein Beherrschungsvertrag dann nicht vorliegen kann, wenn er nicht die Durchsetzung einheitlicher Leitung im Sinne von § 18 Abs. 1 Satz 1 AktG ermöglicht. Dieser Schluss aus § 18 Abs. 1 Satz 2 AktG ist jedoch keineswegs zwingend. Gegen die Ansicht *Koppensteiners* spricht zunächst der Wortlaut

---

[519] KölnKomm/*Koppensteiner*, § 291 Rn. 15 ff; auch vor § 291 Rn. 66 zur Abgrenzung des Beherrschungs- und des Gewinnabführungsvertrages von den anderen Unternehmensverträgen des § 292 AktG.

[520] Vgl. KölnKomm/*Koppensteiner*, § 291 Rn. 19. *Koppensteiner* nennt unter Rn. 19 noch zwei weitere Kriterien, die neben der Anknüpfung an die Konzernvermutung herangezogen werden sollten, um den schuldrechtlichen Austauschvertrag vom Beherrschungsvertrag abzugrenzen. Danach spricht es für das Vorliegen eines Beherrschungsvertrages, wenn die Folgewirkungen des Vertrages nicht mehr quantifizierbar sind und wenn der abhängigen Gesellschaft kein vertraglich nicht tangierter eigener Entscheidungsbereich mehr verbleibt. Später (unter Rn. 29) stellt *Koppensteiner* allerdings klar, dass das Kriterium der fehlenden Quantifizierbarkeit der Folgewirkungen des Vertrages, da es an § 311 ff. AktG anknüpft, nur dazu dienen kann, die Unternehmensverträge des § 292 AktG, nicht aber sonstige Austauschverträge, vom Beherrschungsvertrag zu unterscheiden. Da der Franchisevertrag kein Unternehmensvertrag im Sinne des § 292 AktG ist, sondern – falls nicht Beherrschungsvertrag – ein sonstiger Austauschvertrag, kann dem Kriterium der fehlenden Quantifizierbarkeit der Folgewirkungen für die Abgrenzung von Beherrschungsvertrag und Franchisevertrag nach der Ansicht *Koppensteiners* keine Bedeutung zukommen. Des Weiteren weist *Koppensteiner* unter Rn. 23 darauf hin, dass auch das Kriterium des vertraglich nicht tangierten eigenen Entscheidungsbereiches nur analytisch, nicht aber praktisch von Bedeutung sei.

[521] KölnKomm/*Koppensteiner*, § 291 Rn. 19; ebenso *Martens*, S. 16 f.; *Dierdorf*, S. 108, den *Koppensteiner* ebenfalls als Befürworter seiner Ansicht zitiert, zieht diesen Schluss nicht ausdrücklich, sondern stellt lediglich fest, dass die Konzernvermutung des § 18 Abs. 1 S. 2 AktG eine Aussage über die Eignung eines Beherrschungsvertrages als Grundlage eines Subordinationskonzerns enthält.

des § 291 Abs. 1 Satz 1 AktG. Danach verlangt das Gesetz für das Vorliegen eines Beherrschungsvertrages, dass eine Aktiengesellschaft oder eine Kommanditgesellschaft auf Aktien die Leitung ihrer Gesellschaft einem anderen Unternehmen unterstellt. § 291 Abs. 1 Satz 1 AktG fordert gerade nicht, dass diese Gesellschaft von dem anderen Unternehmen einheitlich, das heißt unter Abstimmung auf dessen Geschäftspolitik geleitet wird oder dass ihr der Beherrschungsvertrag jedenfalls die Mittel garantiert, die sie zur einheitlichen Leitung benötigt.[522]

Gegen die Auffassung *Koppensteiners* lässt sich zudem die Begründung des Regierungsentwurfs zum Aktiengesetz 1965 heranziehen. Danach ging die Bundesregierung davon aus, dass ein Beherrschungsvertrag im Sinne von § 291 Abs. 1 Satz 1 AktG dem herrschenden Unternehmen jedenfalls grundsätzlich das Maß an beherrschendem Einfluss auf die Geschäftsführung der abhängigen Gesellschaft sichert, das es ihr ermöglicht, die mit ihr durch einen Beherrschungsvertrag verbundenen Unternehmen einheitlich im Sinne von § 18 Abs. 1 Satz 1 AktG zu leiten.[523] Daraus kann jedoch nicht geschlossen werden, dass die Regierung in den anderen Fällen bereits die tatbestandlichen Voraussetzungen eines Beherrschungsvertrages als nicht gegeben erachtet hat. Hätte die Bundesregierung beabsichtigt, das Vorliegen eines Beherrschungsvertrages zwingend an die Voraussetzung zu knüpfen, dass der Vertrag mit der Unterstellung der Leitung auch die Durchsetzung einer einheitlichen Leitung im Sinne von § 18 Abs. 1 Satz 1 AktG ermöglicht, erscheint es unverständlich, warum sie diese Absicht weder durch eine entsprechende Formulierung des Gesetzeswortlauts noch durch eine entsprechende Anmerkung im Regierungsentwurf deutlich gemacht hat. Das Gleiche gilt sowohl für den Rechtsausschuss des Bundestages als auch den Gesetzgeber selbst, die den von der Regierung vorgeschlagenen Gesetzeswortlaut jeweils ohne Änderung übernommen und verabschiedet haben.

Für die Ansicht *Koppensteiners* spricht auch nicht, dass andernfalls Fallgestaltungen denkbar wären, in denen die Parteien eines Beherrschungsvertrages weitreichende konzernrechtliche Folgen in Kauf nehmen müssten, ohne dass ihre Unternehmen unter einheitlicher Leitung zusammengefasst sind, also den Konzerntatbestand erfüllen. Die Schutzvorschriften des Konzernrechts zugunsten der abhängigen Gesellschaft, der Gläubiger und der außenstehenden Aktionäre knüpfen (nahezu) ausschließlich an das Bestehen eines Beherrschungsvertrages, das heißt an den Tatbestand des § 291 Abs. 1 Satz 1 AktG, an, nicht dagegen an das Vorliegen eines Konzerns. Das gilt für den angemessenen Ausgleich zugunsten der außenstehenden Aktionäre nach § 304 Abs. 1 Satz 2 AktG ebenso wie für die Pflicht des herrschenden Unternehmens nach § 302 Abs. 1 AktG, etwaige Jahresfehlbeträge des abhängigen Unternehmens nach auszugleichen. Das Weisungsrecht des § 308 AktG zugunsten des herrschenden Unternehmens setzt gleichermaßen lediglich das Bestehen eines Beherrschungsvertrages voraus. Nichts anderes gilt für die Vorschriften über die Konzernrechnungslegung: Nach § 290 Abs. 1 AktG hat das Mutterunternehmen einen Konzernabschluss und ei-

---

[522] Im Ergebnis wohl ebenso MünchKommAktG/*Altmeppen*, § 291 Rn. 88 ff.
[523] BegrRegE zu § 18 AktG bei *Kropff*, S. 33.

nen Konzernlagebericht aufzustellen, wenn es eine Beteiligung am Tochterunternehmen hält und beide unter der einheitlichen Leitung der Mutter stehen. § 290 Abs. 2 Nr. 3 AktG ordnet die gleiche Rechtsfolge an, wenn der Muttergesellschaft aufgrund eines Beherrschungsvertrages das Recht zusteht, einen beherrschenden Einfluss auf die Tochtergesellschaft auszuüben. Die arbeitsrechtlichen Vorschriften, die verbundene Unternehmen betreffen, stellen zwar auf den Begriff des Konzerns ab. Das Bundesarbeitsgericht hat jedoch entschieden, dass der Konzernbegriff des § 54 Abs. 1 BetrVG, der über die Bildung eines Konzernbetriebsrats entscheidet, unter Berücksichtigung der spezifischen Normzwecke des Betriebsverfassungsrechts zu bestimmen ist.[524] Er legt den Begriff der einheitlichen Leitung im Arbeitsrecht weiter aus als im Konzernrecht.[525]

Man kann auch nicht argumentieren, dass die genannten Rechtsfolgentatbestände nur deshalb an das Bestehen eines Beherrschungsvertrages anknüpfen, weil die Unternehmen damit zwangsläufig auch unter einheitlicher Leitung im Sinne von § 18 Abs. 1 AktG stehen und der Gesetzgeber andernfalls von der Anordnung dieser Rechtsfolgen abgesehen hätte. Denn die Schutzvorschriften zugunsten der Gläubiger und außenstehenden Aktionäre knüpfen auch bei faktischer Abhängigkeit bereits an das Bestehen der Abhängigkeit, also das Vorliegen eines beherrschenden Einflusses an, vgl. § 311 ff. AktG.[526] Ob das herrschende Unternehmen seinen Einfluss auch tatsächlich im Sinne einer einheitlichen Leitung nutzt, also der Konzerntatbestand erfüllt ist (§ 18 Abs. 1 Satz 1 AktG), ist unerheblich. Ebenso entstehen die typischen Gefahren, denen durch die Bestimmungen des Vertragskonzernrechts begegnet werden soll, bereits mit Begründung der beherrschungsvertraglich abgesicherten Leitungsmacht und dem damit verbundenen umfassenden Einfluss des herrschenden Unternehmens auf die Unternehmenspolitik seines Vertragspartners. Anders als im Falle bloß faktischer Abhängigkeit (§ 17 Abs. 1 AktG) gewährleistet der Beherrschungsvertrag dem herrschenden Unternehmen durch das Recht, der Geschäftsführung der abhängigen Gesellschaft verbindliche Weisungen zu erteilen (§ 308 AktG), sogar die Möglichkeit, direkt und unmittelbar auf die Unternehmenspolitik seines Vertragspartners Einfluss zu nehmen. Im Falle bloß faktischer Abhängigkeit hingegen ist das herrschende Unternehmen darauf angewiesen, seine Vorstellungen mittelbar etwa dadurch zur Geltung zu bringen, dass es mit Hilfe seiner Stimmenmehrheit in der Hauptversammlung (§ 17 Abs. 2 AktG) seine Vertrauensleute in den Aufsichtsrat des abhängigen Unternehmens entsendet. Da der Aufsichtsrat wiederum den Vorstand wählt, und die Vorstandsmitglieder in aller Regel an einer Wahl sowie Wiederwahl in den Vorstand interessiert sind, werden die Vorstandsmitglieder sich jedenfalls in den Grundlinien ihrer Unternehmenspolitik an den Vorstellungen der Mehrheit im Aufsichtsrat orientieren.

---

[524] BAG BB 1981, 1461.
[525] BAG BB 1981, 1461.
[526] Eine Übersicht sämtlicher Rechtsfolgen innerhalb und außerhalb des Aktiengesetzes, die an den in § 17 AktG definierten Abhängigkeitstatbestand anknüpfen, bietet GroßKommAktG/*Windbichler*, 4. Aufl., § 17 Rn. 4 ff.

Selbst wenn man näher auf den Zweck eingeht, den der Gesetzgeber mit der unwiderlegbaren Konzernvermutung des § 18 Abs. 1 Satz 2 AktG verfolgt haben könnte, ist der Schluss, ein Beherrschungsvertrag könne aufgrund der Konzernvermutung nur dann vorliegen, wenn er dem herrschenden Unternehmen die Durchsetzung einer einheitlichen Leitung ermöglicht, zweifelhaft. Die Begründung des Regierungsentwurfs legt vielmehr den Regelungswillen des Gesetzgebers nahe, dass ein Beherrschungsvertrag geeignete Grundlage eines Konzerns ist und insbesondere, dass bei Vorliegen eines Beherrschungsvertrages – anders als bei bloß faktischer Abhängigkeit (§ 18 Abs. 1 Satz 1 AktG) – eine tatsächliche Ausübung der Leitungsmacht zur Begründung eines Konzerns nicht erforderlich ist.[527] Die Regelung, dass ein Beherrschungsvertrag geeignete Grundlage eines Konzerns ist, lässt keinesfalls zwingend den Schluss zu, dass ein Beherrschungsvertrag dem herrschenden Unternehmen stets die Rechte einräumen muss, die es zur Durchsetzung einer einheitlichen Leitung benötigt. Ganz im Gegenteil: Die Begründung des Regierungsentwurfs zu § 18 AktG 1965 betont, dass es sich in den Fällen, in denen die Konzernvermutung des § 18 Abs. 1 Satz 2 AktG greift, um Fälle besonders nachdrücklicher, rechtlich begründeter Beherrschungsmacht handelt.[528] Auch weist die Begründung des Regierungsentwurfs auf das grundsätzlich unbeschränkte Weisungsrecht (§ 308 Abs. 1 AktG) in Fragen der Geschäftsführung hin.[529] Es ist daher naheliegender, dass der Gesetzgeber in dem Beherrschungsvertrag durch die vertragliche Absicherung der Leitungsmacht sowie die Möglichkeit zur direkten Einflussnahme auf die Geschäftsführung des abhängigen Unternehmens eine ausreichende Grundlage für das Bestehen eines Konzerns und zur Anwendung der an den Konzerntatbestand anknüpfenden Rechtsfolgen sah.

Wäre die Konzernvermutung des § 18 Abs. 1 Satz 2 AktG nicht in das Aktiengesetz aufgenommen oder wäre sie als widerlegbare Vermutung ausgestaltet worden, hätte dies zur Folge, dass auch bei Vorliegen eines Beherrschungsvertrages nur dann ein Konzern vorliegt, wenn die Leitungsmacht vom herrschenden Unternehmen tatsächlich ausgeübt wird. Denn das Merkmal der Zusammenfassung in § 18 Abs. 1 Satz 1 AktG setzt grundsätzlich voraus, dass der beherrschende Einfluss von der Muttergesellschaft tatsächlich ausgeübt wird.[530] Das betont auch die Begründung des Regierungsentwurfs zu § 18 AktG 1965[531], und fügt im Anschluss hinzu: „In zwei Fällen besonders nachdrücklicher, rechtlich begründeter Beherrschungsmacht wird die Zusammenfassung unter einheitlicher Leitung allerdings zwingend vermutet, nämlich, wenn die abhängige Gesellschaft auf Grund eines Beherrschungsvertrags beherrscht wird oder wenn sie in die herrschende Gesellschaft eingegliedert ist."[532]. Im gleichen Zusammenhang stellt die Begründung des Regierungsentwurfs zu § 18 AktG 1965 klar, dass es im Falle des Beherrschungsvertrages und der Eingliederung nicht darauf

---

[527] Vgl. BegrRegE zu § 18 AktG bei *Kropff*, S. 33.
[528] BegrRegE zu § 18 AktG bei *Kropff*, S. 33.
[529] BegrRegE zu § 18 AktG bei *Kropff*, S. 33.
[530] MünchKommAktG/*Bayer*, § 18 Rn. 48; GroßKommAktG/*Windbichler*, 4. Aufl., § 18 Rn. 36; KölnKomm/*Koppensteiner*, § 18 Rn. 34; vgl. auch BegrRegE zu § 18 AktG bei *Kropff*, S. 33.
[531] BegrRegE zu § 18 AktG bei *Kropff*, S. 33.
[532] BegrRegE zu § 18 AktG bei *Kropff*, S. 33.

ankommt, ob das herrschende Unternehmen Gebrauch von seinem Weisungsrecht macht.[533] Die Regierung und im Anschluss der Gesetzgeber haben mit der unwiderlegbaren Konzernvermutung also erkennbar den Zweck verfolgt, bei Vorliegen eines Beherrschungsvertrages den Konzerntatbestand unabhängig von der tatsächlichen Ausübung der Beherrschungsmacht eintreten zu lassen.

Gegen die Ansicht *Koppensteiners*, man müsse den Tatbestand des Beherrschungsvertrages aufgrund der unwiderlegbaren Konzernvermutung des § 18 Abs. 1 Satz 2 AktG anhand des Begriffes der einheitlichen Leitung bestimmen, spricht ferner der Sinn und Zweck einer *unwiderlegbaren* Vermutungsregel. Soll eine Vermutungsregel tatsächlich unwiderlegbar sein, setzt dies voraus, dass die Tatbestandsmerkmale, an die die Vermutungsregel anknüpft, nicht durch die Rechtsfolge, die die Vermutung anordnet, beeinflusst werden dürfen. Auf § 18 Abs. 1 Satz 2 AktG übertragen bedeutet dies, dass der Begriff des Beherrschungsvertrages, an den die Vermutungsregel anknüpft, nicht anhand des Begriffs der einheitlichen Leitung ausgelegt werden darf. Andernfalls würde man die Unwiderlegbarkeit der Vermutung entkräften und die Vermutungsregel in eine widerlegbare umwandeln. Das Tatbestandsmerkmal, an das die unwiderlegbare Vermutungsregel anknüpft, muss also zunächst anhand der üblichen Auslegungsmethoden und ohne Rückgriff auf die vom Gesetzgeber aufgestellte Vermutung abschließend definiert werden. Im Anschluss kann der Sachverhalt unter das nun abschließend definierte Tatbestandsmerkmal, an das die unwiderlegbare Vermutung anknüpft, subsumiert werden. Im vorliegenden Zusammenhang muss also zunächst der Begriff des Beherrschungsvertrages anhand der einschlägigen Auslegungsmethoden im Rahmen der §§ 291 ff. AktG abschließend bestimmt werden. Dann ist der Franchisevertrag unter den nun inhaltlich bestimmten Begriff des Beherrschungsvertrages zu subsumieren. Sollte der Franchisevertrag die Merkmale eines Beherrschungsvertrages erfüllen, stünde damit bei Anwendung[534] der Konzernvermutung des § 18 Abs. 1 Satz 2 AktG unwiderlegbar fest, dass Franchisegeber-Unternehmen und Franchisenehmer-Unternehmen einen Vertragskonzern bilden. Es würde der Unwiderlegbarkeit der Konzernvermutung widersprechen, wenn man nun in einem nächsten Schritt positiv feststellen wollte, ob der Franchisevertrag dem Franchisegeber auch das Maß an Leitungsmacht vermittelt, das dieser zur einheitlichen Leitung benötigt, und bei einer Verneinung den Schluss ziehen würde, der Franchisevertrag könne daher doch kein Beherrschungsvertrag sein. Das käme einer Widerlegung der unwiderlegbaren Konzernvermutung gleich.

bb. Ungeeignetheit des Rückgriffs im Übrigen

Abgesehen von der bereits dargelegten Kritik an der Ansicht *Koppensteiners* ist zweifelhaft, ob es weiterführt, wenn man versucht, den Begriff der „Leitung" im Sinne von § 291 Abs. 1 Satz 1 AktG durch einen Rückgriff auf den Begriff der „einheitliche Lei-

[533] BegrRegE zu § 18 AktG bei *Kropff*, S. 33.
[534] Zur Anwendung der Konzernvermutungsregel im vorliegenden Zusammenhang siehe oben § 5 C II.

tung“ in § 18 Abs. 1 Satz 1 AktG näher zu bestimmen.[535] Welche Voraussetzungen erfüllt sein müssen, damit ein oder mehrere abhängige Unternehmen unter der einheitlichen Leitung des herrschenden Unternehmens zusammengefasst sind, ist nicht weniger umstritten als die Frage nach den konstitutiven Merkmalen der Leitung im Sinne von § 291 Abs. 1 Satz 1 AktG.[536] Es ist bereits nicht abschließend geklärt, ob dem Merkmal „Zusammenfassung“ eine eigenständige Bedeutung zukommen soll.[537] Darüber hinaus ist umstritten, welche unternehmerischen Entscheidungsbereiche von der einheitlichen Leitung erfasst werden müssen. Weitgehend Einigkeit besteht zwar darüber, dass die konzernweite Koordination des Finanzbereichs ausreichend ist.[538] Umstritten ist hingegen wieder, ob die einheitliche Leitung des Finanzbereichs auch notwendige Voraussetzung des Konzerns ist oder ob die einheitliche Leitung in wenigstens einem wesentlichen unternehmerischen Entscheidungsbereich (z.B. Produktion, Absatz, Personalwesen) den Konzerntatbestand erfüllen kann.[539] Einige Autoren fordern sogar eine umfassende Leitung aller Aktivitäten der Tochtergesellschaften.[540] Wie dieser kurze Überblick zeigt, vermag der Rückgriff auf den Begriff der einheitlichen Leitung in § 18 Abs. 1 Satz 1 AktG nicht zu einer klaren und praktisch zu handhabenden Rechtslage beizutragen.

Darüber hinaus räumt auch *Koppensteiner* ein, aus § 18 Abs. 1 Satz 2 AktG ergebe sich nicht, dass jeder Vertrag, der die Durchsetzung einheitlicher Leitung ermöglicht, zwangsläufig ein Beherrschungsvertrag ist.[541] Es bleibt damit offen, ob an den Begriff der Leitung in § 291 Abs. 1 Satz 1 AktG höhere Anforderungen zu stellen sind als an den der einheitlichen Leitung in § 18 Abs. 1 Satz 1 AktG.[542] Eine Antwort auf diese Frage gibt *Koppensteiner* indes nicht. Dass ein Beherrschungsvertrag dem herrschenden Unternehmen stets die Durchsetzung einer einheitlichen Leitung ermöglichen muss, wäre somit im Ergebnis nur ein notwendiges, aber kein hinreichendes Kriterium für das Vorliegen eines Beherrschungsvertrages und vermag daher kaum die Rolle des

---

535 So auch *Martens*, S. 17.

536 Siehe zu den verschiedenen Ansichten, wie das Merkmal der „Zusammenfassung unter einheitlicher Leitung“ auszulegen ist, die Übersichten bei GroßKommAktG/*Windbichler*, 4. Aufl., § 18 Rn. 17, 24; KölnKomm/*Koppensteiner*, § 18 Rn. 19; *Hüffer*, § 18 Rn. 8 ff; Habersack/*Emmerich*, § 18 Rn. 9 ff. Aus der Sicht *Koppensteiners* ist der Rückschluss von § 291 Abs. 1 Satz 1 AktG auf den Konzerntatbestand des § 18 Abs. 1 S. 1 AktG hingegen hilfreich. Da er die Meinung vertritt, die einheitliche Leitung im Sinne von § 18 Abs. 1 Satz 1 AktG setze eine verbundweite Finanzplanung voraus, ist für ihn der Begriff der einheitlichen Leitung klar definiert.

537 Zum Meinungsstand GroßKommAktG/*Windbichler*, 4. Aufl., § 18 Rn. 17; *Hüffer*, § 18 Rn. 7; Habersack/*Emmerich*, § 18 Rn. 15. Die wohl überwiegende Ansicht verneint die Frage inzwischen, vgl. *Hüffer*, § 18 Rn. 7 m.w.N.

538 KölnKomm/*Koppensteiner*, § 18 Rn. 20; Rowedder/*Koppensteiner*, Anh. § 52 Rn. 15; GroßKommAktG/*Windbichler*, 4. Aufl., § 18 Rn. 25; *Hüffer*, § 18 Rn. 9, 11; MünchKommAktG/*Bayer*, § 18 Rn. 33; Scholz/*Emmerich*, Anhang Konzernrecht, Rn. 33; Hachenburg/*Ulmer*, Anh. § 77 Rn. 37.

539 Vgl. zum Meinungsstand *Hüffer*, § 18 Rn. 9; Scholz/*Emmerich*, Anhang Konzernrecht, Rn. 32 f.; MünchKommAktG/*Bayer*, § 18 Rn. 28 ff; GroßKommAktG/*Windbichler*, 4. Aufl., § 18 Rn. 25 f.

540 So *Hommelhoff*, S. 223; ähnlich *Meier*, Wpg 1966, 570 (573).

541 KölnKomm/*Koppensteiner*, § 291 Rn. 19.

542 *Dierdorf*, S. 108; KölnKomm/*Koppensteiner*, § 291 Rn. 19.

praktisch einzig bedeutsamen Kriteriums zur Abgrenzung von reinen Austauschverträgen zu Beherrschungsverträgen zu übernehmen.[543]

c. Fehlende Quantifizierbarkeit der Folgewirkungen

In Literatur und Rechtsprechung wird immer wieder deutlich, welche Schwierigkeiten es bereitet, den Begriff der Leitung in § 291 Abs. 1 Satz 1 AktG inhaltlich zu bestimmen. Um eine praktikable Abgrenzung zu ermöglichen, zieht *Martens* mit dem schuldrechtlichen Äquivalenzprinzip ein Kriterium zur Unterscheidung von Beherrschungsvertrag und schuldrechtlichem Austauschvertrag heran. Hierbei verzichtet er bewusst darauf, den Kerngehalt des Beherrschungsvertrages durch eigenständige Begriffsmerkmale zu erfassen.[544] Eine abschließende Klärung der Frage, wie Beherrschungs- und reiner Austauschvertrag voneinander abzugrenzen sind, ermöglicht dieses Kriterium nicht. Folgt ein Vertrag indes dem Äquivalenzprinzip, kann es sich keinesfalls um einen Beherrschungsvertrag im Sinne des § 291 Abs. 1 Satz 1 AktG handeln.

aa. Äquivalenzprinzip oder Beherrschungsvertrag

Nach dem Äquivalenzprinzip liegt ein Beherrschungsvertrag immer dann vor, wenn die in dem Vertrag enthaltenen Weisungs- und Eingriffsrechte in ihren hypothetischen Folgewirkungen nicht mehr finanziell messbar sind und daher auch nicht mehr äquivalent abgegolten werden können. Lassen sich Leistung und Gegenleistung hingegen noch nach dem Äquivalenzprinzip bemessen, sind die hypothetischen Folgewirkungen des Vertrages also noch finanziell messbar, liegt ein schuldrechtlicher Austauschvertrag vor.[545] Um im Einzelfall entscheiden zu können, ob die vertraglich gesicherte Leitungsmacht des herrschenden Unternehmens in ihren Folgewirkungen noch quantifizierbar ist, ist wie folgt vorzugehen: Die vertraglich vereinbarten Rechte und Pflichten sind daraufhin zu untersuchen, ob die sich für das abhängige Unternehmen daraus ergebende Pflichtenstellung in ihren Konsequenzen wirtschaftlich überschaubar und finanziell bewertbar ist.[546] Es muss also zunächst untersucht werden, welche negativen Auswirkungen sich für das beherrschte Unternehmen ergeben können, wenn das herrschende Unternehmen die ihm vertraglich zustehenden Rechte ausübt. Im Anschluss ist die Frage zu beantworten, ob diese Auswirkungen finanziell noch messbar sind.[547]

Martens geht dabei zutreffend davon aus, dass Leistung und Gegenleistung in schuldrechtlichen Austauschverträgen durch einen Wertvergleich erfassbar und auf ihre wirtschaftliche Äquivalenz messbar sind. Auch die mit der Erfüllung eines Austauchvertrages verbundenen Risiken sind für die Parteien begrenzt und kalkulierbar. Im Gegensatz dazu sind auf den Beherrschungsvertrag Vorschriften anwendbar, die nicht den Regeln der Austauschgerechtigkeit folgen, sondern sich fast ausschließlich an dem

[543] So aber KölnKomm/*Koppensteiner*, § 291 Rn. 23.
[544] Vgl. dazu *Martens*, S. 21.
[545] *Martens*, S. 20 f.
[546] *Martens*, S. 20.
[547] *Martens*, S. 21.

Schutzbedürfnis von Gläubigern und außenstehenden Aktionären orientieren. Für das beherrschte Unternehmen selbst sehen sie nur einen Minimalschutz vor. Hintergrund dieser Regelung ist die Erkenntnis des Gesetzgebers, dass der Beherrschungsvertrag, der das abhängige Unternehmen jedenfalls weitgehend unter die Planungsautonomie des herrschenden Unternehmens stellt, eine äquivalente Vermögens- und Risikoverteilung unmöglich macht.[548] Die Abgrenzung von Beherrschungs- und reinem Austauschvertrag anhand des Äquivalenzprinzips trägt insbesondere den Interessen der Gläubiger und außenstehenden Aktionäre Rechnung, deren Schutz die beherrschungsvertraglichen Regelungen vor allem bezwecken. Enthält der Vertrag eine äquivalente, alle Risiken absichernde Gegenleistung, fließt dem beherrschten Unternehmen ein Gegenwert zu, durch den auch den Interessen der außenstehenden Aktionäre und Gläubiger Rechnung getragen werde. Damit erübrigen sich die dem Sonderschutz dieser Personen dienenden Rechtsfolgen des Beherrschungsvertrages, wie etwa die Verlustausgleichspflicht des § 302 AktG zugunsten der Gläubiger.[549] Dabei kann es allerdings nicht darauf ankommen, ob sich Leistung und Gegenleistung im konkreten Fall tatsächlich entsprechen.[550] Aufgrund der Vertragsfreiheit obliegt es in erster Linie den Vertragsparteien, inwieweit sie äquivalente Leistungen vereinbaren. Im Übrigen sichern die zivilrechtlichen Schutzvorschriften der §§ 138, 242, 305 ff. BGB sowie § 20 GWB dem schwächeren Vertragspartner ein Mindestmaß an Ausgewogenheit von Leistung und Gegenleistung. Entscheidend ist, dass es überhaupt noch möglich sein muss festzustellen, ob die vertraglich vereinbarte Leistung und die vereinbarte Gegenleistung äquivalent sind oder nicht. Erst wenn diese Grenze überschritten wird und die Folgewirkungen des Vertrages für eine Partei wirtschaftlich nicht mehr absehbar und finanziell bewertbar sind, kann auch der Schutzmechanismus der zivilrechtlichen Vorschriften nicht mehr greifen, da er die Bewertbarkeit von Leistung und Gegenleistung gerade voraussetzt.

Zuzugeben ist, dass die Gläubiger einer Vertragspartei, die freiwillig oder aufgrund ihrer wirtschaftlichen Unterlegenheit eine Gegenleistung in Kauf nimmt, die hinter ihrer eigenen Leistung zurückbleibt, ebenfalls schutzwürdig sein können. Der Gesetzgeber ging jedoch offensichtlich davon aus, dass Vertragsparteien im Regelfall jedenfalls annähernd äquivalente Leistungen austauschen und hat sich dafür entschieden, diese Ausgewogenheit von Leistung und Gegenleistung durch eine vertragliche Inhaltskontrolle zugunsten einer wirtschaftlich oder sozial schwächeren Partei zu gewährleisten. Nur dort, wo die Gefahr besteht, dass Schuldner die unternehmerischen Interessen eines Dritten zum Maßstab ihrer eigenen unternehmerischen Entscheidungen erheben (§§ 311, 17 AktG) oder rechtlich nicht mehr dazu in der Lage sind, ihre unternehmerischen Entscheidungen autonom zu treffen (§§ 291, 308 AktG), sah der Gesetzgeber Anlass, deren Gläubigern rechtlichen Schutz einzuräumen.

---

[548] *Martens*, S. 19.
[549] *Martens*, S. 22.
[550] *Martens*, S. 22.

Martens weist darauf hin, dass das Kriterium der Quantifizierbarkeit der vertraglichen Folgewirkungen auch ausschlaggebend für die Anwendung des § 311 AktG im Rahmen faktischer Abhängigkeitsverhältnisse sei. Auch § 311 AktG sei nur dann anwendbar, wenn die durch den Eingriff veranlasste Maßnahme monetär abgegolten werden kann, also kompensationsfähig ist. Die Übereinstimmung dieses Abgrenzungskriteriums und des von ihm zur Abgrenzung von Beherrschungs- und schuldrechtlichem Austauschvertrag vorgeschlagenen sei keineswegs zufällig, da es in beiden Fällen um die Erfassung des Konzerntatbestandes ginge und die grundsätzlich gleichliegenden Probleme auch nach übereinstimmenden Kriterien bewältigt werden sollten.[551] *Martens* geht zu Recht davon aus, dass für die Bestimmung geeigneter Abgrenzungskriterien zwischen Beherrschungs- und Austauschvertrag auf die an den Beherrschungsvertrag anknüpfenden Rechtsfolgen abgestellt werden kann. Rechtsfolgen lassen typischerweise einen Schluss darauf zu, welchen Schutzzweck die Normen erfüllen sollen, die Tatbestandsvoraussetzung für das Eingreifen dieser Rechtsfolgen sind.

Die fehlende Quantifizierbarkeit der Folgewirkungen eines Vertrages kann indes nur notwendiges, nicht aber hinreichendes Kriterium für das Vorliegen eines Beherrschungsvertrages sein. § 291 Abs. 1 Satz 1 AktG verlangt, dass eine Gesellschaft ihre Leitung einem anderen Unternehmen unterstellt. Ein Vertrag kann daher bereits nur dann ein Beherrschungsvertrag im Sinne dieser Vorschrift sein, wenn die abhängige Gesellschaft nicht auch noch außerhalb dieses Vertragsverhältnisses unternehmerisch tätig ist. Andernfalls würde das abhängige Unternehmen durch den Vertrag ihrem Vertragspartner nicht die Leitung ihrer Gesellschaft unterstellen. Der herrschende Einfluss aufgrund des Vertrages würde das andere Unternehmen nur hinsichtlich des Vertragsgegenstandes binden, nicht aber die Leitung der gesamten Gesellschaft erfassen. Des Weiteren kann nicht jeder schuldrechtliche Austauschvertrag, bei dem die Folgewirkungen, die sich aus dem Vertrag für eine der Parteien ergeben können, nicht ex-ante absehbar und finanziell messbar sind, als Beherrschungsvertrag qualifiziert werden. Es führt nicht etwa jedes Rechtsgeschäft zwischen herrschendem und abhängigem Unternehmen im Rahmen einer faktischen Abhängigkeitsbeziehung im Sinne von § 17 Abs. 1 AktG, dessen Rechtsfolgen nicht quantifizierbar sind, zu einer Anwendung des § 291 Abs. 1 Satz 1 AktG. Vielmehr ist dann Folge die Feststellung nach § 311 AktG, dass das Rechtsgeschäft in diesen Fällen nach § 311 AktG rechtswidrig ist und daher – wenn später ein Schaden eintritt – eine Schadensersatzpflicht des herrschenden Unternehmens nach § 317 AktG auslöst.[552] Die Anwendung des § 291 Abs. 1 Satz 1 AktG wäre aber Voraussetzung, wollte man das Kriterium der Austauschgerechtigkeit nicht nur als notwendiges, sondern als hinreichendes Kriterium zur Abgrenzung von bloßem Austausch- und Beherrschungsvertrag heranziehen.

Zu berücksichtigen ist auch, dass ein Beherrschungsvertrag nur dann vorliegen kann, wenn eine Gesellschaft ihre Leitung einem anderen Unternehmen unterstellt. Es reicht für die Annahme eines Beherrschungsvertrages also nicht aus, dass die Folgewirkun-

---

[551] *Martens*, S. 22.
[552] Vgl. KölnKomm/*Koppensteiner*, § 291 Rn. 29.

gen eines Vertrages nicht finanziell messbar sind. Zu prüfen bleibt stets, ob die Vertragspartei, für die die Folgewirkungen des Vertrages nicht absehbar sind, ihrem Vertragspartner tatsächlich die Leitung ihrer Gesellschaft unterstellt hat.

Festzuhalten bleibt, dass die fehlende Quantifizierbarkeit der Folgewirkungen eines Vertrages zwar nicht hinreichendes, aber notwendiges Merkmal des Beherrschungsvertrages ist. Ein Beherrschungsvertrag setzt also zwingend voraus, dass die dem herrschenden Unternehmen eingeräumte Leitungsmacht und der kongruierende Autonomieverzicht der abhängigen Gesellschaft in ihren Konsequenzen wirtschaftlich nicht überschaubar und finanziell nicht bewertbar sind. Andernfalls handelt es sich um einen rein schuldrechtlichen Austauschvertrag, der nicht unter § 291 Abs. 1 Satz 1 AktG fällt.

bb. Folgewirkungen von Franchiseverträgen für den Franchisenehmer finanziell messbar?

Ein Franchisevertrag kann danach nur dann als Beherrschungsvertrag qualifiziert werden, wenn die dem Franchisegeber durch die Richtlinienkompetenz, die Weisungs- und Eingriffsrechte gewährte Leitungsmacht in ihren hypothetischen Folgewirkungen nicht mehr finanziell messbar ist. Da der Franchisevertrag kein gesetzlich normierter Vertragstypus ist, ein gesetzliches Leitbild also fehlt, darüber hinaus auch ein einheitlicher Typus des Franchisevertrages aufgrund der Vielgestaltigkeit der Franchisesysteme in der Praxis nicht existiert, lässt sich die Frage, ob der Franchisevertrag die genannten Voraussetzungen erfüllt, nicht allgemeinverbindlich beantworten. Ein Franchisevertrag ist vielmehr im Einzelfall daraufhin zu untersuchen, ob die in ihm vereinbarten Rechte und Pflichten dem Franchisegeber eine Leitungsmacht über die Gesellschaft des Franchisenehmers einräumen, deren mögliche Konsequenzen für den Franchisenehmer wirtschaftlich nicht mehr überschaubar und finanziell nicht mehr bewertbar sind. Um dennoch eine Aussage zur konzernrechtlichen Bedeutung von Franchisesystemen treffen zu können, geht die folgende Untersuchung von in der Franchisepraxis häufig verwendeten Regelungsinhalten aus, wie sie sich auch in Vertrags- und Formularhandbüchern[553] sowie in den dem Verfasser vorliegenden Franchiseverträgen straff organisierter Franchisesysteme wiederfinden. Anhand der dem Franchisegeber in diesen Verträgen eingeräumten Entscheidungs-, Weisungs- und Kontrollrechte werden Leitlinien zur konzernrechtlichen Erfassung des Franchisevertrages entwickelt.

Um beurteilen zu können, ob die finanziellen Folgewirkungen eines Franchisevertrages für den Franchisenehmer noch abzusehen sind, sind zunächst die Regelungen eines Franchisevertrages, die dem Franchisegeber Einfluss auf das Unternehmen des Franchisenehmers gewähren, darzustellen. Anhand dieses Regelungsprogramms ist zu untersuchen, welche negativen Auswirkungen sich für den Franchisenehmer ergeben

[553] *Heil/Wagner*, Münchner Vertragshandbuch, S. 65 ff.; *Anschütz/Feick*, Beck'sches Formularhandbuch, S. 1099 ff; *Flohr*, Franchise-Vertrag, S. 47 ff.; *Liesegang*, S. 10 ff.; *Skaupy*, Franchising, S. 296 ff.; *Giesler*, Franchiseverträge, Rn. 281 ff.; vgl. auch die empirische Untersuchung zum Inhalt von Franchiseverträgen von *Herrfeld*, S. 41 ff.

können, wenn der Franchisegeber die ihm vertraglich eingeräumten Rechte tatsächlich ausübt. Im Anschluss wird darauf einzugehen sein, ob diese Auswirkungen für den Franchisenehmer wirtschaftlich noch überschaubar und finanziell bewertbar sind.

aaa. Vorgaben und Weisungsrechte des Franchisegebers

Der Franchisegeber behält sich im Franchisevertrag fast ausnahmslos das Recht vor, das von ihm entwickelte Franchisesystem einseitig und umfassend zu ändern.[554] Der Franchisenehmer hat hierbei kein Zustimmungs- oder Einspruchsrecht. Der Franchisenehmer verpflichtet sich im Franchisevertrag vielmehr regelmäßig dazu, sämtliche Vorgaben des Franchisegebers zum Betrieb des Franchisesystems in ihrer jeweils aktuellen Fassung und ohne Einschränkungen umzusetzen. Darüber hinaus erkennt der Franchisenehmer regelmäßig an, dass die umfassende Anwendung des Systems als Ganzes und im Einzelnen unabdingbar erforderlich und notwendig ist für den Bestand des Franchisevertrages.[555]

Rechtstechnisch wird dies folgendermaßen erreicht: Im Franchisevertrag selbst legt der Franchisegeber die unternehmerischen Entscheidungsbereiche fest, innerhalb derer sich der Franchisenehmer nach seinen Vorgaben zu richten hat. Diese Vorgaben, die nach Auffassung des Franchisegebers das von ihm entwickelte Franchisesystem beschreiben und von anderen Franchisesystemen unterscheiden, legt der Franchisegeber – als sogenannte Richtlinien und Grundsätze – in einem Betriebshandbuch außerhalb der eigentlichen Vertragsurkunde nieder. Im Franchisevertrag verpflichtet sich der Franchisenehmer, dieses Betriebshandbuch in seiner jeweils aktuellen Fassung anzuwenden. So findet sich in Franchiseverträgen typischerweise eine Klausel, wonach der Franchisenehmer das Franchisesystem umfassend nach Maßgabe der jeweils gültigen Grundsätze und Richtlinien anzuwenden hat.[556] Der Franchisegeber wiederum behält sich das Recht vor, die in dem Betriebshandbuch niedergelegten Richtlinien und Grundsätze einseitig abzuändern[557], sowie die Einhaltung aller Systemgrundsätze und -richtlinien durch den Franchisenehmer umfassend und jederzeit kontrollieren zu kön-

[554] Vgl. etwa § 3 Abs. 2 S. 2 des Franchisevertrages (Restaurant) bei *Heil/Wagner*, Münchener Vertragshandbuch, S. 65 (67); § 5 Abs. 3 S. 1 des Franchisevertrages bei *Anschütz/Feick*, Beck'sches Formularhandbuch, S. 1099 (1101).

[555] So etwa § 4 Abs. 2 S. 2 des Franchisevertrages (Restaurant) bei *Heil/Wagner*, Münchener Vertragshandbuch, S. 65 (68).

[556] So etwa § 3 Abs. 1, § 4 Abs. 2 des Franchisevertrages (Restaurant) bei *Heil/Wagner*, Münchener Vertragshandbuch, S. 65 (67); § 3 Abs. 1 des Franchise-Vertrages bei *Anschütz/Feick*, Beck'sches Formularhandbuch, S. 1099 (1101); § 6 Abs. 1 des Franchise-Vertrages bei *Liesegang*, S. 30; § 7 Abs. 1 und 3 des Vertragsmusters bei *Flohr*, Franchise-Vertrag, S. 56 f.; Giesler/Nauschütt/*Pasderski*, § 8 Rn. 67; *Herrfeld*, S. 49, 53 f.

[557] So etwa § 3 Abs. 2 S. 2 des Franchisevertrages (Restaurant) bei *Heil/Wagner*, Münchener Vertragshandbuch, S. 65 (67); § 5 Abs. 3 S. 1 des Franchisevertrages bei *Anschütz/Feick*, Beck'sches Formularhandbuch, S. 1099 (1101).

nen.[558] Auf diesem Wege kann der Franchisegeber das System umfassend ändern, ohne dass dazu eine Änderung des Franchisevertrages selbst – die Einvernehmen erforderte – notwendig wäre. Unverändert bleiben müssen lediglich die notwendigen Bestandteile (essentialia negotii) des Franchisevertrages, also die Höhe der Eintrittsgebühr, der laufenden Franchisegebühr und des regelmäßig fest vereinbarten Umsatzanteils für die Werbung sowie die Geschäftsidee des betroffenen Franchisesystems. Im Falle des McDonald's Franchisesystems wäre diese Geschäftsidee etwa der Betrieb eines weltweiten Restaurantsystems, das sich insbesondere durch schnelle (Selbst-) Bedienung und die Abgabe einer bestimmten Auswahl einheitlicher Lebensmittel an den Endverbraucher auszeichnet.

Den umfassenden Einfluss auf die Gesellschaft des Franchisenehmers sichert sich der Franchisegeber einmal dadurch, dass sich das von ihm entwickelte System nicht allein auf einheitliche Produkte oder Dienstleistungen und ein nur im Kern einheitliches Vertriebskonzept gründet. Die Richtlinien und Grundsätze, die der Franchisenehmer als verbindliche Systemvorgaben in allen Einzelheiten umzusetzen hat, erfassen vielmehr sämtliche unternehmerischen Entscheidungsbereiche. Ferner sind die Vorgaben in nahezu allen Bereichen so detailliert, dass sich die Franchisenehmer-Betriebe – wie vom Franchisegeber beabsichtigt – nicht von Filialbetrieben des Franchisegebers unterscheiden lassen. Das gilt nicht nur für den Außenauftritt der Franchisenehmer-Betriebe gegenüber den Kunden, sondern gleichermaßen für die interne Organisation und Betriebsführung der Franchisenehmer-Betriebe. So erlässt der Franchisegeber in den Bereichen Personalwesen und allgemeine Geschäftsabwicklung regelmäßig Richtlinien und Grundsätze. Diese verpflichten den Franchisenehmer zur Anwendung bestimmter Personalführungsrichtlinien[559] sowie einheitlicher betriebswirtschaftlicher Verfahren der Buchhaltung, der Betriebsabrechnung und des Inventur- und Bestellwesens.[560]

Bis in die Einzelheiten vorgegeben sind dem Franchisenehmer nicht nur Ausstattung, Einrichtung und sonstiges Erscheinungsbild des Franchisenehmer-Betriebes, Art, Umfang, Qualität und Verpackung der systemspezifischen Waren und Dienstleistungen sowie häufig die gesamte Produktpalette. Daneben wird auch die Präsentation der Waren, das gesamte Vertriebs- und Marketingkonzept inklusive Werbung und Verkaufsförderung, die Öffnungszeiten, Auswahlrichtlinien sowie Schulungs- und Fortbildungsmaßnahmen für das Personal und – wie angesprochen – nahezu die gesamte betriebswirtschaftliche Führung und Organisation des Franchisenehmer-Unternehmens.[561] Sofern sich dies organisatorisch anbietet und jedenfalls auf den ersten

[558] So etwa § 6 des Franchisevertrages (Restaurant) bei *Heil/Wagner*, Münchener Vertragshandbuch, S. 65 (69); Ziffer 7 der Präambel i.V.m. § 5 sowie § 3 Abs. 5 des Franchisevertrages bei *Anschütz/Feick*, Beck'sches Formularhandbuch, S. 1099 (1100 f.).

[559] So etwa § 2 Abs. 4 lit. e, § 3 Abs. 3 lit. e (cc) des Franchisevertrages (Restaurant) bei *Heil/Wagner*, Münchener Vertragshandbuch, S. 65 (66).

[560] So etwa § 2 Abs. 4 lit. c, § 3 Abs. 3 lit. e (aa) und (bb) des Franchisevertrages (Restaurant) bei *Heil/Wagner*, Münchener Vertragshandbuch, S. 65 (66 f.).

[561] Ein anschauliches Beispiel für die Reichweite an Vorgaben, die in den Betriebshandbüchern der Franchisegeber festgehalten werden, bietet § 3 Abs. 3 des bei *Heil/Wagner*, Münchener Vertragshand-

Blick mit der rechtlichen Selbstständigkeit des Franchisenehmers vereinbaren lässt, übernimmt der Franchisegeber bestimmte Aufgaben sogar selbst, ohne dem Franchisenehmer Einfluss auf die damit verbundenen Entscheidungen einzuräumen. Das gilt etwa für Schulung und Fortbildung des Personals des Franchisenehmers, ferner für die nationale und überregionale Werbung, die Absatzförderung und Public Relations-Maßnahmen für das Franchisesystem.[562] Diese führt der Franchisegeber in eigener Regie und regelmäßig ohne Zustimmungs- oder Einspruchsrecht des einzelnen Franchisenehmers oder eines Franchisenehmergremiums[563] allein entsprechend seiner Vorstellungen durch. Lokale Werbemaßnahmen des Franchisenehmers, die er zur Verkaufsförderung gerade seines Franchisenehmer-Betriebes durchführt und in einem vertraglich festgeschriebenen Umfang vorzunehmen verpflichtet ist, bedürfen zudem der Zustimmung des Franchisegebers.[564]

Ein weiterer Bereich, der dem Franchisenehmer unternehmerische Freiheiten und Handlungsspielräume nimmt, ist der Einkauf. In aller Regel unterliegt der Franchisenehmer einer Bezugsbindung.[565] Diese verpflichtet den Franchisenehmer dazu, die in den Betriebshandbüchern näher spezifizierte Geschäftsausstattung sowie das dort vorgegebene Warensortiment nur von den Lieferanten zu beziehen, die der Franchisegeber dem Franchisenehmer zuvor genannt hat. Der Franchisegeber mag sich in der Praxis darauf berufen, dass der zentrale Einkauf bei von ihm benannten und ausgewählten, unter Umständen selbst gegründeten Zulieferern den Franchisenehmer aufgrund der dadurch bedingten Nachfragemacht sämtlicher Franchisenehmer einen finanziellen Vorteil und Vorsprung vor Wettbewerbern verschafft. Entscheidend ist allerdings nicht, ob der Franchisenehmer auch Vorteile aus einer Bezugsbindung hat. Es kommt vielmehr allein darauf an, ob die Regelungen des Franchisevertrages dem Franchisegeber rechtlich die Möglichkeit geben, seine Leitungsmacht so auszuüben, dass der Franchisenehmer nicht mehr in der Lage ist, die entstehenden finanziellen Folgen abzusehen. Die Bezugsbindung nimmt jedoch einerseits dem Franchisenehmer die Mög-

---

buch, S. 65 (67), abgedruckten Franchisevertrages (Restaurant). Der Franchisevertrag hat den Betrieb eines Bistro-Restaurants zum Gegenstand. Die Richtlinien und Grundsätze, durch die sich dieses Franchisesystem entscheidend von anderen Systemen unterscheidet, regeln in diesem Vertrag insbesondere folgende Bereiche:
„a) Art, Umfang, Qualität und Verpackung des für das System typischen Speisen-, Getränke- und Dienstleistungssortiments, insbesondere auch hinsichtlich der Einheiten, Verpackungsmaterialien und Kennzeichnungen der Verpackungen;
b) ...“

[562] So etwa § 15 Abs. 1 bis Abs. 4 des Franchisevertrages (Restaurant) bei *Heil/Wagner*, Münchener Vertragshandbuch, S. 65 (73).

[563] So etwa § 15 Abs. 3 des Franchisevertrages (Restaurant) bei *Heil/Wagner*, Münchener Vertragshandbuch, S. 65 (73); vgl. dazu auch die „Benetton“-Entscheidungen des Bundesgerichtshofs, BGH NJW 1997, 3304 ff. und 3309 ff.

[564] So etwa § 15 Abs. 5 des Franchisevertrages (Restaurant) bei *Heil/Wagner*, Münchener Vertragshandbuch, S. 65 (73).

[565] Vgl. § 9 Abs. 1 und 2 des Franchisevertrages (Restaurant) bei *Heil/Wagner*, Münchener Vertragshandbuch, S. 65 (71); § 3 Abs. 5, § 5 Abs. 1, § 10 Abs. 1 des Franchisevertrages bei *Anschütz/Feick*, Beck'sches Formularhandbuch, S. 1099 (1100 ff.); *Herrfeld*, S. 45, 53; Martinek/Semler/*Martinek/Habermeier*, § 24 Rn. 2; Giesler/Nauschütt/*Giesler*, § 9 Rn. 74.

lichkeit, die etwa zur Produktion der systemtypischen Ware erforderlichen Zutaten nach dem wirtschaftlich günstigsten Preis-Leistungs-Verhältnis auszuwählen. Andererseits eröffnet sie dem Franchisegeber die Möglichkeit, sich an Zuliefergesellschaften finanziell zu beteiligen oder die Zulieferunternehmen selbst zu betreiben und von dem Franchisenehmer Preise zu verlangen, die ihm eine überdurchschnittliche Gewinnspanne garantieren, dem Franchisenehmer aber die Chance zu eigenem unternehmerischen Handeln und einer eigenen Kalkulation nehmen.[566]

Wie detailliert die Richtlinien in den Betriebshandbüchern gefasst sein können, ohne im Streitfall rechtlich beanstandet zu werden, lässt sich der „McDonald's"-Entscheidung des Bundesgerichtshofs vom 03.10.1984[567] entnehmen. Die „McDonald's"-Entscheidung des Bundesgerichtshofs steht exemplarisch für die Leitungsmacht, die den Franchisegebern in den dieser Untersuchung zugrunde liegenden straff organisierten Franchisesystemen eingeräumt wird. Der Franchisegeber hatte dem Franchisenehmer im dem der Entscheidung zugrunde liegenden Fall das Recht gewährt, ein Restaurant nach dem „McDonald's"-Franchisesystem zu errichten und zu führen. Laut der vorformulierten Vertragsbedingungen hatte sich der Franchisenehmer unter anderem „streng an die von dem Franchisegeber aufgestellten Vorschriften für Speisen und Getränke sowie an die von dem Franchisegeber vorgeschriebenen Qualitätsnormen und -richtlinien für die Bedienung und Sauberkeit in dem Restaurantbetrieb des Franchisenehmers zu halten"[568]. Die Qualitätsnormen und -richtlinien für Bedienung und Sauberkeit des Restaurants wie auch die Vorschriften für Speisen und Getränke waren in Betriebshandbüchern niedergelegt. Sie enthielten insbesondere die Rezepte der Speisen sowie ausführliche Vorgaben zur Zubereitung der Speisen. Das Verfahren bei der Zubereitung der Speisen hatte der Franchisegeber als „unabdingbar" für das System bezeichnet. Der Bundesgerichtshof hielt auch derart weitgehende Vorgaben für rechtlich unbedenklich.

Der Franchisevertrag garantiert dem Franchisegeber also eine umfassende Dispositionsbefugnis. Der Franchisegeber hat die Freiheit, unternehmerische Entscheidungen im Wesentlichen ohne Rücksichtnahme gegenüber den einzelnen Franchisenehmern treffen zu dürfen. In den meisten Franchisesystemen herrscht letztlich eine klare Rollenverteilung: Der Franchisegeber stellt ein im günstigsten Falle bereits erfolgreich am Markt erprobtes und oftmals auch etabliertes Franchisekonzept zur Verfügung, das für den Franchisenehmer verbindliche und umfassende Vorgaben zu nahezu sämtlichen unternehmerischen Entscheidungsbereichen enthält. Der Franchisenehmer ist hingegen nur noch ausführendes Organ. Ihm verbleiben allenfalls im Bereich des Personalwesens eigene, wenn auch durch Richtlinien des Franchisegebers zur Personalauswahl eingeschränkte Entscheidungsspielräume. Selbst während der Laufzeit des Franchise-

---

[566] Eine solche Auslegung der Bezugsbindungsklauseln in Franchiseverträgen verstößt nicht gegen Schutznormen des Zivilrechts (insbesondere § 138 Abs. 1 BGB), solange sie nicht zu Einkaufspreisen führt, die in sittenwidriger Art und Weise festgelegt und weit oberhalb des Marktpreises liegen.

[567] BGH NJW 1985, 1894 f.

[568] § 1 Abs. 4 lit. b cc des der Entscheidung zugrunde liegenden Franchisevertrages, BGH NJW 1985, 1894.

vertrages obliegt es ausschließlich dem Franchisegeber zu entscheiden, ob und in welchem Umfang er das Franchisekonzept weiterentwickelt oder anderweitig verändert. Diesbezüglich steht ihm ein weiter unternehmerischer Entscheidungsspielraum zu. Dieser Spielraum wird auch durch die sich aus § 242 BGB ergebende Pflicht des Franchisegebers, auf die Belange seines Vertragspartners, des Franchisenehmers, angemessen Rücksicht zu nehmen, kaum eingeschränkt.

Im Zuge der zunehmenden Ausbreitung der Franchisesysteme in Deutschland in den 90er Jahren haben sich die Gerichte wiederholt mit der Frage auseinander gesetzt, ob Franchisenehmer aufgrund des engmaschigen Netzes an Vorgaben des Franchisegebers sowie der eigenen Weisungsgebundenheit rechtlich betrachtet nicht Selbständige, sondern vielmehr Arbeitnehmer des Franchisegebers sind.[569] In den meisten Fällen hatten die Gerichte allein zu klären, ob für die Klage von Franchisenehmern gegen Franchisegeber der Rechtsweg zu den ordentlichen Gerichten oder den Arbeitsgerichten gegeben ist. Das Bundesarbeitsgericht allerdings hat in einem Beschluss aus dem Jahr 1997 betont, es sprächen zahlreiche Umstände dafür, dass der klagende Franchisenehmer Arbeitnehmer des beklagten Franchisegebers im Sinne von § 5 Abs. 1 Satz 1 ArbGG sei.[570]

bbb. Auswirkungen für den Franchisenehmer

Die zahlreichen aufeinander abgestimmten Regelungen im Franchisevertrag ermöglichen dem Franchisegeber die Erteilung umfassender Weisungen an den Franchisenehmer und darüber hinaus eine umfassende Änderung des Franchisesystems. Macht der Franchisegeber von den ihm zur Verfügung stehenden Möglichkeiten des Franchisevertrages Gebrauch, kann er dem Franchisenehmer in sämtlichen Unternehmensbereichen Weisungen erteilen und das System so umfassend ändern, dass sich einzelne Maßnahmen in ihren Auswirkungen nicht mehr isoliert voneinander betrachten, geschweige denn finanziell bewerten lassen. Eine tatsächliche Grundlage dafür, überhaupt noch beurteilen zu können, wie sich eine bestimmte Systemänderung auf das wirtschaftliche Ergebnis des einzelnen Franchisenehmers ausgewirkt hat, gibt es dann nicht mehr. Grenzen sind der Entwicklungsherrschaft des Franchisegebers und damit den finanziellen Auswirkungen, die vom Franchisenehmer umzusetzende Systemänderungen zur Folge haben, kaum gesetzt. Nur falls ausnahmsweise die Umsetzung einer Weisung nicht mehr zur Sicherung der Identität und Integrität des Franchisesystems

---

[569] BAG ZIP 1997, 1714 ff. („Eismann I"); BGHZ 140, 11 ff. („Eismann II") und die Vorinstanz OLG Düsseldorf NJW 1998, 2981; BAG NZA 1998, 364 f.; LAG Düsseldorf NJW 1988, 725 ff. („Jacques' Weindepot I"); BAG AP Nr. 57 zu § 611 BGB Abhängigkeit („Jacques' Weindepot II"); OLG München, Beschluss vom 24.08.1999 – 15 W 1744/99 („Personalvermittlung"; nicht veröffentlicht); Arbeitsgericht Düsseldorf AiB 1989, 128 ff. („Kurierfahrer I"); LAG Hamburg, Urteil vom 6.02.1990 – 3 Sa 50/98 („Kurierfahrer II"; nicht veröffentlicht); LAG Frankfurt/Main, Urteil vom 25.08.1998 – 9 Sa 1162/97 („Kurierfahrer III"; nicht veröffentlicht).

[570] BAG ZIP 1997, 1714 ff. („Eismann I").

erforderlich ist, kann der Franchisenehmer die Umsetzung einer Systemänderung verweigern.[571]

Der wirtschaftliche Erfolg oder Misserfolg eines Unternehmens gründet sich auf eine Vielzahl von Faktoren und deren Zusammenwirken. Selten kann man in der betriebswirtschaftlichen Praxis der Unternehmensführung nachweisen, dass eine oder bestimmte unternehmerische Entscheidungen aus einer Vielzahl mehr oder weniger wichtiger Entscheidungen für einen genau zu bestimmenden Anteil am Erfolg oder Misserfolg des von ihm geführten Unternehmens verantwortlich sind. Das Gegenteil annehmen zu wollen hieße, die Betriebswirtschaft auf eine rein mathematische Wissenschaft reduzieren zu wollen, in der veränderte Grundannahmen zu genau bestimmbaren Veränderungen des Ergebnisses führen. Eben dieser Erkenntnis trägt § 302 Abs. 1 AktG Rechnung. Da es im Vertragskonzern in Anbetracht der umfassenden Befugnisse des herrschenden Unternehmens, die Unternehmenspolitik des abhängigen Unternehmens zu bestimmen, unmöglich ist, die finanziellen Auswirkungen einzelner Maßnahmen festzustellen und auszugleichen, wird das herrschende Unternehmen dazu verpflichtet, einen etwaigen Jahresfehlbetrag des abhängigen Unternehmens auszugleichen. Es bleibt festzuhalten, dass die dem Franchisegeber eingeräumte Leitungsmacht in straff organisierten Franchisesystemen in ihren Folgewirkungen für den Franchisenehmer wirtschaftlich nicht überschaubar und finanziell nicht bewertbar ist. Gestützt wird dieses Ergebnis auch durch einen von *Martens* hervorgehobenen teleologischen Aspekt.[572] Zutreffend weist *Martens* darauf hin, dass in den Fällen, in denen ein Vertrag eine äquivalente Gegenleistung zugunsten eines Unternehmens enthält, auch die Interessen der Gläubiger und außenstehenden Gesellschafter dieses Unternehmens gesichert sind.[573] Die gesonderten Schutzvorschriften des Konzernrechts zugunsten der Gläubiger des abhängigen Unternehmens und seiner außenstehenden Gesellschafter erübrigen sich damit. Durch die umfassenden Einflussmöglichkeiten des Franchisegebers auf die Gesellschaft des Franchisenehmers und die daraus resultierende fehlende Überschaubarkeit der finanziellen Auswirkungen für den einzelnen Franchisenehmer ist hingegen gerade nicht gesichert, dass dem Franchisenehmer eine äquivalente Gegenleistung des Franchisegebers zufließt (sei es unmittelbar oder mittelbar durch entsprechende Einnahmen der Kunden des Franchisenehmers), die den konzernrechtlichen Schutz der Gläubiger und außenstehenden Gesellschafter des Franchisenehmer-Unternehmens entbehrlich macht.

cc. Zusammenfassung

Voraussetzung für das Vorliegen eines Beherrschungsvertrages im Sinne von § 291 Abs. 1 Satz 1 AktG (analog) ist, dass die in dem Vertrag enthaltenen Weisungs- und Eingriffsrechte in ihren hypothetischen Folgewirkungen nicht mehr finanziell messbar sind und daher auch nicht mehr äquivalent abgegolten werden können. Diese Voraus-

---

[571] Vgl. dazu oben § 4 D V 3 b aa ddd.

[572] *Martens*, S. 22.

[573] *Martens*, S. 22.

setzung wird von den dieser Untersuchung zugrunde liegenden Franchiseverträgen straff organisierter Franchisesysteme typischerweise erfüllt. Die fehlende Quantifizierbarkeit der Folgewirkungen eines Vertrages ist indes nur notwendiges, nicht aber auch hinreichendes Kriterium für das Vorliegen eines Beherrschungsvertrages.

d. „Unterstellung der Leitung" als konstitutives Merkmal des Beherrschungsvertrages

Die obigen Ausführungen haben deutlich gemacht, dass es in der Literatur bislang nicht gelungen ist, aussagekräftige und leicht zu handhabende Kriterien außerhalb des § 291 Abs. 1 Satz 1 AktG zu entwickeln, die es ermöglichen, rein schuldrechtliche Austauschverträge abschließend von Beherrschungsverträgen abzugrenzen. In Anbetracht der Schwierigkeiten, solche Kriterien zu entwickeln, muss § 291 Abs. 1 Satz 1 AktG wieder in den Mittelpunkt der Bemühungen um eine Abgrenzung schuldrechtlicher Austauschverträge von Beherrschungsverträgen rücken. Auch wenn der Wortlaut des § 291 Abs. 1 Satz 1 AktG nicht zu einer zweifelsfreien Definition des Beherrschungsvertrages führt und insbesondere den erforderlichen sachlichen Leitungsumfang und die Leitungsdichte offen lässt, können genauere Kenntnisse über die charakteristischen Merkmale des Beherrschungsvertrages durch Auslegung des § 291 Abs. 1 Satz 1 AktG gewonnen werden.

§ 291 Abs. 1 Satz 1 AktG nennt als entscheidendes Merkmal eines Beherrschungsvertrages die „Unterstellung der Leitung" einer Gesellschaft unter ein anderes Unternehmen. Ob diese Voraussetzung im Einzelfall gegeben ist, richtet sich nach dem gegebenenfalls durch Auslegung (§§ 133, 157 BGB) zu ermittelnden materiellrechtlichen Inhalt des Vertrages.[574] Auf die Bezeichnung des Vertrages als Beherrschungsvertrag kommt es dagegen nicht an.[575] Ebensowenig kommt es darauf an, ob die Parteien die Begriffe Beherrschung oder Weisung verwenden.[576] Weitere Begriffsmerkmale als die Leitungsunterstellung hat der Beherrschungsvertrag nicht. Führt ein Vertrag danach zur Unterstellung der einen Gesellschaft unter die Leitung eines anderen Unternehmens, des Vertragspartners, so handelt es sich bei dem Vertrag um einen Beherrschungsvertrag im Sinne von § 291 Abs. 1 Satz 1 AktG (analog).[577] Nichts anderes gilt für den Franchisevertrag. Es ist kein Grund ersichtlich, warum er andere oder zusätzliche Voraussetzungen erfüllen sollte, um als Beherrschungsvertrag qualifiziert zu werden. Ebenso wie in dem Fall, wenn sich hinter den Unternehmensverträgen des § 292 AktG, wie insbesondere einem als Betriebspacht- oder Betriebsführungsvertrag bezeichneten Vertrag, ein Beherrschungsvertrag verbirgt, erübrigt sich eine gesonderte Kategorie sogenannter atypischer Beherrschungsverträge.[578] Ist ein Vertrag seinem Inhalt nach ein Beherrschungsvertrag, so ist er, gerade auch im Interesse der Gläubiger

---

[574] KG AG 2001, 186; *Hüffer*, § 291 Rn. 10; Emmerich/Habersack/*Emmerich*, § 291 Rn. 20; KölnKomm/*Koppensteiner*, vor § 291 Rn. 67, § 291 Rn. 18.
[575] KG AG 2001, 186; *Hüffer*, § 291 Rn. 10, 13.
[576] KG AG 2001, 186; *Hüffer*, § 291 Rn. 13.
[577] Vgl. Emmerich/Habersack/*Emmerich*, § 291 Rn. 20.
[578] *Hüffer*, § 291 Rn. 14; Emmerich/Habersack/*Emmerich*, § 291 Rn. 21; a.A. ist *Koppensteiner* in KölnKomm, § 291 Rn. 18 ff.

und außenstehenden Aktionäre, als solcher zu behandeln und unterliegt den besonderen Wirksamkeitsvoraussetzungen der §§ 293 ff., 304 f. AktG.[579]

Während in Literatur und Rechtsprechung weitgehend Einigkeit darüber besteht, wann eine Gesellschaft ihre Leitung einem anderen Unternehmen vertraglich *unterstellt*, wird das, was das Gesetz in § 291 Abs. 1 Satz 1 AktG mit der *Leitung* der Gesellschaft meint, unterschiedlich beurteilt.

aa. Unterstellen der Leitung

Eine Gesellschaft *unterstellt* ihre Leitung einem anderen Unternehmen, wenn sie aufgrund des Beherrschungsvertrages nach dem Willen des anderen Unternehmens geleitet wird. Die abhängige Gesellschaft muss sich daher dazu verpflichten, sich bei der Leitung der Gesellschaft nach dem Willen des Vertragspartners zu richten, also so zu handeln, wie von dem herrschenden Unternehmen verlangt.[580] Das herrschende Unternehmen muss in der Lage sein, im Konfliktfall seinen Willen gegen das Geschäftsführungsorgan des abhängigen Unternehmens rechtlich durchsetzen zu können.[581] Der Beherrschungsvertrag hat jedoch nicht zur Folge, dass die Leitung der abhängigen Gesellschaft auf die Organe des herrschenden Unternehmens übergeht.[582] Der Vorstand der abhängigen Gesellschaft ist vielmehr grundsätzlich weiterhin dazu verpflichtet, die Gesellschaft nach § 76 AktG in eigener Verantwortung zu leiten. Nur sofern und soweit das herrschende Unternehmen von seiner Weisungsbefugnis Gebrauch macht, hat sich der Vorstand der abhängigen Gesellschaft bei der Leitung der Gesellschaft nach den Vorgaben des herrschenden Unternehmens zu richten.[583]

bb. Auslegung des Leitungsbegriffs in § 291 Abs. 1 Satz 1 AktG

Umstritten ist, wie der Begriff der Leitung in § 291 Abs. 1 Satz 1 AktG zu verstehen ist. Einvernehmen besteht noch darüber, dass sich der Begriff der Leitung in § 291 Abs. 1 Satz 1 AktG auf die eigenverantwortliche Leitung im Sinne des § 76 Abs. 1 AktG bezieht.[584] Hingegen gehen die Meinungen darüber auseinander, ob sich die abhängige Gesellschaft notwendigerweise hinsichtlich sämtlicher Leitungsfunktionen des Vorstands und in allen unternehmerischen Entscheidungsbereichen der Leitung des herrschenden Unternehmens unterwerfen muss.

§ 76 AktG überträgt für die Aktiengesellschaft dem Vorstand die Leitung der Gesellschaft. Die abhängige Gesellschaft muss sich also gerade hinsichtlich der Leitungsfunktionen des Vorstands dem anderen Unternehmen unterstellen.[585] Das bedeutet

---

[579] So auch Emmerich/Habersack/*Emmerich*, § 291 Rn. 21; ähnlich *Hüffer*, § 291 Rn. 14.
[580] MünchKommAktG/*Altmeppen*, § 291 Rn. 81; Geßler/Hefermehl/*Geßler*, § 291 Rn. 29.
[581] *Hüffer*, § 291 Rn. 11.
[582] BegrRegE zu § 291 AktG bei *Kropff*, S. 376.
[583] Vgl. MünchKommAktG/*Altmeppen*, § 291 Rn. 77.
[584] Vgl. *Hüffer*, § 291 Rn. 10; Emmerich/Habersack/*Emmerich*, § 291 Rn. 11.
[585] *Hüffer*, § 291 Rn. 10; Emmerich/Habersack/*Emmerich*, § 291 Rn. 11.

auch, dass ein Beherrschungsvertrag vorliegt, wenn die abhängige Gesellschaft ihre Leitung nur in dem Bereich dem herrschenden Unternehmen unterstellt, der in die Leitungskompetenz des Vorstands fällt. Für abhängige GmbH und Personengesellschaften gilt dies entsprechend. Die abhängige Gesellschaft muss ihre Leitung in dem Bereich dem herrschenden Unternehmen unterstellen, der in die Leitungskompetenz der Geschäftsführung fällt. Soweit das herrschende Unternehmen von seiner Leitungsmacht Gebrauch macht, ist insofern nicht mehr der Wille des Vorstands des abhängigen Unternehmens, sondern der Wille des herrschenden Unternehmens maßgebend (§ 308 Abs. 1 AktG). In Anlehnung an betriebswirtschaftliche, insbesondere organisatorische Erkenntnisse beinhaltet die Leitung eines Unternehmens die Wahrnehmung der originären unternehmerischen Führungsaufgaben.[586] Dies sind alle zur Steuerung des Unternehmens notwendigen Aufgaben oder – negativ formuliert – alle Aufgaben, die nicht rein ausführender Natur sind.[587] Dazu zählen Unternehmensplanung, -koordination und -kontrolle.[588] Gegenstand der Leitungstätigkeit sind alle unternehmerischen Entscheidungsbereiche.[589] Die unternehmerischen Entscheidungsbereiche lassen sich typischerweise in Marketing, Beschaffung, Produktion, Personal und Finanzierung unterteilen.[590]

Ob der Beherrschungsvertrag zwingend voraussetzt, dass die abhängige Gesellschaft ihre Leitung hinsichtlich aller Leitungsfunktionen und in sämtlichen unternehmerischen Entscheidungsbereichen dem herrschenden Unternehmen unterstellt oder ob es ausreicht, wenn nur einzelne Leitungsfunktionen oder die Leitung lediglich in einem oder einigen wesentlichen unternehmerischen Bereichen dem Vertragspartner unterstellt werden, ist umstritten.[591]

---

[586] Vgl. *Semler*, Rn. 8 ff.; *Schierenbeck*, 4. Kapitel A 1; *Busse von Colbe/Laßmann*, 1. Kapitel § 3 D; GroßKommAktG/*Kort*, § 76 Rn. 36, 38; *Dierdorf*, S. 77; *Hüffer*, § 291 Rn. 10, § 76 Rn. 8.

[587] *Schierenbeck*, 4. Kapitel A 1.

[588] *Semler*, Rn. 11 f.; *Emmerich/Habersack*, § 11 II 1; *Schierenbeck*, 4. Kapitel A 1; *Busse von Colbe/Laßmann*, 1. Kapitel § 3 D; *Hüffer*, § 291 Rn. 10, § 76 Rn. 8; GroßKommAktG/*Kort*, § 76 Rn. 36; *Dierdorf*, S. 77; *Albach*, NB 1966, 30 (33); *Hardach*, ZhdlwF 1961, 713 (714); ähnlich KölnKomm/*Koppensteiner*, § 18 Rn. 18; näher erläutert werden diese Aufgaben bei *Semler*, Rn. 11; *Dierdorf*, S. 77; *Hardach*, ZhdlwF 1961, 713 (714).

[589] Dies ist eine Selbstverständlichkeit, vgl. dennoch etwa *Semler*, Rn. 12. Dem steht nicht entgegen, dass den Vorstandsmitgliedern im Rahmen einer internen Aufgabenverteilung einzelne Unternehmensbereiche als Tätigkeitsbereich übertragen werden können.

[590] Vgl. mit inhaltlich unbedeutenden Abweichungen *Semler*, Rn. 12; *Busse von Colbe/Laßmann*, 1. Kapitel § 2 C; MünchHdbAG/*Krieger*, § 70 Rn. 5; KölnKomm/*Koppensteiner*, § 18 Rn. 20; GroßKommAktG/*Kort*, § 76 Rn. 36; *Dierdorf*, S. 77 f.; *Albach*, NB 1966, 30 (33 f.); *Hardach*, ZhdlwF 1961, 713 (716); *Meier*, Wpg. 1966, 570 (571).

[591] Die Terminologie ist hier in der Literatur nicht einheitlich. Teilweise werden auch die Unternehmensbereiche (Beschaffung, Absatz etc.) als Leitungs-„funktionen" bezeichnet (so etwa MünchHdbAG/*Krieger*, § 70 Rn. 5; ähnlich MünchKommAktG/*Altmeppen*, § 291 Rn. 85). In den meisten Fällen wird nicht ausdrücklich zwischen den Leitungsfunktionen Planung, Koordination und Kontrolle einerseits und den Unternehmensbereichen wie Beschaffung, Absatz etc. andererseits differenziert. Im Folgenden soll die hier vorgenommene Trennung jedoch gezielt fortgesetzt werden (ebenso auch *Dierdorf*, S. 77 f., 81; KölnKomm/*Koppensteiner*, § 18 Rn. 17, ungenau allerdings wieder die Kommentierung bei § 291 Rn. 30 ff.). Denn die Frage, ob der Beherrschungsvertrag voraussetzt, dass sich eine Gesellschaft hinsichtlich sämtlicher Leitungsfunktionen des Vorstands und/oder in sämtlichen

aaa. Meinungsstand

Nach der wohl überwiegenden Ansicht kommt es für die rechtliche Einordnung eines Vertrages als Beherrschungsvertrag entscheidend darauf an, dass das herrschende Unternehmen in die Lage versetzt wird, in die Leitung des anderen, des beherrschten Unternehmens, jedenfalls insoweit einzugreifen, als es eine auf das Gesamtinteresse der verbundenen Unternehmen ausgerichtete Zielkonzeption entwickeln und durchsetzen kann.[592] Nach einer Ansicht ist dafür nicht erforderlich, dass der Beherrschungsvertrag die Leitungsfunktionen – Planung, Koordination und Kontrolle – vollständig erfasst.[593] Nach einer anderen Ansicht kann es jedenfalls Kontrolle nicht ohne Planung geben.[594]

Die meisten Autoren gehen auf die Leitungsfunktionen nicht näher ein. Sie werfen die Frage, ob ein Beherrschungsvertrag eine vollständige Unterstellung der Leitung verlangt, nur im Zusammenhang mit den unternehmerischen Entscheidungsbereichen auf. Nach ganz überwiegender Ansicht in der Literatur setzt ein Beherrschungsvertrag lediglich voraus, dass das abhängige Unternehmen seine Leitung dem herrschenden Unternehmen in einigen der unternehmerischen Entscheidungsbereichen Marketing, Beschaffung, Produktion, Personal und Finanzierung unterstellt.[595] Das Kammergericht hat sich dieser Ansicht angeschlossen.[596] Nach Auffassung des Kammergerichts genügt es, wenn sich die Unterstellung auf wesentliche unternehmerische Entscheidungsbereiche erstreckt.[597] Zahlreiche Autoren halten es sogar für ausreichend, wenn wenigstens einer der unternehmerischen Entscheidungsbereiche dem herrschenden Unternehmen unterstellt wird.[598]

Unternehmensbereichen der Leitung des Vertragspartners unterstellen muss, ist – wie sich noch zeigen wird – nicht zwangsläufig einheitlich zu beantworten.

[592] *Hüffer*, § 291 Rn. 10; zustimmend KG AG 2001, 186; MünchKommAktG/*Altmeppen*, § 291 Rn. 86.

[593] *Hüffer*, § 291 Rn. 10.

[594] KölnKomm/*Koppensteiner*, § 18 Rn. 18.

[595] So etwa Geßler/Hefermehl/*Geßler*, § 291 Rn. 51; MünchHdbAG/*Krieger*, § 70 Rn. 5; *Hommelhoff*, S. 152 f.; MünchKommAktG/*Altmeppen*, § 291 Rn. 88 ff; *Glaser*, S. 208 ff.; *Bachmann/Veil*, ZIP 1999, 348 (353); *Exner*, S. 110 ff.; ähnlich *Raiser*, § 54 I 1; *Dierdorf*, S. 111; *Hüffer*, § 291 Rn. 10 durch seinen Hinweis auf die gegenteilige Ansicht von *Koppensteiner* in KölnKomm, § 291 Rn. 30 ff., der es nicht genügen lasse, dass sich der Vertrag auf einzelne Leitungsbereiche beschränkt; Emmerich/Habersack/*Emmerich*, § 291 Rn. 17, nach dem die Leitungsbefugnisse jedoch so weit reichen müssen, dass eine einheitliche Leitung der verbundenen Unternehmen im Sinne des § 18 Abs. 1 S. 1 AktG möglich bleibe.

[596] KG AG 2001, 186.

[597] KG AG 2001, 186.

[598] So etwa Geßler/Hefermehl/*Geßler*, § 291 Rn. 51; MünchHdbAG/*Krieger*, § 70 Rn. 5; *Hommelhoff*, S. 152 f.; MünchKommAktG/*Altmeppen*, § 291 Rn. 88 ff; *Glaser*, S. 208 ff.; *Bachmann/Veil*, ZIP 1999, 348 (353); *Exner*, S. 110 ff.; ähnlich *Raiser*, § 54 I 1; *Dierdorf*, S. 111; *Hüffer*, § 291 Rn. 10; ähnlich auch Emmerich/Habersack/*Emmerich*, § 291 Rn. 17, nach dem die Leitungsbefugnisse jedoch so weit reichen müssen, dass eine einheitliche Leitung der verbundenen Unternehmen im Sinne des § 18 Abs. 1 S. 1 AktG möglich bleibt.

Dabei lassen sich zwei Begründungslinien unterscheiden.[599] Einige Autoren stellen auf die Interdependenz der unternehmerischen Entscheidungsbereiche ab. Diese führe dazu, dass die Gesellschaft in ihrer Geschäftspolitik bereits dann nicht mehr frei sei, wenn sie sich in einem der wesentlichen Entscheidungsbereiche der Leitung eines anderen Unternehmens unterstelle.[600] Die Leitung der abhängigen Gesellschaft werde dann von einem fremden Willen bestimmt, womit der Schutz der Gesellschaft, ihrer Gläubiger und Aktionäre erforderlich sei.[601] Im Gegensatz dazu begründen andere Autoren ihre Ansicht mit dem Prinzip der Vertragsfreiheit, das auch für den Beherrschungsvertrag gelte.[602] Zusätzlich zu der Möglichkeit, das Recht zur Erteilung nachteiliger Weisungen auszuschließen (§ 308 Abs. 1 Satz 2 AktG), sollen die Vertragsparteien auch vereinbaren können, das Weisungsrecht weiter einzuschränken und die Leitungsmacht des herrschenden Unternehmens auf bestimmte unternehmerische Entscheidungsbereiche zu beschränken.[603] Teilweise wird darauf verwiesen, dass die Interessen der Gläubiger sowie der außenstehenden Aktionäre, deren Schutz die Vorschriften über den Beherrschungsvertrag maßgeblich dienten, durch eine solche Auslegung nicht berührt würden.[604] Regelmäßig werden derartige Verträge als Teilbeherrschungsverträge bezeichnet.[605]

Nach der Gegenansicht setzt ein Beherrschungsvertrag zwingend voraus, dass dem herrschenden Unternehmen sämtliche Leitungsfunktionen im Sinne von § 76 AktG unterstellt werden.[606] § 291 Abs. 1 Satz 1 AktG verlange ausdrücklich die Unterstellung der Leitung der Gesellschaft. Dies deute auf gegenständlich unbeschränkte Einwirkungsmöglichkeiten hin.[607] Als gesetzlicher Anknüpfungspunkt für ihre Auffassung wird der Wortlaut des § 308 Abs. 1 Satz 2 AktG angeführt, der lediglich den Ausschluss nachteiliger Weisungen ermögliche, nicht aber eine weitergehende Einschränkung des Weisungsrechts zulasse.[608] Das Prinzip der Vertragsfreiheit gelte hier

---

599 Vgl. KölnKomm/*Koppensteiner*, § 291 Rn. 32 ff.

600 So Geßler/Hefermehl/*Geßler*, § 291 Rn. 51; *Dierdorf*, S. 111.

601 Geßler/Hefermehl/*Geßler*, § 291 Rn. 51.

602 *Exner*, S. 110 ff.; Emmerich/Habersack/*Emmerich*, § 291 Rn. 17; *Bachmann/Veil*, ZIP 1999, 348 (353); *Hommelhoff*, S. 152 f.

603 *Hommelhoff*, S. 151 f.; *Exner*, S. 110 ff.; Emmerich/Habersack/*Emmerich*, § 291 Rn. 17; MünchKommAktG/*Altmeppen*, § 291 Rn. 88 ff.; *Hoffmann-Becking*, WiB 1994, 57 (61); *Bachmann/Veil*, ZIP 1999, 348 (353); für die abhängige GmbH *Lutter/Hommelhoff*, Anh. § 13 Rn. 65, 70; Beck'schesHdbGmbH/*Rosenbach*, § 17 Rn. 32; wohl auch *Zöllner*, ZGR 1992, 173 (183).

604 MünchKommAktG/*Altmeppen*, § 291 Rn. 90; *Bachmann/Veil*, ZIP 1999, 348 (354).

605 Vgl. Emmerich/Habersack/*Emmerich*, § 291 Rn. 17; MünchKommAktG/*Altmeppen*, § 291 Rn. 85 ff.; KölnKomm/*Koppensteiner*, § 291 Rn. 34; *Exner*, S. 110 ff.; *Bachmann/Veil*, ZIP 1999, 348 (353); Geßler/Hefermehl/*Geßler*, § 291 Rn. 49 ff. und *Raiser*, § 54 I 1, die „Teilbeherrschungsverträge“ zwar ebenfalls für zulässig halten, die Terminologie jedoch zu Recht kritisieren, da sie nur Zweifel an der Einordnung eines solchen Vertrages als Beherrschungsvertrag aufwerfe.

606 KölnKomm/*Koppensteiner*, § 291 Rn. 30, 34; GroßKommAktG/*Würdinger*, 3. Aufl., § 291 Anm. 8, 13.

607 KölnKomm/*Koppensteiner*, § 291 Rn. 30.

608 KölnKomm/*Koppensteiner*, § 291 Rn. 30, 34; ähnlich im Ergebnis wohl auch GroßKommAktG/*Würdinger*, 3. Aufl., § 291 Anm. 13.

nicht.[609] Die sogenannten Teilbeherrschungsverträge seien daher keine Beherrschungsverträge im Sinne von § 291 Abs. 1 Satz 1 AktG.[610]

bbb. Stellungnahme

Weder der Wortlaut des § 291 Abs. 1 Satz 1 AktG noch der des § 308 Abs. 1 Satz 2 AktG lassen einen zweifelsfreien Schluss darauf zu, ob ein Beherrschungsvertrag das Unterstellen sämtlicher oder nur einzelner Leitungsfunktionen und unternehmerischer Entscheidungsbereiche unter die Leitung des herrschenden Unternehmens erfordert und die abhängige Gesellschaft sich demnach verpflichten muss, in allen oder nur in einzelnen unternehmerischen Entscheidungsbereichen den Vorgaben des Vertragspartners Folge zu leisten. Vielmehr sind beide Ansichten mit dem Wortlaut der §§ 291 Abs. 1 Satz 1, 308 Abs. 1 Satz 2 AktG vereinbar. So lässt sich § 308 Abs. 1 Satz 2 AktG nicht entnehmen, dass lediglich die Erteilung der in der Vorschrift angesprochenen nachteiligen Weisungen ausgeschlossen werden kann, eine darüber hinausgehende Einschränkung des Weisungsrechts zulässig ist, etwa der Ausschluss des Weisungsrechts hinsichtlich einzelner Leitungsfunktionen oder in einzelnen Unternehmensbereichen.[611] Die Vorschrift stellt lediglich positiv fest, dass – für die abhängige Gesellschaft – nachteilige Weisungen ausgeschlossen werden können, nicht aber negativ, dass der Ausschluss anderer als nachteiliger Weisungen unzulässig ist. Eine dahingehende, eindeutige Formulierung, wie etwa durch eine Ergänzung des § 308 Abs. 1 Satz 2, wonach „im übrigen das Weisungsrecht des herrschenden Unternehmens nicht einschränkbar" ist, enthält § 308 AktG gerade nicht. Auch eine systematische Auslegung der §§ 291 ff. AktG führt zu keinem klaren Ergebnis. Keine der genannten Vorschriften lässt sichere Rückschlüsse darauf zu, ob ein Beherrschungsvertrag uneingeschränkte Einwirkungsmöglichkeiten des herrschenden Unternehmens auf die Leitung der abhängigen Gesellschaft voraussetzt. Dies gilt insbesondere für § 308 AktG. Der Vorschrift lässt sich – wie oben dargestellt – gerade nicht entnehmen, in welchem Umfang sich die abhängige Gesellschaft den Weisungen seines Vertragspartners unterwerfen muss.

Die Auslegung des Leitungsbegriffs in § 291 Abs. 1 Satz 1 AktG hat daher an Sinn und Zweck der §§ 291 ff. AktG anzusetzen. Es ist danach zu fragen, welche Personen oder Personengruppen durch die Vorschriften zum Beherrschungsvertrag geschützt werden sollen. §§ 291 ff. AktG bezwecken den Schutz der Gläubiger der abhängigen Gesellschaft, der außenstehenden Aktionäre sowie in geringerem Umfang auch den der abhängigen Gesellschaft selbst.[612] Der Schutz der genannten Personengruppen durch die §§ 291 ff. AktG ist erforderlich, da ein Beherrschungsvertrag nach Ansicht des Gesetzgebers dazu führt, dass eine Gesellschaft von ihrer Geschäftsführung nicht

---

[609] KölnKomm/*Koppensteiner*, § 291 Rn. 34; ähnlich GroßKommAktG/*Würdinger*, 3. Aufl., § 291 Anm. 13.

[610] KölnKomm/*Koppensteiner*, § 291 Rn. 34.

[611] So aber KölnKomm/*Koppensteiner*, § 291 Rn. 30.

[612] BegrRegE, Vorbemerkung zum Dritten Buch, bei *Kropff*, S. 373 ff.; MünchKommAktG/*Altmeppen*, Einl. §§ 291 ff., Rn. 3.

mehr ausschließlich in eigener Verantwortung und anhand der Interessen der Gesellschaft geleitet wird oder geleitet werden kann, sondern in seinen unternehmerischen Entscheidungen dem Willen eines anderen Unternehmens untersteht, das seine Entscheidungen nicht allein am Wohl des abhängigen Unternehmens, sondern in aller Regel am Wohl des eigenen Unternehmens oder der Unternehmensgruppe ausrichtet.[613]

Unstreitig besteht diese Gefahr einer fehlenden Ausrichtung am Wohl des abhängigen Unternehmens, wenn eine Gesellschaft alle unternehmerischen Entscheidungsbereiche und sämtliche Leitungsfunktionen, die in den Zuständigkeitsbereich der geschäftsführenden Organe fallen, einem anderen Unternehmen unterstellt.[614] Erhält die Obergesellschaft hingegen nicht die rechtlichen Mittel, die Leitungsfunktionen Planung und Kontrolle in der Untergesellschaft auszuüben, kann sie entweder keinen Einfluss auf die wesentlichen unternehmerischen Entscheidungsbereiche der Untergesellschaft ausüben oder einen formal bestehenden Einfluss – ihre Planungshoheit – mangels Kontrollmöglichkeit nicht durchsetzen. Bei fehlender Kontrollmöglichkeit kann die Obergesellschaft meist nicht oder nur unzureichend feststellen, ob ihre Vorgaben von der Geschäftsführung der Untergesellschaft umgesetzt wurden. Bei fehlender Kenntnis von der Umsetzung ihrer Vorgaben kann die Obergesellschaft aber ihre Konzeption in der Untergesellschaft auch rechtlich nicht durchsetzen. Die Untergesellschaft bleibt in ihren unternehmerischen Entscheidungen weitgehend autonom, wenn sie der Obergesellschaft nur die Planungshoheit, nicht aber auch die Kontrolle über die Umsetzung der Planung gewährt. Ob hingegen der Obergesellschaft auch die Durchführung der Planung überlassen wird, hat keinen wesentlichen Einfluss auf die Entscheidungsautonomie der Untergesellschaft. Fehlt es an der Unterstellung der Leitungsfunktion der Durchführung, kann die Obergesellschaft dennoch über ihre Planungshoheit und ihre Kontrollmöglichkeit die Umsetzung ihrer Konzeption rechtlich erzwingen. Je detaillierter dabei die Vorgaben der Obergesellschaft sind, desto geringer sind etwaige Spielräume der Untergesellschaft bei der Umsetzung einer Konzeption. Im Ergebnis setzt die Unterstellung der Leitung im Sinne von § 291 Abs. 1 Satz 1 AktG also einen Transfer der Leitungsfunktionen Planung und Kontrolle voraus.

Weniger deutlich ist das Bild bei den unternehmerischen Entscheidungsbereichen. Die Regelungen zum Beherrschungsvertrag wollen den „konzernspezifischen" Gefahren entgegentreten. Treten diese Gefahren auch dann auf, wenn die Leitung eines oder einzelner wesentlicher Entscheidungsbereiche einem anderen Unternehmen unterstellt werden, ist der überwiegenden Ansicht zu folgen: Ein Beherrschungsvertrag liegt bereits dann vor, wenn die Regelungen eines Vertrages in ihrer Gesamtschau deutlich machen, dass die Vertragsparteien in wenigstens einem oder einigen wesentlichen unternehmerischen Entscheidungsbereichen die Leitung der abhängigen Gesellschaft dem herrschenden Unternehmen unterstellen wollten. Es kommt also darauf an, ob eine Gesellschaft dann, wenn sie in einem oder mehreren unternehmerischen Entscheidungsbereichen dem Willen eines anderen Unternehmen untersteht, noch eine

---

613 BegrRegE, Vorbemerkung zum Dritten Buch, bei *Kropff*, S. 373 ff.
614 Vgl. nur KölnKomm/*Koppensteiner*, § 291 Rn. 30; *Hüffer*, § 291 Rn. 10.

eigenständige und ausschließlich am Wohl des eigenen Unternehmens ausgerichtete Unternehmenspolitik betreiben kann. Diese muss es ihr ermöglichen, im Wettbewerb mit anderen Unternehmen am Markt zu bestehen, ihre Gewinnchancen wahrzunehmen und wirtschaftliche Krisen durch autonome unternehmerische Entscheidungen abzuwenden. Die Gesellschaft darf sich dieser Möglichkeiten gerade nicht durch den Abschluss des Beherrschungsvertrages beraubt haben.

Geßler[615] und *Dierdorf*[616] vertreten die Ansicht, bereits das Unterstellen der Leitung eines der wesentlichen unternehmerischen Entscheidungsbereiche führe dazu, dass die abhängige Gesellschaft in ihrer Geschäftspolitik nicht mehr frei sei. Die Leitungsmaßnahmen, die das herrschende Unternehmen unmittelbar in dem ihm unterstellten Entscheidungsbereich treffen kann, wirkten sich aufgrund der Interdependenz unternehmerischer Entscheidungsbereiche auf die gesamte Geschäftstätigkeit der abhängigen Gesellschaft aus.[617] Damit werde die Leitung der abhängigen Gesellschaft von einem fremden Willen bestimmt. Dies mache den Schutz der Gesellschaft, ihrer Gläubiger und Aktionäre erforderlich. *Koppensteiner*[618] hat kritisiert, dass beide Autoren ihre These von der Interdependenz der Entscheidungsbereiche nicht nachgewiesen haben. Es sei zweifelhaft, dass sich diese These in ihrer Allgemeinheit tatsächlich nachweisen lasse.[619] Selbst wenn sich die These von der Interdependenz unternehmerischer Entscheidungsbereiche nachweisen ließe, würde sie nach *Koppensteiner* nur dann dazu führen, dass ein Beherrschungsvertrag nicht zwingend eine ausdrückliche Unterstellung sämtlicher Unternehmensbereiche voraussetzt, wenn alle übrigen Unternehmensbereiche aufgrund ihres Zusammenhangs mit dem vertraglich unterstellten Unternehmensbereich tatsächlich ebenfalls als Vertragsgegenstand des Beherrschungsvertrages bewertet werden müssten.[620] *Koppensteiner* hält also an seiner Prämisse, der Begriff des Beherrschungsvertrages erfordere die Unterstellung sämtlicher unternehmerischer Entscheidungsbereiche, fest. Seiner Ansicht nach rücken auch *Geßler* und *Dierdorf* hiervon nicht ab.[621] Dabei stützt sich *Koppensteiner* auf die Aussage beider Autoren, der umfassende Einfluss in einem der wesentlichen Entscheidungsbereiche der abhängigen Gesellschaft wirke sich wegen der Interdependenz der unternehmerischen Entscheidungsbereiche auf deren gesamte Geschäftstätigkeit aus.[622]

Ließe sich die These von der Interdependenz der unternehmerischen Entscheidungsbereiche nachweisen, könnte man annehmen, sie führe dazu, dass mit der Unterstellung eines unternehmerischen Entscheidungsbereichs auch die übrigen unternehmerischen Entscheidungsbereiche Vertragsgegenstand sind. Damit wäre es dem herrschenden Unternehmen möglich, der abhängigen Gesellschaft unmittelbar auch in den unter-

[615] Geßler/Hefermehl/*Geßler*, § 291 Rn. 51.
[616] *Dierdorf*, S. 111.
[617] Geßler/Hefermehl/*Geßler*, § 291 Rn. 51; *Dierdorf*, S. 111.
[618] KölnKomm/*Koppensteiner*, § 291 Rn. 33.
[619] KölnKomm/*Koppensteiner*, § 291 Rn. 33.
[620] KölnKomm/*Koppensteiner*, § 291 Rn. 33.
[621] KölnKomm/*Koppensteiner*, § 291 Rn. 33.
[622] KölnKomm/*Koppensteiner*, § 291 Rn. 33.

nehmerischen Entscheidungsbereichen Weisungen zu erteilen, in denen diese ihre Leitung dem herrschenden Unternehmen gerade nicht vertraglich unterstellt hat. Dies wäre mit dem insoweit klaren Wortlaut des jeweiligen Vertrages indes regelmäßig nicht vereinbar. Auch *Geßler* und *Dierdorf* wollten diese Konsequenz einer Ausweitung der Weisungsbefugnisse – anders als von *Koppensteiner* angenommen – wohl nicht treffen. Sie haben lediglich zum Ausdruck gebracht, dass sich Leitungsmaßnahmen des herrschenden Unternehmens in einem unternehmerischen Entscheidungsbereich nicht nur in diesem, unmittelbar betroffenen Bereich, sondern aufgrund der Interdependenz der Unternehmensbereiche auf die gesamte Geschäftstätigkeit der Gesellschaft auswirken. So hat *Dierdorf* ausdrücklich betont, dass die Unterstellung der Leitung in nur einem wesentlichen unternehmerischen Entscheidungsbereich kein Recht zu unmittelbarer Einflussnahme auf jede Art von Geschäftstätigkeit gewährt. Die unmittelbare Einflussnahme sei vielmehr gegenständlich beschränkt.[623] Die Einräumung umfassender Leitungsbefugnisse in einem wesentlichen Entscheidungsbereich verleihe dem herrschenden Unternehmen jedoch die Fähigkeit zu Leitungsmaßnahmen, die sich auf die gesamte Geschäftstätigkeit der Gesellschaft auswirken und keine Beschränkung der effektiven Leitungsmacht zur Folge haben.[624] Nach *Geßler* führt die Interdependenz der Unternehmensbereiche dazu, dass eine Gesellschaft bereits dann keine eigenständige Geschäftspolitik mehr betreiben kann, wenn sie sich in einem Unternehmensbereich einem anderen Unternehmen unterstellt hat und deshalb der von §§ 291 ff. AktG verfolgte Schutz der Gläubiger und außenstehenden Aktionäre erforderlich sei.[625]

Vor dem Hintergrund des Schutzzwecks der §§ 291 ff. AktG wird deutlich, dass die Frage danach, ob die Vertragsparteien mit dem Unterstellen eines unternehmerischen Entscheidungsbereichs einen Beherrschungsvertrag abschließen, nicht aus Sicht der herrschenden Gesellschaft, sondern aus Sicht der abhängigen Gesellschaft, ihrer Gläubiger und Aktionäre zu beurteilen ist. Entscheidend ist nicht, ob das herrschende Unternehmen effektiv die Leitungsmacht über das abhängige Unternehmen insgesamt erhält. Vielmehr kommt es darauf an, ob die abhängige Gesellschaft keine eigenständige Geschäftspolitik mehr betreiben kann, wenn sie sich in einem unternehmerischen Entscheidungsbereich einem anderen Unternehmen unterstellt hat.[626] Denn der vom Konzernrecht bezweckte Schutz der Gläubiger und Aktionäre einer Gesellschaft wird erforderlich, wenn diese Gesellschaft den Vorgaben und Weisungen eines anderen Unternehmens unterliegt, das seine Entscheidungen nicht allein an den Interessen der abhängigen Gesellschaft ausrichtet, sondern die Interessen des eigenen Unternehmens oder des Unternehmensverbundes zum Maßstab seiner Vorgaben für die abhängige Gesellschaft erheben kann.[627]

---

[623] *Dierdorf*, S. 111.
[624] *Dierdorf*, S. 111.
[625] Geßler/Hefermehl/*Geßler*, § 291 Rn. 51.
[626] Vgl. auch Geßler/Hefermehl/*Geßler*, § 291 Rn. 51; MünchKommAktG/*Altmeppen*, § 291 Rn. 90.
[627] Vgl. BegrRegE, Vorbemerkung zum Dritten Buch, bei *Kropff*, S. 373 ff.

Die erfolgreiche Führung eines Unternehmens ist nur möglich, wenn die Unternehmensführung die Leitungsentscheidungen im gesamten Unternehmen treffen kann. Nur so ist das für die Leitung des Unternehmens zuständige Organ in der Lage, eigenverantwortlich ein Unternehmenskonzept zu entwickeln sowie einen Geschäftsplan aufzustellen und umzusetzen, der die strategischen Entscheidungen für das Unternehmen trifft und allein am Interesse des eigenen Unternehmens ausgerichtet ist. In einem Unternehmen stellen die einzelnen unternehmerischen Entscheidungsbereiche Teile eines Ganzen dar. Sie können nicht isoliert voneinander betrachtet werden. Hat ein Unternehmen die Leitung eines unternehmerischen Entscheidungsbereichs einem anderen Unternehmen unterstellt, ist nicht gewährleistet, dass Maßstab für die Geschäftspolitik dieses Unternehmens weiterhin allein die Interessen dieses Unternehmens sind. Die Gefahr einer fehlenden Ausrichtung der Unternehmenspolitik am Interesse der abhängigen Gesellschaft wird ferner dadurch verstärkt, dass Führungsentscheidungen des herrschenden Unternehmens in einem unternehmerischen Entscheidungsbereich nicht ohne – häufig weitreichende – Auswirkungen auf die übrigen Entscheidungsbereiche bleiben.[628]

Die Geschäftsführung des abhängigen Unternehmens wäre also auch in seinen Entscheidungen in den übrigen, vertraglich nicht unterstellten unternehmerischen Entscheidungsbereichen erheblich eingeschränkt. So hat etwa die Personalpolitik wesentlichen Einfluss darauf, ob die nötigen Fach- und Führungskräfte in den übrigen unternehmerischen Entscheidungsbereichen zur Verfügung stehen, die die strategischen Vorgaben der Unternehmensführung umsetzen können. Wesentliche Weichen in sämtlichen unternehmerischen Entscheidungsbereichen werden im Finanzbereich gestellt, wenn Art und Höhe von Investitionen oder Einsparungen in Frage stehen. Im Bereich Marketing etwa wird nicht nur über kommunikationspolitische Maßnahmen entschieden. Vielmehr fallen hier ebenso die Entscheidungen über Produktneuheiten.[629] Diese Entscheidungen haben wesentlichen Einfluss darauf, welche Zulieferprodukte oder Dienstleistungen eingekauft werden müssen und wie die Herstellung neuer Produkte finanziert wird. Sie betreffen also auch die unternehmerischen Entscheidungsbereiche Beschaffung und Finanzierung.

Eine Gesellschaft, die ihre Leitung in wenigstens einem unternehmerischen Entscheidungsbereich einem anderen Unternehmen unterstellt, ist in ihrer Geschäftspolitik mithin nicht mehr frei. Die Leitung der abhängigen Gesellschaft wird vielmehr von einem fremden Willen bestimmt. Die abhängige Gesellschaft kann über die wesentlichen strategischen Fragen nicht mehr autonom entscheiden, was jedoch gerade Gegenstand der Leitung einer Gesellschaft ist. Somit liegt es nicht mehr allein in der Hand der abhängigen Gesellschaft, Marktchancen wahrzunehmen und Krisen abzuwenden. Die abhängige Gesellschaft muss hingegen Vorgaben eines anderen Unternehmens umsetzen, deren Maßstab nicht das Wohl der abhängigen Gesellschaft, sondern das Interesse

---

628 Ebenso Geßler/Hefermehl/*Geßler*, § 291 Rn. 51; *Dierdorf*, S. 111.

629 *Meffert*, 3. Kapitel 2.2; *Nieschlag/Dichtl/Hörschgen*, Teil I § 1, 2; *Wöhe/Döring*, Betriebswirtschaftslehre, 4. Abschnitt IV 1 b.

des herrschenden Unternehmens ist. Dies entspricht nicht dem Leitbild eines rechtlich und wirtschaftlich selbständigen Unternehmens. Der von §§ 291 ff. AktG bezweckte Schutz der abhängigen Gesellschaft, ihrer Gläubiger und Gesellschafter wird erforderlich. Ein Beherrschungsvertrag im Sinne von § 291 Abs. 1 Satz 1 AktG liegt daher bereits vor, wenn ein Unternehmen seine Leitung in einem unternehmerischen Entscheidungsbereich einem anderen Unternehmen unterstellt.[630]

Es wäre wünschenswert, auch der Unternehmenspraxis Kriterien an die Hand zu geben, anhand derer sie ohne Schwierigkeiten beurteilt könnte, ob es sich bei einem Vertrag um einen Beherrschungsvertrag im Sinne von § 291 Abs. 1 Satz 1 AktG, einen Unternehmensvertrag im Sinne von § 292 AktG oder einen rein schuldrechtlichen Austauschvertrag handelt. Es würde jedoch zu rechtlich fehlerhaften Ergebnissen führen, wollte man deshalb vom Gesetz nicht geforderte Voraussetzungen an das Bestehen eines Beherrschungsvertrages knüpfen, wie etwa ein Unterstellen sämtlicher unternehmerischer Entscheidungsbereiche unter die Leitung des herrschenden Unternehmens. Im Bereich des Rechts der verbundenen Unternehmen, das sich insbesondere den Schutz der außenstehenden Gesellschafter und der Gläubiger der abhängigen Unternehmen zum Ziel gesetzt hat und gerade aus diesem Grund in besonderem Maße von wirtschaftlichen Gegebenheiten geprägt ist, kommt man nicht umhin, diesen wirtschaftlichen Gegebenheiten auch bei der Auslegung der Normen des Rechts der verbundenen Unternehmen Rechnung zu tragen. Dies gilt jedenfalls solange nur die Rechtssicherheit ausreichend gewahrt bleibt und die Anwendung des Rechts nicht willkürlich erfolgt.

ccc. Ergebnis

Ein Franchisevertrag ist als Beherrschungsvertrag zu qualifizieren, wenn er dem Franchisegeber das Recht einräumt, in wenigstens einem der unternehmerischen Entscheidungsbereiche Marketing, Beschaffung, Produktion, Personal und Finanzierung die Leitungsfunktionen Planung und Kontrolle in der Franchisenehmer-Gesellschaft wahrzunehmen. Je nach Wirtschaftssektor kann dabei bestimmten Unternehmensbereichen ein besonderes Gewicht zukommen.

cc. Unterstellung der Leitung durch den Franchisenehmer

Im Folgenden soll näher darauf eingegangen werden, ob Franchisenehmer-Gesellschaften durch die Regelungen des Franchisevertrages ihre Leitung den Franchisegeber-Unternehmen in einem oder mehreren der unternehmerischen Entscheidungsbereiche unterstellen. In Anbetracht der Vielgestaltigkeit von Franchiseverträgen kön-

---

[630] Im Ergebnis ebenso Geßler/Hefermehl/*Geßler*, § 291 Rn. 51; MünchHdbAG/*Krieger*, § 70 Rn. 5; *Hommelhoff*, S. 152 f.; MünchKommAktG/*Altmeppen*, § 291 Rn. 88 ff; *Glaser*, S. 208 ff.; *Bachmann/Veil*, ZIP 1999, 348 (353); *Exner*, S. 110 ff.; ähnlich *Raiser*, § 54 I 1; *Dierdorf*, S. 111; *Hüffer*, § 291 Rn. 10; ähnlich auch Emmerich/Habersack/*Emmerich*, § 291 Rn. 17, nach dem die Leitungsbefugnisse jedoch so weit reichen müssen, dass eine einheitliche Leitung der verbundenen Unternehmen im Sinne des § 18 Abs. 1 S. 1 AktG möglich bleibt.

nen die nachfolgenden Überlegungen dabei nur Anhaltspunkte liefern. Sie können nicht darüber hinweg helfen, dass sich nur anhand des konkreten Einzelfalls abschließend beantworten lässt, ob ein Franchisevertrag die Voraussetzungen eines Beherrschungsvertrages erfüllt.

aaa. Marketing

Franchising ist vor allem ein Vertriebskonzept. Auch wenn die Franchisegeber ihre Systeme fortlaufend weiterentwickelt haben und gerade die großflächigen nationalen und internationalen Franchisesysteme inzwischen nicht mehr reine Vertriebssysteme, sondern umfassende Betriebsführungssysteme sind[631], bildet das einheitliche Absatzkonzept – nicht nur in der Wahrnehmung der Konsumenten – nach wie vor den Kern eines jeden Franchisesystems. Sein wirtschaftlicher Erfolg gründet in besonderem Maße auf dem einheitlichen Erscheinungsbild der Franchisenehmer-Betriebe sowie der Einheitlichkeit der von den Franchisenehmern vertriebenen Produkte und Dienstleistungen. Nicht ohne Grund spricht man im Zusammenhang mit Franchising auch von Quasifilialisierung.[632] Für den Konsumenten ist nicht erkennbar und soll nicht erkennbar sein, ob es sich bei den Letztverkaufsstellen um Filialen des Franchisegebers oder Franchisenehmer-Betriebe handelt. Um diese Einheitlichkeit gerade im Absatzbereich zu gewährleisten, gestattet der Franchisevertrag dem Franchisenehmer nahezu keine eigenen Entscheidungsspielräume im Bereich Marketing. Die Entscheidungen in diesem Bereich, seien es die grundliegenden strategischen Entscheidungen oder Detailfragen, obliegen nahezu ausschließlich dem Franchisegeber.

Um den Untersuchungsgegenstand klar zu umreißen, ist kurz auf das häufig synonym verwendete Begriffspaar Absatz und Marketing einzugehen. Nach der klassischen Definition wird unter Marketing die Lehre von der optimalen Gestaltung des Absatzbereichs verstanden.[633] Nicht nur in der wirtschaftswissenschaftlichen Literatur wird der Begriff Marketing heute häufig weiter gefasst und im Sinne einer marktorientierten Führung des gesamten Unternehmens verstanden.[634] Die weiteste Definition geht über den Unternehmensbereich hinaus und stellt die Steuerung zwischenmenschlicher und gesellschaftlicher Prozesse in den Mittelpunkt der Betrachtung.[635]

---

[631] Vgl. dazu die Präambel des Franchisevertrages (Restaurant) bei *Heil/Wagner*, Münchener Vertragshandbuch, S. 65; Martinek/Semler/*Martinek/Habermeier*, § 22 Rn. 4, 21.
[632] Vgl. *Meffert*, 3. Kapitel 4.3323; Martinek/Semler/*Martinek/Habermeier*, § 22 Rn. 21.
[633] *Wöhe/Döring*, Betriebswirtschaftslehre, 4. Abschnitt I 2; *Nieschlag/Dichtl/Hörschgen*, Teil I § 1, 1.1.1., 1.1.2.
[634] Vgl. *Meffert*, 1. Kapitel 1.3.
[635] *Meffert*, 1. Kapitel 1.3; *Nieschlag/Dichtl/Hörschgen*, Teil I § 1, 1.1.3.

Um eine klare Abgrenzung zu den weiteren unternehmerischen Entscheidungsbereichen zu ermöglichen, wird im Folgenden das engste Verständnis des Marketingbegriffs, das absatzorientierte Marketing, zugrunde gelegt.

Die konstitutiven Elemente des Unternehmensbereichs Marketing sind die Erarbeitung der Unternehmensziele, die Marktforschung sowie die optimale Kombination und der Einsatz der Marketinginstrumente.[636] Der Zusammenhang dieser drei Elemente besteht darin, dass die Unternehmensziele und die Marktforschungsergebnisse die Auswahl der einzusetzenden Marketinginstrumente bestimmen.[637] Als Marketinginstrumente dienen Produktpolitik, Preispolitik, Distributionspolitik und Kommunikationspolitik.[638]

Ein genauerer Blick auf die Bestimmungen der Franchiseverträge, die sich mit dem Thema Marketing befassen, verdeutlicht, inwieweit der Franchisegeber den Unternehmensbereich Absatz in den Franchisenehmer-Gesellschaften regelmäßig steuern kann.

(1) Produkt- und Sortimentspolitik

Im Bereich Produktpolitik werden die Entscheidungen darüber getroffen, welche Produkte entwickelt und neu am Markt eingeführt werden, welche Qualität diese Produkte aufzuweisen haben und welches Sortiment an Produkten zu einer bestimmten Zeit am Markt angeboten wird.[639] Nach den Franchiseverträgen entscheiden üblicherweise allein die Franchisegeber über die Entwicklung und Einführung neuer Produkte (Produktinnovation), über die Qualitätsstandards der Produkte und das Produktsortiment, das der Franchisenehmer am Markt anzubieten hat.

Da die strikte Einheitlichkeit der systemtypischen Waren und Dienstleistungen in allen Filialen des Franchisegebers und sämtlichen Franchisenehmer-Betrieben das Franchising kennzeichnet, schreibt der Franchisegeber dem Franchisenehmer über die Richtlinien in den Betriebshandbüchern genau vor, welche Produkte oder Dienstleistungen der Franchisenehmer anzubieten hat, deren Zusammensetzung, Herstellung, Qualität, Verpackung und Präsentation.[640] So enthält etwa das Betriebshandbuch eines Franchisevertrages, der den Betrieb eines Restaurants mit Selbstbedienung zum Gegenstand hat, Richtlinien über „Art, Umfang, Qualität und Verpackung des für das XY-System typischen Speisen-, Getränke- und Dienstleistungssortiments, insbesondere auch hin-

[636] *Wöhe/Döring*, Betriebswirtschaftslehre, 4. Abschnitt I 2.
[637] *Wöhe/Döring*, Betriebswirtschaftslehre, 4. Abschnitt I 2.
[638] *Meffert*, 1. Kapitel 4.2; *Nieschlag/Dichtl/Hörschgen*, Teil I § 1, 2; *Wöhe/Döring*, Betriebswirtschaftslehre, 4. Abschnitt IV 1 b.
[639] *Meffert*, 3. Kapitel 2.2; *Nieschlag/Dichtl/Hörschgen*, Teil I § 1, 2; *Wöhe/Döring*, Betriebswirtschaftslehre, 4. Abschnitt IV 1 b.
[640] Vgl. Ziffern 1, 2 und 6 der Präambel, § 2 Abs. 4 lit. a, § 3 Abs. 3 lit. a des Franchisevertrages (Restaurant) bei *Heil/Wagner*, Münchener Vertragshandbuch, S. 65 ff.; *Pasderski*, S. 84; vgl. auch *Martinek*, Franchising, S. 261.

sichtlich der Einheiten, Verpackungsmaterialien und Kennzeichnungen der Verpackungen“[641] sowie der „Art und Weise der Speisen-, Getränke- und Dienstleistungspräsentation“[642]. Da Franchising für systemweite Identität und gleiche Qualität der systemtypischen Waren oder Dienstleistungen bürgt[643], wird dem Franchisenehmer ebenso wie den eigenen Filialbetrieben kein Einfluss oder eigene Gestaltungsspielräume auf die Produkt- und Sortimentspolitik eingeräumt. Dem Franchisegeber ist hingegen das Recht vorbehalten, die ursprünglichen Vorgaben im Bereich Produktpolitik über die Richtlinien in den Betriebshandbüchern jederzeit einseitig abzuändern.[644] Dies gilt wie gesehen nicht nur für die strategischen Grundsatzfragen, sondern auch für Detailfragen. So schreibt etwa McDonald's den Franchisenehmern bis auf die Gradzahl genau vor, mit welcher Temperatur der jeweilige Burger zu grillen ist.[645]

Die Produktpolitik, die aufgrund ihrer herausragenden Bedeutung für den wirtschaftlichen Erfolg eines Unternehmens auch als „Herz des Marketing“[646] bezeichnet wird, unterliegt ausnahmslos dem Entscheidungsmonopol des Franchisegebers.

(2) Preispolitik

Die Preispolitik umfasst in erster Linie die Festsetzung der Preise, die Preisdifferenzierung und Preisempfehlung, die Rabattgewährung sowie die Gestaltung der Zahlungsbedingungen.[647]

Franchiseverträge enthalten typischerweise Klauseln, die darauf hinweisen, dass der Franchisenehmer in der Festlegung seiner Verkaufspreise frei ist. Die vom Franchisegeber herausgegebenen Preislisten für die Systemwaren oder Systemdienstleistungen enthalten lediglich unverbindliche Preisempfehlungen.[648] Hintergrund dieses klarstellenden Hinweises ist, dass Preisbindungsklauseln sowohl gegen Art. 81 EG[649] als auch

---

641 § 3 Abs. 3 lit. a des Franchisevertrages (Restaurant) bei *Heil/Wagner*, Münchener Vertragshandbuch, S. 65 (67).

642 § 3 Abs. 3 lit. b des Franchisevertrages (Restaurant) bei *Heil/Wagner*, Münchener Vertragshandbuch, S. 65 (67).

643 Vgl. *Pasderski*, S. 84.

644 Vgl. etwa § 3 Abs. 2 S. 2 des Franchisevertrages (Restaurant) bei *Heil/Wagner*, Münchener Vertragshandbuch, S. 65 (67); § 3 Abs. 1, § 5, § 6 Abs. 2, § 10 Abs. 1 des Franchisevertrages bei *Anschütz/Feick*, Beck'sches Formularhandbuch, S. 1099 (1100 ff.); *Herrfeld*, S. 44, 53 f.

645 BGH NJW 1985, 1894 f: danach musste die Grilltemperatur bei der Zubereitung von „Hamburgern" 177° C, bei der Zubereitung von „Viertelpfündern“ 191° C betragen.

646 *Meffert*, 3. Kapitel 2.

647 *Nieschlag/Dichtl/Hörschgen*, Teil I § 1, 2.

648 Vgl. § 3 Abs. 4 des Franchisevertrages (Restaurant) bei *Heil/Wagner*, Münchener Vertragshandbuch, S. 65 (68); § 12 des Franchisevertrages bei *Anschütz/Feick*, Beck'sches Formularhandbuch, S. 1099 (1103); § 13 Abs. 5 des Vertragsmusters bei *Flohr*, Franchise-Vertrag, S. 63; *Herrfeld*, S. 49.

649 Vgl. EuGH Slg. 1986, 353 (384) Rn. 25 („Pronuptia“); Giesler/Nauschütt/*Gerstner*, § 2 Rn. 54, 86 f.

gegen § 14 GWB[650] verstoßen. Zulässig können[651] in Franchiseverhältnissen hingegen Preisempfehlungsklauseln[652] und Preislisten mit Richtwertcharakter[653] sein. Dies gilt nach § 23 GWB insbesondere für Preisempfehlungen für Markenwaren. Rechtlich kann der Franchisegeber danach einen wesentlichen, aber nicht uneingeschränkten Einfluss auf die Gestaltung der Preise für seine Systemprodukte nehmen.

Die Praxis zeigt jedoch, dass der Franchisegeber die Preispolitik des Franchisenehmers über die Preisempfehlungsklauseln weitgehend steuern kann und dem Franchisenehmer regelmäßig kein Spielräume bei der Festlegung seiner Preise mehr verbleiben.[654] Grund dafür ist zum einen, dass eine einheitliche Preisgestaltung aller Systempartner wesentlicher Bestandteil des einheitlichen Auftritts des Franchisesystems nach außen ist. Der Konsument soll davon ausgehen können, dass er bei allen Systempartnern die gleichen Produkte in der gleichen Qualität und zum gleichen Preis erhält. Dadurch entsteht für jeden einzelnen Franchisenehmer ein Systemdruck, sich dieser einheitlichen Preisfestsetzung nicht zu widersetzen. Andernfalls könnte er sich der Gefahr von Umsatzeinbußen aussetzen, wenn die Kunden das gewohnte Produkt bei ihm zu einem höheren Preis erwerben müssten. Der Druck auf den Franchisenehmer wird noch dadurch verstärkt, dass der Franchisegeber eigene Filialen betreibt und hier die Preise einheitlich gestaltet.[655] Zum anderen zwingen die umfassenden Vorgaben im Franchisevertrag den Franchisenehmer in ein finanzielles Korsett, das ihm eine eigene Kalkulation seiner Preise nahezu unmöglich macht. So hat der Franchisenehmer nahezu keinen Einfluss auf den Preis der Produktionsfaktoren, die einer eigenen Preiskalkulation zu Grunde zu legen wären. Er ist nicht nur in der Beschaffung der Zulieferprodukte[656],

---

[650] Vgl. OLG München BB 1997, 1429 (1431 f.) („Sixt"); insoweit bestätigt durch BGH NJW 1999, 2671 (2674 f.); Immenga/Mestmäcker/*Emmerich*, GWB, 3. Aufl., § 14 Rn. 48 f.; Metzlaff/*Pape*, § 23 Rn. 48, 50, 54 ff.; Giesler/Nauschütt/*Okonek*, § 2 Rn. 153 f.

[651] Vgl. zu den Voraussetzungen der Zulässigkeit solcher Klauseln im Einzelnen Metzlaff/*Pape*, § 23 Rn. 61 ff.; Martinek/Semler/*Martinek/Habermeier*, § 24 Rn. 14 ff.; Anmerkung 30 zum Franchisevertrag (Restaurant) bei *Heil/Wagner*, Münchener Vertragshandbuch, S. 65 (126 f.); auch BGH NJW 1999, 2671 (2674 f.) („Sixt").

[652] Vgl. EuGH Slg. 1986, 353 (384) Rn. 25 („Pronuptia"); Giesler/Nauschütt/*Gerstner*, § 2 Rn. 87; Giesler/Nauschütt/*Okonek*, § 2 Rn. 158 ff.

[653] Vgl. EuGH Abl. 1989, L 35/35 Ziffer 18; Giesler/Nauschütt/*Pasderski*, § 8 Rn. 85.

[654] Vgl. dazu aus der Praxis OLG Bremen WRP 2002, 224 (231 ff.) („Apollo-Optik I"); OLG Düsseldorf WRP 2002, 325 (241 ff.) („Apollo-Optik II"); BGH BB 2003, 2258 („Preisbindung durch Franchisegeber II"); OLG München BB 1997, 1429 (1431 f.) („Sixt"); *Haager*, DStR 1999, 1153 (1155) zu der „Sixt"-Entscheidung von OLG München und Bundesgerichtshof: „Die Firma Sixt hatte im Rahmen des Rechtsstreits nicht in Abrede gestellt, dass sie mit gewissen Mitteln die Durchsetzung ihrer Preise und die Übernahme durch die Franchise-Nehmer beabsichtigte."; *Herrfeld*, S. 49 f.; Giesler/Nauschütt/*Okonek*, § 2 Rn. 162; Martinek/Semler/*Martinek/Habermeier*, § 24 Rn. 15a.

[655] Vgl. dazu aus der Praxis BGH BB 2003, 2258 („Preisbindung durch Franchisegeber II"); auch Giesler/Nauschütt/*Pasderski*, § 8 Rn. 85; *Pasderski*, S. 81.

[656] Vgl. § 9 Abs. 2 des Franchisevertrages (Restaurant) bei *Heil/Wagner*, Münchener Vertragshandbuch, S. 65 (71); § 10 Abs. 1 des Franchisevertrages bei *Anschütz/Feick*, Beck'sches Formularhandbuch, S. 1099 (1102); *Herrfeld*, S. 53; Martinek/Semler/*Martinek/Habermeier*, § 24 Rn. 2; Giesler/Nauschütt/*Giesler*, § 9 Rn. 74.

sondern auch hinsichtlich der Ladenausstattung[657] streng an die Vorgaben des Franchisegebers gebunden.

Der Franchisegeber hat daher in aller Regel die Möglichkeit, die Preispolitik im Franchisesystem weitgehend zu gestalten. Dem Franchisenehmer bleiben insoweit kaum eigene Gestaltungsspielräume.

(3) Kommunikationspolitik

Zu den kommunikationspolitischen Maßnahmen, die im Franchisevertrag geregelt werden können, zählen Werbung, Verkaufsförderung und Öffentlichkeitsarbeit (Public Relations).[658] Daneben wird das Sponsoring zunehmend als eigenes Instrument der Kommunikationspolitik verstanden.[659] Im Zentrum der Kommunikationspolitik steht bis heute die Werbung.[660] Die unternehmerischen Entscheidungen, die im Bereich der Werbung zu treffen sind, umfassen die Festlegung der Werbeziele und Zielgruppen, die Bestimmung der Höhe des Werbeetats sowie dessen Verteilung auf Werbeobjekte, Werbemittel und Werbeträger.[661] Die Verkaufsförderung unterscheidet man je nach Zielrichtung in handels-, konsumenten- und personalorientierte Förderung.[662] Die handelsorientierte Verkaufsförderung ist im Franchising nicht relevant, da hier der Hersteller den Händlern bestimmte Sonderkonditionen einräumt, der Franchisenehmer selbst aber unmittelbar an den Endverbraucher verkauft und keine Händler hat, über deren Förderung er entscheiden könnte. Zur konsumentenorientierten Verkaufsförderung zählen Maßnahmen wie Preisausschreiben, Sonderverkaufsaktionen mit Preisnachlässen oder attraktive Zusatzangebote zum Selbstkostenpreis.[663] Zur Motivation des eigenen Personals dienen neben Schulungs- und Innovationsveranstaltungen vor allem die Auslobung von Prämien an besonders erfolgreiche Mitarbeiter/Verkäufer.[664] Die Öffentlichkeitsarbeit hat die Aufgabe, durch verschiedene kommunikationspolitische Maßnahmen zur Verbesserung des Unternehmensbildes in der Öffentlichkeit beizutragen.[665]

Eine systemeinheitliche Werbung, Verkaufsförderung und Öffentlichkeitsarbeit ist dem Franchising immanent.[666] So findet sich in Franchiseverträgen häufig eine Klau-

---

[657] Vgl. § 9 Abs. 1 des Franchisevertrages (Restaurant) bei *Heil/Wagner*, Münchener Vertragshandbuch, S. 65 (70); § 3 Abs. 5, § 5 Abs. 1 des Franchisevertrages bei *Anschütz/Feick*, Beck'sches Formularhandbuch, S. 1099 (1100 f.); *Herrfeld*, S. 45, 53.
[658] Vgl. *Meffert*, 3. Kapitel 5.12; *Nieschlag/Dichtl/Hörschgen*, Teil III § 10, 1.1.
[659] *Nieschlag/Dichtl/Hörschgen*, Teil III § 10, 1.1.; *Meffert*, 3. Kapitel 5.1.
[660] *Meffert*, 3. Kapitel 5.41; *Wöhe/Döring*, Betriebswirtschaftslehre, 4. Abschnitt IV 1 b.
[661] Vgl. *Nieschlag/Dichtl/Hörschgen*, Teil III § 10, 1.2.1.; *Pasderski*, S. 82; Giesler/Nauschütt/*Pasderski*, § 8 Rn. 87.
[662] *Meffert*, 3. Kapitel 5.42.
[663] Vgl. *Meffert*, 3. Kapitel 5.42; *Nieschlag/Dichtl/Hörschgen*, Teil III § 10, 1.2.2.
[664] Vgl. *Meffert*, 3. Kapitel 5.42; *Nieschlag/Dichtl/Hörschgen*, Teil III § 10, 1.2.2.
[665] Vgl. *Meffert*, 3. Kapitel 5.42; *Nieschlag/Dichtl/Hörschgen*, Teil III § 10, 1.2.2.
[666] Vgl. Ziffer 7 der Präambel, § 15, § 2 IV lit. e) des Franchisevertrages (Restaurant) bei *Heil/Wagner*, Münchener Vertragshandbuch, S. 65; Ziffer 6 der Präambel, § 9 des Franchisevertrages bei *An-*

sel, wonach der Franchisenehmer anerkennt, dass die Durchführung eines einheitlichen, gemeinsamen und verbindlichen Marktbearbeitungskonzeptes eine unabdingbare Voraussetzung für die Entwicklung und Stärkung des Systemimages und der Darstellung des Systems als Wettbewerbseinheit nach außen ist.[667]

Einen erheblichen Teil der kommunikationspolitischen Maßnahmen führt der Franchisegeber selbst durch. Der Franchisenehmer hat sich an den Kosten zu beteiligen. Dem Franchisenehmer ist hier ein eigenes, aktives Tätigwerden untersagt. Er ist vielmehr verpflichtet, einen bestimmten Prozentsatz seiner Einkünfte[668] an den Franchisegeber abzuführen, die dieser für nationale und regionale Werbung, Absatzförderung und Public Relations verwendet.[669] Sämtliche Entscheidungen über die kommunikationspolitischen Maßnahmen trifft ausschließlich der Franchisegeber. Über bevorstehende Maßnahmen wird der Franchisenehmer lediglich informiert. Ein Zustimmungsvorbehalt steht ihm üblicherweise nicht zu. Er ist vielmehr nach Weisung des Franchisegebers verpflichtet, seinen Beitrag etwa zu Werbekampagnen und Aktionswochen zu erbringen, die systemweit durchgeführt werden.[670] Erforderliche Werbemittel stellt ihm der Franchisegeber zur Verfügung, der auch die Vorgaben zum Einsatzzeitpunkt und Einsatzort macht. Auf seinen Betrieb bezogene Werbung, Absatzförderung und Public Relations-Maßnahmen obliegen zwar dem Franchisenehmer. Er ist aber nicht nur dazu verpflichtet, solche Maßnahmen durchzuführen und dafür einen bestimmten Mindestbetrag seiner Einkünfte aufzuwenden. Vielmehr muss sich der Franchisenehmer dabei an die Vorgaben gemäß der Richtlinien des Franchisegebers halten. Zudem unterliegen die von ihm geplanten Aktionen dem Zustimmungsvorbehalt des Franchisegebers.[671]

Die kommunikationspolitischen Entscheidungen werden im Franchisevertrag regelmäßig umfassend dem Franchisegeber übertragen, ohne dass der Franchisenehmer auf sie noch Einfluss nehmen kann.

(4) Distributionspolitik

Ein weiterer Bereich, der im Franchisevertrag gewöhnlich geregelt wird, ist die Distributionspolitik. Die Distributionspolitik umfasst alle Entscheidungen, die im Zusam-

---

schütz/Feick, Beck'sches Formularhandbuch, S. 1099 (1102); § 6 des Vertragsmusters bei *Flohr*, Franchise-Vertrag, S. 55 f.; *Herrfeld*, S. 50 f.

[667] Vgl. § 15 Abs. 1 des Franchisevertrages (Restaurant) bei *Heil/Wagner*, Münchener Vertragshandbuch, S. 65 (73); im Ergebnis auch § 6 Abs. 1 des Vertragsmusters bei *Flohr*, Franchise-Vertrag, S. 55.

[668] Nach § 15 Abs. 2 des Franchisevertrages (Restaurant) bei *Heil/Wagner*, Münchener Vertragshandbuch, S. 65 (73), sind es 3 %; vgl. auch *Herrfeld*, S. 50 f.

[669] Vgl. § 15 Abs. 2 des Franchisevertrages (Restaurant) bei *Heil/Wagner*, Münchener Vertragshandbuch, S. 65 (73).

[670] Vgl. *Pasderski*, S. 83; *Herrfeld*, S. 51.

[671] Vgl. § 15 Abs. 5 S. 1 des Franchisevertrages (Restaurant) bei *Heil/Wagner*, Münchener Vertragshandbuch, S. 65 (73); § 9 Abs. 2 des Franchisevertrages bei *Anschütz/Feick*, Beck'sches Formularhandbuch, S. 1099 (1102); *Pasderski*, S. 83; *Herrfeld*, S. 51.

menhang mit der Übermittlung von Produkten und Dienstleistungen vom Hersteller an den Endverbraucher zu treffen sind, insbesondere über Absatzkanäle und Logistik.[672] Die Entscheidungen, die ein Unternehmen im Rahmen der Optimierung des Absatzweges zu treffen hat, sind vor allem die Wahl des Absatzes über eigene Vertriebsstellen oder Externe, die Art und Weise der Präsentation der Produkte an den Letztverkaufsstellen sowie die Standortwahl.[673] Gegenstand der physischen Distribution (Logistik) sind die Fragen nach Transportmitteln, Transportwegen, Lagerkapazitäten und Lagerstandorten.[674] Franchising ist jedenfalls im Kern ein Vertriebskonzept. Daher sind alle wesentlichen Fragen zu Logistik und geeigneter Wahl der Absatzkanäle Bestandteil des vom Franchisegeber entwickelten und vorgegebenen Systems.

Auf die Wahl der Absatzkanäle hat der Franchisenehmer üblicherweise keinen Einfluss. Ihm wird im Franchisevertrag allein das Recht eingeräumt, an einem festgelegten Standort in bestimmten Räumlichkeiten ein Ladenlokal nach dem Franchisesystem zu betreiben. Die Möglichkeit, eigene Verkaufsstellen zu errichten, besteht für ihn aber nicht.[675] Auch die Art und Weise der Präsentation der Produkte ist ihm im Detail vorgegeben. Das gilt für die Gestaltung der Verkaufsräume ebenso wie für die Präsentation der Produkte innerhalb der Verkaufsräume.[676]

Der Logistikbereich ist auf der Absatzseite des Franchisenehmers regelmäßig nicht bedeutsam. In den meisten Franchisesystemen betreibt der Franchisenehmer ein Ladenlokal, in dem er die Systemprodukte direkt an den Endverbraucher verkauft. Die Lager- und Vorratshaltung der systemspezifischen Produkte ist dem Franchisenehmer, der insoweit lediglich Händler, nicht aber Produzent des Endproduktes ist, durch Richtlinien des Franchisegebers wiederum detailliert vorgeschrieben.[677]

(5) Bewertung

Es lässt sich festhalten, dass dem Franchisegeber nicht nur sämtliche strategische Grundsatzentscheidungen im Absatzbereich unterliegen, sondern sich Franchisesysteme durch detaillierte Systemvorgaben im Marketingbereich auszeichnen. Der Franchisevertrag gewährt dem Franchisegeber nahezu uneingeschränkten Einfluss auf die Absatzpolitik des Franchisenehmers. Die Absatzpolitik des Franchisenehmers wird fast ausschließlich vom Franchisegeber gesteuert. Im Vergleich zu den übrigen unterneh-

---

[672] *Meffert*, 3. Kapitel 4.1.
[673] Vgl. *Meffert*, 3. Kapitel 4.1 ff.; *Nieschlag/Dichtl/Hörschgen*, Teil III § 9, 3.1.1.
[674] Vgl. *Meffert*, 3. Kapitel 4.4; *Nieschlag/Dichtl/Hörschgen*, Teil III § 9, 5.1., 5.2.
[675] Vgl. § 1 Abs. 2 lit. c, Abs. 3 des Franchisevertrages (Restaurant) bei *Heil/Wagner*, Münchener Vertragshandbuch, S. 65 (66); § 6 Abs. 1 des Franchisevertrages bei *Anschütz/Feick*, Beck'sches Formularhandbuch, S. 1099 (1101); *Herrfeld*, S. 43.
[676] Vgl. § 2 Abs. 5, § 5 Abs. 4, 5, § 3 Abs. 3 lit. b, lit. c des Franchisevertrages (Restaurant) bei *Heil/Wagner*, Münchener Vertragshandbuch, S. 65 ff.
[677] Vgl. Anmerkung 33 zum Franchisevertrag (Restaurant) bei *Heil/Wagner*, Münchener Vertragshandbuch, S. 65 (133); § 3 Abs. 4, § 5 Abs. 1 des Franchisevertrages bei *Anschütz/Feick*, Beck'sches Formularhandbuch, S. 1099 (1100 f.).

merischen Entscheidungsbereichen kommt dem Absatzsektor zudem heute die herausragende Bedeutung innerhalb der Führung eines Unternehmens zu.[678]

bbb. Beschaffung

Im Unternehmensbereich Beschaffung hat der Unternehmer Entscheidungen über den Beschaffungsweg (Bezug direkt vom Erzeuger, über den Handel, aus das Ausland etc.[679]), die Beschaffungszeit, die Lieferanten und damit zusammenhängend auch die Einkaufspreise für die notwendigen Vorprodukte oder die zu veräußernden Waren zu treffen.

Der Franchisenehmer unterliegt beim Warenfranchising und in der Systemgastronomie regelmäßig umfangreichen Bezugsbindungen. Die komplette Geschäftsausstattung und sämtliche Betriebsmittel, insbesondere das systemtypische Warensortiment und die zur Herstellung der systemtypischen Waren und Dienstleistungen benötigten Vorprodukte, muss der Franchisenehmer entweder direkt vom Franchisegeber oder ihm von diesem benannten Lieferanten beziehen.[680] Sehen Franchiseverträge im Einzelfall vor, dass die Geschäftsausstattung oder Waren auch von anderen Lieferanten bezogen werden können, steht diese Möglichkeit unter dem Zustimmungsvorbehalt des Franchisegebers.[681] Der Franchisenehmer kann also regelmäßig weder seine Lieferanten frei wählen noch selbst entscheiden, ob er seine Waren direkt vom Erzeuger oder über den Handel bezieht. Das hat auch zur Folge, dass er an die Preise des Franchisegebers oder die Preise der vom Franchisegeber „freigegebenen" Lieferanten gebunden ist. Er hat daher keine Möglichkeit, unternehmerische Entscheidungsspielräume auszunutzen und Waren kostengünstig am Markt einzukaufen. Auch im Bereich Beschaffung trifft somit der Franchisegeber die maßgeblichen unternehmerischen Entscheidungen anstelle des Franchisenehmers. Dem Franchisenehmer verbleiben keine eigenen Entscheidungsspielräume.[682]

ccc. Produktion

Ein weiterer unternehmerischer Entscheidungsbereich, der auch Regelungsgegenstand von Franchiseverträgen ist, ist die Produktion.

---

[678] Vgl. *Wöhe/Döring*, Betriebswirtschaftslehre, 4. Abschnitt I 2; *Meffert*, 1. Kapitel 1.1 und 1.2.
[679] *Schierenbeck*, 5. Kapitel, B 4 zu (2) (b).
[680] Vgl. § 9 des Franchisevertrages (Restaurant) bei *Heil/Wagner*, Münchener Vertragshandbuch, S. 65 (70 f.); § 10 Abs. 1 des Franchisevertrages bei *Anschütz/Feick*, Beck'sches Formularhandbuch, S. 1099 (1102); *Herrfeld*, S. 53.
[681] Vgl. § 9 Abs. 1 des Franchisevertrages (Restaurant) bei *Heil/Wagner*, Münchener Vertragshandbuch, S. 65 (70) hinsichtlich der Geschäftsausstattung; *Herrfeld*, S. 53.
[682] Ebenso Giesler/Nauschütt/*Pasderski*, § 8 Rn. 92.

(1) Begriff

Unter Produktion versteht man die betriebliche Leistungserstellung.[683] Neben der Fertigung, im Rahmen derer der Fluss der Werkstoffe durch die einzelnen Fertigungseinheiten koordiniert wird sowie Entscheidungen über das Fertigungsverfahren und den Produktionsablauf zu treffen sind, umfasst die Produktion den Transport der Werkstoffe innerhalb des Betriebes sowie die Lagerhaltung der Werkstoffe.[684] Die Entscheidungen über das Produktprogramm und die Produktmengen werden hingegen nicht im Produktionsbereich getroffen, sondern von der Marketingplanung vorgegeben.

(2) Bewertung

Der unternehmerische Entscheidungsbereich Produktion spielt im Bereich des Franchising allenfalls eine untergeordnete Rolle. Bei der Mehrzahl der Franchisesysteme entfällt die Produktion gänzlich. Dies gilt besonders für die reinen Waren- und Vertriebsfranchisesysteme, die sich in dem Vertrieb von Fertigerzeugnissen erschöpfen.[685] In Dienstleistungsfranchisesystemen bringt der Franchisenehmer die Systemdienstleistung entsprechend der häufig komplexen Vorgaben und Richtlinien des Franchisegebers unter dessen Geschäftsbezeichnung, Handelsnamen und Marke ein.[686] Hier müssen die Dienstleistungen zwar auch „produziert" werden. Bei komplexen Dienstleistungen liegt es jedoch in der Natur der Sache, dass Vorgaben des Franchisegebers anders als bei der standardisierten Fertigung von Waren oder der Erbringung einfachster Dienstleistungen bei weitem nicht jeden gedanklichen Schritt erfassen können und daher gegenüber der individuellen Leistungserbringung zurücktreten müssen. Man wird daher bei der Mehrzahl der Dienstleistungen nicht von einem eigenständigen Produktionsbereich sprechen können.

Eine wichtige Rolle spielen Entscheidungen im Bereich Produktion zwangsläufig im Produktionsfranchising. Diese eher seltene Form des Franchising, die häufig als Produktionslizenz angesehen wird[687], ist vor allem in der Getränkeindustrie bei großflächig operierenden Franchisesystemen anzutreffen.[688] Sofern man bei dieser Form der Zusammenarbeit von Unternehmen tatsächlich von Franchising sprechen kann und die Entscheidungsspielräume des Franchisenehmers in einem dieser Untersuchung zugrunde liegenden straff organisierten Produktionsfranchisesystemen betrachtet, werden hier dem Franchisegeber jedenfalls Maschinen und Fertigungsabläufe vorgegeben, wenn auch nicht zwangsläufig die innerbetriebliche Lagerhaltung sowie die Transportabläufe.

---

[683] *Wöhe/Döring*, Betriebswirtschaftslehre, 3. Abschnitt I 1.

[684] Vgl. *Wöhe/Döring*, Betriebswirtschaftslehre, 3. Abschnitt I 1, I 2, III 5; die Beschaffung der Werkstoffe, die teilweise dem Produktionsbereich zugeschlagen wird (vgl. etwa *Wöhe/Döring*, Betriebswirtschaftslehre, 3. Abschnitt I 1), wird im Unternehmensbereich Einkauf dargestellt.

[685] Vgl. Giesler/Nauschütt/*Pasderski*, § 1 Rn. 37.

[686] Vgl. Giesler/Nauschütt/*Pasderski*, § 1 Rn. 38.

[687] Giesler/Nauschütt/*Pasderski*, § 1 Rn. 39.

[688] Giesler/Nauschütt/*Pasderski*, § 1 Rn. 39.

Dass die Entscheidungsspielräume des Franchisenehmers auch in den beiden zuletzt genannten Bereichen gering sein dürften, zeigen die Franchiseverträge der Systemgastronomie. Sie sind das Musterbeispiel straff organisierter Franchisesysteme und erfassen regelmäßig Elemente sowohl des Dienstleistungs- und Warenfranchising als auch des Produktionsfranchising. Die Franchisesysteme der Systemgastronomie gelten aufgrund ihres Bekannheitsgrades und ihrer Umsatzkraft als das Aushängeschild des Franchising in der Öffentlichkeit. Die Franchisegeber der Systemgastronomie konzentrieren sich nahezu ausschließlich auf den Fastfood-Bereich mit dem Verkauf standardisierter und in ihrer Anzahl beschränkter Produkte, die ohne größere Schwierigkeiten in Qualität, Erscheinungsbild und Zusammensetzung beliebig und überall reproduzierbar sind. Bei der Herstellung von Fastfood-Produkten sind unternehmerische Entscheidungen in den Bereichen Lagerhaltung der Vorprodukte sowie deren Transport innerhalb des Betriebes, also innerhalb des Restaurants, ohne Bedeutung. Entscheidungsspielräume, die einen signifikanten Einfluss auf den unternehmerischen Erfolg des einzelnen Franchisenehmer-Betriebes haben, bestehen insoweit nicht. Entscheidungen über das Fertigungsverfahren und den Produktionsablauf, also über die zu verwendenden Maschinen, die Küchenausstattung und die Zubereitung der systemspezifischen Speisen und Getränke, dagegen werden dem Franchisenehmer detailliert durch die Richtlinien des Franchisegebers vorgegeben, ohne dass dem Franchisenehmer eigene unternehmerische Entscheidungsspielräume verblieben.[689] Dies gilt ebenso für die vom Franchisegeber in der Systemgastronomie zu erbringenden Dienstleistungen.[690]

Soweit im Rahmen straff organisierter Franchisesysteme von Bedeutung, ist der Franchisenehmer auch im Produktionsbereich an die Entscheidungen des Franchisegebers gebunden, ohne dass ihm ein Spielraum für eigene unternehmerische Entscheidungen verbleibt.

ddd. Personal

Die personalpolitischen Entscheidungen betreffen die Personalauswahl und die Personalführung.

(1) Personalauswahl

In aller Regel bleibt es dem Franchisenehmer unbelassen, sein Personal selbst auszuwählen. Gleichwohl wird der Franchisenehmer bei der Auswahl des Personals durch Vorgaben des Franchisegebers eingeschränkt. In den Betriebshandbücher finden sich bestimmte Qualitätsanforderungen, die das Personal des Franchisenehmers zu erfüllen

---

689 Vgl. Ziffern 2 und 6 der Präambel, § 2 Abs. 4 lit. a, b, § 3 Abs. 3 lit. a, b, § 5 Abs. 3, 4, § 9 Abs. 1, 2 des Franchisevertrages (Restaurant) bei *Heil/Wagner*, Münchener Vertragshandbuch, S. 65 ff.

690 Vgl. Ziffer 6 der Präambel, § 2 Abs. 4 lit. a, b, § 3 Abs. 3 lit. b, d des Franchisevertrages (Restaurant) bei *Heil/Wagner*, Münchener Vertragshandbuch, S. 65 ff.

hat.[691] Diese Kriterien hat der Franchisenehmer bei der Auswahl seines Personals zu beachten.

(2) Personalführung

Auch hinsichtlich der Personalführung unterliegt der Franchisenehmer Richtlinien des Franchisegebers.[692] Der Franchisenehmer wird nicht nur verpflichtet, selbst an Schulungsprogrammen des Franchisegebers teilzunehmen. Er hat gleichermaßen seine Angestellten in Seminaren des Franchisegebers aus- und weiterbilden zu lassen.[693] Neben Vorgaben über die von allen Angestellten zu tragende einheitliche Kleidung[694] enthalten Franchiseverträge auch Vorgaben über die Öffnungszeiten[695] des Franchisenehmer-Betriebes. Hat der Franchisenehmer danach die Öffnungszeiten bis zur Grenze des gesetzlich Zulässigen auszuschöpfen[696] oder werden die Öffnungszeiten vom Franchisegeber systemeinheitlich vorgegeben[697], besteht für ihn auch im Rahmen der Diensteinteilung nur noch ein eingeschränkter unternehmerischer Spielraum.

(3) Zusammenfassung

Trotz der Vorgaben in der Bereichen Personalauswahl und Personalführung kann der Franchisenehmer sein Personal indes noch überwiegend frei auswählen. Auch in der Personalführung verbleiben dem Franchisenehmer regelmäßig eigene, wenn auch eingeschränkte Entscheidungsspielräume. Neben der Aus- und Weiterbildung seines Personals und den Vorgaben hinsichtlich der von den Angestellten zu tragenden Kleidung kann der Franchisenehmer über die Führung seines Personals entscheiden. Je nach Ausgestaltung des Franchisevertrages kann dem Franchisenehmer auch in straff organisierten Franchisesystemen, insbesondere der Systemgastronomie, noch ein eigener, wenn auch eingeschränkte Entscheidungsspielraum im Bereich Personal verbleiben. Der Franchisenehmer unterstellt den Personalbereich daher jedenfalls nicht regelmäßig dem Franchisegeber.

---

[691] Vgl. § 2 Abs. 4 lit. e, § 3 Abs. 3 lit. c, lit. e (cc), lit. f, § 4 Abs. 4 Satz 2 des Franchisevertrages (Restaurant) bei *Heil/Wagner*, Münchener Vertragshandbuch, S. 65 ff.; Giesler/Nauschütt/*Pasderski*, § 8 Rn. 93; *Pasderski*, S. 85.

[692] Vgl. § 3 Abs. 3 lit. e (cc), lit. f, § 4 Abs. 4 Satz 2 des Franchisevertrages (Restaurant) bei *Heil/Wagner*, Münchener Vertragshandbuch, S. 65 ff.; Giesler/Nauschütt/*Pasderski*, § 8 Rn. 93; *Pasderski*, S. 85.

[693] § 14 des Franchisevertrages (Restaurant) bei *Heil/Wagner*, Münchener Vertragshandbuch, S. 65 (72 f.); Giesler/Nauschütt/*Pasderski*, § 8 Rn. 93; *Pasderski*, S. 85.

[694] Vgl. § 3 Abs. 3 lit. c des Franchisevertrages (Restaurant) bei *Heil/Wagner*, Münchener Vertragshandbuch, S. 65 (67).

[695] Vgl. § 3 Abs. 3 lit. d des Franchisevertrages (Restaurant) bei *Heil/Wagner*, Münchener Vertragshandbuch, S. 65 (67); *Herrfeld*, S. 503, 509.

[696] Vgl. § 3 Abs. 3 lit. d des Franchisevertrages (Restaurant) bei *Heil/Wagner*, Münchener Vertragshandbuch, S. 65 (67).

[697] Vgl. *Herrfeld*, S. 503.

eee. Investition und Finanzierung

Die im Finanzbereich zu treffenden unternehmerischen Entscheidungen lassen sich unterteilen in Investitions- und Finanzierungsentscheidungen.[698] Dabei versteht man unter Finanzierung die Mittelherkunft, unter Investition die Mittelverwendung.[699] Der enge Zusammenhang zwischen Investitions- und Finanzierungsentscheidungen – beide bedingen einander[700] – lässt sich wie folgt zusammenfassen: Ob in einem Unternehmen Finanzbedarf besteht, hängt maßgeblich von geplanten Investitionen ab. Investitionen wiederum können nur dann durchgeführt werden, wenn deren Finanzierung gesichert ist, insbesondere wenn die Finanzierungskosten eine Investition noch rentabel erscheinen lassen. Trotz dieser Interdependenz stellt der Unternehmer in aller Regel zunächst einen Plan über gewinnbringend erscheinende Investitonen auf. Auf Grundlage dieser vorläufigen Investitionsentscheidungen erfolgt dann eine Finanzplanung.[701] Diese entscheidet über die Rentabilität und die Durchführbarkeit der geplanten Investition. Ein wirtschaftlich selbständiges Unternehmen muss daher rechtlich in der Lage sein, eigenständig über das Ob, Wann und Wie von Investitionen zu entscheiden.

(1) Investition

Im Mittelpunkt der Investitionstätigkeit des Franchisenehmers stehen Sachinvestitionen. Investitionen in Finanzanlagen sind für den Franchisenehmer allenfalls von untergeordneter Bedeutung. Die Sachinvestitionen lassen sich unterteilen in Ersatz-, Rationalisierungs- und Erweiterungsinvestitionen.[702]

Sämtliche Investitionen, die der Franchisenehmer zur Unternehmensgründung tätigen muss, werden ihm vom Franchisegeber vorgegeben. Dies beginnt mit der Investition in das Ladenlokal, das regelmäßig vom Franchisegeber ausgewählt wird. Damit hat der Franchisenehmer weder Einfluss auf die Kosten für den Erwerb der Geschäftsräume oder auf die Höhe der Mietkosten, noch – mangels eigener Standortwahl – auf die anfallende Gewerbesteuer sowie sonstige Infrastrukturkosten. Der Franchisenehmer ist vertraglich verpflichtet, die Geschäftsausstattung, also insbesondere die Einrichtung und Ausstattung des Franchisebetriebes wie Mobiliar, Dekoration und technische Geräte, die Farbzusammenstellungen im Innen- und Außenbereich und die Fassadengestaltung, ausschließlich nach den Vorgaben des Franchisegebers zu beschaffen.[703] Da Ausstattungs- und Einrichtungsgegenstände meist vom Franchisegeber selbst oder über von ihm freigegebene Lieferanten bezogen werden müssen, hat der Franchisenehmer auch keinen Einfluss auf die mit der Investition verbundenen Kosten.[704] Das Gleiche gilt für Rationalisierungs- und Erweiterungsinvestitionen. Die Entscheidung darüber, ob und wann neue Investitionen in die Geschäftsausstattung oder in eine Systemerweiterung getätigt werden sollen, liegt ebenfalls ausschließlich beim Franchisegeber.

---

698 *Wöhe/Döring*, Betriebswirtschaftslehre, 5. Abschnitt I.
699 *Wöhe/Döring*, Betriebswirtschaftslehre, 5. Abschnitt I; *Wöhe/Bilstein*, Unternehmensfinanzierung, 1. Abschnitt I 1.
700 *Wöhe/Döring*, Betriebswirtschaftslehre, 5. Abschnitt I.
701 *Wöhe/Döring*, Betriebswirtschaftslehre, 5. Abschnitt IV 3.

Beschließt der Franchisegeber Ersatz-, Rationalisierungs- oder Erweiterungsinvestitionen, ist der Franchisenehmer über eine entsprechende Änderung des Betriebshandbuches dazu verpflichtet, die Investitionen auf eigene Kosten durchzuführen.[705] Eigene Investitionen sind dem Franchisenehmer aufgrund des einheitlichen Erscheinungsbildes aller Franchisenehmer-Betriebe regelmäßig verwehrt.[706]

Festzuhalten bleibt, dass Investitionsentscheidungen nicht in der Franchisenehmer-Gesellschaft, sondern allein vom Franchisegeber getroffen werden. Um das einheitliche Erscheinungsbild und den einheitlichen Auftritt aller am System beteiligter Franchisenehmer sicherzustellen, gibt der Franchisegeber den selbständigen Franchisenehmern vor, ob, wann und welche Sachinvestitionen sie zu tätigen haben. Eigenständige Investitionsentscheidungen kann der Franchisenehmer nicht treffen.

(2) Finanzierung

Martinek ist der Ansicht, dass der Franchisegeber gerade auf die Finanzierungsentscheidungen des Franchisenehmers keinen wesentlichen Einfluss hat. Der Franchisenehmer bleibe vielmehr „Herr seiner Finanzen“[707]. Differenzierter sieht dies *Pasderski.* Seiner Ansicht nach unterliegt der Franchisenehmer im Finanzbereich jedenfalls teilweise Weisungen des Franchisegebers.[708]

Aufgabe der Finanzierung ist die Deckung des Kapitalbedarfs eines Unternehmens mit Hilfe einer optimalen Kombination der zur Verfügung stehenden Finanzierungsformen unter gleichzeitiger Sicherung der Liquidität des Unternehmens.[709] Ziel der Finanzierung ist es, die Finanzierungskosten zu minimieren.[710] Die möglichen Finanzierungsformen lassen sich nach verschiedenen Kriterien unterteilen. So stellt sich für den Unternehmer insbesondere die Frage nach der Eigen- oder Fremdfinanzierung, sowie der optimalen Kombination von kurz-, mittel- und langfristiger Finanzierung.[711] Formen der Eigenfinanzierung sind vor allem Einlagen- und Beteiligungsfinanzierung, Finanzierung durch die Thesaurierung erwirtschafteter Gewinne, Schaffung stiller Reserven, Finanzierung aus Abschreibungen und durch Bildung von Rückstellungen.[712] Unter Fremdfinanzierung versteht man die Finanzierung über Kredite.

---

[702] *Wöhe/Döring*, Betriebswirtschaftslehre, 5. Abschnitt II 1.
[703] Vgl. § 5 Abs. 4 und 5, § 9 Abs. 1 des Franchisevertrages (Restaurant) bei *Heil/Wagner*, Münchener Vertragshandbuch, S. 65 (69 f.).
[704] Vgl. auch Giesler/Nauschütt/*Pasderski*, § 8 Rn. 81.
[705] Vgl. § 5 Abs. 4, Abs. 5, § 4 Abs. 2 des Franchisevertrages (Restaurant) bei *Heil/Wagner*, Münchener Vertragshandbuch, S. 65 (68 f.).
[706] Vgl. § 5 Abs. 5 des Franchisevertrages (Restaurant) bei *Heil/Wagner*, Münchener Vertragshandbuch, S. 65 (69).
[707] *Martinek*, S. 643 f; Martinek/Semler/*Martinek*, § 4 Rn. 83 f.
[708] *Pasderski*, S. 75 ff.; Giesler/Nauschütt/*Pasderski*, § 8 Rn. 76 ff.
[709] *Wöhe/Döring*, Betriebswirtschaftslehre, 5. Abschnitt IV, 1; *Bühner*, S. 272.
[710] *Wöhe/Döring*, Betriebswirtschaftslehre, 5. Abschnitt I.
[711] Vgl. *Bühner*, S. 272 f.
[712] Vgl. *Bühner*, S. 273.

In straff organisierten Franchisesystemen reichen die Vorgaben des Franchisegebers bis in den Finanzierungsbereich hinein. So wird der Franchisenehmer in Franchiseverträgen regelmäßig verpflichtet, ein Finanzierungsminimum vorzuhalten.[713] Die Betriebshandbücher des Franchisegebers enthalten genauere Vorgaben zum Finanzierungsminimum.[714] Der Franchisegeber verlangt eine hinreichende Eigenkapitalausstattung, um die wirtschaftliche Stabilität des Franchisenehmers und dessen Unabhängigkeit von finanziellen Interessen Dritter sicherzustellen.[715] Über das Finanzierungsminimum hinaus formuliert der Franchisegeber in seinen Richtlinien weitere Mindestanforderungen an die Finanzierung des Franchisenehmer-Betriebes.[716] Diese reichen so weit, dass der Franchisenehmer etwa nicht mehr eigenständig über den Zeitpunkt der Begleichung von Forderungen seiner Lieferanten entscheiden kann.[717] Häufig entscheidet der Franchisegeber darüber, in welchem Ausmaß eine kurzfristige Fremdfinanzierung über die Lieferantenverbindlichkeiten als Finanzierungsform in Betracht kommt. Auch die Entscheidung über eine Beteiligungsfinanzierung, also die Aufnahme neuer Anteilseigner, liegt nicht allein beim Franchisenehmer. So sehen Franchiseverträge oftmals vor, dass der Franchisenehmer für eine mittelbare oder unmittelbare Beteiligung an seiner Gesellschaft der Zustimmung des Franchisegebers bedarf.[718] Die Möglichkeit, notwendigen Kapitalbedarf über Abschreibungen oder die Bildung von Rückstellungen zu finanzieren, kann dem Franchisenehmer dadurch genommen werden, dass er zur Anwendung bestimmter Buchhaltungsgrundsätze verpflichtet ist.[719] Wie weit derartige Vorgaben im Einzelnen reichen, lässt sich nur anhand der jeweiligen Betriebshandbücher, über deren Inhalt es bislang keine empirische Untersuchung gibt, ermitteln. Auch die Entscheidung darüber, ob und inwieweit thesaurierte Gewinne zur Finanzierung herangezogen werden, liegt häufig nicht allein beim Franchisenehmer. Da dieser zur Vornahme der vom Franchisegeber beschlossenen Investitionen vertraglich verpflichtet ist, und er zugleich Vorgaben des Franchisegebers zum Finanzierungsminimum zu befolgen hat, ist seine Entscheidung darüber, ob er thesaurierte Gewinne zur Finanzierung von Investitionen verwendet, erheblich eingeschränkt.

In seinen Finanzierungsentscheidungen unterliegt der Franchisenehmer regelmäßig weitreichenden Vorgaben des Franchisegebers. Dies führt zu einer Einschränkung der

---

[713] Vgl. § 3 Abs. 3 lit. e (ee) des Franchisevertrages (Restaurant) bei *Heil/Wagner*, Münchener Vertragshandbuch, S. 65 (67).

[714] Vgl. § 3 Abs. 3 lit. e (ee) des Franchisevertrages (Restaurant) bei *Heil/Wagner*, Münchener Vertragshandbuch, S. 65 (67).

[715] Vgl. § 3 Abs. 3 lit. e (ee) des Franchisevertrages (Restaurant) bei *Heil/Wagner*, Münchener Vertragshandbuch, S. 65 (67).

[716] Vgl. § 4 Abs. 5 lit. b des Franchisevertrages (Restaurant) bei *Heil/Wagner*, Münchener Vertragshandbuch, S. 65 (68).

[717] Vgl. § 3 Abs. 3 lit. e (dd) des Franchisevertrages (Restaurant) bei *Heil/Wagner*, Münchener Vertragshandbuch, S. 65 (67).

[718] Vgl. etwa § 4 Abs. 5 lit. b des Franchisevertrages (Restaurant) bei *Heil/Wagner*, S. 65 (70); insoweit unzutreffend Giesler/Nauschütt/*Pasderski*, § 8 Rn. 76, wonach der Franchisenehmer grundsätzlich in der Frage frei sein soll, wie und durch wen er sein Unternehmen finanzieren lässt.

[719] Vgl. § 2 Abs. 4 lit. c, § 3 Abs. 3 lit. e des Franchisevertrages (Restaurant) bei *Heil/Wagner*, Münchener Vertragshandbuch, S. 65 (66 f.).

unternehmerischen Entscheidungsfreiheit in diesem Bereich.[720] Insbesondere im Finanzierungsbereich ist jedoch stets im Einzelfall zu prüfen, inwieweit der eingeschränkte Entscheidungsspielraum des Franchisenehmers durch die Vorgaben im Franchisevertrag sowie in den Richtliniensammlungen des Franchisegebers zu einer Verlagerung der Entscheidungszuständigkeiten auf das Franchisegeber-Unternehmen führt.

Vor dem Hintergrund von Sinn und Zweck der Regelungen des Konzernrechts, das heißt dem Schutz der Gläubiger der abhängigen Gesellschaft, kann es für eine Anwendung der Vorschriften über Beherrschungsverträge jedoch nicht darauf ankommen, dass der Franchisegeber *sämtliche* Finanzierungsentscheidungen selbst treffen kann. Vorgaben, wie sie sich in Franchiseverträgen straff organisierter Franchisesysteme finden[721], reichen regelmäßig aus, um dem Franchisenehmer den unternehmerischen Entscheidungsspielraum zu nehmen, den Gläubiger von ihrem Vertragspartner, der Franchisenehmer-Gesellschaft, erwarten können. Das Unterstellen des Finanzbereichs unter die Leitung des Franchisegeber-Unternehmens im Sinne von § 291 Abs. 1 Satz 1 AktG erfordert zudem weder, dass der Franchisegeber verlangen kann, dass die Gewinne der Franchisenehmer-Gesellschaft an ihn abgeführt werden, noch dass er darüber die Verwendung der Gewinne der Franchisenehmer-Gesellschaft entscheiden kann. Zur Abführung der erwirtschafteten Gewinne an das herrschende Unternehmen ist ein abhängiges Unternehmen nur bei Bestehen eines Gewinnabführungsvertrages, nicht aber bereits mit Abschluss eines Beherrschungsvertrages verpflichtet. Über die Verwendung des Jahresgewinnes entscheidet nicht die Geschäftsführung, sondern die Gesellschafter selbst.[722] Mit Abschluss eines Beherrschungsvertrages im Sinne von § 291 Abs. 1 Satz 1 AktG unterstellen sich jedoch nicht die Gesellschafter den Vorgaben des herrschenden Unternehmens. Unterstellt wird vielmehr nur die Leitung der Gesellschaft, das heißt die Weisungsgebundenheit ist gegenständlich auf Maßnahmen der Geschäftsführung der abhängigen Gesellschaft beschränkt.

fff. Zusammenfassung

Straff organisierte Franchisesysteme zeichnen sich dadurch aus, dass die Franchisenehmer-Gesellschaft ihre Leitung in den unternehmerischen Entscheidungsbereichen Marketing, Beschaffung, Produktion und Finanzierung dem Franchisegeber-Unternehmen im Sinne von § 291 Abs. 1 Satz 1 AktG unterstellt. Allenfalls im Personalbereich verbleibt der Franchisenehmer-Gesellschaft eine unternehmerische Entscheidungsfreiheit, wie sie für rechtlich und wirtschaftlich unabhängige Unternehmen kennzeichnend ist.

Die vorstehende Untersuchung hat ebenfalls gezeigt, dass eine abschließende Entscheidung darüber, ob eine Franchisenehmer-Gesellschaft ihre Leitung in einem oder

---

[720] So auch *Martinek*, Franchising, S. 643.

[721] So etwa in dem Franchisevertrag (Restaurant) bei *Heil/Wagner*, Münchener Vertragshandbuch, S. 65 ff.

[722] Vgl. § 119 Abs. 1 Nr. 2 AktG, § 46 Nr. 1 GmbHG, §§ 120 f. HGB.

sämtlichen unternehmerischen Entscheidungsbereichen dem Franchisegeber-Unternehmen unterstellt, nur anhand einer konkreten Einzelfallbetrachtung, das heißt einer Untersuchung des jeweiligen Franchisevertrages einschließlich der dazugehörigen Betriebshandbücher, getroffen werden kann.

e. Keine unternehmerische Tätigkeit außerhalb des Vertragsgegenstandes

§ 291 Abs. 1 Satz 1 AktG verlangt die Unterstellung der Leitung *der Gesellschaft*. Der Vertragsgegenstand des Franchisevertrages muss also die alleinige oder jedenfalls einzig ins Gewicht fallende[723] unternehmerische Tätigkeit der Franchisenehmer-Gesellschaft sein. Andernfalls hätte der Franchisegeber über die Befugnisse im Franchisevertrag nur auf Ausschnitte der unternehmerischen Entscheidungsbereiche der Gesellschaft den für Beherrschungsverträge erforderlichen Einfluss auf die Geschäftsführung.

Regelmäßig ist diese Voraussetzung in Franchiseverträgen erfüllt. Ein Franchisegeber wird einen Franchisevertrag bereits nicht mit einer Gesellschaft abschließen, die sich nicht ausschließlich der Wahrnehmung der Rechte und Pflichten aus dem Franchisevertrag widmet, sondern daneben anderweitig unternehmerisch tätig ist. Andernfalls dürfte der Franchisegeber nicht nur an der – den besonderen Erfolg von Franchisesystemen garantierenden – Einsatzbereitschaft des Franchisenehmers und dessen Konzentration auf den Franchisebetrieb zweifeln. Vielmehr ließen sich auch zahlreiche Vorgaben wie etwa die einheitliche Buchführung aller Franchisenehmer sowie die Kontrolle anhand der Einsichtnahme in alle Geschäftsunterlagen der Franchisenehmer-Gesellschaft nur schwerlich realisieren. So finden sich in Franchiseverträgen regelmäßig Bestimmungen, wonach der Franchisenehmer verpflichtet ist, seine gesamte Arbeitskraft dem Franchisebetrieb zu widmen[724] und während der Vertragslaufzeit nicht anderweitig unternehmerisch tätig zu sein[725].

f. Eigenständige Bedeutung der Rechtsnatur des Beherrschungsvertrages?

Im Anschluss an *Flume*[726] und *Würdinger*[727] hat sich die Erkenntnis durchgesetzt, dass die Wirkungen von Organschaftsverträgen weit über die normaler Austauschverträge

[723] In der Praxis können sich hier Abgrenzungsschwierigkeiten ergeben. Sie sind jedoch hinzunehmen. Auch die Beurteilung, ob eine Franchisenehmer-Gesellschaft dem Franchisegeber-Unternehmen ihre Leitung unterstellt, erfolgt anhand normativer Kriterien. Abgrenzungsschwierigkeiten liegen also in der Natur der Sache. Keinesfalls kann der Weg aus der Anwendung der §§ 291 ff. AktG gelingen, indem die Franchisenehmer-Gesellschaft eine nicht ins Gewicht fallende „Nebentätigkeit" aufnimmt. Dies kann in aller Regel nicht dazu führen, dass bei normativer Betrachtung der Einfluss der Franchigeber auf die Entscheidungen in der Franchisenehmer-Gesellschaft unter die für die Anwendung der §§ 291 ff. AktG ausschlaggebende Grenze sinkt.

[724] Vgl. § 4 Abs. 1 des Franchisevertrages (Restaurant) bei *Heil/Wagner*, Münchener Vertragshandbuch, S. 65 (68).

[725] Vgl. § 11 Abs. 1 des Franchisevertrages (Restaurant) bei *Heil/Wagner*, Münchener Vertragshandbuch, S. 65 (71).

hinausgehen. Während der Dauer des Bestehens einen Beherrschungsvertrages werden Teile der gesellschaftsrechtlichen Zuständigkeitsordnung in der abhängigen Gesellschaft verdrängt.[728] An die Stelle der gesetzlichen Vorschriften, die für die Verfassung der abhängigen Gesellschaft gelten, treten andere gesetzliche oder vertragliche Bestimmungen. Ein fundamentales Prinzip des Gesellschaftsrechts, das eigenverantwortliche Handeln der Gesellschaft durch die dazu berufenen Organe, wird beseitigt.[729] So wird etwa bei der Aktiengesellschaft durch § 308 AktG die Eigenverantwortlichkeit des Vorstandes nach § 76 AktG überlagert. Aus einem weisungsfreien wird ein weisungsgebundener Vorstand. Ebenso unterliegt die Geschäftsführung einer GmbH nicht mehr nur den Vorgaben der Gesellschafterversammlung des eigenen Unternehmens, sondern nunmehr auch und vorrangig[730] den Weisungen des herrschenden Unternehmens (§ 308 AktG analog).

Auch wenn einem Beherrschungsvertrag in der rechtswissenschaftlichen Literatur deshalb nicht zugleich die schuldrechtlichen Wirkungen abgesprochen werden[731], liegt das Schwergewicht seiner Wirkungen nicht in der Begründung wechselseitiger Rechte und Pflichten, sondern in der unmittelbaren Gestaltung gesellschaftsrechtlicher Beziehungen zwischen den Vertragsparteien, innerhalb der abhängigen Gesellschaft und im Verhältnis zu den außenstehenden Gesellschaftern.[732] Der Beherrschungsvertrag wird daher auch als Organisationsvertrag bezeichnet.[733] Ob der Abschluss eines Beherrschungsvertrages formal eine Satzungsänderung bei der abhängigen Gesellschaft darstellt, ist umstritten.[734] Dagegen spricht § 293 Abs. 1 Satz 4 AktG, wonach auf den Beschluss über den Abschluss eines Beherrschungsvertrages die Bestimmungen der Satzung und des Gesetzes über Satzungsänderungen gerade nicht anzuwenden sind.[735] Da die formalen Anforderungen an Beherrschungsverträge gesetzlich besonders geregelt sind und die maßgeblichen Bestimmungen der §§ 291 ff. AktG jedenfalls auf die abhängige GmbH und teilweise auch auf die abhängige Personengesellschaft entsprechend anzuwenden sind, hat die Diskussion keine ausschlaggebende Bedeutung für die Praxis[736] und daher ebenso wenig auf das Ergebnis dieser Untersuchung.

---

726 *Flume*, DB 1955, 485; 1956, 455 und 672; 1957, 439; 1959, 190 (195).
727 *Würdinger*, DB 1958, 1447 (1451 f.).
728 MünchKommAktG/*Altmeppen*, § 291 Rn. 25.
729 KölnKomm/*Koppensteiner*, vor § 291 Rn. 68.
730 OLG Stuttgart, NZG 1998, 601 (602); *Emmerich/Habersack*, § 32 III 1; Scholz/*Emmerich*, Anhang Konzernrecht, Rn. 179; Beck'sches HdbGmbH/*Rosenbach*, § 17 Rn. 29; Hachenburg/*Ulmer*, Anh. § 77, Rn. 216; Rowedder/Schmidt-Leithoff/*Koppensteiner*, Anh. § 52, Rn. 108; Baumbach/Hueck/*Zöllner*, GmbH-KonzernR, Rn. 48.
731 Vgl. OLG Frankfurt, NZG 2000, 603; MünchKommAktG/*Altmeppen*, § 291 Rn. 35 ff.; *Emmerich/Habersack*, § 11 II 2.
732 MünchKommAktG/*Altmeppen*, § 291 Rn. 28; *Emmerich/Habersack*, § 11 II 1 m.w.N.
733 *Flume*, DB 1955, 485; *Würdinger*, DB 1958, 1447 (1451 f.); MünchKommAktG/*Altmeppen*, § 291 Rn. 25; KölnKomm/*Koppensteiner*, vor § 291 Rn. 68; *Emmerich/Habersack*, § 11 II 1 m.w.N.
734 Dafür OLG Karlsruhe, NJW 1967, 831 (832); KölnKomm/*Koppensteiner*, vor § 291 Rn. 69; *Emmerich/Habersack*, § 11 II 1 m.w.N.; dagegen etwa MünchKommAktG/*Altmeppen*, § 291 Rn. 38.
735 MünchKommAktG/*Altmeppen*, § 291 Rn. 38.
736 Ebenso MünchKommAktG/*Altmeppen*, § 291 Rn. 39; Hüffer, § 291 Rn. 18 f.

Es stellt sich nunmehr die Frage, ob für die Annahme eines Beherrschungsvertrages über die bereits genannten hinaus zusätzliche Voraussetzungen erfüllt sein müssen, die sich aus der Rechtsnatur des Beherrschungsvertrages ergeben. In der rechtswissenschaftlichen Literatur ist umstritten, welche praktischen Folgerungen aus der Charakterisierung von Beherrschungsverträgen als Organisationsverträge zu ziehen sind. Die Rechtsnatur ist kein Selbstzweck. Dem Sinn und Zweck der §§ 291 ff. AktG entspricht vielmehr ein von den Wirkungen her konzipiertes Verständnis des Beherrschungsvertrages.[737] Ein solches Verständnis ist auch mit dem Wortlaut des § 291 Abs. 1 Satz 1 AktG vereinbar.[738] Wie festgestellt, ermöglichen gerade die Wirkungen eines Vertrages, das heißt die Einflussmöglichkeiten des herrschenden Unternehmens, die rechtliche Einordnung eines Vertrages als Beherrschungsvertrag im Sinne des § 291 Abs. 1 Satz 1 AktG. Die Reichweite der Einflussmöglichkeiten unterscheidet ihn von reinen Austauschverträgen. Die Einflussmöglichkeiten entscheiden darüber, ob die abhängige Gesellschaft dem herrschenden Unternehmen ihre Leitung unterstellt und die von §§ 291 ff. AktG vorgesehene Sicherung insbesondere der Gläubiger der abhängigen Gesellschaft erforderlich ist. Wollte man der Rechtsnatur eine darüber hinausgehende eigenständige Bedeutung für die Auslegung eines Vertrages als Beherrschungsvertrag beimessen, eröffnete man den beteiligten Unternehmen allenfalls Umgehungsmöglichkeiten. Sie könnten die Vorteile eines Vertrages, der jedenfalls seinen Wirkungen nach organisationsvertragliche Elemente enthält und der die durch §§ 291 ff. AktG begegneten Gefahr für Gläubiger und außenstehende Aktionäre begründet, in Anspruch nehmen und sich gleichzeitig der gesetzlichen Verpflichtung zur Sicherung der Gläubiger und außenstehenden Aktionäre entziehen.

Die Wirkungen, aus denen die Bezeichnung des Beherrschungsvertrages als Organisationsvertrag hergeleitet wird, finden sich auch in den von dem Verfasser untersuchten Franchiseverträgen. Die Geschäftsführung der Franchisenehmer-Gesellschaft kann die Geschicke der Gesellschaft nicht eigenverantwortlich und rechtlich unabhängig leiten. Sie unterliegt vielmehr in den wesentlichen unternehmerischen Entscheidungsbereichen den Vorgaben des Franchisegebers.[739]

Soweit in der Literatur die Einordnung eines Franchisevertrages als Beherrschungsvertrag mit dem Hinweis abgelehnt wird, dass dem Franchisegeber durch den Franchisevertrag nur einzelne Weisungsbefugnisse eingeräumt würden, nicht aber eine Organstellung, und sich Weisungsbefugnis und deren Grenzen beim Beherrschungsvertrag gerade aus der Organkompetenz des herrschenden Unternehmens ergäben[740], wird die Bedeutung der Rechtsnatur des Beherrschungsvertrages nicht zutreffend erkannt. Auch durch den Abschluss eines Beherrschungsvertrages werden weder neue eigenständige Organe geschaffen noch wird das Organ Geschäftsführung der abhängigen Gesellschaft ersetzt. Weder das herrschende Unternehmen noch dessen Geschäftsführung werden Organ der abhängigen Gesellschaft und treten an die Stelle des Vorstandes

---

[737] Vgl. KölnKomm/*Koppensteiner*, § 291 Rn. 15, 17 m.w.N.
[738] KölnKomm/*Koppensteiner*, § 291 Rn. 17 m.w.N.
[739] Siehe oben § 5 C II 4 d cc fff.
[740] So *Pasderski*, S. 87 f.

oder der Geschäftsführung der abhängigen Gesellschaft.[741] Die Leitung der abhängigen Gesellschaft bleibt vielmehr grundsätzlich in der Hand ihres Geschäftsführungsorgans. Nur soweit das herrschende Unternehmen von seiner Weisungsbefugnis Gebrauch macht, ist die Geschäftsführung der abhängigen Gesellschaft zur Umsetzung der Weisungen verpflichtet.[742] Nichts anderes gilt für das Verhältnis zwischen Franchisegeber und Franchisenehmer. Formal bleibt die Geschäftsführung der Franchisenehmer-Gesellschaft im Amt, ebenso funktional, sofern der Franchisegeber der Franchisenehmer-Gesellschaft keine Vorgaben zur Geschäftsführung gibt. Die Weisungsrechte des Franchisegebers sind hingegen regelmäßig und nach allen der hier untersuchten Franchiseverträge so weitreichend, dass man nicht von einzelnen, ausgewählten Rechten sprechen kann, sondern nur von umfassenden Zuständigkeiten in nahezu allen unternehmerischen Entscheidungsbereichen. Durch ein umfassendes und eng geschnürtes Paket an Vorgaben, Richtlinien und Änderungsvorbehalten erhält der Franchisegeber das Recht, die Geschäftsführung der abhängigen Franchisenehmer-Gesellschaft insgesamt zu bestimmen. Die interne Organisation der Franchisenehmer-Gesellschaft ist geradezu „wesentlicher Vertragsgegenstand"[743] im Franchising. Im Franchisevertrag werden dem Franchisegeber Befugnisse eingeräumt, die gesellschaftsrechtlich sonst allein der Geschäftsführung der Franchisenehmer-Gesellschaft obliegen. Zu reinen schuldrechtlichen Austauschverträgen besteht mithin nicht nur ein quantitativer, sondern auch ein qualitativer Unterschied.

Es ist daher inhaltlich gerechtfertigt, Franchiseverträge den formalen Hürden des Beherrschungsvertrages zu unterwerfen und dem herrschenden Unternehmen die Absicherung der abhängigen Gesellschaft, ihrer Gläubiger und außenstehenden Gesellschafter aufzuerlegen. Auf diese Weise wird vermieden, dass ein Franchisegeber die Vorteile nahezu uneingeschränkter Einflussnahme auf die Geschäftsführung der Franchisenehmer-Gesellschaft nutzen kann wie sie für Vertragskonzerne kennzeichnend ist, ohne dafür den gesetzlich vorgeschriebenen Preis in Form der oben angesprochenen Absicherung zahlen zu müssen.[744]

g. Wille der Vertragsparteien

Es sind nicht allein objektive Kriterien, die über den Inhalt eines Vertrages entscheiden. Nach den Vorgaben der §§ 133, 157 BGB ist der Inhalt eines Vertrages vielmehr anhand des Willens der Vertragsparteien sowie von Treu und Glauben unter Berücksichtigung der Verkehrssitte zu ermitteln. Der Franchisevertrag ist danach nur dann Beherrschungsvertrag im Sinne von § 291 Abs. 1 Satz 1 AktG, wenn Franchisegeber und Franchisenehmer Willenserklärungen abgeben, die auf den Abschluss eines Be-

---

[741] MünchKommAktG/*Altmeppen*, § 291 Rn. 77.
[742] MünchKommAktG/*Altmeppen*, § 291 Rn. 77.
[743] *Oechsler*, ZGR 1997, 464 (468).
[744] Vgl. dazu *Emmerich/Habersack*, § 1 III 1; *Ehricke*, ZGR 1996, 300 (319); *Dierdorf*, S. 131 f.; *Wellenhofer-Klein*, S. 403.

herrschungsvertrages gerichtet sind[745], oder die jeweils andere Vertragspartei jedenfalls hierauf vertrauen durfte.[746]

Nach *Oechsler*[747] setzt die Annahme eines Beherrschungsvertrages deshalb voraus, dass die Vertragsparteien beabsichtigt haben, einen Vertrag zu schließen, in dem das eine Unternehmen seine Leitung dem anderen Unternehmen unterstellt (arg. ex § 291 Abs. 1 Satz 1 AktG) und das herrschende Unternehmen umfassend befugt ist, dem Vorstand des abhängigen Unternehmens für dieses nachteilige Weisungen zu erteilen, sofern sie dem herrschenden Unternehmen dienen (arg. ex § 308 Abs. 1 Satz 1, 2 AktG). Auf dieser Grundlage lehnt *Oechsler* sowohl bei Just-in-Time-Zulieferverträgen als auch bei Franchiseverträgen einen entsprechenden übereinstimmenden Willen der Vertragsparteien zum Abschluss eines Beherrschungsvertrages ab.[748]

Die Argumentation von *Oechsler* ist bereits insofern nicht zutreffend, als die Befugnis zur Erteilung auch nachteiliger Weisungen nicht zum zwingenden Inhalt eines Beherrschungsvertrages zählt, über den sich die Vertragsparteien geeinigt haben müssen. Nach § 308 Abs. 1 Satz 2 AktG kann die Befugnis zur Erteilung nachteiliger Weisungen im Beherrschungsvertrag ausgeschlossen werden.[749] Das Recht zur Erteilung nachteiliger Weisungen ist vielmehr ebenso wie die das herrschende Unternehmen treffende Verlustausgleichspflicht (§ 302 Abs. 1 AktG) lediglich Rechtsfolge eines Beherrschungsvertrages. Soweit Franchisenehmer und Franchisegeber einzelne Rechtsfolgen, die das Gesetz an den übereinstimmend gewünschten Rechtserfolg anknüpft – wie die Befugnis zur Erteilung auch nachteiliger Weisungen –, nicht erkannt oder nicht gewollt haben, befinden sie sich in einem unbeachtlichen Rechtsfolgenirrtum.[750]

Ausschlaggebend ist mithin, ob der Wille von Franchisegeber und Franchisenehmer darauf gerichtet ist, dass der Franchisenehmer die Leitung seiner Gesellschaft dem Franchisegeber-Unternehmen unterstellt (§ 291 Abs. 1 Satz 1 AktG) und das Franchi-

---

[745] In diesem Fall handelt es sich auch dann um einen Beherrschungsvertrag, wenn dieser übereinstimmende Wille in den Erklärungen von Franchisegeber und Franchisenehmer, also im Franchisevertrag, keinen oder nur einen unvollkommenen Ausdruck gefunden hat (*falsa demonstratio non nocet*), vgl. Palandt/*Heinrichs*, § 133 Rn. 8.

[746] Ebenso sind die Grundsätze der fehlerhaften Gesellschaft nur unter dieser Voraussetzung auf Franchiseverhältnisse anwendbar, vgl. *Oechsler*, ZGR 1997, 464 (474); vgl. zu den Voraussetzungen für die Anwendung der Grundsätze der fehlerhaften Gesellschaft Palandt/*Sprau*, § 705 Rn. 18.

[747] *Oechsler*, ZGR 1997, 464 (474).

[748] *Oechsler*, ZGR 1997, 464 (476).

[749] Auf abhängige GmbH und Personengesellschaften ist § 308 AktG insgesamt analog anwendbar, vgl. für die GmbH u.a. Scholz/*Emmerich*, Anhang Konzernrecht, Rn. 183; Hachenburg/*Ulmer*, Anh. § 77, Rn. 218; Rowedder/Schmidt-Leithoff/*Koppensteiner*, Anh. nach § 52, Rn. 108; Beck'schesHdb GmbH/*Rosenbach*, § 17 Rn. 32; für die Personengesellschaft u.a. *Emmerich/Habersack*, § 34 III 3; *Jäger*, DStR 1997, 1813 (1815); *Bälz*, AG 1992, 277 (288).

[750] Vgl. MünchKommBGB/*Kramer*, § 119 Rn. 71 mit Nachweisen aus der Rechtsprechung; *Bayreuther*, S. 244.

segeber-Unternehmen befugt sein soll, der Franchisenehmer-Gesellschaft zur Durchsetzung seines Leitungsrechtes Weisungen zu erteilen, die von der Franchisenehmer-Gesellschaft zu befolgen sind (§§ 291 Abs. 1 Satz 1, 308 Abs. 1 Satz 1, Abs. 2 AktG). Nach einigen Stimmen in der Literatur müssen sich die Vertragsparteien eines Beherrschungsvertrages nicht darauf verständigen, dass das herrschende Unternehmen der Geschäftsführung der abhängigen Gesellschaft Weisungen erteilen darf.[751] Dies ist aber mit der herrschenden Meinung[752] anzunehmen. Das Weisungsrecht ist gerade das Instrument, mit dem die eine Vertragspartei ihre Leitung der anderen Vertragspartei im Sinne von § 291 Abs. 1 Satz 1 AktG unterstellt.[753] Beherrschungsverträge ohne die Begründung eines Weisungsrechtes gibt es daher nicht.[754]

Wie oben festgestellt[755] unterstellt die Franchisenehmer-Gesellschaft ihre Leitung dem Franchisegeber-Unternehmen, wenn der Franchisevertrag dem Franchisegeber-Unternehmen das Recht einräumt, in wenigstens einem der unternehmerischen Entscheidungsbereiche Marketing, Beschaffung, Produktion, Personal und Finanzierung die Leitungsfunktionen in der Franchisenehmer-Gesellschaft wahrzunehmen. Instrument der Leitungsunterstellung ist das Weisungsrecht zugunsten des Franchisegebers. Hierauf muss also der Wille von Franchisegeber und Franchisenehmer gerichtet sein. Der Franchisegeber, der – zur Wahrung der Systemeinheitlichkeit – den Franchisevertrag entwirft, zielt dabei gerade darauf ab, sich nach Möglichkeit einen so weitgehenden Einfluss auf die Führung der Franchisenehmer-Gesellschaft zu sichern, wie er ihn gegenüber seinen eigenen Filialbetrieben hat. Dies ist aus seiner Sicht notwenig, um die franchisetypische Einheitlichkeit des von ihm entwickelten Systems zu gewährleisten. Die Produkte und Dienstleistungen seines Franchisesystems sowie der Außenauftritt der Franchisenehmer und der Filialbetriebe sollen sich untereinander nicht, auch nicht in Nuancen, unterscheiden. Den üblichen Franchiseverträgen und Vertragsmustern lässt sich klar entnehmen, dass der Franchisegeber hierfür eine möglichst weitgehende Vereinheitlichung der internen Geschäftsabläufe innerhalb der Franchisenehmer-Gesellschaften sowie eine Vereinheitlichung im Auftreten der Franchisenehmer gegenüber Lieferanten, Vermietern und Kreditgebern anstrebt. Der Franchisegeber, der sich im Franchisevertrag durch dezidierte Weisungs- und Kontrollrechte die wesentlichen unternehmerischen Entscheidungen in der Franchisenehmer-Gesellschaft vorbehält, beabsichtigt also auch, die Franchisenehmer-Gesellschaft insoweit unter seine Leitung zu stellen.

Der Grund dafür, warum ein Unternehmer, etwa aus der Systemgastronomie, das Vertriebssystem Franchising wählt und nicht allein auf Eigenproduktion und den Vertrieb ausschließlich über eigene Filialbetriebe setzt, bestätigt diese Erkenntnis. Der Franchisegeber vertreibt seine Produkte und Dienstleistungen nicht deshalb über Franchisenehmer, weil er an der Bereitschaft selbständiger Unternehmer interessiert ist, ökono-

---

[751] Etwa Geßler/Hefermehl/*Geßler*, § 291 Rn. 53 und *Exner*, S. 115 ff.
[752] Vgl. KölnKomm/*Koppensteiner*, § 291 Rn. 13 m.w.N.; *Emmerich/Habersack*, § 11 II 2 a).
[753] KölnKomm/*Koppensteiner*, § 291 Rn. 13 m.w.N.; *Emmerich/Habersack*, § 11 II 2 a).
[754] H.M., vgl. KölnKomm/*Koppensteiner*, § 291 Rn. 13 m.w.N.; *Emmerich/Habersack*, § 11 II 2 a).
[755] Vgl. oben § 5 C II 4 d cc fff.

misch möglichst effiziente Produktions- und Absatzbedingungen zu entwickeln. Dies würde in der Tat einen unternehmerischen Freiraum zugunsten des Franchisenehmers voraussetzen und gegen einen Willen des Franchisegebers, sich die Möglichkeit zu verschaffen, die wesentlichen unternehmerischen Entscheidungen in der Franchisenehmer-Gesellschaft zu treffen, sprechen. Die Motivation des Franchisegebers besteht vielmehr darin, das von ihm entwickelte Geschäftsmodell ohne eigenen Kapitaleinsatz und damit ohne das entsprechende finanzielle Risiko umsatz- und gewinnmaximierend zu vervielfältigen.[756] Der Franchisegeber kann sich dadurch auf die Weiterentwicklung der systemtypischen Produkte, Dienstleistungen und des Marketingkonzeptes sowie deren Umsetzung durch die angeschlossenen Franchisenehmer konzentrieren. Gerade die einheitliche Umsetzung durch die Franchisenehmer setzt aus Sicht des Franchisegebers freilich detailgenaue Vorgaben in nahezu allen unternehmerischen Entscheidungsbereichen sowie die Kontrolle ihrer Umsetzung voraus.

Der Franchisenehmer hingegen dürfte zwar in vielen Fällen ein Interesse an weitergehender Autonomie haben. Will er sich einem Franchisesystem anschließen und von den damit verbundenen Geschäftschancen profitieren, ist er faktisch jedoch gezwungen, den Franchisevertrag, so wie ihn der Franchisegeber gestaltet hat, zu akzeptieren. Aus dem engmaschigen System aus Vorgaben, Weisungsrechten, Kontrollbefugnissen und Sanktionsmöglichkeiten im Franchisevertrag sowie den Richtliniensammlungen wird für den Franchisenehmer klar erkennbar, dass mit Unterzeichnung des Vertrages und dem Beitritt zum Franchisesystem die unternehmerischen Entscheidungen in seiner Gesellschaft in erheblichem Umfang von dem Franchisegeber wahrgenommen werden. Die enge Einbindung in das Franchisesystem akzeptiert der Franchisenehmer auch deshalb ganz bewusst, weil er auf den Erfolg des Systems – insbesondere wenn es sich um ein am Markt etabliertes und erfolgreiches System handelt – vertraut. Zudem gewährleisten die engen Vorgaben und die Kontrolle des Franchisegebers selbst der internen Geschäftsabläufe der Franchisenehmer-Gesellschaft dem Franchisenehmer eine Unterstützung in der Startphase. Dies bedeutet ein willkommenes Maß an Sicherheit und eine Begrenzung seines finanziellen Risikos.[757]

Erst im Laufe der Vertragsbeziehung wird der Franchisenehmer dann zunehmend Interesse an der Möglichkeit eigener unternehmerischer Entscheidungen haben, wenn sich die Beteiligung am System als rentabel erweist und er aufgrund des Erfolges Vertrauen in seine eigenen unternehmerischen Fähigkeiten gewinnt, und er sich davon einen Zusatznutzen gegenüber strenger Systemgefolgschaft erhofft.

Es lässt sich zusammenfassend festhalten, dass der Wille von Franchisegeber und Franchisenehmer regelmäßig auf eine Unterstellung der Franchisenehmer-Gesellschaft

---

[756] *Martinek*, S. VII; *Eßer*, S. 11; *Lenzen*, RIW 1984, 586; *Gross/Skaupy*, S. 39; *Skaupy*, DB 1982, 2446; *Weber*, JA 1983, 347 (349).

[757] So gibt es unter Franchisenehmern in der Startphase signifikant weniger Insolvenzen als in der Gruppe der Unternehmensgründer insgesamt, vgl. *Skaupy*, Franchising, S. 201; *ders.*, NJW 1992, 1785 (1786).

unter die Leitung des Franchisegeber-Unternehmens im Sinne von § 291 Abs. 1 Satz 1 AktG gerichtet ist.[758]

Oechsler[759], der anderer Auffassung ist, überträgt das Ergebnis, das er für Just-in-Time-Zulieferbeziehungen entwickelt hat, ohne eingehendere Begründung auf Franchiseverhältnisse. In Just-in-Time-Zulieferbeziehungen sei der Wille von Hersteller und Zulieferer nicht auf den Abschluss eines Beherrschungsvertrages gerichtet. Nach Auffassung von *Oechsler* schaltet der Hersteller einen selbständigen Unternehmer ein, weil dieser dazu bereit ist, aus eigenem Profitdenken heraus nach ökonomisch effizienten Produktionsbedingungen zu streben. Dies führe zu einer Senkung der Preise und eine Verbesserung der Qualität der Zulieferprodukte. Gerade deshalb entscheide sich der Hersteller für die Beauftragung eines Dritten, statt die Aufgaben durch eine eigene Betriebsabteilung ausführen zu lassen. Für den Hersteller steht nach *Oechsler* also die Eigeninitiative des Zulieferers, das Produkt und die Produktionsbedingungen fortzuentwickeln, im Vordergrund. Dies setze zwangsläufig voraus, dass der Hersteller dem Zulieferer entsprechende Entscheidungsbefugnisse einräumt.[760]

Ganz anderes stellt sich jedoch die Interessenlage von Franchisegeber und Franchisenehmer dar. An einer eigenen Fortentwicklung der Produkte und Produktionsbedingungen und eine autonome Umsetzung dieser Fortentwicklungen durch den Franchisenehmer hat der Franchisegeber kein Interesse. Diese Aufgabe fällt vielmehr ihm selbst zu. Der Franchisenehmer ist umgekehrt regelmäßig dazu verpflichtet, die Systemprodukte streng nach den Vorgaben des Franchisegebers und mit Hilfe der ihm vorgegebenen Technik herzustellen. Ziel des Franchisegebers ist insoweit die Steuerung der Produktion durch den Franchisenehmer. Das Gleiche gilt – wie bereits festgestellt[761] – für nahezu alle unternehmerischen Entscheidungsbereiche in der Franchisenehmer-Gesellschaft. Die Interessenlage der Parteien im Franchising unterscheidet sich daher in dem für die vorliegend zu beurteilende Frage maßgeblichen Punkten wesentlich von der in Just-in-Time-Zulieferbeziehungen.

Nach *Veil*[762] unterstellt der Franchisenehmer zwar objektiv die Leitung seiner Gesellschaft dem Franchisegeber. Der Wille des Franchisegebers sei jedoch nicht auf den Abschluss eines Beherrschungsvertrages im Sinne von § 291 Abs. 1 Satz 1 AktG gerichtet. Ohne nähere Begründung äußert *Veil* die Ansicht, der Franchisegeber müsse das Ziel verfolgen, den Franchisenehmer in seinen Unternehmensverbund wirtschaftlich einzugliedern und auf die Vermögenssubstanz des Franchisenehmers zuzugreifen. Ein solcher Wille könne dem Franchisegeber nicht unterstellt werden.[763]

---

[758] A.A. *Oechsler*, ZGR 1997, 464 (476); *Veil*, S. 301.
[759] *Oechsler*, ZGR 1997, 464 (476).
[760] *Oechsler*, ZGR 1997, 464 (476)
[761] Siehe oben § 5 C II 4 d cc fff.
[762] *Veil*, S. 300 f.
[763] *Veil*, S. 301.

Veil ist entgegen zu halten, dass das herrschende Unternehmen im Vertragskonzern nicht auf die Vermögenssubstanz des abhängigen Unternehmens zugreifen muss. Ein Transfer von Vermögen der abhängigen Gesellschaft zum herrschenden Unternehmen findet nur beim Gewinnabführungsvertrag statt. Das herrschende Unternehmen im Vertragskonzern ist vielmehr daran interessiert, im Interesse des Unternehmensverbundes, das heißt insbesondere im eigenen Interesse, Leitungsaufgaben in dem abhängigen Unternehmen wahrnehmen zu können. Dieses Interesse ist regelmäßig ein wirtschaftliches Interesse des herrschenden Unternehmens, das seinen Gewinn maximieren will. Dabei ist nicht ausgeschlossen, dass nach diesem Maßstab erteilte Weisungen an die Geschäftsführung des abhängigen Unternehmens mittelbar die wirtschaftlichen Chancen des abhängigen Unternehmens verringern oder sogar zu einer Minderung der Vermögenssubstanz des abhängigen Unternehmens führen. Dies sind aber nur mittelbare Folgen einer unmittelbar im Interesse des Unternehmensverbundes erfolgten unternehmerischen Entscheidung des herrschenden Unternehmens.

Identisch stellt sich die Situation in Franchisesystemen dar. Der Franchisegeber verfolgt das Ziel, seinen Gewinn zu maximieren. Dies erreicht er über einen größtmöglichen wirtschaftlichen Erfolg seines Systems. Denn je bekannter und erfolgreicher das von ihm entwickelte System am Markt ist, desto größer ist die Zahl der neu hinzukommenden Franchisenehmer und desto höher sind die Systemeintrittsgebühren, die der Franchisegeber von den neuen Franchisenehmern verlangen kann. Ebenso steigt der Umsatz des Systems insgesamt. Daran ist der Franchisenehmer wieder über umsatzabhängige Franchisegebühren oder eigene Filialen beteiligt.

5. Ergebnis

Franchiseverträge können Beherrschungsverträge im Sinne von § 291 Abs. 1 Satz 1 AktG sein. Dies gilt unabhängig davon, ob Franchisenehmer in der Rechtsform der Aktiengesellschaft, der GmbH oder der Personengesellschaft organisiert sind. Franchiseverträge sind Beherrschungsverträge, wenn das Franchisenehmer-Unternehmen seine Leitung in wenigstens einem der unternehmerischen Entscheidungsbereiche Marketing, Beschaffung, Produktion, Personal und Finanzierung unterstellt. Ferner muss der Wille von Franchisegeber und Franchisenehmer auf den Abschluss eines Beherrschungsvertrages gerichtet sein. In straff geführten Franchisesystemen, wie sie insbesondere in der Systemgastronomie anzutreffen sind, ist dies regelmäßig der Fall. Schließlich darf das Franchisenehmer-Unternehmen nicht anderweitig unternehmerisch tätig sein. Die Tätigkeit des Franchisenehmer-Unternehmens muss sich vielmehr im Wesentlichen auf die Umsetzung des Franchisevertrages konzentrieren. Eine abschließende Aussage darüber, ob es sich bei einem Franchisevertrag um einen Beherrschungsvertrag handelt, bleibt der Überprüfung des konkreten Franchisevertrages und der dazugehörigen Betriebshandbücher anhand der vorgenannten Kriterien vorbehalten.

D. Abhängigkeit des Franchisenehmers im Sinne von § 17 AktG

Sind Franchiseverträge ausnahmslos als Beherrschungsverträge zu qualifizieren, stellt sich die Frage, ob zwischen Franchisegeber und Franchisenehmer eine faktische Abhängigkeit im Sinne von § 17 Abs. 1 AktG vorliegen kann, nicht mehr. Der Franchisenehmer müsste dem Franchisegeber hierfür bereits im Franchisevertrag die Leitung seines Unternehmens in wenigstens einem unternehmerischen Entscheidungsbereich übertragen. Diese Voraussetzung dürften die in der Praxis abgeschlossenen Franchiseverträge jedenfalls mehrheitlich erfüllen.[764] Der Franchisenehmer gerät gerade aufgrund der von ihm zu befolgenden detaillierten Vorgaben in den Betriebshandbüchern sowie aufgrund der Änderungsvorbehalte zugunsten des Franchisegebers in eine Art von Abhängigkeit, die einer Unterstellung der Leitung seines Unternehmens regelmäßig sogar in mehreren Entscheidungsbereichen entspricht. Es ist allerdings in Anbetracht der Vielzahl denkbarer Fallgestaltungen in der Praxis nicht auszuschließen, dass im Einzelfall der Franchisevertrag dem Franchisegeber unmittelbar keinen beherrschungsvertraglich relevanten Einfluss vermittelt. Im Laufe des Vertragsverhältnisses könnten indes tatsächliche Umstände hinzutreten, die zu einer Abhängigkeit des Franchisenehmers im Sinne von § 17 Abs. 1 AktG führen könnten. Daher wird im Folgenden näher darauf einzugehen sein, ob Franchiseverträge in Kombination mit tatsächlichen abhängigkeitsbegründenden Umständen zu einer Abhängigkeit des Franchisenehmers vom Franchisegeber im Sinne von § 17 Abs. 1 AktG führen können.

I. Franchisegeber und Franchisenehmer als Unternehmen im Sinne von § 17 AktG

Voraussetzung wäre nach § 17 Abs. 1 AktG zunächst, dass Franchisegeber und Franchisenehmer rechtlich selbständige Unternehmen im Sinne des § 17 Abs. 1 AktG sind. Auf die Rechtsform des herrschenden Unternehmens, hier des Franchisegeber-Unternehmens, kommt es nicht an.[765] So kann unstreitig auch ein Einzelkaufmann herrschendes Unternehmen im Sinne des § 17 Abs. 1 AktG sein. Abhängiges Unternehmen kann jedenfalls eine Aktiengesellschaft, eine Kommanditgesellschaft auf Aktien, eine GmbH oder auch eine Personengesellschaft sein.[766] Diese Voraussetzungen erfüllen die hier untersuchten Franchisenehmer-Unternehmen. Höchst fraglich und bislang ungeklärt ist, ob als abhängige Unternehmen auch Einzelkaufleute in Betracht kommen.[767] Gegenstand der vorliegenden Untersuchung sind jedoch Franchisenehmer, die in der Rechtsform einer Gesellschaft organisiert sind, so dass auf diese Frage nicht weiter einzugehen ist.

---

[764] Siehe oben § 5 C; auch *Veil*, S. 300 ist der Ansicht, dass der Franchisegeber in der Lage ist, im Sinne einer Leitung nach § 291 Abs. 1 Satz 1 AktG sämtliche unternehmerische Entscheidungen in der Franchisenehmer-Gesellschaft zu treffen; a.A. hingegen *Bayreuther*, S. 244; für denkbar hält auch *Breuninger*, JbFfSt 1998/1999, S. 330 (337), dass der Franchisevertrag Beherrschungsvertrag im Sinne von § 291 Abs. 1 Satz 1 AktG ist.

[765] Vgl. *Emmerich/Habersack*, Konzernrecht, § 2 II 5.

[766] *Emmerich/Habersack*, Konzernrecht, § 2 II 5.

[767] Siehe dazu oben den Exkurs in Fußnote 435.

II. Abhängigkeitstatbestand des § 17 Abs. 1 AktG

Das Franchisenehmer-Unternehmen müsste vom Franchisegeber-Unternehmen im Sinne von § 17 Abs. 1 AktG abhängig sein. Abhängigkeit im Sinne von § 17 Abs. 1 AktG liegt vor, wenn ein Unternehmen – das herrschende Unternehmen – auf ein anderes rechtlich selbständiges Unternehmen unmittelbar oder mittelbar einen beherrschenden Einfluss ausüben kann. Nach dieser Definition kommt es nicht darauf an, dass das herrschende Unternehmen von seinen Einflussmöglichkeiten tatsächlich Gebrauch macht.[768] Bereits die Möglichkeit eines Unternehmens, einen beherrschenden Einfluss auf ein anderes Unternehmen auszuüben, begründet die Abhängigkeit im Sinne von § 17 Abs. 1 AktG.[769]

1. Mögliche abhängigkeitsbegründende Umstände in Franchiseverhältnissen

In Franchiseverhältnissen könnten insbesondere die folgenden Umstände eine Abhängigkeit des Franchisenehmers vom Franchisegeber im Sinne von § 17 Abs. 1 AktG begründen: Regelmäßig ist das Unternehmen des Franchisenehmers dessen einzige Erwerbsquelle.[770] Der Franchisenehmer ist weiterhin meist dazu verpflichtet, seine gesamte Arbeitskraft dem Franchisenehmer-Unternehmen zu widmen.[771] Unterliegt der Franchisenehmer wie regelmäßig einer Bezugsbindung[772] und ist es ihm nicht gestattet, in größerem Umfang auch systemfremde Produkte oder Dienstleistungen zu vertreiben[773], verstärkt dies seine existentielle Abhängigkeit vom Franchisegeber. Ferner ist es dem Franchisenehmer in aller Regel aus finanziellen Gründen kaum möglich, dass Franchisesystem zu verlassen. Nicht nur ist er häufig zu erheblichen Anfangsinvestitionen in die systemtypische Geschäftsausstattung[774] und zur Zahlung einer hohen Eintrittsgebühr in das Franchisesystem[775] gezwungen. Die Geschäftsausstattung ließe sich bei einem Systemaustritt nicht weiter verwenden und ebenso wenig weiterveräußern. Auch die Eintrittsgebühr erhält der Franchisenehmer nicht zurück. Das Unternehmen des Franchisenehmers hat überdies keinen Firmenwert, der von der Zugehö-

---

768 Allgemeine Meinung, statt vieler *Emmerich/Habersack*, Konzernrecht, § 3 II 2 a.

769 Allgemeine Meinung, statt vieler *Emmerich/Habersack*, Konzernrecht, § 3 II 2 a.

770 Ebenso *Pasderski*, S. 47.

771 Vgl. § 4 Abs. 1 des Franchisevertrages (Restaurant) bei *Heil/Wagner*, Münchener Vertragshandbuch, S. 65 (68); *Herrfeld*, S. 48.

772 Vgl. § 9 des Franchisevertrages (Restaurant) bei *Heil/Wagner*, Münchener Vertragshandbuch, S. 65 (70 f.); § 10 Abs. 1 des Franchisevertrages bei *Anschütz/Feick*, Beck'sches Formularhandbuch, S. 1099 (1102); *Herrfeld*, S. 48, 142.

773 Vgl. § 9 Abs. 2 des Franchisevertrages (Restaurant) bei *Heil/Wagner*, Münchener Vertragshandbuch, S. 65 (71); § 10 Abs. 1 des Franchisevertrages bei *Anschütz/Feick*, Beck'sches Formularhandbuch, S. 1099 (1102); *Herrfeld*, S. 48, 142.

774 Mit die höchsten Anfangsinvestitionen fallen bei dem Eintritt in bekannte Franchisesysteme im Fastfood-Bereich an. So belaufen sich die Anfangsinvestitionen des Franchisenehmers für ein Burger King-Restaurant derzeit auf ewa € 500.000 bis € 1.300.000 (ohne Grundstückskosten), vgl. startingUP März/April/Mai 2004, 52 (79).

775 So liegen die Eintrittsgebühren für Franchisenehmer bei Häagen-Dazs derzeit bei € 10.000 bis € 50.000 je nach Größe des Ladenlokals (Kiosk bis Flagship-Store), bei Burger King bei USD 40.000, vgl. startingUP März/April/Mai 2004, 52 (79); *Herrfeld*, S. 52.

rigkeit zu dem Franchisesystem unabhängig ist und den der Franchisenehmer nach dem Austritt aus dem System in eine neue wirtschaftliche Existenz einbringen könnte.

So führt die „Monokultur" der Absatzmittlung in Franchiseverhältnissen zu einer weitgehenden Anbindung an die Entscheidungen der Systemzentrale.[776] Dies soll sich in einer Überfremdung des Betriebs des Franchisenehmers bis hin zu einer faktischen Unmöglichkeit der Aufnahme alternativer Geschäftsbeziehungen äußern und sogar bis zu einer existentiellen Abhängigkeit reichen.[777]

2. Schutz des Franchisenehmers durch das Kartellrecht

Diese wirtschaftlich existentielle Abhängigkeit des Franchisenehmers vom Franchisegeber könnte bereits von dem Diskriminierungsverbot des § 20 Abs. 2 GWB erfasst werden. Der Schutz des Franchisenehmers vor Diskriminierung macht indes einen konzernrechtlichen Schutz des Franchisenehmers nicht entbehrlich. Denn der Abhängigkeitsbegriff des § 17 Abs. 1 AktG und der des § 20 Abs. 2 GWB unterscheiden sich wesentlich voneinander.[778] Hintergrund des voneinander abweichenden Abhängigkeitsbegriffs ist der unterschiedliche Schutzzweck von Konzern- und Kartellrecht. Das Kartellrecht ist Wirtschaftssteuerungsrecht.[779] Es schützt das abhängige Unternehmen im Interesse eines freien und funktionsfähigen Wettbewerbs auf den Märkten und setzt daher bei den Marktchancen des Unternehmens an.[780] Das Diskriminierungsverbot des Kartellrechts soll das Unternehmen als selbständige Einheit im Wirtschaftsprozess vor einer externen, marktbedingten Abhängigkeit schützen.[781] Das Konzernrecht hingegen schützt das abhängige Unternehmen primär im Interesse seiner Gläubiger und Minderheitsgesellschafter.[782] Es setzt daher bei den Einflussmöglichkeiten des herrschenden Unternehmens auf die Leitung des abhängigen Unternehmens an.[783]

Daher fordert die ganz überwiegende Auffassung in Rechtsprechung und Literatur konzernrechtlich eine interne, verwaltungsbedingte Abhängigkeit, während das Kartellrecht nur eine externe marktbedingte Abhängigkeit erfassen soll.[784] Die Unterscheidung nach interner und externer Abhängigkeit ist ein wesentliches Abgrenzungskriterium dafür, ob es sich bei einer Abhängigkeit um eine konzernrechtliche oder le-

---

776 *Martinek*, Franchising, S. 640; Martinek/Semler/*Martinek*, § 4 Rn. 81.

777 So *Martinek*, Franchising, S. 640; Martinek/Semler/*Martinek*, § 4 Rn. 81.

778 Vgl. dazu ausführlich *Köhler*, NJW 1978, 2473 ff.

491 *Köhler*, NJW 1978, 2473 (2474).

780 *Köhler*, NJW 1978, 2473 (2474); vgl. auch BGH NJW 1976, 801.

781 *Martinek*, Franchising, S. 640 f.; Martinek/Semler/*Martinek*, § 4 Rn. 81; *Köhler*, NJW 1978, 2473 (2476).

782 BGHZ 62, 193 (196); *Köhler*, NJW 1978, 2473 (2474); Martinek/Semler/*Martinek*, § 4 Rn. 81.

783 *Köhler*, NJW 1978, 2473 (2474); *Martinek*, Franchising, S. 640 f.

784 *Martinek*, Franchising, S. 640 f.; Martinek/Semler/*Martinek*, § 4 Rn. 81; *Köhler*, NJW 1978, 2473 (2476 f.); *Oechsler*, ZGR 1997, 464 (467); *Rittner*, DB 1976, 1465 (1467 ff.); ähnlich KölnKomm/*Koppensteiner*, § 17 Rn. 50, nach dem Abhängigkeit innergesellschaftliche, interne Einflussmöglichkeiten voraussetzt; ohne diese Wortwahl aufzugreifen, im Ergebnis aber ebenso BGHZ 90, 381 (394 ff.); OLG Karlsruhe AG 2004, 147 (148).

diglich eine wettbewerbsrechtliche handelt.[785] Den Fall einer wettbewerbsrechtlichen Abhängigkeit regeln die Normen des Kartellrechts.

3. Beherrschender Einfluss

Die vorgenannten Umstände, die eine konzernrechtliche Abhängigkeit des Franchisenehmer-Unternehmens begründen könnten, müssten dem Franchisegeber im Zusammenspiel mit franchisevertraglichen Regelungen einen beherrschenden Einfluss im Sinne von § 17 Abs. 1 AktG auf das Franchisenehmer-Unternehmen ermöglichen. Welche Voraussetzungen der beherrschende Einfluss im Sinne von § 17 Abs. 1 AktG erfüllen muss, definiert das Aktiengesetz nicht ausdrücklich. Dies gilt einmal für die Mittel, mit deren Hilfe das herrschende Unternehmen einen derartigen Einfluss ausüben kann. Auch für die Intensität, die der Einfluss vermitteln muss, enthält § 17 Abs. 1 AktG keine Vorgaben. Anhaltspunkte für eine Eingrenzung des Begriffs des beherrschenden Einflusses bieten allerdings § 17 Abs. 2 und § 18 Abs. 1 Satz 3 AktG.

a. Mehrheitsbeteiligung

Nach § 17 Abs. 2 AktG wird widerlegbar vermutet, dass eine Mehrheitsbeteiligung einen solchen Einfluss begründet. Ferner wird nach § 18 Abs. 1 Satz 3 AktG – ebenfalls widerlegbar – vermutet, dass ein abhängiges Unternehmen mit dem herrschenden Unternehmen einen Konzern bildet, das heißt mit dem herrschenden Unternehmen unter einheitlicher Leitung zusammengefasst ist (§ 18 Abs. 1 Satz 3 AktG). Wann Unternehmen unter einheitlicher Leitung zusammengefasst sind, ist wieder umstritten. Die Anhänger eines weiten Konzernbegriffs halten es für ausreichend, dass einheitliche Leitung in wenigstens einem der zentralen unternehmerischen Entscheidungsbereiche Beschaffung, Absatz oder Finanzen ausgeübt wird.[786] Dagegen verlangen die Vertreter des engen Konzernbegriffs eine umfassende Leitung des Unternehmensverbundes durch die Konzernspitze.[787] Nach beiden Auffassungen soll aber eine verbundweite Koordination des Finanzbereichs genügen.[788]

Franchisegeber sind nahezu ausnahmslos nicht am Kapital des Franchisenehmer-Unternehmens beteiligt. Auf eine Mehrheitsbeteiligung kann danach bei Franchiseverhältnissen regelmäßig nicht abgestellt werden. § 17 Abs. 2 AktG lässt sich allerdings nicht entnehmen, dass nur eine mehrheitliche Beteiligung des herrschenden an dem abhängigen Unternehmen einen beherrschenden Einfluss im Sinne von § 17 Abs. 1 AktG ermöglichen kann. Einen zwingenden Schluss auf die Mittel und die Intensität der Abhängigkeit im Sinne von § 17 Abs. 1 AktG erlauben vielmehr weder § 17

---

[785] Vgl. *Martinek*, Franchising, S. 640 f.; Martinek/Semler/*Martinek*, § 4 Rn. 81; *Köhler*, NJW 1978, 2473 (2476 f.); *Pasderski*, S. 52 f.; Giesler/Nauschütt/*Pasderski*, § 8 Rn. 50.
[786] *Emmerich/Habersack*, Konzernrecht, § 3 II 3 c), § 4 III 1; *Dierdorf*, S. 79; *Albach*, NB 1966, 30 (33 f.); *Kleindiek*, S. 37 ff.
[787] KölnKomm/*Koppensteiner*, § 18 Rn. 4, 20; *Hüffer*, § 18 Rn. 11; Staub/*Ulmer*, Anh. § 105, Rn. 32.
[788] Vgl. *Raiser*, § 51 Rn. 29; KölnKomm/*Koppensteiner*, § 18 Rn. 21; *Hüffer*, § 18 Rn. 9, 11; GroßKommAktG/*Windbichler*, 4. Aufl., § 18 Rn. 25 f.; *Emmerich/Habersack*, Konzernrecht, § 3 II 3 c).

Abs. 2 noch § 18 Abs. 1 Satz 3 AktG. Beide Vorschriften stellen lediglich widerlegbare Vermutungen auf. Notwendige Voraussetzungen für eine konzernrechtliche Abhängigkeit enthalten sie nicht. So muss ein herrschendes Unternehmen nicht zwangsläufig überhaupt eine Beteiligung an der abhängigen Gesellschaft halten, um auf diese einen beherrschenden Einfluss ausüben zu können. Ebenso wenig müssen herrschendes und abhängiges Unternehmen unter einheitlicher Leitung zusammengefasst sein.

b. Kombination aus vertraglichen Rechten und tatsächlichen Umständen

Es ist daher nicht von vornhinein ausgeschlossen, dass als Mittel zur Begründung der Abhängigkeit nicht ausschließlich eine gesellschaftsrechtliche Beteiligung, sondern auch eine Kombination aus vertraglichen Rechten und tatsächliche Umständen, wie eine wirtschaftliche Abhängigkeit des Franchisenehmers vom Franchisegeber, in Frage kommen.

aa. Keine Beschränkung der Beherrschungsmittel

Im Anschluss an das Inkrafttreten des AktG 1965 haben sich zahlreiche Autoren[789] für eine weite Definition der Abhängigkeit im Sinne von § 17 Abs. 1 AktG ausgesprochen. Ihrer Ansicht nach sollte grundsätzlich jedes Beherrschungsmittel eine Abhängigkeit in diesem Sinne begründen können. Dies gelte insbesondere für Kredit-, Lizenz- und langfristige Lieferverträge. Entscheidend sei allein die Intensität des Einflusses.[790] Der Einfluss des herrschenden Unternehmens sei abhängigkeitsbegründend, wenn das herrschende Unternehmen das abhängige veranlassen könne, sich seinem Willen zu fügen[791] oder wenn sich das abhängige Unternehmen in existentiellen Angelegenheiten dem Diktat des herrschenden Unternehmens beugen müsse, da andernfalls seine Lebensfähigkeit bedroht ist[792]. Diese Auffassung führt zu einem konsequenten Schutz der Gläubiger und der außenstehenden Gesellschafter des abhängigen Unternehmens. Sie stellt nicht darauf ab, ob etwa ein gläubigerschädigender Einfluss auf einer mitgliedschaftlichen Beherrschung oder wirtschaftlicher Abhängigkeit beruht. Nach ihr ist allein maßgeblich, ob eine Benachteiligung der abhängigen Gesellschaft, ihrer Gläubiger oder außenstehender Gesellschafter möglich ist.

---

789 *von Godin/Wilhelmi*, § 17 Anm. 2; *Baumbach/Hueck*, § 17 Anm. 2; *Emmerich/Sonnenschein*, Konzernrecht, 2. Aufl. 1977, S. 50 ff.; *Paul*, DB 1975, 1253 (1254); *Prühs*, DB 1972, 2001 (2005); *ders.*, AG 1972, 308 (311); *Dierdorf*, S. 34 ff., 152 ff.

790 *von Godin/Wilhelmi*, § 17 Anm. 2; *Baumbach/Hueck*, § 17 Anm. 2; *Emmerich/Sonnenschein*, Konzernrecht, 2. Aufl. 1977, S. 50 ff.; *Paul*, DB 1975, 1253 (1254); *Prühs*, DB 1972, 2001 (2005); *Dierdorf*, S. 34 ff., 152 ff.

791 *von Godin/Wilhelmi*, § 17 Anm. 2; *Baumbach/Hueck*, § 17 Anm. 2; *Emmerich/Sonnenschein*, Konzernrecht, 2. Aufl. 1977, S. 50 ff.; *Paul*, DB 1975, 1253 (1254); *Dierdorf*, S. 35.

792 *Prühs*, DB 1972, 2001 (2005).

aaa. Entstehungsgeschichte des § 17 AktG

Eine Stütze scheint die Auffassung, die der wirtschaftlichen Abhängigkeit konzernrechtliche Relevanz zubilligt, auf den ersten Blick in der Entstehungsgeschichte des § 17 Abs. 1 AktG zu finden. Der Begriff des beherrschenden Einflusses, der die konzernrechtliche Abhängigkeit begründet, geht auf § 15 Abs. 2 AktG 1937 zurück. Nach dieser Vorschrift konnte ein beherrschender Einfluss „aufgrund von Beteiligungen oder sonst" bestehen. In konsequenter Anwendung dieses Wortlauts sollte nach der herrschenden Meinung in der Literatur zu § 15 Abs. 2 AktG 1937 jedes Beherrschungsmittel die konzernrechtliche Abhängigkeit begründen können.[793]

Der Referentenentwurf zum AktG 1965 zählte die Mittel der Beherrschung abschließend auf. Er sah dabei neben der Kapitalbeteiligung satzungsmäßige und vertragliche Rechte als geeignete Mittel der Beherrschung vor.[794] Rein tatsächliche Verhältnisse, so die Erläuterung zum Referentenentwurf, sollten hingegen eine konzernrechtliche Abhängigkeit nicht begründen können.[795] Der später Gesetz gewordene Regierungsentwurf lehnte es hingegen ab, Beispiele oder gar eine abschließende Aufzählung der Beherrschungsmittel zu nennen. Eine solche Aufzählung habe sich als unmöglich erwiesen.[796] Man wollte nicht den Anschein erwecken, dass etwa eine Beteiligung oder satzungsmäßige oder vertragliche Rechte bereits für sich genommen einen beherrschenden Einfluss begründen müssten. Vielmehr ging man davon aus, dass diese Rechte – auch die aus einer Kapitalbeteiligung – in der Praxis häufig nur in Verbindung mit einer tatsächlichen Machtposition einen beherrschenden Einfluss vermitteln können.[797] Der Regierungsentwurf beschränkte sich daher auf das Erfordernis des beherrschenden Einflusses, ohne diesen in § 17 Abs. 1 AktG näher zu definieren. Dennoch erwähnten die Verfasser des Entwurfs in ihrer Begründung ausdrücklich, dass der beherrschende Einfluss „auf verschiedensten Grundlagen beruhen" könne, auch wenn dafür rein tatsächliche Verhältnisse nach deren Auffassung mangels ausreichend gesicherter Einflussmöglichkeiten nur selten ausreichen dürften.[798]

Dass die Regierungsbegründung zu § 17 Abs. 1 AktG 1965 tatsächliche Umstände als Beherrschungsmittel nicht grundsätzlich ablehnte, scheint für eine Einbeziehung nicht gesellschaftsrechtlich vermittelter, rein wirtschaftlicher Abhängigkeiten in § 17 Abs. 1 AktG zu sprechen.

bbb. Einfluss der „Thega"-Entscheidung des Reichsgerichts

Bei genauer Betrachtung der Regierungsbegründung zum AktG 1965 und der zuvor ergangenen Rechtsprechung zu § 15 AktG 1937 gelangt man jedoch zu einem anderen

---

[793] Überblick bei GroßkommAktG/*Schmidt/Meyer-Landrut*, 2. Aufl., § 15 Anm. 4.
[794] § 16 Abs. 1 des Referentenentwurfs zum AktG 1965 (1958), S. 4.
[795] Vgl. Referentenentwurf zum AktG 1965 (1958), S. 195.
[796] BegrRegE zu § 17 AktG bei *Kropff*, AktG, S. 31.
[797] BegrRegE zu § 17 AktG bei *Kropff*, AktG, S. 31.
[798] Vgl. BegrRegE zu § 17 AktG bei *Kropff*, AktG, S. 31.

Ergebnis.[799] Erwähnt die Regierungsbegründung im Zusammenhang mit möglichen Grundlagen eines beherrschenden Einflusses auch rein tatsächliche Verhältnisse, ist dieser Gedanke nicht isoliert, sondern vielmehr als Folge der „Thega"-Entscheidung des Reichsgerichts[800] zu sehen. Gemäß Regierungsbegründung sollen rein tatsächliche Verhältnisse nur selten zur Begründung eines beherrschenden Einflusses ausreichen, „weil sie es in aller Regel nicht gestatten, sich das abhängige Unternehmen ohne Rücksicht auf zufällige Entwicklungen und auf die nicht sichere Mitwirkung anderer zu unterwerfen"[801].

In dem vom Reichtsgericht zu prüfenden Fall „Thega" ging es darum, ob ein Unternehmen, das selbst nur über eine Sperrminorität von rund 27 % der Aktien eines anderen Unternehmens verfügte, deshalb einen beherrschenden Einfluss auf das andere Unternehmen ausüben konnte, da es aus rein tatsächlichen Umständen mit der Unterstützung eines weiteren im gleichem Umfang beteiligten Aktionärs zählen konnte. Im Zusammenhang damit führte das Reichsgericht aus, dass auch tatsächliche Gegebenheiten einen beherrschenden Einfluss gewährleisten können, sofern es sich dabei nicht lediglich um zufällige Entwicklungen und Ereignisse handelt, die sich wegen ihrer Abhängigkeit von der jeweiligen Sachlage einer vorausgehenden Lenkung entziehen.[802] Dies sei etwa der Fall, wenn ein Unternehmen zur Durchsetzung seines Willens auf eine Mitwirkung Dritter angewiesen ist, auf die es nicht mit Sicherheit rechnen kann.[803]

Der „Thega"-Entscheidung des Reichsgerichts lag also gerade kein Sachverhalt zu Grunde, in dem es an einer gesellschaftsrechtlichen Beteiligung des herrschenden Unternehmens an der abhängigen Gesellschaft fehlte. Das herrschende Unternehmen verfügte lediglich nicht über eine Mehrheitsbeteiligung an der abhängigen Gesellschaft. Die Gedanken des Reichsgerichts aus der „Thega"-Entscheidung finden sich in der Regierungsbegründung zu § 17 Abs. 1 AktG wieder. Daher lässt sich der Regierungsbegründung nicht entnehmen, dass die Gesetzesverfasser mit der Erwähnung der rein tatsächlichen Verhältnisse Einflussmöglichkeiten als abhängigkeitsbegründend im Sinne von § 17 Abs. 1 AktG zulassen wollten, die nicht wenigstens auch auf einer gesellschaftsrechtlichen Beteiligung beruhen.[804]

bb. Postulat der gesellschaftsrechtlichen Vermittlung des beherrschenden Einflusses

Der Bundesgerichtshof hat 1984 entschieden, dass der beherrschende Einfluss im Sinne des § 17 Abs. 1 AktG zwingend gesellschaftsrechtlich bedingt oder zumindest ver-

---

[799] Vgl. dazu *Köhler*, NJW 1978, 2473 (2477); *Ulmer*, ZGR 1978, 457 (466); KölnKomm/*Koppensteiner*, § 17 Rn. 50.
[800] RGZ 167, 40 ff.
[801] BegrRegE zu § 17 AktG bei *Kropff*, AktG, S. 31.
[802] RGZ 167, 40 (49 f.).
[803] RGZ 167, 40 (50).
[804] So auch *Köhler*, NJW 1978, 2473 (2477); *Ulmer*, ZGR 1978, 457 (466).

mittelt sein muss.[805] Im Anschluss an die Entscheidung des Bundesgerichtshof[806] soll auch nach Auffassung der Instanzgerichte[807] und der ganz herrschenden Meinung in der Literatur[808] nur eine Kapitalbeteiligung, nicht aber wirtschaftliche Machtpositionen, seien sie auch vertraglich abgesichert, eine konzernrechtliche Abhängigkeit begründen können. Durch wirtschaftliche Machtpositionen könne sich lediglich ein aufgrund von Beteiligungsrechten ohnehin schon bestehender gesellschaftsinterner Einfluss zu einem beherrschenden Einfluss verstärken.[809]

aaa. Gesetzessystematik

Der Bundesgerichtshof begründet seine Ansicht im Wesentlichen mit gesetzessystematischen und teleologischen Überlegungen. So stellten § 17 AktG und die darin anknüpfenden Vorschriften auf Tatbestände ab, die typischerweise aktien- oder jedenfalls gesellschaftsrechtlich geprägt seien. Dies gelte nicht nur für die Abhängigkeitsvermutung in § 17 Abs. 2 AktG, die an eine Mehrheitsbeteiligung an der beherrschenden Gesellschaft anknüpft, sondern gleichermaßen für die Mitteilungspflichten der §§ 20 bis 22 AktG und den Konzerntatbestand des § 18 AktG.[810]

bbb. Teleologische Aspekte

Dieses systematische Argument wurde in der Literatur noch vereinzelt angegriffen.[811] Einig sind sich der Bundesgerichtshof und die ganz überwiegende Meinung in der Literatur indes darüber, dass es nicht dem Sinn und Zweck der aktienrechtlichen Vor-

---

[805] BGHZ 90, 381 (395 ff.) im Anschluss an *Köhler*, NJW 1978, 2473 (2474 ff.); *Ulmer*, ZGR 1978, 457 (468 f.); *Westermann*, ZIP 1982, 379 (385); *Martens*, S. 58 ff., 68, 142; *Sura*, S. 54 ff.; *Rittner*, DB 1976, 1465 (1467).

[806] Bestätigt durch BGHZ 121, 137 (145).

[807] OLG Karlsruhe AG 2004, 147 (148); OLG Frankfurt/Main AG 1998, 139 (140); OLG Düsseldorf AG 1994, 36 (37).

[808] KölnKomm/*Koppensteiner*, § 17 Rn. 29 ff.; 50 ff.; *Koppensteiner*, FS Stimpel, S. 811 ff.; GroßkommAktG/*Windbichler*, 4. Aufl., § 17 Rn. 41; MünchKommAktG/*Bayer*, § 17 Rn. 22 ff.; MünchHdbAG/*Krieger*, § 68 Rn. 40; *Hüffer*, AktG § 17 Rn. 8; *Raiser*, § 51 Rn. 20 f.; *Emmerich/Habersack*, Konzernrecht, § 3 II 2; *K. Schmidt*, Gesellschaftsrecht, § 17 III; *Giesler*, Franchiseverträge, Rn. 155 f., 236; *Herrfeld*, S. 413 ff.; *Oechsler*, ZGR 1997, 464 ff.; *Teubner*, ZHR 154 (1990), 295 (317 ff.); zuvor bereits *Köhler*, NJW 1978, 2473 (2474 ff.); *Ulmer*, ZGR 1978, 457 (468 f.); *K. Schmidt*, ZGR 1980, 277 (284 f.); *Westermann*, ZIP 1982, 379 (385); *Martens*, S. 58 ff., 68, 142; *Sura*, S. 54 ff.; *Rittner*, DB 1976, 1465 (1467); anderer Ansicht sind hingegen *Martinek*, Franchising, S. 641 ff.; Martinek/Semler/*Martinek*, § 4 Rn. 81 f.; *Pasderski*, S. 37 ff., 57; Giesler/Nauschütt/*Pasderski*, § 8 Rn. 50 ff.; aus betriebsverfassungsrechtlicher Sicht in Franchiseverhältnissen auch *Buschbeck-Bülow*, BB 1989, 352 (353 ff.); diess., BB 1990, 1061 f.; gegen *Buschbeck-Bülow* jedoch *Skaupy*, BB 1990, 134 und 1061 f.; für Just-in-Time Lieferbeziehungen mit Qualitätssicherungsvereinbarungen halten folgende Autoren eine gesellschaftsrechtliche Vermittlung der Abhängigkeit für nicht erforderlich: *Nagel/Riess/Theis*, DB 1989, 1505 (1507 ff.); *Nagel*, DB 1988, 2291 (2293); *ders.*, DB 1991, 319 (327); *Ensthaler*, NJW 1994, 817 (819); *Klebe/Roth*, CR 1990, 677 (679); *Steckler*, S. 139 ff.; *Zirkel*, NJW 1990, 345 (348 f.); zurückhaltender *Steinmann*, S. 167 ff.

[809] BGHZ 90, 381 (397); bestätigt durch BGHZ 121, 137 (145)

[810] BGHZ 90, 381 (395).

[811] Etwa von *Koppensteiner*, FS Stimpel, S. 811 (815).

schriften über verbundene Unternehmen, insbesondere der §§ 311 ff. AktG entspreche, die allgemeinen Risiken marktwirtschaftliche Betätigung zu erfassen, die sich aus rein wirtschaftlicher, nicht aber zugleich gesellschaftsrechtlich abgesicherter Abhängigkeit ergeben.[812] So hat der Bundesgerichtshof in der „BuM"-Entscheidung ausgeführt, dass die Einbeziehung nicht gesellschaftlicher Einflüsse, die allein durch externe Austauschbeziehungen, wie etwa durch Liefer-, Lizenz- oder Kreditverträge, begründet sind, in die aktienrechtlichen Vorschriften über verbundene Unternehmen bei der Vielzahl und Vielfalt möglicher wirtschaftlicher Abhängigkeiten tief und in einem kaum mehr zu übersehenden Ausmaß in das Marktgeschehen eingreifen würde.[813] Eine Einbeziehung rein marktbedingter Abhängigkeiten würde weit über das Ziel der konzernrechtlichen Vorschriften hinausgehen. Der Zweck der Vorschrift bestehe nicht darin, die Gefahren zu bannen, die jedem auf dem Markt auftretenden Unternehmen – nicht nur einer Kapitalgesellschaft – von der Ausübung fremder wirtschaftlicher Macht drohten. Die §§ 311 ff. AktG verfolgten vielmehr den Zweck, Minderheitsaktionäre innerhalb der abhängigen Gesellschaft gegen solche nachteiligen Einwirkungen auf die Unternehmensführung dieser Gesellschaft zu schützen, die sich aus einer Ausnutzung spezifisch gesellschaftsrechtlicher Möglichkeiten ergeben können und denen deshalb auch mit gesellschaftsrechtlichen Mitteln zu begegnen ist.[814]

Neben dem Bundesgerichtshof begründen zahlreiche Autoren ihre Auffassung mit den Rechtsfolgen, die das AktG in §§ 311 ff. an die Abhängigkeit im Sinne von § 17 Abs. 1 AktG knüpft.[815] Die Rechtsfolgen sollen den typischen Gefahren entgegenwirken, die sich gerade aus der innergesellschaftlichen Organisationsstruktur der Aktiengesellschaft ergeben.[816] Gefahren, die sich aus der innergesellschaftlichen Organisations- und Zuständigkeitsstruktur von Kapitalgesellschaften ergeben, und vor denen in erster Linie die Minderheitsgesellschafter, Gläubiger hingegen allenfalls reflexartig geschützt werden sollen, ergeben sich in der Tat in Fällen rein wirtschaftlicher Abhängigkeit nicht.[817] Es ist vor diesem Hintergrund konsequent, die an § 17 Abs. 1 AktG geknüpften Rechtsfolgen nur auf gesellschaftsrechtlich, nicht aber rein wirtschaftlich vermittelte Abhängigkeiten anzuwenden. Nach ganz überwiegender Ansicht in Rechtsprechung und Literatur fehlt es bei Abhängigkeitsverhältnissen aufgrund lediglich externer Einflußmöglichkeiten an einem spezifisch gesellschaftsrechtlichen Schutzbedürfnis der Gesellschafter und Gläubiger der abhängigen Gesellschaft.[818] Es sei vielmehr Aufgabe des Zivilrechts, des Wettbewerbsrechts und des Rechts der Allgemei-

[812] BGHZ 90, 381 (395 f.); KölnKomm/*Koppensteiner*, § 17 Rn. 29 ff., 50 ff. m.w.N.
[813] BGHZ 90, 381 (396).
[814] BGHZ 90, 381 (396).
[815] So etwa *Ulmer*, ZGR 1978, 457 (469); *Koppensteiner*, FS Stimpel, S. 811 (818).
[816] Vgl. BGHZ 90, 381 (396); *Ulmer*, ZGR 1978, 457 (469); *Koppensteiner*, FS Stimpel, S. 811 (818).
[817] Vgl. dazu auch *Oechsler*, ZGR 1997, 464 (478 f.); *Wellenhofer-Klein*, S. 410.
[818] Vgl. etwa BGHZ 90, 381 (396 f.); *Ulmer*, ZGR 1978, 457 (469); *Koppensteiner*, FS Stimpel, S. 811 (821).

nen Geschäftsbedingungen, Unternehmen gleich welcher Rechtsform vor marktbedingter rein wirtschaftlicher Abhängigkeit zu schützen.[819]

d. Besonderheiten in Franchiseverhältnissen

Ob der beherrschende Einfluss nach § 17 Abs. 1 AktG zwingend gesellschaftsrechtlich bedingt sein muss oder auch vertragliche Rechte und tatsächliche Umstände einen solchen Einfluss zu begründen vermögen, gilt daher im Anschluss an die grundlegende „BuM"-Entscheidung des Bundesgerichtshofs[820] in Literatur und Rechtsprechung als grundsätzlich geklärt.[821] Der „BuM"-Entscheidung des Bundesgerichtshofs lag andererseits kein Franchisesachverhalt zugrunde. Vielmehr ging es um einen Kreditvertrag, der für das klagende Unternehmen existenzwichtig war. Es bleibt daher zu prüfen, ob sich in Franchiseverhältnissen Besonderheiten ergeben, die ein Abweichen vom Postulat der gesellschaftsrechtlichen Vermittlung rechtfertigen.

aa. Meinungsstand in der Literatur

Bislang gehen nur *Martinek* und *Pasderski* davon aus, dass im Franchising eine gesellschaftsrechtliche Vermittlung für eine Abhängigkeit im konzernrechtlichen Sinne entbehrlich sein kann.[822] Die ganz herrschende Meinung in der Literatur fordert hingegen im Anschluss an die Rechtsprechung des Bundesgerichtshofs zu Kreditverträgen auch in Franchiseverhältnissen eine Kapitalbeteiligung des Franchisegebers an der Gesellschaft des Franchisenehmers für eine Abhängigkeit im Sinne von § 17 Abs. 1 AktG.[823]

---

[819] BGHZ 90, 381 (396 f.); KölnKomm/*Koppensteiner*, § 17 Rn. 50; *Koppensteiner*, FS Stimpel, S. 811 (821); *Ulmer*, ZGR 1978, 457 (470 f.); *Köhler*, NJW 1978, 2473 (2478); *Wellenhofer-Klein*, S. 410.

[820] BGHZ 90, 381.

[821] MünchKommAkG/*Bayer*, § 17 Rn. 22.

[822] *Martinek*, Franchising, S. 641 ff.; Martinek/Semler/*Martinek*, § 4 Rn. 81; *Pasderski*, S. 37 ff., 57; Giesler/Nauschütt/*Pasderski*, § 8 Rn. 50 ff.

[823] KölnKomm/*Koppensteiner*, § 17 Rn. 29 ff.; 50 ff.; *Koppensteiner*, FS Stimpel, S. 811 ff.; GroßkommAktG/*Windbichler*, 4. Aufl., § 17 Rn. 41; MünchKommAktG/*Bayer*, § 17 Rn. 22 ff.; MünchHdbAG/*Krieger*, § 68 Rn. 40; *Hüffer*, AktG § 17 Rn. 8; *Raiser*, § 51 Rn. 20 f.; *Emmerich/Habersack*, Konzernrecht, § 3 II 2; *Giesler*, Franchiseverträge, Rn. 155 f., 236; *Herrfeld*, S. 413 ff.; *Oechsler*, ZGR 1997, 464 ff.; *Teubner*, ZHR 154 (1990), 295 (317 ff.); *Köhler*, NJW 1978, 2473 (2474 ff.); *Ulmer*, ZGR 1978, 457 (468 f.); *K. Schmidt*, Gesellschaftsrecht, § 17 III; *ders.*, ZGR 1980, 277 (284 f.); *Westermann*, ZIP 1982, 379 (385); *Martens*, S. 58 ff., 68, 142; *Sura*, S. 54 ff.; *Rittner*, DB 1976, 1465 (1467); wohl auch Geßler/Hefermehl/*Geßler*, § 17 Rn. 40 f. Für eine konzernrechtliche Abhängigkeit kann nach der Rechtsprechung des Bundesgerichtshofs allerdings eine Minderheitsbeteiligung ausreichen, solange tatsächliche außergesellschaftsrechtliche Umstände hinzutreten, die den gesellschaftsinternen Einfluss zu einem beherrschenden Einfluss verstärken (BGHZ 90, 381 (397)). Da in der Praxis Franchisegeber in aller Regel keine Beteiligung an dem Unternehmen des Franchisenehmers halten, soll dieser Sonderfall in der weiteren Untersuchung außer Betracht bleiben.

bb. Umschlagen einer externen in eine interne Abhängigkeit

Fordert man mit der herrschenden Meinung für die Begründung einer konzernrechtlichen Abhängigkeit, diese Abhängigkeit müsse intern, also verwaltungsbedingt begründet sein, lässt dies zunächst die Möglichkeit offen, dass es eine konzernrechtliche Abhängigkeit auch ohne eine gesellschaftsrechtliche Vermittlung des beherrschenden Einfluss geben kann. Insbesondere *Martinek* ist der Ansicht, dass § 17 Abs. 1 AktG lediglich eine interne verwaltungsbedingte Abhängigkeit erfordere. Ob diese durch eine Kapitalbeteiligung vermittelt werde, sei unerheblich.[824]

Martinek sieht in der externen, marktbedingten Abhängigkeit keinen Gegensatz zu der durch eine Kapitalbeteiligung vermittelten Beherrschung der Unternehmensleitung des abhängigen Unternehmens, sofern sich dieser externe Einfluss intern auswirkt.[825] Er geht weiter davon aus, dass sich die Einflussmöglichkeiten, die dem Franchisegeber eine externe, marktbedingte Abhängigkeit des Franchisenehmer-Unternehmens vermittelt, in ihrer Intensität soweit steigern können, dass sie in eine interne, verwaltungsbedingte Abhängigkeit umschlagen.[826]

Allerdings muss bezweifelt werden, ob dafür tatsächlich allein eine quantitative Steigerung externer, marktbedingter Einflussmöglichkeiten ausreichen kann. Jede externe marktbedingte Abhängigkeit äußert sich für das abhängige Unternehmen gerade darin, dass die Unternehmensleitung sich zu einem bestimmten Verhalten gezwungen sieht, um die wirtschaftliche Konkurrenz- und zuletzt Lebensfähigkeit des eigenen Unternehmens zu sichern. Mit der Intensität der externen Abhängigkeit steigt zwar die Zwangslage der Unternehmensleitung. Qualitativ verändert sich die Art des Einflusses jedoch nicht.

Ein nur extern abhängiges Unternehmen kann sich zudem langfristig aus der Abhängigkeit lösen, ohne dabei die Fähigkeit einzubüßen, wieder selbständig auf dem Markt aufzutreten, selbst wenn der Weg zu einer neuen wirtschaftlichen Existenz beschwerlich sein sollte. Einen Einfluss, der qualitativ mit dem internen, verwaltungsbedingten vergleichbar ist, kann eine rein marktbedingte Abhängigkeit nicht erzeugen.

Aber auch *Martinek* scheint nicht davon auszugehen, dass die Überlegung, eine externe Abhängigkeit könne in Franchiseverhältnissen in eine interne umschlagen, dazu führt, die Forderung der herrschenden Meinung nach einer gesellschaftsrechtlichen Vermittlung zu überwinden. Er betont, dass diese intentionale Steigerung der externen in eine interne Abhängigkeit insbesondere deshalb möglich sei, da die interne verwaltungsbedingte Abhängigkeit des § 17 Abs. 1 AktG nicht auf einer Kapitalbeteiligung

---

[824] *Martinek*, Franchising, S. 641 ff.; Martinek/Semler/*Martinek*, § 4 Rn. 82.

[825] *Martinek*, Franchising, S. 641 ff.; Martinek/Semler/*Martinek*, § 4 Rn. 82.

[826] *Martinek*, Franchising, S. 641 ff.; Martinek/Semler/*Martinek*, § 4 Rn. 82; ihm folgend wohl auch *Pasderski*, S. 48 ff.; Giesler/Nauschütt/*Pasderski*, § 8 Rn. 50; vgl. zu diesem Ansatz auch schon *v. Falkenhausen*, NJW 1973, 487 (488).

des herrschenden am abhängigen Unternehmen beruhen müsse.[827] Warum die Abhängigkeit im Sinne von § 17 Abs. 1 AktG entgegen der Ansicht des Bundesgerichtshofs und der überwiegenden Literaturmeinung nicht gesellschaftsrechtlich vermittelt sein müsse, begründet *Martinek* allerdings nicht.

Im Ergebnis geht auch *Martinek* davon aus, dass der Franchisenehmer vom Franchisegeber nicht im Sinne von § 17 Abs. 1 AktG abhängig ist. Er hält dafür eine verbundweite Finanzpolitik für erforderlich. An ihr fehle es in Franchiseverhältnissen. Der Franchisenehmer bleibe vielmehr „Herr seiner Finanzen"[828].

cc. Interne Organisation des Franchisenehmer-Unternehmens als Vertragsgegenstand

Für eine interne verwaltungsbedingte Abhängigkeit des Franchisenehmer-Unternehmens, die eine gesellschaftsrechtliche Vermittlung des beherrschenden Einflusses entbehrlich machen könnte, streitet indes ein anderes Argument. Anders als auch in den vom Bundesgerichtshof und der Mehrzahl der Autoren betrachteten Fällen der externen Abhängigkeit aufgrund von Kredit-, Lizenz- und Lieferbeziehungen zeichnen sich Franchiseverhältnisse typischerweise dadurch aus, dass die interne Organisation des Franchisenehmer-Unternehmens zum Gegenstand des Franchisevertrages wird.[829]

Die Abhängigkeit des Franchisenehmers resultiert nicht in erster Linie daraus, dass der Franchisegeber einen durch die Marktlage bedingten Einfluss auf die unternehmerischen Entscheidungen des Franchisenehmer-Unternehmens erhält. Den Einfluss auf die Geschäftspolitik des Franchisenehmers sichert sich der Franchisegeber vielmehr über den Franchisevertrag. Dort lässt er sich Weisungsrechte gegenüber der Geschäftsführung des Franchisenehmer-Unternehmens einräumen. Der Franchisegeber erlangt also rechtlich gesicherten Einfluss auf die interne Organisation des Franchisenehmer-Unternehmens. Die interne Organisation des Franchisenehmer-Unternehmens wird gerade zum Vertragsgegenstand des Franchisevertrages.[830] Dabei kann dieser Einfluss weitaus intensiver sein als bei Bestehen einer Mehrheitsbeteiligung. Dies gilt in besonderem Maße für die Ausnahmefälle, in denen es sich bei dem Franchisenehmer-Unternehmen um eine Aktiengesellschaft handelt und in denen dem Mehrheitsaktionär daher kein unmittelbares Weisungsrecht gegenüber der Geschäftsführung des abhängigen Unternehmens zusteht.

Die oben beschriebene Situation, in der die interne Organisation des Franchisenehmer-Unternehmens Gegenstand des Franchisevertrages ist, tritt allerdings gerade in den Fällen ein, in denen das Franchisenehmer-Unternehmen seine Leitung in wenigstens einem unternehmerischen Entscheidungsbereich dem Franchisegeber unterstellt. Dann sind Franchiseverträge aber bereits Beherrschungsverträge im Sinne von § 291 Abs. 1

[827] *Martinek*, Franchising, S. 641; Martinek/Semler/*Martinek*, § 4 Rn. 82.
[828] *Martinek*, Franchising, S. 643 f.; Martinek/Semler/*Martinek*, § 4 Rn. 83 f.
[829] *Oechsler*, ZGR 1997, 464 (468).
[830] So zutreffend *Oechsler*, ZGR 1997, 464 (468).

Satz 1 AktG. Sofern wie in den hier zu betrachtenden Fällen neben weniger umfassende Weisungsrechte im Franchisevertrag externe Umstände hinzutreten, die zu einer gewissen Abhängigkeit des Franchisenehmer-Unternehmens vom Franchisegeber führen, ergibt sich diese Abhängigkeit zu einem erheblichen Maße aus markt-, nicht verwaltungsbedingten Einflussmöglichkeiten. Sie betreffen nicht die interne Organisation und Leitung der Gesellschaft des Franchisenehmers. In diesen Fällen fehlt es daher an der notwendigen internen verwaltungsbedingten Abhängigkeit des Franchisenehmer-Unternehmens.

2. Ergebnis

Franchiseverträge können Beherrschungsverträge im Sinne von § 291 Abs. 1 Satz 1 AktG sein. Raum für eine faktische Abhängigkeit des Franchisenehmers vom Franchisegeber im Sinne von § 17 Abs. 1 AktG oder ein Konzernverhältnis zwischen Franchisegeber und Franchisenehmer bleibt daneben nicht.[831]

[831] Ebenso GroßkommAktG/*Windbichler*, 4. Aufl., § 17 Rn. 41; KölnKomm/*Koppensteiner*, § 17 Rn. 29 ff.; 50 ff.; MünchKommAktG/*Bayer*, § 17 Rn. 22 ff.; *K. Schmidt*, Gesellschaftsrecht, § 17 III; *Giesler*, Franchiseverträge, Rn. 155 f., 236; *Herrfeld*, S. 413 ff.; *Oechsler*, ZGR 1997, 464 ff.; *Teubner*, ZHR 154 (1990), 295 (317 ff.).

§ 6 Folgen des Konzerncharakters für Weisungsrecht und Verlustausgleichspflicht des Franchisegebers

A. Nichterfüllung der formalen Voraussetzungen eines Beherrschungsvertrages

Erfüllen Beherrschungsverträge die zu ihrer Wirksamkeit erforderlichen formalen Voraussetzungen[832] nicht, sind sie unwirksam.

Sie sind indes nicht zwangsläufig nichtig. Als Organisationsvertrag unterliegt der Beherrschungsvertrag den für die fehlerhafte Gesellschaft entwickelten Grundsätzen.[833] Er kann nicht rückwirkend beseitigt werden, sondern nur durch fristlose Kündigung[834] einer der Vertragsparteien mit Wirkung ex nunc, also für die Zukunft[835]. Solange er tatsächlich von den Vertragsparteien durchgeführt wird, ist er als wirksam zu behandeln. Bis zur Kündigung des Vertrages gelten die üblichen konzernrechtlichen Rechtsfolgen.[836] Der Inhalt des Beherrschungsvertrages ist für die Vertragsparteien verbindlich.[837]

Damit haben die im Franchisevertrag geregelten Weisungsrechte zugunsten des Franchisegebers Bestand, solange der Vertrag von Franchisegeber und Franchisenehmer durchgeführt wird. Ferner finden § 308 AktG (analog) über das Weisungsrecht und § 302 Abs. 1 AktG (analog) über die Verlustausgleichspflicht Anwendung.

---

[832] Siehe dazu im Einzelnen oben § 5 C II 2.

[833] BGHZ 103, 1 (4 f.) („Familienheim"); BGHZ 116, 37 (39) („Stromlieferung"); BGH NJW 2002, 822 (823); GroßKommAktG/*Windbichler*, 4. Aufl., § 17 Rn. 38; *Hüffer*, § 291 Rn. 20 f.; *K. Schmidt*, Gesellschaftsrecht, § 31 III 2 b, § 39 II 2 b, § 6 IV 4; *Ulmer*, BB 1989, 10 (16); *Nagel*, DB 1988, 2291 (2293); *ders.*, DB 1991, 319 (327); *Ensthaler*, NJW 1994, 817 (819); *Oechsler*, ZGR 1997, 464 (474); *Steinmann*, S. 169; kritisch dazu *Kleindiek*, ZIP 1988, 613 ff.

[834] Nach *Emmerich/Habersack*, § 11 IV 1, soll es genügen, dass sich eine der Parteien auf die Unwirksamkeit des Vertrages beruft.

[835] BGHZ 103, 1 (5) („Familienheim"); BGHZ 116, 37 (39) („Stromlieferung"); BGH NJW 2002, 822 (823); *K. Schmidt*, Gesellschaftsrecht, § 31 III 2 b, § 39 II 2 b, § 6 IV 4; Beck'schesHdbGmbH/*Rosenbach*, § 17 Rn. 25; *Nagel*, DB 1988, 2291 (2293); *Ensthaler*, NJW 1994, 817 (819); *Oechsler*, ZGR 1997, 464 (474); *Steinmann*, S. 169; *Wellenhofer-Klein*, S. 405 f.; einschränkend Scholz/*Emmerich*, Anhang Konzernrecht, Rn. 172 ff., der es bei der ex tunc - Nichtigkeit des Beherrschungsvertrages belassen will, wenn es an mindestens einem der beiden Zustimmungsbeschlüsse und/oder der Handelsregistereintragung fehlt; für eine Beschränkung der Grundsätze im Falle des Beherrschungsvertrages auf den Gläubigerschutz Baumbach/Hueck/*Zöllner*, GmbH-KonzernR, Rn. 44. Allgemein zu den Grundsätzen der fehlerhaften Gesellschaft Palandt/*Sprau*, § 705 Rn. 17 f.

[836] BGHZ 103, 1 (4 ff.) („Familienheim"); BGHZ 116, 37 (39 ff.) („Stromlieferung"); BGH NJW 2002, 822 (823); GroßKommAktG/*Windbichler*, 4. Aufl., § 17 Rn. 38; *K. Schmidt*, Gesellschaftsrecht, § 31 III 2 b, § 39 II 2 b, § 6 IV 4; *Ulmer*, BB 1989, 10 (15 ff.); *Nagel*, DB 1988, 2291 (2293); *ders.*, DB 1991, 319 (327); *Ensthaler*, NJW 1994, 817 (819); *Oechsler*, ZGR 1997, 464 (474); *Steinmann*, S. 169. Allgemein zu den Grundsätzen der fehlerhaften Gesellschaft Palandt/*Sprau*, § 705 Rn. 17 f.

[837] Vgl. Palandt/*Sprau*, § 705 Rn. 18.

B. Keine Beschränkung des Weisungsrechts durch § 138 Abs. 1 BGB

Haben Franchisegeber und Franchisenehmer einen Beherrschungsvertrag geschlossen, führt die Kontrolle des Vertrages anhand des Maßstabs der guten Sitten nach § 138 Abs. 1 BGB allenfalls in Ausnahmefällen zu einer Beschränkung des Weisungsrechts des Franchisegebers. Das gesetzliche Weisungsrecht des Franchisegebers nach § 308 Abs. 1 AktG (analog) reicht außerordentlich weit. Ein dem Franchisegeber vertraglich eingeräumtes Weisungsrecht, das diesen Rahmen nicht überzieht, kann im Rahmen einer Gesamtwürdigung des Vertrages, die § 138 Abs. 1 BGB verlangt, nicht gegen die guten Sitten verstoßen. Sollte es der Vertrag dem Franchisegeber hingegen gestatten, sein Weisungsrecht in einer Art und Weise auszuüben, die zu einer Existenzgefährdung oder Existenzvernichtung des Franchisenehmer-Unternehmens führt, könnte der Vertrag im Einzelfall gegen die guten Sitten verstoßen und daher nach § 138 Abs. 1 BGB nichtig sein.

C. Keine Beschränkung von Weisungsrecht und Verlustausgleichspflicht durch Inhaltskontrolle nach §§ 305 ff. BGB

Wie bereits dargestellt können die Vorschriften der §§ 305 ff. AktG über Allgemeine Geschäftsbedingungen nicht dazu führen, das Weisungsrecht und die Verlustausgleichspflicht des Franchisegebers inhaltlich zu verändern.[838]

D. Konzernprivileg und Einfluss auf die kartellrechtlichen Schranken des Weisungsrechts

Wettbewerbsbeschränkende Vereinbarungen zwischen Unternehmen, die einem Konzern angehören, unterliegen unter bestimmten Umständen nicht der Kontrolle nach dem GWB und dem EG. Sie können vielmehr uneingeschränkt zulässig sein. So könnte der Franchisegeber im Franchisevertrag Vorgaben zur Führung der Franchisenehmer-Betriebe treffen und sich Weisungsvorbehalte einräumen lassen, ohne dabei auf kartellrechtliche Vorgaben Rücksicht nehmen zu müssen.

I. Typische Wettbewerbsbeschränkungen in Franchiseverträgen

Franchiseverträge enthalten regelmäßig Vorgaben zur Preisgestaltung und Ausschließlichkeitsbindungen im Sinne der §§ 14 und 16 GWB. Daneben findet man Vereinbarungen, die dem Diskriminierungsverbot des § 20 GWB unterliegen.[839] Stehen sich die Beteiligten (auch) auf einer Marktstufe gegenüber, kann zudem das Kartellverbot des § 1 GWB einschlägig sein. Das ist bei den in der Praxis häufigen sogenannten Mischsystemen der Fall, bei denen der Franchisegeber auch eigene Filialen betreibt und damit gleichzeitig auch auf der Stufe des Franchisenehmers steht.[840] Kommt europäi-

[838] Siehe dazu oben § 5 A II.
[839] Vgl. dazu näher oben § 4 C, § 5 C II 4 d cc aaa (2).
[840] Hierzu zählen zum Beispiel die Systeme von McDonald's und Nordsee.

sches Kartellrecht zur Anwendung, ist vor allem Art. 81 Abs. 1 EG zu beachten. Zahlreiche Klauseln in Franchiseverträgen sind freilich nach der Vertikal-GVO[841] pauschal vom Verbot des Art. 81 Abs. 1 EG freigestellt.

Ob der Franchisegeber hinsichtlich Gegenstand und Reichweite seiner Vorgaben und Weisungsvorbehalte im Franchisevertrag die Einschränkungen durch das deutsche und europäische Kartellrecht beachten muss, hängt zunächst davon ab, inwieweit die Vorschriften des Kartellrechts auf konzerninterne Vereinbarungen überhaupt anwendbar sind. In einem weiteren Schritt ist zu klären, ob diese Grundsätze auch auf Franchisevertragskonzerne übertragbar sind.

II. Wettbewerbsbeschränkungen im Konzern

Inwieweit wettbewerbsbeschränkende Absprachen, die von Unternehmen eines Konzerns getroffen werden, unter das Kartellverbot der § 1 GWB und Art. 81 Abs. 1 EG fallen, ist im Einzelnen umstritten und bedarf insoweit einer differenzierten Betrachtung. Der Begriff des Konzerns im Sinne des § 18 Abs. 1 AktG erfasst eine Vielzahl unterschiedlicher Unternehmensverbindungen. Zudem sind zahlreiche rechtliche Fragen im Konzernrecht nicht abschließend geklärt.[842] Allein deshalb ist eine einheitliche Antwort, die alle denkbaren Konzernverbindungen umfasst, nicht möglich.

Die Diskussion um das Konzernprivileg hat sich bislang vorwiegend auf die Geltung der § 1 GWB und Art. 81 Abs. 1 EG sowie des Diskriminierungsverbots (§ 20 GWB) innerhalb eines Konzerns konzentriert.[843] Sie stellt sich aber ebenso für die §§ 14, 16 GWB, denen im Franchising aufgrund der angesprochenen Vorgaben des Franchisegebers zur Preisgestaltung und der Ausschließlichkeitsbindungen besondere Bedeutung zukommt.[844]

1. Schutzzweck des Kartellrechts

Will man die Frage nach der Geltung des Kartellrechts für konzerninterne Vereinbarungen beantworten, bieten sich dogmatisch zwei Tatbestandsmerkmale an, die für die Anwendung der einschlägigen Vorschriften des GWB und des EG Voraussetzung sind. Einige Autoren knüpfen an den Begriff des Unternehmens an[845], andere an den

---

[841] Verordnung (EG) Nr. 2790/1999 der Kommission v. 22.12.1999 über die Anwendung von Art. 81 Absatz 3 des Vertrages auf Gruppen von vertikalen Vereinbarungen und aufeinander abgestimmte Verhaltensweisen, ABl. 1999, L 336/21-25.

[842] Vgl. Langen/Bunte/*Bunte*, § 1 GWB Rn. 254; auch *Huber*, ZHR 131 (1968), 193 ff.

[843] Siehe etwa Bunte/Langen/*Bunte*, § 1 Rn. 144 ff., 254 ff.; Immenga/Mestmäcker/*Immenga*, GWB, 2. Aufl., § 1 Rn. 199 ff.; Immenga/Mestmäcker/*Zimmer*, GWB, 3. Aufl., § 1 Rn. 148 ff.; Müller-Henneberg/Schwartz/*Hootz*, § 1 Rn. 123; *Fleischer*, AG 1997, 491 ff.; *Ulmer*, WuW 1960, 163 (171 ff.); OLG Stuttgart WuW/E OLG, 2352 ff.; OLG Frankfurt WuW/E OLG, 3600 ff.

[844] Vgl. dazu näher oben § 4 C, § 5 C II 4 d cc aaa (2).

[845] So *Harms*, S. 88 ff.; Müller/Gießler/*Scholz*, GWB, § 1 Rn. 41 f.; *Rinck/Schwark*, Rn. 251.

der Wettbewerbsbeschränkung.[846] Diejenigen, die auf die Wettbewerbsbeschränkung abstellen, beantworten die Frage damit letztlich anhand des Schutzzwecks des Kartellrechts.

a. Anknüpfung an den Unternehmensbegriff

Nach denjenigen, die an das Tatbestandsmerkmal des Unternehmens anknüpfen, sollen Konzerntöchter dann, wenn sie wettbewerbsbeschränkende Vereinbarungen mit anderen Unternehmen des gleichen Konzerns schließen, bereits keine Unternehmen im Sinne der Vorschriften des GWB sein.[847] Maßgeblich sei hierfür die wirtschaftliche Selbständigkeit eines Unternehmens, die allein dem Konzern als Ganzes zuerkannt werden könne, nicht aber den einzelnen Tochtergesellschaften. Konzerninterne Wettbewerbsbeschränkungen wären danach stets der Kontrolle des Kartellrechts entzogen.

Diese Ansicht würde zu einem gespaltenen Unternehmensbegriff führen. Denn im Verhältnis zu außerhalb des Konzerns stehenden Dritten wären die einzelnen Konzernmitglieder weiterhin Unternehmen im Sinne des Kartellrechts.[848] Zudem würde man es Konzernen erleichtern, die Vorschriften des GWB durch entsprechende Gestaltungen ihrer Binnenstruktur zu umgehen.[849] Da Konzerntöchter im faktischen Konzern grundsätzlich eine selbständige Unternehmenspolitik betreiben können, und dies auch im Vertragskonzern keinesfalls ausgeschlossen ist, spricht insbesondere der Zweck des Kartellrechts, den freien Wettbewerb umfassend zu schützen, gegen eine Anknüpfung an den Unternehmensbegriff.[850] Nach überwiegender Meinung stellen die einzelnen Unternehmen eines Konzerns daher auch im Rahmen konzerninterner Vereinbarungen Unternehmen im Sinne sowohl des deutschen als auch des europäischen Kartellrechts dar.[851]

---

[846] So *Schroeder*, WuW 1988, 274 (277); *Fleischer*, AG 1997, 491 (494); *Grandpierre*, S. 104 ff.; Immenga/Mestmäcker/*Zimmer*, GWB, 3. Aufl., § 1 Rn. 150; Immenga/Mestmäcker/*Immenga*, GWB, 2. Aufl., § 1 Rn. 201; Langen/Bunte/*Bunte*, § 1 Rn. 255; *Götz/Rieger*, JuS 1968, 393 (395).

[847] *Harms*, S. 88 ff.; Müller/Gießler/*Scholz*, § 1 Rn. 41 f.; *Rinck/Schwark*, Rn. 251.

[848] *Schroeder*, WuW 1988, 274 (276); *Fleischer*, AG 1997, 491 (494); *Klippert*, S. 105 f.

[849] Immenga/Mestmäcker/*Immenga*, GWB, 2. Aufl., § 1 Rn. 56; Immenga/Mestmäcker/*Zimmer*, GWB, 3. Aufl., § 1 Rn. 46.

[850] *Köhler*, NJW 1978, S. 2473 (2479); *Grandpierre*, S. 75f.; *von Gamm*, § 1 Rn. 11.

[851] OLG Frankfurt WuW/E OLG, 3600 (3601); Immenga/Mestmäcker/*Immenga*, GWB, 2. Aufl., § 1 Rn. 65, 200; Immenga/Mestmäcker/*Zimmer*, GWB, 3. Aufl., § 1 Rn. 51; *von Gamm*, § 1 Rn. 11; Gemeinschaftskommentar/*Hootz*, 5. Aufl., § 1 Rn. 26; *Köhler*, NJW 1978, 2473 (2479); *Huber*, ZHR 131 (1968), 193 (211); *Bartholomeyczik*, FS Heymanns Verlag, S. 307 (324); *Grandpierre*, S. 75 f.; speziell für das EG-Kartellrecht: Immenga/Mestmäcker/*Emmerich*, EG, Art. 85 Abs. 1 Rn. 50; *Mestmäcker/Schweitzer*, § 8 Rn. 46; *Gleiss/Hirsch*, Art. 85 Rn. 55, 190 mit Hinweis darauf, dass dies auch der Auffassung der Kommission und des Europäischen Gerichtshofs entspreche sowie den entsprechenden Nachweisen dazu.

b. Anknüpfung an den Begriff der Wettbewerbsbeschränkung

Deshalb ist denjenigen zuzustimmen, die die Frage, inwieweit konzerninterne Wettbewerbsbeschränkungen dem Kartellverbot unterliegen, anhand des Begriffs der Wettbewerbsbeschränkung beantworten.[852] Das GWB – ebenso wie Art. 81 f. EG – bezweckt, Unternehmen daran zu hindern, *den Wettbewerb* auszuschließen oder zu *beschränken.*[853] Entscheidend ist, inwieweit die streitigen Vereinbarungen eine Wettbewerbsbeschränkung im Sinne der jeweiligen in Rede stehenden kartellrechtlichen Vorschrift darstellen. Sowohl der Tatbestand des § 1 GWB als auch der Tatbestand des Art. 81 EG setzen ausdrücklich eine Wettbewerbsbeschränkung voraus. Als Beschränkung der Handlungsfreiheit eines Vertragsbeteiligten findet sich das Kriterium ebenfalls – versteckt – in den §§ 14 und 16 GWB.[854] Schließlich schützt das Diskriminierungsverbot des § 20 GWB Unternehmen davor, dass ihre Betätigungsmöglichkeiten im Wettbewerb beeinträchtigt werden[855] und will damit Wettbewerbsbeschränkungen verhindern.

Eine Wettbewerbsbeschränkung im Sinne des § 1 GWB ist jede Beschränkung der wettbewerblichen Handlungsfreiheit der an der Vereinbarung beteiligten Unternehmen[856], das heißt einer wirtschaftlichen Handlungsfreiheit, die zu wettbewerblichen Prozessen gleich welcher Form führt.[857] §§ 14 und 16 GWB schützen spezielle Bereiche dieser Handlungsfreiheit.[858] Besteht diese Handlungsfreiheit nicht (mehr), kann sie auch nicht beschränkt werden. Konzerninterne Wettbewerbsbeschränkungen können also nur dann vorliegen, wenn überhaupt ein beschränkbarer Wettbewerb zwischen den beteiligten Konzernunternehmen besteht.[859] Sie müssen also noch über eine eigene wettbewerbliche Handlungsfreiheit verfügen.[860] Dies ist vor allem zweifelhaft in Fällen, in denen die Muttergesellschaft Einfluss auf die Unternehmenspolitik ihrer Tochtergesellschaften nimmt.

---

[852] So ausdrücklich *Fleischer*, AG 1997, 491 (494).
[853] Immenga/Mestmäcker/*Zimmer*, GWB, 3. Aufl., Einleitung Rn. 1.
[854] *Schroeder*, WuW 1988, 274 (277).
[855] Vgl. Immenga/Mestmäcker/*Markert*, GWB, 3. Aufl., § 20 Rn. 116.
[856] Langen/Bunte/*Bunte*, § 1 Rn. 144; *Bechthold*, § 1 Rn. 27; vgl. auch *Schroeder*, WuW 1988, 274 (277); Immenga/Mestmäcker/*Zimmer*, GWB, 3. Aufl., § 1 Rn. 138.
[857] Immenga/Mestmäcker/*Immenga*, GWB, 2. Aufl., § 1 Rn. 184; Immenga/Mestmäcker/*Zimmer*, GWB, 3. Aufl., § 1 Rn. 138.
[858] *Schroeder*, WuW 1988, 274 (277).
[859] Vgl. *Mestmäcker/Schweitzer*, § 8 Rn. 46.
[860] Immenga/Mestmäcker/*Immenga*, GWB, 2. Aufl., § 1 Rn. 184; Immenga/Mestmäcker/*Zimmer*, GWB, 3. Aufl., § 1 Rn. 150; Langen/Bunte/*Bunte*, § 1 Rn. 144; Immenga/Mestmäcker/*Emmerich*, EG, Art. 85 Abs. 1 Rn. 53; *Gleiss/Hirsch*, Art. 85 Rn. 191; *Schroeder*, WuW 1988, 274 (277); *Bechthold*, § 1 Rn. 28; *Götz/Rieger*, JuS 1968, 393 (395); teilweise wird auch eine generelle kartellrechtliche Privilegierung konzerninterner Vereinbarungen befürwortet: so Gemeinschaftskommentar/*Hootz*, 5. Aufl., § 1 Rn. 124; *Grandpierre*, S. 133 ff; *Ulmer*, WuW 1960, 163 (173); *Harms*, S. 121. Befürworter einer grundsätzlichen Anwendung des Kartellverbots gibt es hingegen kaum: soweit ersichtlich sind dies nur *Haberkorn*, WRP 1967, 39 (41); *Zeitler*, WuW 1959, 621 (628).

Für das deutsche und das europäische Kartellrecht wurden freilich nicht vollständig deckungsgleiche Kriterien für die Annahme von Wettbewerbsbeschränkungen aufgestellt. Aus diesem Grund soll im Folgenden zwischen konzerninternen Vereinbarungen, die von Art. 81 EG erfasst werden könnten, und solchen, die unter das GWB fallen würden, unterschieden werden.

2. Nichtanwendung des deutschen Kartellrechts

Inwieweit die einzelnen Konzernunternehmen noch über wirtschaftliche Handlungsfreiheit verfügen, richtet sich nach den Weisungsmöglichkeiten der Konzernspitze. Diese reichen von Konzern zu Konzern unterschiedlich weit. Die Reichweite der Weisungsmöglichkeiten bestimmt sich maßgeblich danach, ob sie auf rechtlicher oder faktischer Leitungsmacht beruhen, also danach, ob es sich um Weisungen innerhalb eines Vertragskonzerns oder eines faktischen Konzerns handelt.[861]

Besteht zwischen den beteiligten Unternehmen ein Beherrschungsvertrag im Sinne von § 291 Abs. 1 Satz 1 AktG, ist das herrschende Unternehmen nach § 308 Abs. 1 AktG berechtigt, dem Vorstand des abhängigen Unternehmens Weisungen hinsichtlich der Leitung des Unternehmens zu erteilen. Nach § 308 Abs. 1 Satz 2 AktG gilt dies auch für Weisungen, die für das abhängige Unternehmen nachteilig sind. Die Weisungen müssen nur dem Konzerninteresse dienen und dürfen nicht existenzvernichtend sind.[862] Für das abhängige Unternehmen besteht insofern eine Befolgungspflicht, § 308 Abs. 2 AktG. Entsprechendes gilt auch für eine GmbH und Personengesellschaften, die ihre Leitung durch Beherrschungsvertrag einem anderen Unternehmen unterstellen.[863]

Beinhaltet eine Weisung der Konzernspitze an die Tochtergesellschaft eine Wettbewerbsbeschränkung, so wird die Weisung für die Tochtergesellschaft unter Umständen nachteilig sein. Da aber auch eine solche nachteilige Weisung nach § 308 Abs. 2 Satz 1, 2 AktG (analog)[864] grundsätzlich[865] verbindlich ist, fehlt es der Tochtergesell-

[861] Vgl. Immenga/Mestmäcker/*Zimmer*, GWB, 3. Aufl., § 1 Rn. 201 ff; Langen/Bunte/*Bunte*, § 1 Rn. 146, 255; *Schroeder*, WuW 1988, 274 (277); im Ergebnis ebenso *Köhler*, NJW 1978, 2473 (2479 ff.); *Huber*, ZHR 131 (1968), 193 (199 ff.).

[862] So die h.M., vgl. *Hüffer*, § 308 Rn. 19.

[863] Für das GmbH-Konzernrecht: BGH NJW 1992, 1452 (1454); *Zöllner*, ZGR 1992, 173 (186); Scholz/*Emmerich*, Anhang Konzernrecht, Rn. 183; Hachenburg/*Ulmer*, Anh. § 77, Rn. 218; Rowedder/Schmidt-Leithoff/*Koppensteiner*, Anh. nach § 52, Rn. 108; Beck'schesHdbGmbH/*Rosenbach*, § 17 Rn. 32; *Kort*, S. 46, 139; für das Konzernrecht der Personengesellschaften: *Emmerich/Habersack*, § 34 III 3; *Jäger*, DStR 1997, 1813 (1815); *Bälz*, AG 1992, 277 (288).

[864] Für das GmbH-Konzernrecht: BGH NJW 1992, 1452 (1454); *Zöllner*, ZGR 1992, 173 (186); Scholz/*Emmerich*, Anhang Konzernrecht, Rn. 183; Hachenburg/*Ulmer*, Anh. § 77, Rn. 218; Rowedder/Schmidt-Leithoff/*Koppensteiner*, Anh. nach § 52, Rn. 108; Beck'schesHdbGmbH/*Rosenbach*, § 17 Rn. 32; *Kort*, S. 46, 139; für das Konzernrecht der Personengesellschaften: *Emmerich/Habersack*, § 34 III 3; *Jäger*, DStR 1997, 1813 (1815); *Bälz*, AG 1992, 277 (288).

[865] Nur eine existenzvernichtende oder existenzgefährdende Weisung muss von der abhängigen Gesellschaft nach h.M. nicht befolgt werden, vgl. *Hüffer*, § 308 Rn. 19.

schaft an einer wettbewerblichen Handlungsfreiheit, die beschränkt werden könnte. Diese gesellschaftsrechtliche Wertung, nach der die Konzerninteressen Vorrang vor denen der Tochtergesellschaften haben, erkennt das Kartellrecht an.[866] Denn es ist nicht Aufgabe des Kartellrechts, Wettbewerb künstlich dort zu erzeugen, wo er aufgrund gesellschaftsrechtlicher Strukturen und daraus resultierender Gestaltungsmöglichkeiten – wie der Bildung eines Vertragskonzerns, innerhalb dessen der Muttergesellschaft ein unmittelbares Weisungsrecht zusteht – von vornherein nicht besteht und nicht bestehen soll. Die Institutionen, die das Gesellschaftsrecht zur Verfügung stellt, werden akzeptiert und nicht durch das Kartellrecht ihres Inhalts beraubt. Die Normen des Kartellrechts bezwecken vielmehr, Selbstbeschränkungen im Wettbewerb zu unterbinden. Ein abhängiges Unternehmen, das rechtlich verpflichtet ist, die Weisungen der Konzernspitze zu befolgen, beschränkt den Wettbewerb hingegen nicht freiwillig.[867]

Unerheblich ist, in welcher Form die Weisung erfolgt.[868] Im Ergebnis handelt es sich bei schlichter Weisung, abgestimmtem Verhalten oder Regelungen einer Geschäftsordnung innerhalb des Vertragskonzerns nur um unterschiedliche Instrumente der Unternehmensführung, die sich hinsichtlich ihrer Verbindlichkeit für die Tochtergesellschaft nicht unterscheiden. Das gleiche gilt auch für Weisungen, die in einem Vertrag erteilt werden.[869] Diese Form wählen Unternehmen teilweise etwa aus steuerrechtlichen Gründen.[870] Es wäre sinnlos, vertragliche Vereinbarungen im Vertragskonzern mit den Mitteln des Wettbewerbsrechts zu unterbinden, die jederzeit durch eine verbindliche Weisung der Muttergesellschaft ersetzt werden könnten.

Aufgrund der fehlenden wettbewerblichen Handlungsfreiheit der Tochtergesellschaften findet das GWB auf konzerninterne Wettbewerbsbeziehungen innerhalb vertraglicher Unterordnungskonzerne keine Anwendung.[871] Innerhalb von Vertragskonzernen fehlt es an einem Wettbewerb, der beschränkt werden könnte.

---

[866] Immenga/Mestmäcker/*Zimmer*, GWB, 3. Aufl., § 1 Rn. 151.

[867] *Huber*, ZHR 131 (1968), 193 (217 f.); ähnlich *Fleischer*, AG 1997, 491 (497).

[868] Immenga/Mestmäcker/*Zimmer*, GWB, 3. Aufl., § 1 Rn. 151; Langen/Bunte/*Bunte*, § 1 Rn. 255; FK/*Huber/Baums*, § 1 Rn. 242; *Schroeder*, WuW 1988, S. 274 (275); *Huber*, ZHR 131 (1968), 193 (213).

[869] Vgl. Immenga/Mestmäcker/*Zimmer*, GWB, 3. Aufl., § 1 Rn. 151; Langen/Bunte/*Bunte*, § 1 Rn. 255; FK/*Huber/Baums*, § 1 Rn. 242; *Schroeder*, WuW 1988, 274 (275); *Huber*, ZHR 131 (1968), 193 (213).

[870] *Schroeder*, WuW 1988, 274 (275).

[871] *Huber*, ZHR 131 (1968), 193 (217 f.); jeweils hinsichtlich § 1 GWB: OLG Frankfurt WuW/E OLG, 3600 (3601); Immenga/Mestmäcker/*Zimmer*, GWB, 3. Aufl., § 1 Rn. 151; Langen/Bunte/*Bunte*, § 1 Rn. 255; FK/*Huber/Baums*, § 1 Rn. 242; *Emmerich*, Kartellrecht, § 3 (4.); *Bechthold*, § 1 Rn. 28; wohl auch für das deutsche Kartellrecht *Fleischer*, AG 1997, 491 (491 f., 502); Immenga/Mestmäcker/*Immenga*, GWB, 2. Aufl., § 1 Rn. 202 nur für die Geschäftsbereiche, in denen die Muttergesellschaft tatsächlich Weisungen erteilt; soweit hingegen keine Weisungen erteilt werden, bestehe keine gesellschaftsrechtliche Befolgungspflicht und das abhängigen Unternehmen handele in eigener Verantwortung, so dass § 1 GWB anwendbar bleibe. Diese Ansicht wirkt sich auf Franchisevertragskonzerne jedoch nicht aus, da der Franchisegeber von seinem Weisungsrecht in den hier untersuchten Fällen Gebrauch macht.

3. Nichtanwendung des europäischen Kartellrechts

Die Europäische Kommission und der Europäische Gerichtshof haben eigene Kriterien zur wettbewerbsrechtlichen Beurteilung konzerninterner Vereinbarungen aufgestellt. Dabei gehen sie – wie auch die überwiegende Ansicht im rein nationalen deutschen Recht – davon aus, dass nicht der Unternehmensbegriff, sondern vielmehr das Tatbestandsmerkmal der Wettbewerbsbeschränkung in Art. 81 Abs. 1 EG den maßgeblichen Anknüpfungspunkt zur Beantwortung der Frage bildet, ob Vereinbarungen zwischen Mitgliedern eines Konzerns unter das Kartellverbot des Art. 81 Abs. 1 EG fallen können.[872] Dem folgt auch die Literatur.[873]

a. Anwendbarkeit des Art. 81 Abs. 1 EG auf einseitige Weisungen

Zunächst ist indes zu klären, ob Art. 81 Abs. 1 EG überhaupt auf *einseitige Weisungen und Maßnahmen* des Franchisegebers anwendbar ist. Die Vorschrift erfasst nach ihrem Wortlaut nur *Vereinbarungen* zwischen rechtlich selbständigen Unternehmen. Die Weisungsvorbehalte des Franchisegebers sowie sein Weisungsrecht nach § 308 AktG (analog) könnten daher von vornherein einer Kontrolle durch das europäische Kartellrecht entzogen sein.

aa. Einseitige Weisungen und Maßnahmen in Franchiseverhältnissen

In Franchiseverträgen finden sich zahlreiche kartellrechtlich relevante Vorgaben des Franchisegebers. Diese Vorgaben sind damit unproblematisch Vereinbarungen im Sinne des Art. 81 Abs. 1 EG. Daneben erkennt jedoch der Franchisenehmer im Franchisevertrag regelmäßig die meist in sogenannten Betriebshandbüchern aufgeführten Richtlinien des Franchisegebers in ihrer jeweils gültigen Fassung an.[874] Dadurch erhält der Franchisegeber die Möglichkeit, das System entsprechend seiner Vorstellungen weiter zu entwickeln und in gewissen Grenzen abzuändern. Vor allem sichert er sich die Befolgungspflicht der Franchisenehmer. Rechtlich gesehen handelt es sich bei der Änderung von Richtlinien in den Betriebshandbüchern um einseitige Maßnahmen des Franchisegebers. Hier stellt sich also das oben genannte Problem, ob auch solche einseitigen Maßnahmen unter den Begriff der Vereinbarung in Art. 81 Abs. 1 EG subsu-

---

[872] Aus der Praxis der Kommission vor allem ABl. 1969, L 165/12 (14) („Christiani & Nielsen"); ABl. 1970, L 147/24 (25) („Kodak"); aus der Rechtsprechung des Europäischen Gerichtshofs vor allem Slg. 1988, 2479 (2513), Rn. 19 ff. („Bodson/Pompes Funèbres Des Régions Libérées"); Slg. 1989, 803 (848), Rn. 35 („Ahmed Saeed Flugreisen und Silver Line Reisebüro/Zentrale zur Bekämpfung unlauteren Wettbewerbs e.V.").

[873] So etwa Immenga/Mestmäcker/*Emmerich*, EG, Art. 85 Abs. 1 Rn. 50; *Mestmäcker/Schweitzer*, § 8 Rn. 46; *Gleiss/Hirsch*, Art. 85 Rn. 55, 190; von der Groeben/Schweitzer/*Schröter*, Art. 81 Abs. 1 Rn. 108; *Fleischer*, AG 1997, 491 (493 f.); *Schroeder*, WuW 1988, 274 (277).

[874] Vgl. § 3 Abs. 1, § 4 Abs. 2 des Franchisevertrages (Restaurant) bei *Heil/Wagner*, Münchener Vertragshandbuch, S. 65 (67); § 3 Abs. 1 des Franchise-Vertrages bei *Anschütz/Feick*, Beck'sches Formularhandbuch, S. 1099 (1101); § 6 Abs. 1 des Franchise-Vertrages bei *Liesegang*, S. 30; § 7 Abs. 1 und 3 des Vertragsmusters bei *Flohr*, Franchise-Vertrag, S. 56 f.; Giesler/Nauschütt/*Pasderski*, § 8 Rn. 67; *Herrfeld*, S. 49, 53 f.

miert werden können. Das Gleiche gilt für Weisungen, die der Franchisegeber außerhalb der Richtlinien während der Laufzeit des Franchisevertrages an die Franchisenehmer erteilt und die im Regelfall Vereinbarungen im Franchisevertrag konkretisieren.

Schließlich steht dem Franchisegeber im Franchisevertragskonzern das einseitige Weisungsrecht nach § 308 AktG (analog) zu, das allerdings regelmäßig durch im Franchisevertrag vereinbarten konkreten Vorgaben und Weisungsvorbehalte gegenständlich und in seiner Reichweite beschränkt wird.

bb. Einseitige Weisungen und Maßnahmen als Vereinbarungen im Sinne des Art. 81 Abs. 1 EG

Diese einseitigen Weisungen und Maßnahmen des Franchisegebers unterliegen nur dann der Kontrolle nach Art. 81 Abs. 1 EG, wenn sie Vereinbarungen im Sinne dieser Vorschrift sind. Das Tatbestandsmerkmal der Vereinbarung in Art. 81 Abs. 1 EG wird zwar weit ausgelegt.[875] Es setzt jedoch eine Willensübereinstimmung der beteiligten Parteien voraus.[876] Einseitige Weisungen eines Unternehmens gegenüber einem anderen sind daher grundsätzlich keine Vereinbarungen im Sinne des Art. 81 Abs. 1 EG.[877]

Vom Europäischen Gerichtshof wird die Anwendung des Art. 81 Abs. 1 EG auf solche einseitigen Weisungen jedoch zunehmend und vor allem dann bejaht, wenn die Weisungen zuvor – gemeinsam – getroffene Vertriebsvereinbarungen konkretisieren.[878] Das entspricht der Praxis der Gemeinschaftsorgane, Art. 81 Abs. 1 EG einen möglichst weiten Anwendungsbereich zu sichern. In einem Versuch, die bisherige Rechtsprechung des Europäischen Gerichtshofs zu dieser Frage zusammenzufassen und zugleich eine Lösung anzubieten, die mit dem Wortlaut des Art. 81 Abs. 1 EG noch zu vereinbaren ist, wird in der Literatur vertreten, einseitige Maßnahmen dann unter Art. 81 Abs. 1 EG zu subsumieren, wenn sie nach den Abreden der beteiligten Unternehmen oder nach deren tatsächlicher Praxis nur einer Konkretisierung ihrer bestehenden vertraglichen Vereinbarungen dienen.[879] Daneben fallen einseitige Maßnahmen dann unter Art. 81 Abs. 1 EG, wenn sich der Adressat der Maßnahme mit dieser ausdrücklich oder konkludent einverstanden erklärt.[880] Dadurch kommt im Ergebnis eine Vereinbarung oder zumindest eine Verhaltensabstimmung zu Stande. Dies soll auch dann gelten, wenn die Handlungs- und Entscheidungsfreiheit des Adressaten der Maßnahme aufgrund wirtschaftlicher Abhängigkeit beeinträchtigt ist, sofern der Adressat nur rechtlich und tatsächlich in der Lage wäre, den Abschluss der Vereinbarung zu ver-

875 Immenga/Mestmäcker/*Emmerich*, EG, Art. 85 Abs. 1 Rn. 66 f.

876 Immenga/Mestmäcker/*Emmerich*, EG, Art. 85 Abs. 1 Rn. 66 f., 86; von der Groeben/Schweitzer/*Schröter*, Art. 81 Abs. 1 Rn. 55; jeweils mit Nachweisen aus der Rechtsprechung des Europäischen Gerichtshofs und der Entscheidungspraxis der Kommission.

877 Immenga/Mestmäcker/*Emmerich*, EG, Art. 85 Abs. 1 Rn. 86.

878 *Emmerich*, JuS 1997, 376 mit Verweis u.a. auf EuGH, Slg. 1995, I-3459 (3467 f.) („BMW/ALD“).

879 Immenga/Mestmäcker/*Emmerich*, EG, Art. 85 Abs. 1 Rn. 89.

880 Immenga/Mestmäcker/*Emmerich*, EG, Art. 85 Abs. 1 Rn. 89.

weigern.[881] Wenn Tochtergesellschaften innerhalb eines Vertragskonzerns den Weisungen der Muttergesellschaft Folge zu leisten haben, liegt jedenfalls eine abgestimmte Verhaltensweise der Tochtergesellschaften vor, wenn sie den Weisungen nachkommen, unter Umständen sogar unter Einschluss der Muttergesellschaft.[882]

Der Europäische Gerichtshof ist in seiner „Viho/Kommission"-Entscheidung[883] auf die Frage der Anwendbarkeit des Art. 81 Abs. 1 EG auf einseitige Weisungen und Maßnahmen nicht ausdrücklich eingegangen. Er hat sie vielmehr nicht bezweifelt. Denn er hat die Anwendung des Kartellverbots nach Art. 81 Abs. 1 EG nicht mangels einer Vereinbarung, sondern deshalb verneint, weil Mutter- und Tochtergesellschaften eine wirtschaftliche Einheit bildeten.[884] In dem Fall, der dem Europäischen Gerichtshof zur Entscheidung vorlag, hatte die Muttergesellschaft, die zu 100 % an ihren Tochtergesellschaften beteiligt war, den Tochtergesellschaften *einseitig* Export- und Reimportverbote auferlegt. Der Entscheidung lässt sich somit entnehmen, dass einseitige Weisungen und Maßnahmen den Tatbestand des Art. 81 Abs. 1 EG grundsätzlich erfüllen können.

b. Wirtschaftliche Einheit

Nach Auffassung der Kommission und des Europäischen Gerichtshofs unterliegen konzerninterne Vereinbarungen dann nicht dem Kartellverbot des Art. 81 Abs. 1 EG, wenn die Muttergesellschaft und die Tochtergesellschaften eine sogenannte wirtschaftliche Einheit bilden, in deren Rahmen die Tochtergesellschaften ihr Vorgehen auf dem Markt nicht wirklich autonom bestimmen können, sondern die Anweisungen der sie kontrollierenden Muttergesellschaft befolgen.[885] Da es in diesen Fällen einer wirtschaftlichen Einheit an wirtschaftlich unabhängigen Entscheidungsträgern mangele, könne zwischen solchen Unternehmen kein wettbewerbsbeschränkendes Verhalten im Sinne des Art. 81 Abs. 1 EG vorliegen.[886]

Welche Voraussetzungen genau erfüllt sein müssen, damit Mutter- und Tochtergesellschaften eine wirtschaftliche Einheit im Sinne der EuGH-Rechtsprechung bilden, haben bislang weder die Kommission noch der Europäische Gerichtshof klargestellt. Insbesondere lässt sich nicht zuverlässig vorhersagen, welche Art der konzernrechtlichen Abhängigkeitsverhältnisse zur Annahme einer wirtschaftlichen Einheit führen oder ob bestimmte Konzernarten per se eine solche wirtschaftliche Einheit bilden. In der „Viho/Kommission"-Entscheidung[887] erweckt der Europäische Gerichtshof den Eindruck, als ob auch eine 100 %ige Beteiligung an den Tochtergesellschaften nicht zwangsläufig zu einem Autonomieverlust der Tochtergesellschaften führt. Denn das Gericht begründet die fehlende Entscheidungsautonomie damit, dass die Muttergesellschaft 100 % des Kapitals ihrer Tochtergesellschaften hält *und* die Produktpalette so-

---

[881] von der Groeben/Schweitzer/*Schröter*, Art. 81 Abs. 1 Rn. 62.
[882] Immenga/Mestmäcker/*Emmerich*, EG, Art. 85 Abs. 1 Rn. 51; von der Groeben/Schweitzer/*Schröter*, Art. 81 Abs. 1 Rn. 107.
[883] Slg. 1995, I-5482.
[884] Siehe EuGH, Slg. 1995, I-5482 (5495) Rn. 16.

wie die komplette Verkaufs- und Marketingpolitik von einer seitens der Muttergesellschaft bestimmten Gebietsleitung vorgegeben und überwacht werden.[888]

aa. Fehlende Entscheidungsautonomie der Tochtergesellschaften

Andererseits lassen sowohl die Entscheidungspraxis der Kommission als auch die Rechtsprechung des Europäischen Gerichtshofs Rückschlüsse auf die entscheidungsrelevanten Kriterien zu. Im Mittelpunkt der Entscheidungen steht stets die fehlende Entscheidungsautonomie der Tochtergesellschaften. Dies macht deutlich, dass es letztlich um die Einfluss- bzw. Weisungsmöglichkeiten der Muttergesellschaft gegenüber ihren Tochtergesellschaften geht.[889] Bestätigt wird das auch durch den allgemeinen Sprachgebrauch. Wenn eine Gesellschaft den unmittelbaren oder mittelbaren Weisungen einer anderen Gesellschaft Folge zu leisten hat, kann diese Gesellschaft keine autonomen Entscheidungen hinsichtlich ihrer Unternehmenspolitik mehr treffen. Der Europäische Gerichtshof macht dies in der „Viho/Kommission"-Entscheidung[890] ebenfalls deutlich. In der Begründung des Gerichts heißt es, die beteiligten Unternehmen bilden „eine wirtschaftliche Einheit, in deren Rahmen die Tochtergesellschaften ihr Vorgehen auf dem Markt nicht wirklich autonom bestimmen können, sondern die Anweisungen der sie kontrollierenden Muttergesellschaft befolgen"[891]. Dem Urteil lässt sich nicht entnehmen, ob der englischen Muttergesellschaft gegenüber den Tochtergesellschaften aufgrund ihrer 100%igen Beteiligung ein unmittelbares Weisungsrecht zustand. Das EuG hat in seiner erstinstanzlichen Entscheidung allerdings zu Recht darauf hingewiesen, dass auch mittelbare Anweisungen, die von der Tochtergesellschaft befolgt werden, zu fehlender Entscheidungsautonomie führen.[892]

bb. Einflussmöglichkeiten der Muttergesellschaft im Konzern

Innerhalb von Konzernen ergeben sich mittelbare oder unmittelbare Einfluss- und Weisungsmöglichkeiten für die Muttergesellschaft in erster Linie aus der Höhe ihrer Kapitalbeteiligung an den Tochtergesellschaften oder einem etwaigen Beherrschungsvertrag zwischen Mutter- und Tochtergesellschaften. Nach Teilen der Literatur soll es generell ausreichen, wenn die Muttergesellschaft über ähnlich wirksame Mittel wie

---

885 So die ständige Rechtsprechung des Europäischen Gerichtshofs seit Slg. 1972, 619 (665) Rn. 132, 135 („ICI/Kommission"), zuletzt bestätigt in Slg. 1996, I-5482 (5495) Rn. 15 f. („Viho/Kommission"); aus der Entscheidungspraxis der Kommission u.a.: ABl. 1970, L 147/24 (25) („Kodak"); ABl. 1994, L 239/19 (29) („PVC").

886 EuGH, Slg. 1999, I-8643 (8673), Rn. 19 („G. C. Allen/Amalgamated").

887 Slg. 1996, I-5482.

888 EuGH Slg. 1996, I-5482 (5495) Rn. 15.

889 So auch die Literatur, nach der ebenfalls immer ein etwaiges Weisungsrecht entscheidend sein soll, vgl. von der Groeben/Schweitzer/*Schröter*, Art. 81 Abs. 1 Rn. 108 f.; Immenga/Mestmäcker/*Emmerich*, EG, Art. 85 I Rn. 55; ähnlich *Gleiss/Hirsch*, Art. 85 Rn. 194 f.; *Fleischer*, AG 1997, 491 (498 ff.).

890 EuGH Slg. 1996, I-5482.

891 EuGH Slg. 1996, I-5482 (5495) Rn. 16.

892 Slg. 1995, II-17 (35) Rn. 51 („Viho/Kommission").

das Weisungsrecht verfügt, um ihren Willen gegenüber der Tochtergesellschaft durchzusetzen.[893] Deutlich wird an dieser Stelle, dass die Frage, in welchen Konzernstrukturen den Tochtergesellschaften Entscheidungsautonomie verbleibt, zurück zu den gesellschaftsrechtlichen Regelungen der einzelnen Mitgliedsstaaten sowie den dort jeweils vorgesehenen Einflussmöglichkeiten der Muttergesellschaft führt.

Eine leicht zu handhabende Untergrenze, bei deren Unterschreiten den Tochtergesellschaften stets ein so weiter unternehmerischer und damit auch wettbewerbsrechtlicher Entscheidungsspielraum zusteht, dass sie mit der Muttergesellschaft keine wirtschaftliche Einheit im Sinne der EuGH-Rechtsprechung bilden, lässt sich aufgrund der Vielgestaltigkeit der Binnenstrukturen verbundener Unternehmen im deutschen Gesellschaftsrecht nicht aufstellen. In der Literatur gibt es inzwischen jedoch Versuche, Leitlinien zu entwickeln[894], die eine erste Orientierung ermöglichen. Besteht danach zwischen Mutter- und Tochtergesellschaften ein Beherrschungsvertrag, der auch bei internationalen Unternehmensverbindungen anerkannt wird[895], sind den Tochtergesellschaften aufgrund des Weisungsrechts des herrschenden Unternehmens nach § 308 AktG autonome Entscheidungen nicht mehr möglich. Damit fehlt es innerhalb von Franchisevertragskonzernen an einem kartellrechtlich schützenswerten Binnenwettbewerb.

cc. Auswirkungen auf Franchisevertragskonzerne

Die Auswirkungen der EuGH-Rechtsprechung zu konzerninternen Absprachen auf mögliche Franchisekonzerne lassen sich wie folgt zusammenfassen: Ist ein Franchisevertrag zugleich Beherrschungsvertrag im Sinne von § 291 Abs. 1 Satz 1 AktG (analog), bilden Franchisegeber-Unternehmen und Franchisenehmer-Unternehmen aufgrund des mit dem unmittelbaren Weisungsrecht des Franchisegebers einhergehenden Autonomieverlusts der Franchisenehmer-Unternehmen eine wirtschaftliche Einheit. Die Beziehungen zwischen Franchisegeber-Unternehmen und Franchisenehmer-Unternehmen sind damit grundsätzlich dem Anwendungsbereich des Art. 81 Abs. 1 EG entzogen.

Zu bedenken ist freilich, dass der Europäische Gerichtshof die genannten Kriterien im Zusammenhang mit Wettbewerbsbeziehungen zwischen Unternehmen aufgestellt hat, die durch Kapitalbeteiligung miteinander verbunden waren. Ob der Europäische Gerichtshof die gleichen Kriterien auch auf Beziehungen von Unternehmen anwenden würde, bei denen die Abhängigkeit nicht gesellschaftsrechtlich vermittelt ist, lässt sich nicht zweifelsfrei feststellen. Das Gericht könnte stattdessen seine bisherige rechtliche Beurteilung der Beziehungen zwischen Franchisegeber und Franchisenehmer beibehalten. Für eine Neubewertung spricht jedoch, dass sich die rechtliche Beurteilung des Verhältnisses zwischen Franchisegeber und Franchisenehmer bei Vorliegen eines Be-

---

[893] von der Groeben/Schweitzer/*Schröter*, Art. 81 Abs. 1 Rn. 109.
[894] Dies versucht *Fleischer*, AG 1997, 491 (498 ff.).
[895] KölnKomm/*Koppensteiner*, vor § 291 Rn. 94.

herrschungsvertrages grundlegend ändert. Grund dafür sind die zusätzlichen Einflussmöglichkeiten des Franchisegebers, die sich gerade aus den dann anwendbaren konzernrechtlichen Regelungen des § 308 AktG (analog) ergeben. Die Frage, ob das deutsche Konzernrecht auf Franchiseverhältnisse Anwendung findet, obliegt nicht der Beurteilung des Europäischen Gerichtshofs, sondern allein der Beurteilung durch die deutschen Gerichte. Die Gemeinschaftsorgane haben daher ihrer Beurteilung konzerninterner Vereinbarungen nach Art. 81 Abs. 1 EG die aus dem deutschen Recht kommenden Ergebnisse hinsichtlich des Konzerncharakters von Franchisesystemen zu Grunde zu legen. Auf dieser Basis besteht zwischen Franchisegeber-Unternehmen und Franchisenehmer-Unternehmen innerhalb eines Franchisevertragskonzerns eine wirtschaftliche Einheit. Grundsätzlich wären Vereinbarungen in Franchisevertragskonzernen nicht den kartellrechtlichen Schranken des Art. 81 Abs. 1 EG unterworfen.

c. Zweck der konzerninternen Aufgabenverteilung

In einigen Entscheidungen[896] hat der Europäische Gerichtshof allerdings die Auffassung vertreten, konzerninterne Vereinbarungen seien nur dann nicht an Art. 81 Abs. 1 EG zu messen, wenn die beteiligten Unternehmen eine wirtschaftliche Einheit bilden und zusätzlich die Vereinbarungen allein der konzerninternen Aufgabenverteilung dienen. Dieses zweite Kriterium findet sich ebenfalls in zahlreichen Entscheidungen der Kommission.[897] Jedoch haben weder der Europäische Gerichtshof noch die Kommission bislang näher ausgeführt, was sie unter einer internen Aufgabenverteilung verstehen.[898]

aa. Auswirkungen des Kriteriums auf die Innenbeziehungen von Franchisekonzernen

Für die kartellrechtliche Beurteilung von Vereinbarungen zwischen Franchisegeber und Franchisenehmer innerhalb von Franchisekonzernen hätte das Erfordernis der internen Aufgabenverteilung durchaus Bedeutung. Auch wenn es an einer inhaltlichen Umschreibung dieses Kriteriums bislang fehlt, erscheint es – vorbehaltlich einer eingehenden Einzelfallbetrachtung – kaum vertretbar, die zahlreichen potentiell wettbewerbsbeschränkenden Vereinbarungen in Franchiseverträgen als Regelungen lediglich der internen Aufgabenverteilung anzusehen. Bei Preisempfehlungen oder Ausschließlichkeitsbindungen etwa geht es dem Franchisegeber darum, das einheitliche Erscheinungsbild des Systems nach außen zu gewährleisten. Der Franchisegeber will sich auch darüber hinaus einen Wettbewerbsvorteil zu sichern. Keinesfalls sollen mit solchen Bindungen Aufgaben auf die einzelnen Franchisenehmer verteilt werden. Daran wäre allenfalls bei Gebietsaufteilungen zu denken.

---

[896] EuGH, Slg. 1974, 1147 (1168) Rn. 41 („Centrafarm/Sterling Drug"); Slg. 1988, S. 2479 (2513) Rn. 19 („Bodson/Pompes Funèbres Des Régions Libérées").
[897] Etwa Komm. ABl. 1969, L 165/12 (14) („Christiani & Nielsen"); ABl. 1970, L 147/24 (25) („Kodak"); ABl. 1993, L 272/28 (39, 45) („Zera/Montedison").
[898] Vgl. *Potrafke*, S. 76; auch *Fleischer*, AG 1997, 491 (492).

bb. Entbehrlichkeit des Kriteriums der internen Aufgabenverteilung

Inwieweit das Kriterium der internen Aufgabenverteilung jedoch zwingend vorliegen muss, ist – insbesondere nach der jüngsten Entscheidung des Europäischen Gerichtshofs zu konzerninternen Vereinbarungen aus dem Jahre 1996 („Viho/Kommission")[899] – mehr als fraglich. Der Europäische Gerichtshof selbst hatte das Kriterium der internen Aufgabenverteilung in zwei anderen Entscheidungen zur wettbewerbsrechtlichen Beurteilung konzerninterner Vereinbarungen nicht ausdrücklich erwähnt.[900] In seiner „Viho/Kommission"-Entscheidung[901] greift der Europäische Gerichtshof das Kriterium ebenfalls nicht mehr auf. Dies, obwohl die Rechtsmittelführerin ihre Argumentation gerade darauf stützt, dass die in Streit stehenden Anweisungen der Konzernspitze über eine interne Aufgabenverteilung innerhalb des Konzerns hinausgingen und deshalb an Art. 85 Abs. 1 EG a.F. zu messen seien.[902] Der Europäische Gerichtshof ging in seiner Urteilsbegründung stillschweigend über diesen Einwand hinweg.[903] Auch in der Literatur gibt es Stimmen, die aus der Entscheidung schließen, dass sich der Europäische Gerichtshof von seiner früheren Rechtsprechung abgewandt habe und das Kriterium der internen Aufgabenverteilung nun für entbehrlich halte.[904]

Das EuG hat in seiner erstinstanzlichen Entscheidung in Sachen „Viho/Kommission"[905] ebenfalls deutlich zu erkennen gegeben, dass es dem Kriterium der internen Aufgabenverteilung keine eigenständige Bedeutung beimisst. Als Antwort auf das Vorbringen der Klägerin, die getroffenen Vereinbarungen dienten nicht einer internen Aufgabenteilung, hat das Gericht nur ausgeführt, Art. 85 Abs. 1 EG a.F. beziehe sich schon dem Wortlaut nach nicht auf Verhaltensweisen einer wirtschaftlichen Einheit.[906] In der Literatur wird das Erfordernis ebenfalls mehrheitlich für überflüssig[907] oder sogar falsch[908] gehalten.

Ausschlaggebend für die Entscheidung, ob potentiell wettbewerbsbeschränkende Vereinbarungen zwischen Unternehmen eines Konzerns an Art. 81 Abs. 1 EG zu messen sind, ist somit allein das Kriterium der wirtschaftlichen Einheit der konzernverbundenen Unternehmen.

---

899 EuGH Slg. 1996, I-5482.
900 EuGH Slg. 1972, 619 ff. („ICI/Kommission"); EuGH Slg. 1989, 803 ff. („Ahmed Saeed Flugreisen/Zentrale zur Bekämpfung unlauteren Wettbewerbs").
901 EuGH Slg. 1996, I-5482.
902 EuGH Slg. 1996, I-5482 (5495) Rn. 14.
903 Siehe die Darstellung der Auffassung der Rechtsmittelführerin in Rn. 14 des Urteils und die Rn. 15 ff., EuGH Slg. 1996, I-5482 (5495); vgl. dazu auch *Fleischer*, AG 1997, 491 (493); *Schütz*, WuW 1998, 335 (337).
904 von der Groeben/Schweitzer/*Schröter*, Art. 81 Abs. 1 Rn. 110.
905 EuGH Slg. 1995, II-17 ff.
906 Siehe EuG, Slg. 1995, II-17 (36) Rn. 54.
907 Immenga/Mestmäcker/*Emmerich*, EG, Art. 85 Abs. 1 Rn. 58; weitergehend *Schütz*, WuW 1998, 335 (337), der die Ansicht vertritt, die „interne Aufgabenverteilung" habe der Europäische Gerichtshof wahrscheinlich nie als zusätzliches Kriterium angesehen.
908 So *Gleiss/Hirsch*, Art. 85 (1) Rn. 199 ff.

d. Möglichkeit der Einflussnahme oder tatsächliche Ausübung

Nicht abschließend geklärt ist, ob die Entscheidungsautonomie der Tochtergesellschaft erst dann entfällt, wenn die Konzernspitze ihre bestehenden Weisungsmöglichkeiten tatsächlich nutzt oder ob die bloße Möglichkeit der Einflussnahme und Kontrollausübung dafür ausreicht. Die Kommission scheint darauf abzustellen, ob die Muttergesellschaft ihre Weisungsmöglichkeiten auch tatsächlich nutzt.[909] Die Entscheidungspraxis des Europäischen Gerichtshofs lässt hingegen keine sicheren Rückschlüsse zu.[910] Zwar hat das Gericht in seiner „Viho/Kommission"-Entscheidung betont, dass die Tochtergesellschaften die Anweisungen der sie kontrollierenden Muttergesellschaft befolgten.[911] Da die Frage hier aufgrund der tatsächlichen Ausübung der Weisungsmöglichkeiten nicht entscheidungsrelevant war, erlaubt die Entscheidung jedenfalls keinen zwingenden Rückschluss darauf, ob der Europäische Gerichtshof die tatsächliche Ausübung dieser Möglichkeiten für eine Anwendung des Konzernprivilegs voraussetzt.[912] In der Literatur werden beide Meinungen vertreten.[913]

Die Frage bedarf im Zusammenhang mit einer möglichen Anwendung des Konzernprivilegs auf Vereinbarungen innerhalb eines Franchisevertragskonzerns keiner Entscheidung. Der Franchisegeber übt seine Leitungsmacht tatsächlich aus. Bereits mit Eintritt in das System erhält der Franchisenehmer in dem Franchisevertrag und dem Betriebshandbuch detaillierte Vorgaben zur Führung seines Betriebes. Nur so ist der Franchisegeber in der Lage, die für den wirtschaftlichen Erfolg eines Franchisesystems notwendige Einheitlichkeit des Systems und die Integration des Franchisenehmers in das System sicherzustellen. Ebenso schlägt sich jede Fortentwicklung und Änderung des Franchisesystems in einer Änderung der Richtlinien im Betriebshandbuch nieder, zu deren Umsetzung der Franchisenehmer vertraglich verpflichtet ist. Franchiseverträge zeichnen sich dadurch aus, dass sie dem Franchisegeber nicht nur die Möglichkeit zur Ausübung von Leitungsmacht einräumen, sondern zugleich konkrete Weisungen enthalten.

4. Ergebnis

Im Franchisevertragskonzern können Franchisegeber und Franchisenehmer wettbewerbsbeschränkende Vereinbarungen treffen, ohne auf kartellrechtliche Vorgaben Rücksicht nehmen zu müssen.

---

909 So ausdrücklich Komm., ABl. 1970, L 147/24 (25) Rn. 12 („Kodak").

910 *Fleischer*, AG 1997, 491 (500); ähnlich auch *Gleiss/Hirsch*, Art. 85 Abs. 1 Rn. 196.

911 EuGH Slg. 1996, I-5482 (5495) Rn. 16.

912 Vgl. *Fleischer*, AG 1997, 491 (500).

913 Die tatsächliche Ausübung der Weisungsmöglichkeiten fordern u.a.: Immenga/Mestmäcker/*Immenga*, GWB, 2. Aufl., § 1 Rn. 205, 209 f.; die bloße Möglichkeit zu beherrschendem Einfluss lassen genügen u.a.: *Gleiss/Hirsch*, Art. 85 Abs. 1, Rn. 196 f.; FK/*Huber/Baums*, § 1 Rn. 244; *Fleischer*, AG 1997, 491 (500 ff.); *Schroeder*, WuW 1988, 274 (279).

E. Weisungsrecht des Franchisegebers im Vertragskonzern

Nach § 308 Abs. 1 Satz 1 AktG (analog) ist der Franchisenehmer berechtigt, der Geschäftsführung des Franchisenehmer-Unternehmens bezüglich der Leitung der Gesellschaft Weisungen zu erteilen. Die Weisungen sind von der Geschäftsführung des Franchisenehmer-Unternehmens zu befolgen (§ 308 Abs. 2 Satz 1 AktG (analog)).

I. Adressat des Weisungsrechts

Ist das Franchisenehmer-Unternehmen eine Aktiengesellschaft, besteht die Weisungsbefugnis gegenüber dem Vorstand des Unternehmens. Diesen, nicht die abhängige Gesellschaft bezeichnet § 308 Abs. 1 Satz 1 AktG als Weisungsempfänger. Soweit Weisungen ergehen, wird die Leitungsbefugnis und -pflicht des Vorstands der Franchisenehmer-Gesellschaft nach § 76 AktG, wonach der Vorstand die Gesellschaft grundsätzlich in eigener Verantwortung zu leiten hat, überlagert.[914]

Sofern das Franchisenehmer-Unternehmen eine GmbH ist, gewährt der Beherrschungsvertrag ein Weisungsrecht gegenüber den Geschäftsführern der GmbH, nicht gegenüber deren Gesellschafterversammlung.[915] Dabei kann das Weisungsrecht des Franchisegebers nach § 308 AktG analog – anders als bei der Aktiengesellschaft – mit dem Weisungsrecht der Gesellschafter der beherrschten GmbH nach § 37 Abs. 1 GmbHG[916] kollidieren. Nach wohl überwiegender Auffassung genießt dabei das Weisungsrecht des herrschenden Unternehmens Vorrang, da die Gesellschafter des abhängigen Unternehmens dem Beherrschungsvertrag vor seinem Abschluss zugestimmt haben.[917]

Ist das Franchisenehmer-Unternehmen eine Personengesellschaft, besteht das Weisungsrecht ebenfalls gegenüber der Geschäftsführung der Personengesellschaft.[918]

II. Begriff der Weisung

§ 308 AktG bestimmt den Inhalt des Begriffs Weisung nicht näher. Nach überwiegender Auffassung ist Weisung jede Willensäußerung des herrschenden Unternehmens, durch die es Einfluss auf die Geschäftsführung des abhängigen Unternehmens nehmen

---

[914] Vgl. KölnKomm/*Koppensteiner*, § 308 Rn. 9; MünchKommAktG/*Altmeppen*, § 308 Rn. 33; *Hüffer*, § 308 Rn. 7.

[915] Vgl. *Raiser*, § 54 I 3, III 2.

[916] Nach *Zöllner*, ZGR 1992, 173 (178), steht das Weisungsrecht ausschließlich und originär der Gesellschafterversammlung zu und ergibt sich nicht aus § 37 GmbHG, sondern wird vielmehr aus der Entstehungsgeschichte des GmbHG, dem Zuschnitt der GmbH-Verfassung sowie aus der Stellung der Gesellschafterversammlung hergeleitet.

[917] OLG Stuttgart, NZG 1998, 601 (602); *Emmerich/Habersack*, § 32 III 1; Scholz/*Emmerich*, Anhang Konzernrecht, Rn. 179; Beck'sches HdbGmbH/*Rosenbach*, § 17 Rn. 29; Hachenburg/*Ulmer*, Anh. § 77, Rn. 216; Rowedder/Schmidt-Leithoff/*Koppensteiner*, Anh. § 52, Rn. 108; Baumbach/Hueck/*Zöllner*, GmbH-KonzernR, Rn. 48.

[918] Vgl. MünchKommHGB/*Mülbert*, KonzernR, Rn. 237.

will.[919] Die Regelungen über Willenserklärungen (§§ 116 ff., 164 ff. BGB) gelten für sie jedenfalls entsprechend.[920] Unerheblich ist die Form der Willensäußerung. Sie kann als Instruktion, Empfehlung oder Anregung ergehen, gleich ob mündlich oder schriftlich. Ausschlaggebend ist, dass ihre Befolgung für die Geschäftsführung der abhängigen Gesellschaft erkennbar erwartet wird.[921] Eine Weisung kann ferner für den Einzelfall oder generell ergehen.[922] Sie kann die Geschäftsführung des abhängigen Unternehmens insbesondere dazu verpflichten, bestimmte von dem herrschenden Unternehmen aufgestellte Grundsätze und Richtlinien in verschiedenen unternehmerischen Entscheidungsbereichen zu befolgen.[923] Neben konkreten Anweisungen im Einzelfall entspricht dies der typischen Vorgehensweise des Franchisegebers. Er legt das von ihm erstellte System in den Richtliniensammlungen, die Inhalt des Franchisevertrages werden, detailliert nieder. Systemänderungen und damit verbundene Investitionsverpflichtungen werden über entsprechende Änderungen der Richtliniensammlungen für den Franchisenehmer zu verbindlichen Vorgaben. Denn der Franchisenehmer hat sich vertraglich dazu verpflichtet, die Richtlinien im Einzelnen genau zu beachten und die Richtliniensammlungen in der jeweils gültigen Fassung anzuwenden.[924]

III. Gegenstand des Weisungsrechts

Das Weisungsrecht des Franchisegebers nach § 308 Abs. 1 Satz 1 AktG (analog) umfasst sämtliche Maßnahmen, die in den Zuständigkeitsbereich der Geschäftsführung der abhängigen Franchisenehmer-Gesellschaft fallen. Hinsichtlich Gegenstand und Grenzen des Weisungsrechts gelten die aktienrechtlichen Grundsätze für abhängige GmbH im Wesentlichen entsprechend.[925]

Sollte es sich bei dem Franchisenehmer-Unternehmen im Einzelfall um eine Aktiengesellschaft handeln, erstreckte sich das Weisungsrecht sogar auf innergesellschaftliche Maßnahmen, die in den Zuständigkeitsbereich des Vorstands fallen.[926] Dazu zählt etwa die Einberufung der Hauptversammlung oder die Ausübung von Bewertungswahlrech-

---

[919] Emmerich/Habersack/*Emmerich*, § 308 Rn. 17; MünchKommAktG/*Altmeppen*, § 308 Rn. 9; ähnlich *Hüffer*, § 308 Rn. 10.

[920] MünchKommAktG/*Altmeppen*, § 308 Rn. 9; KölnKomm/*Koppensteiner*, § 308 Rn. 12; *Hüffer*, § 308 Rn. 11.

[921] MünchKommAktG/*Altmeppen*, § 308 Rn. 9; KölnKomm/*Koppensteiner*, § 308 Rn. 12 m.w.N.; *Hüffer*, § 308 Rn. 10.

[922] MünchKommAktG/*Altmeppen*, § 308 Rn. 9; KölnKomm/*Koppensteiner*, § 308 Rn. 12; *Hüffer*, § 308 Rn. 10.

[923] Vgl. MünchKommAktG/*Altmeppen*, § 308 Rn. 9.

[924] Vgl. etwa § 3 Abs. 1, § 4 Abs. 2 des Franchisevertrages (Restaurant) bei *Heil/Wagner*, Münchener Vertragshandbuch, S. 65 (67); § 3 Abs. 1 des Franchise-Vertrages bei *Anschütz/Feick*, Beck'sches Formularhandbuch, S. 1099 (1101); § 6 Abs. 1 des Franchise-Vertrages bei *Liesegang*, S. 30; § 7 Abs. 1 und 3 des Vertragsmusters bei *Flohr*, Franchise-Vertrag, S. 56 f.; Giesler/Nauschütt/*Pasderski*, § 8 Rn. 67; *Herrfeld*, S. 49, 53 f.

[925] So ausdrücklich *Emmerich/Habersack*, § 32 III 1; Beck'schesHdbGmbH/*Rosenbach*, § 17 Rn. 27.

[926] Strittig; vgl. dazu Emmerich/Habersack/*Emmerich*, § 308 Rn. 30 m.w.N. aus Rechtsprechung und Literatur.

ten.[927] Ausgenommen vom Weisungsrecht wären hingegen alle Angelegenheiten, die dem Aufsichtsrat oder der Hauptversammlung gesetzlich zugewiesen sind.[928]

Im Falle einer abhängigen Franchisenehmer-GmbH umfasst das Weisungsrecht den gesamten Bereich der Geschäftsführung und Vertretung der Gesellschaft. Es erfasst nicht nur die gewöhnliche Geschäftstätigkeit, sondern erstreckt sich auf solche außergewöhnlichen Maßnahmen, die in der unabhängigen Gesellschaft analog § 116 HGB der Zustimmung der Gesellschafterversammlung bedürfen.[929] Der Beherrschungsvertrag zielt darauf ab, über die Angelegenheiten, die den Geschäftsführern zugewiesen sind hinaus die Geschäftsführungszuständigkeit der Gesellschafterversammlung des Franchisenehmer-Unternehmens auf den Franchisegeber zu übertragen.[930] Hingegen bleiben die Kernkompetenzen der Gesellschafterversammlung, die ihr gesetzlich zwingend zugewiesen sind, vom Weisungsrecht unberührt.[931] Betroffen sind davon in erster Linie Satzungsänderungen und Kapitalveränderungen.[932] Der Franchisegeber hat somit keine Möglichkeit, den Unternehmensgegenstand der Franchisenehmer-Gesellschaft auszuweiten oder anderweitig zu verändern. Je nachdem, wie eng dieser Unternehmensgegenstand in der Satzung gefasst ist, dürfte der Franchisegeber in aller Regel nicht in der Lage sein, den Franchisenehmer über sein beherrschungsvertragliches Weisungsrecht etwa zu einer Umstellung des Franchisesystems von einem Warenvertriebs- auf ein Dienstleistungssystem zu verpflichten. Sofern der Beherrschungsvertrag wie im Falle der in der Praxis derzeit üblichen Franchiseverträge keine ausdrückliche Regelung zu innergesellschaftlichen Kompetenzen trifft, verbleiben im Zweifel auch die in § 46 GmbHG niedergelegten Aufgaben der Gesellschafterversammlung wie insbesondere die Feststellung des Jahresabschlusses und die Verwendung des Ergebnisses in der Zuständigkeit der Gesellschafter des abhängigen Unternehmens.[933]

Im Falle einer abhängigen Personengesellschaft erstreckt sich das Weisungsrecht ebenfalls auf den Bereich der Geschäftsführung und Vertretung der abhängigen Gesellschaft. Nach § 116 HGB erstreckte sich die Geschäftsführung allerdings nur auf Handlungen, die der gewöhnliche Betrieb des Handelsgewerbes des Franchisenehmers mit sich bringt. Sollte ein Franchisevertrag ausnahmsweise die Weisungsbefugnisse des Franchisegebers nicht regeln, würde § 116 Abs. 1 HGB das gesetzliche Weisungsrecht des Franchisegebers nach § 308 Abs. 1 AktG im Vergleich zur Situation bei abhängigen Aktiengesellschaften und GmbH deutlich einschränken. Ein Beherrschungsvertrag

---

[927] Emmerich/Habersack/*Emmerich*, § 308 Rn. 30.
[928] *Hüffer*, § 308 Rn. 12.
[929] Scholz/*Emmerich*, Anhang Konzernrecht, Rn. 181; Hachenburg/*Ulmer*, Anh. § 77, Rn. 215; Roth/Altmeppen/*Altmeppen*, Anh. § 13, Rn. 43 f; a.A. *Zöllner*, ZGR 1992, 173 (185).
[930] Vgl. BGHZ 105, 324 (331); *Zöllner*, ZGR 1992, 173 (182); Hachenburg/*Ulmer*, Anh. § 77, Rn. 215.
[931] *Zöllner*, ZGR 1992, 173 (185); Hachenburg/*Ulmer*, Anh. § 77, Rn. 215; Beck'schesHdbGmbH/*Rosenbach*, § 17 Rn. 27.
[932] Hachenburg/*Ulmer*, Anh. § 77, Rn. 215; Beck'schesHdbGmbH/*Rosenbach*, § 17 Rn. 27; *Zöllner*, ZGR 1992, 173 (182).
[933] Hachenburg/*Ulmer*, Anh. § 77, Rn. 215; a.A. *Zöllner*, ZGR 1992, 173 (183).

ist jedoch auf eine Unterstellung der Leitung der abhängigen Gesellschaft gerichtet. Die Leitung einer Gesellschaft ist nicht auf den Bereich gewöhnlicher Geschäfte des jeweiligen Handelsgewerbes beschränkt, sondern erfasst auch ungewöhnliche Geschäfte, sofern sie nicht Regelungsgegenstände des Gesellschaftsvertrags betreffen. Wie gegenüber einer abhängigen GmbH muss das Weisungsrecht des herrschenden Unternehmens deshalb ebenfalls außergewöhnliche Geschäfte, die nach § 116 Abs. 2 HGB in einer unabhängigen Gesellschaft der Zustimmung der Gesellschafter bedürften, erfassen. Eine Änderung des Gesellschaftsvertrages, also etwa des Unternehmensgegenstandes, bleibt allerdings wieder der Gesellschafterversammlung vorbehalten.

Legitimiert durch einen Beherrschungsvertrag kann das herrschende Unternehmen Weisungen erteilen, die für die abhängige Gesellschaft nachteilig sind, sofern sie nur im Konzerninteresse liegen, § 308 Abs. 1 Satz 2 AktG (analog).[934] Im Konzerninteresse liegen Weisungen dann, wenn sie den Belangen des herrschenden oder eines mit ihm konzernverbundenen Unternehmens dienen.[935] Diese Situation kommt auch im Franchising häufig vor. Viele Systemänderungen können für das Franchisesystem im Ganzen und einzelne Franchisenehmer positiv sein, sich für andere Franchisenehmer aber wirtschaftlich nachteilig auswirken. Während der Franchisenehmer nach dem Franchisevertrag zwar grundsätzlich dazu verpflichtet ist, entsprechende Systemänderungen des Franchisegebers umzusetzen, kann er Änderungen, die mit unverhältnismäßig hohen Investitionen einhergehen, unter bestimmten Umständen ablehnen.[936] Durch die Anwendung von § 308 AktG (analog) kann der Franchisegeber Änderungen hingegen fast ohne Einschränkungen und insbesondere unabhängig von der Frage, ob sie für einzelne Franchisenehmer nachteilig sind, durchsetzen. Voraussetzung ist lediglich, dass die Nachteile für das Franchisenehmer-Unternehmen nicht außer Verhältnis stehen zu den Vorteilen, die dem Franchisegeber oder dem gesamten Franchisesystem aus der Umsetzung der Weisungen entstehen.[937]

IV. Grenzen des Weisungsrechts

Freilich unterliegt das dem herrschenden Unternehmen im Vertragskonzern zustehende Weisungsrecht Grenzen. Grenzen des Weisungsrechts ergeben sich in erster Linie aus dem Beherrschungsvertrag selbst.[938] Das umfassende Weisungsrecht des Franchi-

[934] Für das GmbH-Konzernrecht: BGH NJW 1992, 1452 (1454); *Zöllner*, ZGR 1992, 173 (186); Scholz/*Emmerich*, Anhang Konzernrecht, Rn. 183; Hachenburg/*Ulmer*, Anh. § 77, Rn. 218; Rowedder/Schmidt-Leithoff/*Koppensteiner*, Anh. nach § 52, Rn. 108; Beck'schesHdbGmbH/*Rosenbach*, § 17 Rn. 32; *Kort*, S. 46, 139; für das Konzernrecht der Personengesellschaften: *Emmerich/Habersack*, § 34 III 3; *Jäger*, DStR 1997, 1813 (1815); *Bälz*, AG 1992, 277 (288); mit Einschränkungen wohl auch Staub/*Ulmer*, Anh. § 105 Rn. 74 ff.

[935] BGH NJW 1992, 1452 (1454).

[936] Zum Investitionsschutz des Franchisenehmers näher oben § 4 D V 3 b ddd.

[937] Vgl. MünchHdbAG/*Krieger*, § 70 Rn. 134; KölnKomm/*Koppensteiner*, § 308 Rn. 30; *Hüffer*, § 308 Rn. 17; Hachenburg/*Ulmer*, Anh. § 77, Rn. 218; Beck'schesHdbGmbH/*Rosenbach*, § 17 Rn. 32.

[938] *Hüffer*, § 308 Rn. 1, 13; MünchHdbAG/*Krieger*, § 70 Rn. 135; MünchKommAktG/*Altmeppen*, § 308 Rn. 132; Beck'schesHdbGmbH/*Rosenbach*, § 17 Rn. 32; Rowedder/Schmidt-Leithoff/*Koppen-*

segebers nach § 308 AktG (analog) wird also wesentlich dadurch beschränkt, dass die Weisungsrechte des Franchisegebers im Franchisevertrag bereits geregelt werden. Andererseits fehlt es dort häufig an genauen und rechtlich klar definierten Grenzen des Weisungsrechts des Franchisegebers. Das Weisungsrecht sichert sich der Franchisegeber, indem er den Franchisenehmer vertraglich verpflichtet, die „jeweils" gültigen oder verbindlichen Richtlinien und Grundsätze des Franchisesystems einzuhalten und umzusetzen.[939] Diese Richtlinien und Grundsätze legt der Franchisegeber in einem Betriebshandbuch nieder, das Inhalt des Franchisevertrages wird. Durch die pauschale Verweisung auf die im Betriebshandbuch festgehaltenen Richtlinien und Grundsätze des Franchisesystems und die vertraglich abgesicherte Möglichkeit des Franchisegebers, die Richtlinien und Grundsätze einseitig und für den Franchisenehmer verbindlich zu ändern, erhält der Franchisegeber ein umfassendes Weisungsrecht. Aufgrund dieser Verweisungstechnik kann es im Einzelfall durchaus zu Unklarheiten über Gegenstand, Umfang und Grenzen des Weisungsrechts des Franchisegebers kommen. Führt auch eine Auslegung des Vertrages nicht zu einer Aufklärung, ist in solchen Zweifelsfragen wieder die Regelung des § 308 AktG (analog) heranzuziehen, um Umfang und Grenzen des Weisungsrechts des Franchisegebers näher zu bestimmen.

Die vorstehenden Überlegungen können indes nur eine Orientierungshilfe für die Bestimmung von Umfang und Grenzen des Weisungsrechts des Franchisegebers im Einzelfall bieten. Auf welche unternehmerischen Entscheidungsbereiche sich das Weisungsrecht im Einzelfall erstreckt und wo dem Weisungsrecht Schranken gesetzt sind, kann abschließend nur anhand des konkreten Franchisevertrages sowie der dazugehörigen Betriebshandbücher entschieden werden.

Wo genau die Grenzen des vertraglich nicht eingeschränkten gesetzlichen Weisungsrechts nach § 308 AktG (analog) verlaufen, ist noch nicht abschließend geklärt.[940] Dem gesetzlichen Weisungsrecht sind hingegen keine engen Schranken gesetzt. Nach überwiegender Auffassung sind nur existenzgefährdende und existenzvernichtende Weisungen unzulässig.[941] Da das herrschende Unternehmen zum Ausgleich eines Jah-

---

steiner, Anh. § 52 Rn. 109; *Emmerich/Habersack*, §§ 11 II 2, 23 V, 32 III 1, 34 III 3; *Raiser*, § 54 III 1; *Jäger*, DStR 1997, 1813 (1815).

[939] Vgl. etwa § 3 Abs. 1, § 4 Abs. 2 des Franchisevertrages (Restaurant) bei *Heil/Wagner*, Münchener Vertragshandbuch, S. 65 (67); § 3 Abs. 1 des Franchise-Vertrages bei *Anschütz/Feick*, Beck'sches Formularhandbuch, S. 1099 (1101); § 6 Abs. 1 des Franchise-Vertrages bei *Liesegang*, S. 30; § 7 Abs. 1 und 3 des Vertragsmusters bei *Flohr*, Franchise-Vertrag, S. 56 f.; Giesler/Nauschütt/*Pasderski*, § 8 Rn. 67; *Herrfeld*, S. 49, 53 f.

[940] Dass solche Grenzen bestehen, ergibt sich aus den §§ 309 f. AktG, wonach die gesetzlichen Vertreter bzw. der Inhaber des herrschenden Unternehmens, und damit gem. § 31 BGB auch das herrschende Unternehmen selbst, sowie die Mitglieder des Vorstandes und des Aufsichtsrates dem abhängigen Unternehmen dafür haften, dass bei Erteilung der Weisungen die Sorgfalt eines ordentlichen und gewissenhaften Geschäftsleiters beachtet wird. Allerdings lässt sich dem Gesetz nicht entnehmen, unter welchen Voraussetzungen Weisungen nicht mehr von der Befugnis des § 308 AktG gedeckt sind. Auch aus §§ 300 ff. AktG ergeben sich keine Anhaltspunkte dafür, da diese Bestimmungen gerade auf den nachträglichen Ausgleich bereits eingetretener Nachteile abzielen (vgl. *Kübler*, § 29 II 1 b).

[941] Vgl. MünchHdbAG/*Krieger*, § 70 Rn. 134; *K. Schmidt*, Gesellschaftsrecht, § 31 III 2 c; *Hüffer*, § 308 Rn. 19; *Emmerich/Habersack*, § 23 V 4 c, § 34 III 3; Hachenburg/*Ulmer*, Anh. § 77, Rn. 218;

resfehlbetrages der abhängigen Gesellschaft verpflichtet ist, § 302 Abs. 1 AktG (analog), und die §§ 291 ff. AktG keinen Autonomieschutz des abhängigen Unternehmens bezwecken ist kein Grund ersichtlich, dem Weisungsrecht des herrschenden Unternehmens engere Grenzen zu setzen.

V. Materielles Prüfungsrecht des Franchisenehmers

Die Mitglieder der Geschäftsführung des Franchisenehmer-Unternehmens wären zwar berechtigt und verpflichtet, die Rechtmäßigkeit der Weisungen des Franchisegebers eigenständig zu überprüfen und unrechtmäßige Weisungen nicht zu befolgen.[942] Allerdings reicht das Weisungsrecht des herrschenden Unternehmens im Vertragskonzern außerordentlich weit, so dass dieses materielle Prüfungsrecht des Franchisenehmers und die Befugnis, dem Franchisegeber insoweit die Gefolgschaft zu verweigern, von geringer praktischer Bedeutung ist.

F. Verlustausgleichspflicht des Franchisegebers

I. Ausgangslage: Verlustausgleich im Aktienkonzern

Als Ausgleich für sein umfassendes Weisungsrecht (und als Kompensation für den Wegfall des gesetzlichen Systems der Kapitalerhaltung) ist das herrschende Unternehmen im AG-Vertragskonzern nach § 302 Abs. 1 AktG verpflichtet, jeden während der Vertragsdauer entstehenden Jahresfehlbetrag auszugleichen, soweit er nicht durch Gewinnrücklagen ausgeglichen werden kann, die während der Vertragsdauer gebildet wurden. Unerheblich ist, ob der Verlust auf Weisungen des herrschenden Unternehmens zurückzuführen ist.[943]

II. Verlustausgleichspflicht gegenüber Franchisenehmer-GmbH

§ 302 AktG ist analog auch im GmbH-Vertragskonzern anzuwenden.[944] Umstritten ist indes der Umfang des Ausgleichsanspruchs, den das herrschende Unternehmen der abhängigen GmbH nach § 302 Abs. 1 AktG analog schuldet. Insoweit könnten die Besonderheiten des GmbH-Rechts zu einer Abweichung von der Verpflichtung des herrschenden Unternehmens führen, den vollständigen Jahresfehlbetrag des vertraglich beherrschten Unternehmens auszugleichen.

Hommelhoff, Konzernleitungspflicht, S. 150; a.A. KölnKomm/*Koppensteiner*, § 308 Rn. 32; differenzierend Roth/Altmeppen/*Altmeppen*, Anh. § 13 Rn. 57 ff.

[942] Vgl. zur entsprechenden Rechtslage im Vertragskonzernrecht *Raiser*, § 54 III 3.

[943] *Emmerich/Habersack*, § 20 V 3 b; *Raiser*, § 54 IV 3.

[944] Vgl. etwa BGH NZG 2005, 481; BGH DB 1992, 29 (30); BGHZ 103, 1 („Familienheim"); OLG Jena NZG 2005, 716; Scholz/*Emmerich*, Anhang Konzernrecht, Rn. 187; Baumbach/Hueck/*Zöllner*, GmbH-KonzernR, Rn. 51; Rowedder/Schmidt-Leithoff/*Koppensteiner*, Anh. § 52, Rn. 112; *Zöllner*, ZGR 1992, 173 (192); Michalski/*Zeidler*, Syst. Darst. 4, Rn. 110; *Raiser*, § 54 IV 3; *Emmerich/Habersack*, § 20 V 2 c), § 32 III 2.

1. Umfang des Verlustausgleichs im GmbH-Vertragskonzern analog § 302 AktG

Zahlreiche Autoren vertreten die Ansicht, dass entsprechend der Rechtslage im Aktienrecht der vollständige Bilanzverlust der abhängigen GmbH auszugleichen ist.[945] Nach anderer Ansicht soll hingegen die Ausgleichspflicht nur mit Einschränkungen gelten.[946] Da das GmbH-Recht eine im Vergleich zum Aktienrecht weitaus weniger strenge Vermögensbindung vorsehe und § 302 AktG (überwiegend) dem Gläubigerschutz diene, sei zwingend nur die Pflicht zum Ausgleich stammkapitalschmälernder Verluste.[947] Nach ganz überwiegender Auffassung soll die Beschränkung der Verlustausgleichspflicht auf stammkapitalschmälernde Verluste indes auf sogenannte Einmanngesellschaften beschränkt sein.[948] Gemeint sind mit den Einmanngesellschaften nicht sämtliche GmbH, die lediglich einen Gesellschafter haben, sondern vielmehr nur solche, deren einziger Gesellschafter das herrschende Unternehmen selbst ist.[949]

Als Begründung für die Beschränkung der Ausgleichspflicht auf stammkapitalschmälernde Verluste bei im Alleinbesitz des herrschenden Unternehmens stehenden GmbH wird angeführt, dort brauche der Gesellschafter mit seiner Gesellschaft nicht „vor sich selbst" geschützt werden.[950] Zur Begrenzung der Verlustausgleichspflicht findet sich auch folgende pragmatische Begründung: Der Alleingesellschafter könne grundsätzlich bis zur Stammkapitalgrenze über das Gesellschaftsvermögen disponieren. Müsste er über sie hinaus etwas ausgleichen, könnte er es sogleich wieder entnehmen.[951] Im Ergebnis sollen also Gesellschaft und Mitgesellschafter im Einmann-Konzern als „Schutzobjekt" ausfallen, der Schutz der Gläubiger der abhängigen GmbH entsprechend der Rechtslage im GmbH-Recht im Wesentlichen auf die Erhaltung des Stammkapitals beschränkt bleiben.

Der BGH hat ausdrücklich offen gelassen, ob der Verlustausgleich auf den Betrag beschränkt ist, um den das Gesellschaftsvermögen unter die Stammkapitalziffer abge-

---

[945] So Hachenburg/*Ulmer*, Anh. § 77, Rn. 208, 222; Scholz/*Emmerich*, Anhang Konzernrecht, Rn. 187 f.; *Kort*, BB 1988, 79; i.E. wohl auch *Hommelhoff*, WM 1984, 1105 (1110 ff.).

[946] So Baumbach/Hueck/*Zöllner*, GmbH-KonzernR, Rn. 78; *Emmerich/Habersack*, § 32 III 2; Roth/Altmeppen/*Altmeppen*, Anh. § 13, Rn. 76, Rowedder/Schmidt-Leithoff/*Koppensteiner*, Anh. § 52, Rn. 112; *Stimpel*, ZGR 1991, 144 (158 f.).

[947] Baumbach/Hueck/*Zöllner*, GmbH-KonzernR, Rn. 78; *Emmerich/Habersack*, § 32 III 2; Roth/Altmeppen/*Altmeppen*, Anh. § 13, Rn. 76, Rowedder/Schmidt-Leithoff/*Koppensteiner*, Anh. § 52, Rn. 112; *Stimpel*, ZGR 1991, 144 (158 f.).

[948] *Emmerich/Habersack*, § 32 III 2; Roth/Altmeppen/*Altmeppen*, Anh. § 13, Rn. 76, Rowedder/Schmidt-Leithoff/*Koppensteiner*, Anh. § 52, Rn. 112; *Stimpel*, ZGR 1991, 144 (158 f.); a.A. nur Baumbach/Hueck/*Zöllner*, GmbH-KonzernR, Rn. 78, der die Beschränkung auf stammkapitalschmälernde Verluste auf mehrgliedrige GmbH ausdehnen will.

[949] Hierauf weisen die einzelnen Autoren nur zum Teil ausdrücklich hin, wie etwa Baumbach/Hueck/*Zöllner*, GmbH-KonzernR, Rn. 102 oder *Stimpel*, ZGR 1991, 144 (158); es ergibt sich jedoch aus den jeweiligen Begründungen der vertretenen Ansichten.

[950] *Stimpel*, ZGR 1991, 144 (158); ähnlich Roth/Altmeppen/*Altmeppen*, Anh. § 13, Rn. 76, 70; i.E. wohl auch Baumbach/Hueck/*Zöllner*, GmbH-KonzernR, Rn. 102; Rohwedder/Schmidt-Leithoff/*Koppensteiner*, Anh. § 52, Rn. 112.

[951] *Stimpel*, ZGR 1991, 144 (159).

sunken ist, und ob in dieser Hinsicht Unterschiede zwischen der mehrgliedrigen GmbH und der Einmanngesellschaft bestehen.[952] Zugleich hat der BGH entschieden, dass die Ausgleichspflicht jedenfalls nicht nur den Verlust des Stammkapitals, sondern darüber hinaus auch eine eingetretene Überschuldung der abhängigen GmbH erfasst.[953] In zwei jüngeren Entscheidungen geht der BGH offenbar von einer vollumfänglichen, nicht auf die Erhaltung des Stammkapitals beschränkten Verlustausgleichspflicht gegenüber einer mehrgliedrigen GmbH aus.[954] Das OLG Jena geht sogar von einer unbeschränkten Verlustausgleichspflicht gegenüber einer eingliedrigen GmbH aus.[955]

2. Auswirkungen auf die Verlustausgleichspflicht des Franchisegebers

a. Beschränkung der Verlustausgleichspflicht gegenüber Einmanngesellschaften

Im Franchisevertragskonzern würde eine Beschränkung der Verlustausgleichspflicht auf stammkapitalschmälernde Verluste gegenüber Einmanngesellschaften, wollte man der hierzu im GmbH-Konzernrecht vertretenen Ansicht folgen, nicht zum Tragen kommen.

Eine Einmanngesellschaft, für die in der Literatur eine Beschränkung der Verlustausgleichspflicht vertreten wird, setzt voraus, dass das herrschende Unternehmen zugleich Alleingesellschafter der abhängigen GmbH ist. Übertragen auf Franchiseverhältnisse müsste also der Franchisegeber Alleingesellschafter der Franchisenehmer-GmbH sein. Anders die Franchisepraxis: Sofern es sich, wie im Regelfall, bei Franchisenehmer-GmbH um Einmanngesellschaften handelt, ist deren alleiniger Gesellschafter natürlich der Franchisenehmer, nicht hingegen der Franchisegeber.

Die in der Literatur vorgebrachten Argumente für eine Beschränkung der Verlustausgleichspflicht gegenüber im Alleinbesitz des herrschenden Unternehmens stehenden abhängigen GmbH greifen nicht, wenn Alleingesellschafter des abhängigen Unternehmens gerade nicht das herrschende Unternehmen ist. So entfällt im Franchisevertragskonzern das für den Einmann-Konzern vorgebrachte Argument, der Gesellschafter müsse mit seiner Gesellschaft nicht vor sich selbst geschützt werden. Ebenso wenig kann das pragmatische Argument verfangen, im Falle einer Verlustausgleichspflicht über das Stammkapital hinaus müsse der Alleingesellschafter, nämlich das herrschende Unternehmen, etwas ausgleichen, was es – als alleiniger Gesellschafter der abhängigen GmbH – sogleich wieder entnehmen könne. Der Franchisegeber ist gerade nicht (Allein-)Gesellschafter der Franchisenehmer-GmbH. Den über das Stammkapital hinausgehenden Ausgleichsbetrag, den er nach § 302 Abs. 1 AktG analog schuldet, kann nicht er, sondern nur der Franchisenehmer als Gesellschafter „seiner" GmbH entnehmen. Da die Verlustausgleichspflicht des herrschenden Unternehmens nach § 302 Abs.

---

952 Siehe BGH NJW 1989, 1800 (1802).
953 BGH NJW 1989, 1800 (1802).
954 Vgl. BGH NZG 2005, 481; BGH NZG 2000, 139.
955 Vgl. OLG Jena NZG 2005, 716.

1 AktG (analog) nicht nur dem Schutz der Gläubiger des abhängigen Unternehmens, sondern auch dem Schutz der mit dem herrschenden Unternehmen nicht identischen Gesellschafter und dem Schutz der abhängigen Gesellschaft selbst dient[956], streitet für die Verpflichtung des Franchisegebers, den vollständigen Jahresverlust jeder beherrschungsvertraglich abhängigen Franchisenehmer-GmbH analog § 302 Abs. 1 AktG auszugleichen.

b. Beschränkung der Verlustausgleichspflicht auch gegenüber mehrgliedrigen GmbH

Nach vereinzelt geäußerter Mindermeinung soll die auf Stammkapitalerhaltung beschränkte Verlustausgleichspflicht nicht auf die Fälle der Einmanngesellschaften beschränkt bleiben.[957] Begründet wird diese Ansicht mit der im Vergleich zum Aktienrecht weniger strengen Vermögensbindung im GmbH-Recht.[958] Wollte man dieser Ansicht folgen, müsste man indes zunächst die abhängige Gesellschaft und deren Gesellschafter – entgegen der überwiegenden Meinung im GmbH-Konzernrecht – aus dem Schutzbereich des § 302 AktG (analog) herausnehmen. Gegen die Mindermeinung spricht ferner, dass auch der Schutz der Gläubiger der abhängigen GmbH im Vertragskonzern keinesfalls zwingend allein darauf gerichtet ist, den Wegfall der Kapitalerhaltungsvorschriften des GmbH-Rechts auszugleichen. Auch im Aktienrecht dient die konzernrechtliche Verlustausgleichspflicht nicht allein als Ausgleich für den Wegfall von Kapitalerhaltungsvorschriften, sondern ebenso als Korrelat zu den weitreichenden Weisungsbefugnissen des herrschenden Unternehmens nach § 308 AktG.[959]

Es ist nicht die alleinige Aufgabe der konzernrechtlichen Schutzvorschriften, einen den Gläubigern aus dem Wegfall von Kapitalerhaltungsvorschriften entzogenen Schutz wiederherzustellen, sondern vielmehr insgesamt den typischen Gefahren der Konzernierung für das abhängige Unternehmen, deren Gesellschafter und Gläubiger vorzubeugen. Im Hinblick auf den Umfang einer konzernrechtlichen Verlustübernahme wird dies auch aus § 302 Abs. 1 AktG selbst deutlich. Ein Jahresfehlbetrag ist stets dann auszugleichen, soweit er nicht bereits dadurch ausgeglichen werden kann, dass den sog. anderen Gewinnrücklagen (§ 266 Abs. 3 A III 4. HGB) Beträge entnommen werden können, die während der Laufzeit des Beherrschungsvertrages in sie eingestellt worden sind. § 302 Abs. 1 AktG garantiert also, dass das bei Eintritt in den Vertragskonzern bestehende bilanzielle Reinvermögen (§ 266 Abs. 3 A HGB) des abhängigen Unternehmens während der Laufzeit des Vertrages unangetastet bleibt.[960]

Das bilanzielle Reinvermögen einer GmbH setzt sich nach § 266 Abs. 3 A HGB zusammen aus ihrem Stammkapital, der Kapitalrücklage, den Gewinnrücklagen, einem

---

956 KölnKomm/*Koppensteiner*, § 302, Rn. 6; MünchKommAktG/*Altmeppen*, § 302, Rn. 10; BGHZ 103, 1; OLG Jena NZG 2005, 716 (718); *Spindler/Klöhn*, NZG 2005, 584; *Hoffmann*, NZG 2000, 205 (206).
957 So Baumbach/Hueck/Zöllner, GmbH-KonzernR, Rn. 78.
958 a.a.O.
959 Vgl. *Emmerich/Habersack*, § 20 V 1; *Raiser*, § 54 IV 3; MünchHdbAG/*Krieger*, § 70 Rn. 55.
960 BegrRegE zu § 302 AktG bei *Kropff*, S. 391; *Spindler/Klöhn*, NZG 2005, 584.

Gewinn- bzw. Verlustvortrag und einem Jahresüberschuss bzw. Jahresfehlbetrag. § 302 AktG stellt sicher, dass diese Vermögenssubstanz, soweit sie bei Abschluss des Beherrschungsvertrages vorhanden war, vor möglichen, dem Interesse der abhängigen GmbH zuwider laufenden Konzerninteressen geschützt ist. Das von § 302 AktG (analog) geschütze Reinvermögen erfasst jedoch nicht allein das bei GmbH häufig niedrige Stammkapital, sondern gerade auch Kapitalrücklagen. Vorvertragliche Gewinnrücklagen wird eine Franchisenehmer-GmbH im Regelfall nicht gebildet haben, da in der Praxis ihre Gründung und der Abschluss des Franchisevertrages zeitlich regelmäßig zusammenfallen. Aufgrund insbesondere in der Systemgastronomie erforderlicher hoher Anfangsinvestitionen und einer regelmäßig ebenfalls hohen Eintrittsgebühr in das Franchisesystem kann das Reinvermögen einer Franchisenehmer-GmbH bei Begründung des Vertragskonzerns im Falle eines geringen Stammkapitals durchaus im Wesentlichen aus Kapitalrücklagen bestehen. Deren Erhaltung wäre, wollte man mit der Mindermeinung konzernrechtlich nur das Stammkapital schützen, jedoch – anders als im Aktienrecht – gerade nicht durch § 302 Abs. 1 AktG (analog) geschützt. Eine solche Abweichung zum Aktienrecht lässt sich mit der weniger strengen Vermögensbindung des GmbH-Rechts jedoch nicht begründen.

c. Ergebnis

Der Franchisenehmer hat daher gemäß § 302 Abs. 1 AktG (analog) jeden während der Vertragsdauer des Franchisevertrages entstehenden Jahresfehlbetrag der Franchisenehmer-GmbH zu ersetzen, soweit dieser nicht durch Gewinnrücklagen ausgeglichen werden kann, die während der Vertragsdauer gebildet wurden.

3. Sicherheitsleistung des Franchisegebers

Das herrschende Unternehmen ist den Gläubigern einer abhängigen GmbH bei Beendigung des Beherrschungsvertrages zur Sicherheitsleistungen für begründete Forderungen nach § 303 AktG analog verpflichtet.[961] Somit ist auch der Franchisegeber im Franchisevertragskonzern gegenüber den Gläubigern der Franchisenehmer-GmbH zur Sicherheitsleistung verpflichtet.

III. Verlustausgleichspflicht gegenüber Franchisenehmer-Personengesellschaft

Das herrschende Unternehmen ist gegenüber einer vertraglich abhängigen Personengesellschaft nach § 302 Abs.1 AktG analog zum Ausgleich jedes während der Vertragsdauer entstehenden Jahresfehlbetrages verpflichtet.[962] Anders als im GmbH-Vertragskonzernrecht ist der abhängigen Personengesellschaft unstreitig wie in § 302 Abs. 1 AktG vorgesehen der vollständige Jahresverlust, soweit er nicht durch während

[961] BGHZ 95, 330 (345 f.; BGHZ 116, 37 (39); Baumbach/*Zöllner* GmbH-KonzernzR, Rn. 77 ff.; Roth/Altmeppen/*Altmeppen*, Anh. § 13 Rn. 72; Hachenburg/*Ulmer* Anh. § 77 Rn. 223, 209.

[962] *Emmerich/Sonnenschein/Habersack*, § 34 III 4; Schlegelberger/*Martens* Anh. § 105, Rn. 40 ff; Staub/*Ulmer* Anh. § 105, Rn. 72 ff., *Ulmer*, Probleme des Konzernrechts, S. 26 (56); *Jäger*, DStR 1979, 1813 (1816); *Raiser* § 54 IV 3; Baumbach/Hopt/*Hopt*, § 105 Rn. 105.

der Vertragsdauer gebildete Gewinnrücklagen ausgeglichen werden kann, zu ersetzen. Ferner ist das herrschende Unternehmen analog § 303 AktG bei Beendigung des Beherrschungsvertrages zur Sicherheitsleistung gegenüber den Gläubigern der abhängigen Personengesellschaft verpflichtet.

Der Franchisegeber hat daher einer Franchisenehmer-Personengesellschaft jeden Jahresfehlbetrag gemäß § 302 Abs.1 AktG analog zu ersetzen. Den Gläubigern der Franchisenehmergesellschaft ist er bei Beendigung des Franchisevertrages gemäß § 303 AktG analog zur Sicherheitsleistung für begründete Forderungen verpflichtet.

IV. Gesetzliche Risikoverteilung im Franchisevertragskonzern

Im Franchisevertragskonzern trägt der Franchisenehmer nur ein minimales wirtschaftliches Risiko. Das wirtschaftliche Risiko des Franchisenehmers besteht lediglich darin, dass er für den Einsatz seiner Arbeitskraft dann keine Entlohnung erhält, wenn ihn sein Unternehmen nicht als Angestellten beschäftigt. Im Übrigen ist das bislang bestehende Geschäftsrisiko des Franchisenehmers vollständig dem Franchisegeber zugewiesen. Solange der Franchisegeber zahlungsfähig ist, wäre auch eine Insolvenz des Franchisenehmer-Unternehmens ausgeschlossen, da einem etwaigen Fehlbetrag in der Bilanz immer ein ebenfalls in die Bilanz aufzunehmender entsprechender Anspruch gegen den Franchisegeber gegenübersteht.

§ 7 Zusammenfassung in zwölf Thesen

1. Rein vertikal strukturierte Franchisesysteme, wie sie dieser Untersuchung zugrunde liegen, sind durch interessenwahrende Geschäftsbesorgung gekennzeichnete Absatzmittlungsverhältnisse. Sie zeichnen sich durch ein einheitliches Erscheinungsbild der Franchisenehmer-Betriebe sowie die Einheitlichkeit der systemtypischen Produkte und Dienstleistungen aus. Der Kunde soll nicht erkennen können, ob es sich um Filialen des Franchisegebers oder Franchisenehmer-Betriebe handelt. Diese sogenannte Imageeinheit beruht auf einer straffen und einheitlichen Systemsteuerung des Franchisegebers. Der Franchisegeber stellt über den Franchisevertrag ein übereinstimmendes Verhalten aller am System beteiligter Franchisenehmer sicher.

2. Franchisesysteme sind nicht lediglich Vertriebskonzepte, sondern vielmehr umfassende Betriebsführungssysteme. Der Franchisevertrag in straff organisierten Franchisesystemen ist ein umfassendes Vertragswerk, das den Franchisenehmern detaillierte und jeweils identische Vorgaben zur Führung ihrer Betriebe erteilt. Der Franchisenehmer hat seinen Betrieb streng nach den Vorgaben des Franchisegebers zu führen. In Betriebshandbüchern, die Bestandteil des Franchisevertrages sind, werden die Richtlinien und Grundsätze des Systems niedergelegt. Dabei sichert sich der Franchisegeber vertraglich die alleinige und nahezu uneingeschränkte Planungs- und Entwicklungsherrschaft im System. Er lässt sich ausdrücklich das Recht einräumen, die Richtlinien und Grundsätze – und damit das Franchisesystem – einseitig zu ändern. Der Franchisenehmer verpflichtet sich wiederum, die jeweils gültigen Richtlinien und Grundsätze umzusetzen und einzuhalten.

3. Franchiseverträge sind Typenkombinationsverträge mit zwingenden Elementen des Geschäftsbesorgungs-, Dienst- und Know-how-Vertrages.

4. Ein Franchisevertrag kann Beherrschungsvertrag im Sinne von § 291 Abs. 1 Satz 1 AktG (analog) sein. Voraussetzung dafür ist (i) die fehlende Quantifizierbarkeit der Folgewirkungen des Vertrages für den Franchisenehmer, (ii) das Unterstellen der Leitung des Franchisenehmer-Unternehmens in wenigstens einem der unternehmerischen Entscheidungsbereiche Marketing, Beschaffung, Produktion, Personal und Finanzierung, und (iii) eine fehlende anderweitige unternehmerische Tätigkeit des Franchisenehmer-Unternehmens. Ferner muss (iv) der Wille der Vertragsparteien auf den Abschluss eines Beherrschungsvertrages gerichtet sein. Schließen Franchisegeber-Unternehmen und Franchisenehmer-Unternehmen einen Beherrschungsvertrag, besteht zwischen beiden Unternehmen nach der Vermutungsregel des § 18 Abs. 1 Satz 2 AktG (analog) ein Vertragskonzern.

5. In straff organisierten Franchisesystemen mit weitreichenden Weisungsrechten des Franchisegebers, wie sie typischerweise und vor allem in der Systemgastronomie vorkommen, werden die Voraussetzungen eines Beherrschungsvertrages regelmäßig erfüllt. Insbesondere unterstellt das Franchisenehmer-Unternehmen im Franchisevertrag seine Leitung in den unternehmerischen Entscheidungsbereichen Marketing, Beschaf-

fung, Produktion und Finanzierung dem Franchisegeber-Unternehmen. Franchisegeber und Franchisenehmer ist bewusst und beide beabsichtigen, dass der Franchisenehmer die Leitung seines Unternehmens in wenigstens einem unternehmerischen Entscheidungsbereich dem Franchisegeber unterstellt. Der Franchisenehmer akzeptiert dies, um wirtschaftlich von der Teilhabe an einem in der Regel erprobten Geschäftsmodell zu profitieren. Dem Franchisegeber ermöglicht das umfassende Weisungsrecht die von ihm angestrebte weitgehende Vereinheitlichung aller Franchisenehmer-Betriebe und die alleinige Planungs- und Entwicklungsherrschaft im System. Die Rechtsfolgen, insbesondere die Verlustausgleichspflicht des Franchisegebers, muss nicht vom Willen des Franchisegebers umfasst sein. Eine abschließende Entscheidung darüber, ob es sich bei einem Franchisevertrag zugleich um einen Beherrschungsvertrag handelt, bleibt indes einer Untersuchung des konkreten Franchisevertrages und der dazugehörigen Betriebshandbücher vorbehalten.

6. Der Beherrschungsvertrag ist Organisationsvertrag. Er überlagert die Zuständigkeit der Geschäftsführung des abhängigen Unternehmens. Der Rechtsnatur des Beherrschungsvertrages kommt keine eigenständige Bedeutung bei der Beurteilung der Voraussetzungen eines Beherrschungsvertrages zu.

7. Auf einen Beherrschungsvertrag, der ohne die erforderlichen Zustimmungs- und Formerfordernisse abgeschlossen wurde, sind die Grundsätze der fehlerhaften Gesellschaft anzuwenden. Solange der Vertrag von Franchisegeber und Franchisenehmer tatsächlich durchgeführt wird, ist er nicht nichtig. Er kann aber von beiden Parteien jederzeit gekündigt werden. Nichtig ist indes ein Beherrschungsvertrag mit einer Aktiengesellschaft oder Kommanditgesellschaft auf Aktien auf Franchisenehmerseite, sofern der Vertrag nicht in das Handelsregister eingetragen ist.

8. Ein Beherrschungsvertrag kann nicht nur mit einer abhängigen Aktiengesellschaft oder Kommanditgesellschaft auf Aktien, sondern auch mit einer GmbH und einer Personengesellschaft geschlossen werden. In diesen Fällen sind § 308 AktG über das Weisungsrecht des herrschenden Unternehmens und § 302 Abs. 1 AktG über die Verlustausgleichspflicht des herrschenden Unternehmens analog anzuwenden. Ein Beherrschungsvertrag kann auch zwischen Unternehmen abgeschlossen werden, die nicht über eine Kapitalbeteiligung miteinander verbunden sind. Dies gilt auch im Konzernrecht der Personengesellschaften.

9. Ein Beherrschungsvertrag im Sinne von § 291 Abs. 1 Satz 1 AktG (analog) kann nur zwischen bereits bestehenden Unternehmen abgeschlossen werden. Unabhängig davon, ob der Franchisegeber sein Unternehmen als Einzelkaufmann oder Gesellschaft führt, kann er herrschendes Unternehmen im Sinne des Konzernrechts sein. Hat der Franchisenehmer bereits vor Abschluss des Franchisevertrages eine Personen- oder Kapitalgesellschaft gegründet, die Vertragspartner des Franchisegebers wird, ist jene Unternehmen im Sinne des Konzernrechts.

10. Ist der Franchisevertrag im konkreten Fall Beherrschungsvertrag, erhält der Franchisegeber das Weisungsrecht nach § 308 AktG (analog). Dieses umfassende Weisungsrecht nach § 308 AktG (analog) wird durch den vertraglich geregelten Umfang und die vertraglich geregelten Grenzen des Weisungsrechts des Franchisegebers in seiner Reichweite wieder eingeschränkt. Der Franchisegeber ist zum Ausgleich des Jahresfehlbetrages des Franchisenehmer-Unternehmens nach § 302 Abs. 1 AktG (analog) verpflichtet. Der Franchisevertrag und damit die Weisungsrechte des Franchisegebers sind einer Kontrolle nach dem deutschen und nach dem europäischen Wettbewerbs- und Kartellrecht entzogen.

11. Eine Abhängigkeit im Sinne von § 17 Abs. 1 AktG und ein faktischer Konzern im Sinne von § 18 Abs. 1 Satz 1 AktG setzen auch in Franchiseverhältnissen eine gesellschaftsrechtliche Vermittlung des beherrschenden Einflusses des Franchisegebers voraus. Franchiseverhältnisse weisen gegenüber anderen wirtschaftlichen Abhängigkeiten keine Besonderheiten auf, die ein Abweichen von dem Postulat der gesellschaftsrechtlichen Vermittlung der konzernrechtlichen Abhängigkeit rechtfertigen könnten. Typischerweise ist der Franchisegeber nicht an der Franchisenehmer-Gesellschaft beteiligt.

12. Franchiseverträge, die nicht zugleich Beherrschungsverträge sind, unterliegen der Inhaltskontrolle nach §§ 305 ff. BGB. Da der Franchisegeber über die ihm vertraglich eingeräumten Weisungsvorbehalte in erster Linie Systemänderungen vornehmen kann, die häufig mit Investitionen des Franchisenehmers verbunden sind, ist die Wirksamkeit und Reichweite von Weisungsvorbehalten vor allem eine Frage des Investitionsschutzes des Franchisenehmers. Ein Investitionsschutz im Sinne einer Beschränkung des Weisungsrechts des Franchisegebers besteht nur dort, wo er im Franchisevertrag – ausdrücklich oder konkludent – geregelt ist. Dies ist indes regelmäßig nicht der Fall. Bei Fehlen einer franchisevertraglichen Regelung ist der Franchisenehmer an Weisungen nur dann nicht gebunden, wenn ihre Umsetzung zur Wahrung der Identität und Integrität des Franchisesystems nicht erforderlich ist.

Literaturverzeichnis

Albach, Horst — Die Organisation des Entscheidungsprozesses nach dem Aktiengesetz 1965, in: NB 1966, 30-35.

Altmeppen, Holger — Gesellschafterhaftung und „Konzernhaftung" bei der GmbH, in: NJW 2002, 321-324.

Altmeppen, Holger — Zur Entwicklung eines neuen Gläubigerschutzkonzeptes in der GmbH, in: ZIP 2002, 1553-1563.

Anschütz, Klaus/ Feick, Ernst Martin — Franchise-Vertrag, in: Beck'sches Formularhandbuch Bürgerliches, Handels- und Wirtschaftsrecht, hrsg. von Michael Hoffmann-Becking und Peter Rawert, München 2003, S. 1099-1109.

Bachmann, Gregor/ Veil, Rüdiger — Grenzen atypischer stiller Beteiligung an einer Aktiengesellschaft, in: ZIP 1999, 348-355.

Ballerstedt, Kurt — Schranken der Weisungsbefugnis aufgrund eines Beherrschungsvertrages, in: ZHR 137 (1973), 388-403.

Bälz, Ulrich — Verbundene Unternehmen, in: AG 1992, 277-311.

Bartholomeyczik, Horst — Rechtsfragen des Konzernrabatts bei der Werbung, in: Recht im Wandel: Festschrift Hundertfünfzig Jahre Carl Heymanns Verlag, Köln u.a. 1965, S. 307-326.

Bauder, Wolfgang — Der Franchise-Vertrag. Eine systematische Darstellung von Rechtstatsachen, Stuttgart 1988.

Bauder, Wolfgang — Zur Selbständigkeit des Franchise-Nehmers, in: NJW 1989, 78-80.

Baumbach, Adolf/Hueck, Alfred/Fastrich, Lorenz — GmbH-Gesetz: Gesetz betreffend Gesellschaften mit beschränkter Haftung, 18. Auflage, München 2006 (zitiert: *Baumbach/Hueck*).

Baumbach, Adolf/ Hopt, Klaus — Handelsgesetzbuch, 32. Auflage, München 2006 (zitiert: *Baumbach/Hopt*).

Baumgarten, Andreas K. — Das Franchising als Gesellschaftsverhältnis: eine Studie zur spezifischen zivilrechtlichen Qualität des Rechtsverhältnisses zwischen Franchise-Geber und Franchise-Nehmer, Diss. Göttingen 1993.

Baumgartl, Michael — Die konzernbeherrschte Personengesellschaft, Köln u.a. 1986.

Bayreuther, Frank Wirtschaftlich-existenziell abhängige Unternehmen im Konzern-, Kartell- und Arbeitsrecht – Zugleich ein Beitrag zur rechtlichen Erfassung moderner Unternehmensverträge, Berlin 2001.

Bechtold, Rainer Kartellgesetz: Gesetz gegen Wettbewerbsbeschränkungen, Kommentar, 2. Auflage, München 1999.

Beck'sches Handbuch der GmbH Gesellschaftsrecht – Steuerrecht, hrsg. von Welf Müller und Burkhard Hense, 3. Auflage, München 2002 (zitiert: Beck'schesHdbGmbH/*Bearbeiter*).

Beck'sches Handbuch der Personengesellschaften Gesellschaftsrecht – Steuerrecht, hrsg. von Welf Müller und Wolf Dieter Hoffmann, 2. Auflage, München 2002 (zitiert: Beck'schesHdbPersG/*Bearbeiter*).

Bernhard-Eckel, Stefan Der Just-in-Time-Vertrag: Ein Vertrag zwischen Austausch und Gesellschaft, Baden-Baden 1997, zugl. Diss. Osnabrück 1997.

Bitter, Georg Der Anfang vom Ende des „qualifizierten faktischen GmbH-Konzerns" – Ansätze einer allgemeinen Missbrauchshaftung in der Rechtsprechung des BGH –, in: WM 2001, 2133-2141.

Böhner, Reinhard Recht zur außerordentlichen Kündigung des McDonald's-Franchisevertrags, in: NJW 1985, 2811-2812.

Boujong, Karlheinz Das GmbH-Recht in den Jahren 2000 bis 2002, in: NZG 2003, 497-509.

Bräutigam, Peter Deliktische Außenhaftung im Franchising: Eine Untersuchung zur außerordentlichen Schadensersatzhaftung der Mitglieder von Franchise-Systemen, Baden-Baden 1994.

Breuninger, Gottfried Einsatz schuldrechtlicher Verpflichtungen anstelle beteiligungsgestützter Beherrschung. Fall 1: Franchisesystem einer mittelständischen Unternehmensgruppe (Aufsatz/Kongressvortrag), in: JbFfSt 1998/1999, S. 330-349.

Bühner, Rolf Management-Lexikon, München u.a. 2001.

Bunte, Hermann-Josef Franchising und EG-Kartellrecht, in: NJW 1986, 1406-1407.

Buschbeck-Bülow, Brigitte Betriebsverfassungsrechtliche Vertretung in Franchise-Systemen, in: BB 1989, 352-354.

Buschbeck-Bülow, Brigitte Franchise-Systeme und Betriebsverfassung, in: BB 1990, 1061.

Busse von Colbe, Walther/ Laßmann, Gert — Betriebswirtschaftstheorie 1: Grundlagen, Produktions- und Kostentheorie, 5. Auflage, Berlin 1991.

Clemens, Reinhard — Die Bedeutung des Franchising in der Bundesrepublik Deutschland – Eine empirische Untersuchung von Franchisenehmern und -systemen, Stuttgart 1988.

Creutzig, Susanne — Investitionsersatzanspruch des Vertragshändlers: Vergessen, obwohl existenznotwenig?, in: NJW 2002, 3430-3436.

Däubler, Wolfgang — Informationstechnische Unternehmensverkettung und Arbeitsrecht, in: CR 1988, 834-841.

Deutscher Franchise-Verband E.V. — Existenzgründung mit System – Ein Leitfaden des Deutschen Franchise-Verbandes e.V., München 2003.

Dierdorf, Josef — Herrschaft und Abhängigkeit einer Aktiengesellschaft auf schuldvertraglicher und tatsächlicher Grundlage, Köln u.a. 1978.

Dilcher, Hermann — Typenfreiheit und inhaltliche Gestaltungsfreiheit bei Verträgen, in: NJW 1960, 1040-1043.

Ebenroth, Carsten-Thomas — Absatzmittlungsverträge im Spannungsverhältnis von Kartell- und Zivilrecht, Konstanz 1980.

Ebenroth, Carsten Thomas/ Boujong, Karl-Heinz/*Joost, Detlev* — Handelsgesetzbuch, Band 1, München 2001 (zitiert: Ebenroth/Boujong/Joost/*Bearbeiter*).

Ebenroth, Carsten-Thomas/ Parcher, Ulrich — Die kartell- und zivilrechtlichen Schranken bei der Umstrukturierung von Absatzmittlungsverhältnissen, in: BB 1988, Beilage 10, 1-33.

Ehricke, Ulrich — Das abhängige Konzernunternehmen in der Insolvenz, Tübingen 1998.

Ehricke, Ulrich — Gedanken zu einem allgemeinen Konzernorganisationsrecht zwischen Markt und Regulierung, in: ZGR 1996, 300-325.

Ehricke, Ulrich — Die Haftung im GmbH-Vertragskonzern nach §§ 302, 303 AktG analog – ein (fast) vergessener Irrtum im Konzernrecht, in: Festschrift für Ulrich Immenga zum 70. Geburtstag, München 2004, S. 537-557.

Ekkenga, Jens — Grundfragen der AGB-Kontrolle von Franchiseverträgen, in: AG 1989, 301-316.

Ekkenga, Jens Die Inhaltskontrolle von Franchise-Verträgen: eine Studie zu den zivilrechtlichen Grenzen der Vertragsgestaltung im Bereich des Franchising unter Einschluß des Vertragshändlerrechts, Heidelberg 1990.

Emmerich, Volker Franchising, in: JuS 1995, 761-764.

Emmerich, Volker Kartellrecht, 9. Auflage, München 2001.

Emmerich, Volker Konzernbildungskontrolle, in: AG 1991, 303-312.

Emmerich, Volker Urteilsanmerkung zu EuGH, Urt. v. 24.10.1996 – Rs C 73/95 P, in: JuS 1997, S. 376-377.

Emmerich, Volker Zur Vereinbarkeit sog. Franchiseverträge mit dem europäischen Wettbewerbsrecht. Urteilsbesprechung, in: JuS 1986, 558-559.

Emmerich, Volker/ Habersack, Mathias Aktienkonzernrecht: Kommentar zu den §§ 15-22 und 291-328 AktG, München 1998 (zitiert: Emmerich/Habersack/*Bearbeiter*).

Emmerich, Volker/ Habersack, Mathias Konzernrecht: Das Recht der verbundenen Unternehmen bei Aktiengesellschaft, GmbH, Personengesellschaften, Genossenschaft, Verein und Stiftung, 8. Auflage, München 2005.

Emmerich, Volker/ Sonnenschein, Jürgen Konzernrecht: Das Recht der verbundenen Unternehmen bei Aktiengesellschaft, GmbH und Personengesellschaften, 2. Auflage, München 1977.

Enghusen, Gunnar Rechtliche Probleme der Franchiseverträge in den Vereinigten Staaten von Amerika und in Europa unter besonderer Berücksichtigung des Kartellrechts, Diss. Berlin 1977.

Ensthaler, Jürgen Haftungsrechtliche Bedeutung von Qualitätssicherungsvereinbarungen, in: NJW 1994, 817-823.

Erdmann, Günter Die Laufzeit von Franchise-Verträgen im Lichte des AGB-Gesetzes, in: BB 1992, 795-797.

Eßer, Guido Franchising. Der Franchise-Vertrag im Lichte der Rechtsprechung - mit dem Franchise-Atlas, 2. Auflage, Köln 1995.

Exner, Werner Beherrschungsvertrag und Vertragsfreiheit, Frankfurt am Main 1984, zugl. Diss. Göttingen 1982/83.

Fabian, Susanne Inhalt und Auswirkungen des Beherrschungsvertrags – eine Untersuchung zur Gestaltung des Beherrschungsvertrags im Aktien-, GmbH- und Personengesellschaftskonzern, Frankfurt am Main 1997, zugl. Diss. Kiel 1997.

Falkenhausen, Kurt H. Freiherr von Konzernabschlüsse – ungeklärte Rechtsfragen?, in: NJW 1973, 487-491.

Fleischer, Holger Konzerninterne Wettbewerbsbeschränkungen und Kartellverbot, in: AG 1997, 491-502.

Flohr, Eckhard Franchise-Vertrag, 2. Auflage, München 2001.

Flume, Werner Die abhängige Aktiengesellschaft und die Aktienrechtsreform, in: DB 1959, 190-196.

Flume, Werner Die Organschaft im Gewerbesteuerrecht – Unter besonderer Berücksichtigung der Organschaft zu mehreren Unternehmungen, in: DB 1955, 485-495.

Flume, Werner Die Organschaft im Körperschaftssteuerrecht – Zivilrechtlich-handelsrechtliche und steuerrechtliche Betrachtungen zur Rechtsprechung des Bundesfinanzhofs, in: DB 1956, 455-464.

Flume, Werner Nochmals zur Organschaft im Körperschaftssteuerrecht, in: DB 1956, 672-674.

Flume, Werner Stellungnahme, in: DB 1957, 439-441.

Forkel, Hans Der Franchisevertrag als Lizenz am Immaterialgut Unternehmen, in: ZHR 153 (1989), 511-538.

Foth, Dietmar Der Investitionserstattungsanspruch des Vertragshändlers, in: BB 1987, 1270-1274.

Frankfurter Kommentar zum Kartellrecht Mit Kommentierung des GWB, des EG-Kartellrechts und einer Darstellung ausländischer Kartellrechtsordnungen, Loseblattsammlung, 30. Lieferung 1993, Köln (zitiert: FK/*Bearbeiter*).

Fritzemeyer, Wolfgang Auswirkungen der EU-Gruppenfreistellungsverordnung auf die Gestaltung von Franchiseverträgen, in: BB 2002, 1658-1664.

Gäbelein, Wolfgang Unternehmensverträge bei der Einpersonen-GmbH – Zum BGH-Beschluß vom 30.1.1992 – II ZB 15/91, in: GmbHR 1992, 786-788.

Gamm, Otto-Friedrich Frhr. von Kartellrecht: Kommentar zum Gesetz gegen Wettbewerbsbeschränkungen und zu Art. 85, 86 EWGV, 2. Auflage, Köln u.a. 1990.

Gemeinschaftskommentar Gesetz gegen Wettbewerbsbeschränkungen und Europäisches Kartellrecht, §§ 1-4 GWB, 4. Auflage, Köln u.a., 1. Lieferung 1980 (zitiert: Gemeinschaftskommentar/*Bearbeiter*, 4. Aufl.).

Gemeinschaftskommentar Gesetz gegen Wettbewerbsbeschränkungen und Europäisches Kartellrecht, § 1 GWB Kartellverbot, 5. Auflage, Köln u.a., 1. Lieferung 1999 (zitiert: Gemeinschaftskommentar/*Bearbeiter*, 5. Aufl.).

Geßler, Ernst Abgrenzungs- und Umgehungsprobleme bei Unternehmensverträgen, in: Festschrift für Kurt Ballerstedt zum 70. Geburtstag am 24. Dezember 1975, Berlin 1975, S. 219-237.

Giesler, Jan Patrick Franchiseverträge, 2. Auflage, Köln 2002.

Giesler, Jan Patrick Die Rückabwicklung gescheiterter Franchiseverhältnisse, in: WM 2001, 1441-1445.

Giesler, Jan Patrick/ Nauschütt, Jürgen Franchiserecht: Handbuch für die anwaltliche und gerichtliche Praxis, Neuwied 2002 (zitiert: Giesler/Nauschütt/ *Bearbeiter*).

Gitter, Wolfgang Gebrauchsüberlassungsverträge. Handbuch des Schuldrechts, Band 7, Tübingen 1988.

Gleiss, Alfred/Hirsch, Martin/ Burkert, Thomas O. J. Kommentar zum EG-Kartellrecht, Band 1: Art. 85 und Gruppenfreistellungsverordnungen, 4. Auflage, Heidelberg 1993 (zitiert: Gleiss/Hirsch/*Bearbeiter*).

Götz, Heinrich/ Rieger, Harald Das Verhältnis von Kartell- und Konzernrecht, in: JuS 1968, 393-399.

Grandpierre, Walter Wettbewerbsbeschränkungen zwischen verbundenen Unternehmen – Nach dem Gesetz gegen Wettbewerbsbeschränkungen, Diss. Marburg 1972.

Groeben, Hans von der/ Schwarze, Jürgen Kommentar zum Vertrag über die Europäische Union und zur Gründung der Europäischen Gemeinschaft, Band 2 (Art. 81-97 EGV), 6. Auflage, Baden-Baden 2003 (zitiert: von der Groeben/Schwarze/*Bearbeiter*).

Gross, Herbert/ Skaupy, Walther Franchising in der Praxis. Fallbeispiele und rechtliche Grundlagen, Düsseldorf/Wien 1976.

Großkommentar zum Aktiengesetz 2. Auflage, Berlin 1957-1961 (zitiert: GroßKommAktG/ *Bearbeiter*, 2. Aufl.).

Großkommentar zum Aktiengesetz 3. Auflage, 4. Lieferung (§§ 291-410), Berlin 1970-1975 (zitiert: GroßKommAktG/*Bearbeiter*, 3. Aufl.).

Großkommentar zum Aktiengesetz 4. Auflage, 10. Lieferung (§§ 15-22), Berlin 1999 (zitiert: GroßKommAktG/*Bearbeiter*, 4. Aufl.).

Grunewald, Barbara Die in § 23 AGBG vorgesehene Bereichsausnahme für Gesellschaftsrecht, in: Festschrift für Johannes Semler zum 70. Geburtstag am 28. April 1993: Unternehmen und

Unternehmensführung im Recht, Berlin u.a. 1993, S. 179-193.

Haager, Bernd Christian — Preisempfehlungen in Franchise- und anderen Vertriebssystemen – Zugleich eine Besprechung des Sixt-Urteils des BGH vom 2.2.1999, KZR 11/97, in: DStR 1999, 1153-1156.

Haberkorn, Kurt — Können konzernmäßige Zusammenschlüsse unter § 1 GWB fallen?, in: WRP 1967, 39-41.

Hachenburg, Max — Gesetz betreffend die Gesellschaften mit beschränkter Haftung (GmbHG): Großkommentar, Band 3, §§ 53-85, 8. Auflage, Berlin 1997 (zitiert: Hachenburg/*Bearbeiter*).

Hardach, Fritz Wilhelm — Die „einheitliche Leitung“ von Konzernen – Aufgaben, Formen und Wege der Konzernleitung –, in: ZhdlwF 1961, 713-737.

Harms, Wolfgang — Konzerne im Recht der Wettbewerbsbeschränkungen – Eine wirtschafts- und gesellschaftsrechtliche Untersuchung, Köln u.a. 1968.

Heil, Ulf/Wagner, Achim — Franchising, in: Münchener Vertragshandbuch, Band 2, Wirtschaftsrecht I, hrsg. von Rolf A. Schütze und Lutz Weipert, 5. Auflage, München 2004, S. 65-164.

Herrfeld, Patricia — Die Abhängigkeit des Franchisenehmers: rechtliche und ökonomische Aspekte, Wiesbaden 1998, zugl. Diss. Kassel 1997.

Heymann, Ernst/ Emmerich, Volker/ Horn, Norbert/ Berger, Klaus-Peter — Handelsgesetzbuch: Kommentar, Band 2 (Zweites Buch §§ 105-237), 2. Auflage, Berlin 1996 (zitiert: Heymann/*Bearbeiter*).

Hirte, Heribert — Gesellschaftsrechtliche Fragen des „Outsourcing“ – Grenzen und Folgen der Auslagerung der Datenverarbeitung, in: CR 1992, 193-198.

Hirte, Heribert — Die Entwicklung des Unternehmens- und Gesellschaftsrechts in Deutschland in den Jahren 2000 bis 2002 - 2. Teil: Gesellschaft mit beschränkter Haftung, in: NJW 2003, 1154-1161.

Hirte, Heribert — Die Entwicklung des Unternehmens- und Gesellschaftsrechts in Deutschland in den Jahren 2000 bis 2002 - 3. Teil: Gesellschaften ohne Rechtspersönlichkeit, Recht der verbundenen Unternehmen, Umwandlungs- und Mitbestimmungsrecht, in: NJW 2003, 1285-1293.

Höpfner, Claus — Kündigungsschutz und Ausgleichsansprüche des Franchisenehmers bei Beendigung von Franchiseverträgen, Diss. Münster 1997.

Hoffmann, Jochen — Das GmbH-Konzernrecht nach dem „Bremer Vulkan“-Urteil, in: NZG 2002, 68-74.

Hoffmann-Becking, Michael — Gelöste und ungelöste Fragen zum Unternehmensvertrag der GmbH, in: WiB 1994, 57-63.

Hommelhoff, Peter — Die Konzernleitungspflicht: zentrale Aspekte eines Konzernverfassungsrechts, Köln u.a. 1982.

Huber, Ulrich — Zur kartellrechtlichen Problematik der Zusammenfassung von Konzernunternehmen unter einer einheitlichen Leitung im Sinne des § 18 AktG, in: ZHR 131 (1968), 193-254.

Hubmann, Heinrich — Gewerblicher Rechtsschutz, 5. Auflage, München 1988.

Hubmann, Heinrich/ Götting, Horst-Peter — Gewerblicher Rechtsschutz, 7. Auflage, München 2002.

Hüffer, Uwe — Aktiengesetz: Kommentar, 6. Auflage, München 2004.

Immenga, Ulrich/ Mestmäcker, Ernst-Joachim — EG-Wettbewerbsrecht, Kommentar, Band I, München 1997 (zitiert: Immenga/Mestmäcker/*Bearbeiter*, EG).

Immenga, Ulrich/ Mestmäcker, Ernst-Joachim — Gesetz gegen Wettbewerbsbeschränkungen: GWB, Kommentar, 2. Auflage, München 1992 (zitiert: Immenga/ Mestmäcker/*Bearbeiter*, GWB, 2. Aufl.).

Immenga, Urich/ Mestmäcker, Ernst-Joachim — Gesetz gegen Wettbewerbsbeschränkungen: GWB, Kommentar, 3. Auflage, München 2001 (zitiert: Immenga/Mestmäcker/*Bearbeiter*, GWB, 3. Aufl.).

Jäger, Axel — Personengesellschaften als abhängige Unternehmen, DStR 1997, 1813-1817.

Joerges, Christian — Status und Kontrakt im Franchise-Recht, in: AG 1991, 325-351.

Keßler, Jürgen — Kapitalerhaltung und normativer Gläubigerschutz in der Einpersonen-GmbH – zum beiläufigen Ende des „qualifizierten faktischen“ GmbH-Konzerns, in: GmbHR 2001, 1095-1100.

Klebe, Thomas/ Roth, Siegfried — Technische und organisatorische Aspekte des Just-in-Time Delivery – Autonome Zulieferer oder Diktat der Marktmacht?, in: CR 1990, 677-682.

Kleindiek, Detlef — Fehlerhafte Unternehmensverträge im GmbH-Recht, in: ZIP 1988, 613-626.

Kleindiek, Detlef — Strukturvielfalt im Personengesellschaftskonzern: Rechtsformspezifische und rechtsformübergreifende Aspekte des Konzernrechts, Köln 1991, zugl. Diss. Bielefeld 1990.

Klippert, Volker — Die wettbewerbsrechtliche Beurteilung von Konzernen, Berlin 1984.

Knigge, Jürgen — Franchise-Systeme im Dienstleistungssektor, Berlin 1973.

Köhler, Helmut — Der Schutz des abhängigen Unternehmens im Schnittpunkt von Kartell- und Konzernrecht, in: NJW 1978, 2473 -2481.

Kölner Kommentar zum Aktiengesetz — Band 1 (§§ 1-75 AktG), 2. Auflage, Köln 1988; Band 6 (§§ 291-328), 1. Lieferung, 2. Auflage, Köln 1987 (zitiert: KölnKomm/*Bearbeiter*).

Koppensteiner, Hans-Georg — Über wirtschaftliche Abhängigkeit, in: Festschrift für Walter Stimpel, Berlin u.a. 1985, S. 811-824.

Kort, Michael — Der Abschluss von Beherrschungs- und Gewinnabführungsverträgen im GmbH-Recht, Köln 1986, zugl. Diss. München 1985.

Kort, Michael — Zur Vertragsfreiheit bei Unternehmensverträgen, in: BB 1988, 79-84.

Krieger, Gerd — Fehlerhafte Satzungsänderungen: Fallgruppen und Bestandskraft, in: ZHR 158 (1994), 35-58.

Krieger, Gerd — Inhalt und Zustandekommen von Beherrschungs- und Gewinnabführungsverträgen im Aktien- und GmbH-Recht, in: DStR 1992, 432-436.

Kropff, Bruno — Aktiengesetz 1965, Düsseldorf 1965.

Kübler, Friedrich — Gesellschaftsrecht: die privatrechtlichen Ordnungsstrukturen und Regelungsprobleme von Verbänden und Unternehmen, 4. Auflage, Heidelberg 1994.

Lange, Knut Werner — Der grenzüberschreitende Vertragskonzern im Recht der Personenhandelsgesellschaften, in: IPRax 1998, 438-445.

Langen, Eugen/ Bunte, Hermann-Josef — Kommentar zum deutschen und europäischen Kartellrecht, Band 1, 9. Auflage, Neuwied 2001 (zitiert: Langen/Bunte/*Bearbeiter*).

Larenz, Karl/ Canaris, Claus-Wilhelm — Methodenlehre der Rechtswissenschaft, 3. Auflage, Berlin u.a. 1995.

Lenzen, Rolf — Risiken des Franchise-Vertrags, in: RIW 1984, 586-588.

Liebscher, Christoph/ Petsche, Alexander Franchising nach der neuen Gruppenfreistellungsverordnung (EG) Nr. 2790/99 für Vertikalvereinbarungen, in: EuZW 2000, 400-404.

Liebscher, Thomas Konzernbildungskontrolle: Rechtsformspezifische und rechtsformunabhängige Aspekte der Problematik eines konzernrechtlichen Präventivschutzes im Rahmen des Konzernierungsprozesses, Berlin 1995, zugl. Diss. Mannheim 1994.

Liesegang, Helmuth Die Bedeutung des AGB-Gesetzes für Franchiseverträge, in: BB 1991, 2381-2385.

Liesegang, Helmuth Buchbesprechungen von Walther Skaupy, Franchising, 1987 und Michael Martinek, Franchising, 1987, in: NJW 1990, 1525-1526.

Liesegang, Helmuth Der Franchise-Vertrag, 6. Auflage, Heidelberg 2003.

Limmer, Peter Die Haftung im qualifizierten faktischen Personengesellschaftskonzern, in: GmbHR 1992, 265-273.

Löffler, Joachim Die abhängige Personengesellschaft: Beherrschender Einfluß und Konzernherrschaft bei Personengesellschaften, Heidelberg 1988, zugl. Diss. Tübingen 1988.

Löwe, Walter/Graf von Westphalen, Friedrich/ Trinkner, Reinhold Großkommentar zum AGB-Gesetz, Band III: Einzelklauseln und Klauselwerke, 2. Auflage, Heidelberg 1985 (zitiert: Löwe/Graf von Westphalen/Trinkner/*Bearbeiter*).

Lutter, Marcus Die Haftung des herrschenden Unternehmens im GmbH-Konzern – Überlegungen zur „Autokran"-Entscheidung des BGH vom 16.9.1985, ZIP 1985, 1263, in: ZIP 1985, 1425-1435.

Lutter, Marcus/ Hommelhoff, Peter GmbH-Gesetz, Kommentar, 16. Auflage, Köln 2004.

Mack, Manfred Neuere Vertragssysteme in der Bundesrepublik Deutschland – Eine Studie zum Franchising, Bielefeld 1975.

Martens, Klaus-Peter Die existentielle Wirtschaftsabhängigkeit: eine Untersuchung im Spannungsfeld von Konzern- und Wettbewerbsrecht, Köln u.a. 1979.

Martinek, Michael Buchbesprechung von Ekkenga, Die Inhaltskontrolle von Franchiseverträgen, 1990, in: WM 1991, 1357-1360.

Martinek, Michael Franchising – Grundlagen der zivil- und wettbewerbsrechtlichen Behandlung der vertikalen Gruppenkooperation beim Absatz von Waren und Dienstleistungen, Heidelberg 1987 (zitiert: *Martinek*, Franchising).

Martinek, Michael Franchising im Handelsrecht: Zur analogen Anwendung handelsvertreterrechtlicher Vorschriften auf Franchiseverträge, in: ZIP 1988, 1362-1379.

Martinek, Michael Moderne Vertragstypen. Band II. Franchising, Know-How-, Management- und Consultingverträge, München 1992 (zitiert: *Martinek*, Moderne Vertragstypen II).

Martinek, Michael Moderne Vertragstypen. Band III. Computerverträge, Kreditkartenverträge sowie sonstige moderne Vertragstypen, München 1993. (zitiert: *Martinek*, Moderne Vertragstypen III).

Martinek, Michael/ Semler, Franz-Jörg/ Habermeier, Stefan Handbuch des Vertriebsrechts, 2. Auflage, München 2003 (zitiert: Martinek/Semler/*Bearbeiter*).

Meffert, Heribert Marketing: Grundlagen marktorientierter Unternehmensführung, Konzepte – Instrumente – Praxisbeispiele, 9. Auflage, Wiesbaden 2000.

Meier, A. Einheitliche Leitung im Konzern aus betriebswirtschaftlicher Sicht, in: Wpg 1966, 570-573.

Mestmäcker, Ernst-Joachim/Schweitzer, Heike Europäisches Wettbewerbsrecht, 2. Auflage, München 2004.

Mestmäcker, Ernst-Joachim Zur Systematik des Rechts der verbundenen Unternehmen im neuen Aktiengesetz, in: Das Unternehmen in der Rechtsordnung: Festgabe für Heinrich Kronstein aus Anlass seines 70. Geburtstages am 12. September 1967, Karlsruhe 1967, S. 129-150.

Metzlaff, Karsten Franchisesysteme und EG-Kartellrecht – neueste Entwicklungen, in: BB 2000, 1201-1209.

Metzlaff, Karsten Praxishandbuch Franchising, München 2003 (zitiert: Metzlaff/*Bearbeiter*).

Michalski, Lutz Kommentar zum GmbH-Gesetz, Band 1: §§ 1-34, München 2002.

Münchener Handbuch des Gesellschaftsrechts Band 4, Aktiengesellschaft, hrsg. von Michael Hoffmann-Becking, 2. Auflage, München 1999 (zitiert: MünchHdb-AG/*Bearbeiter*).

Münchener Kommentar Kommentar zum Bürgerlichen Gesetzbuch, 4. Auflage, Band 1, Allgemeiner Teil (§§ 1-240 BGB, AGB-Gesetz), München 2001; Band 2a, Schuldrecht Allgemeiner Teil (§§ 241-432), München 2003 (zitiert: MünchKommBGB/*Bearbeiter*).

Münchener Kommentar zum Aktiengesetz — 2. Auflage des Geßler/Hefermehl/Eckhardt/Kropff, Aktiengesetz, Band 1 (§§ 1-53), München 2000; Band 8 (§§ 278-328), München 2000 (zitiert: MünchKomm AktG/*Bearbeiter*).

Münchener Kommentar zum Handelsgesetzbuch — Band 3 (§§ 161-237; Konzernrecht der Personengesellschaften), München 2002 (zitiert: MünchKommHGB/*Bearbeiter*).

Nagel, Bernhard — Der Lieferant On Line – Unternehmensrechtliche Probleme der Just-in-Time-Produktion am Beispiel der Automobilindustrie, in: DB 1988, 2291-2294.

Nagel, Bernhard — Schuldrechtliche Probleme bei Just-in-Time-Lieferbeziehungen – Dargestellt am Beispiel der Automobilindustrie, in: DB 1991, 319-327.

Nagel, Bernhard/Riess, Birgit/Theis, Gisela — Der faktische Just-in-Time-Konzern – Unternehmensübergreifende Rationalisierungskonzepte und Konzernrecht am Beispiel der Automobilindustrie, in: DB 1989, 1505-1511.

Nagel, Bernhard/Riess, Birgit/Theis, Gisela — Neue Konzernstrukturen und Mitbestimmung, 1. Auflage, Baden-Baden 1994.

Nieschlag, Robert/Dichtl, Erwin/Hörschgen, Hans — Marketing, 19. Auflage, Berlin u.a. 2002.

Oechsler, Jürgen — Die Anwendung des Konzernrechts auf Austauschverträge mit organisationsrechtlichem Bezug, in: ZGR 1997, 464-492.

Oesterreich, Joerg — Die Betriebsüberlassung zwischen Vertragskonzern und faktischem Konzern: zum sog. Umgehungsproblem bei den Unternehmensverträgen der §§ 291, 292 I Ziff. 3 AktG, Köln 1979.

Palandt, Otto — Bürgerliches Gesetzbuch. Kommentar, 65. Auflage, München 2006 (zitiert: Palandt/*Bearbeiter*).

Pasderski, Edgar Paul — Die Außenhaftung des Franchisegebers, Aachen 1998, zugl. Diss. Berlin 1997.

Paul, Willy — Unternehmenskonzentration und Antitrustgesetzgebung in der BRD, in: DB 1975, 1253-1258.

Potrafke, Christian — Kartellrechtswidrigkeit konzerninterner Vereinbarungen und darauf beruhender Verhaltensweisen: nach § 1 Sherman Act, Art. 85 EWGV und §§ 25, 1 GWB, 1. Auflage, Baden-Baden 1991, zugl. Diss. Tübingen 1991.

Prühs, Hagen — Grundprobleme der aktienrechtlichen Abhängigkeit im Spiegel der neuen Literatur, in: AG 1972, 308-311.

Prühs, Hagen — Die tatsächliche Abhängigkeit aus aktienrechtlicher Sicht, in: DB 1972, 2001-2005.

Raiser, Thomas — Beherrschungsvertrag im Recht der Personengesellschaften – Besprechung der Entscheidung des BGH vom 5.2.1979, ZGR 1980, 559-566.

Raiser, Thomas — Recht der Kapitalgesellschaften: ein Handbuch für Praxis und Wissenschaft; Aktiengesellschaft, Kommanditgesellschaft auf Aktien, Gesellschaft mit beschränkter Haftung, Kapitalgesellschaft & Co., Umwandlungsrecht, Konzernrecht, internationales Gesellschaftsrecht, 4. Auflage, München 2006.

Reuter, Dieter — Ansätze eines Konzernrechts der Personengesellschaft in der höchstrichterlichen Rechtsprechung, in: AG 1986, 130-140.

Reuter, Dieter — Die Personengesellschaft als abhängiges Unternehmen, in: ZHR 146 (1982), 1-29.

Rinck, Gerd/ Schwark, Eberhard — Wirtschaftsrecht: Wirtschaftsverfassung, Kartellrecht, Wettbewerbsrecht, Wirtschaftsverwaltung, 6. Auflage, Köln 1986.

Rittner, Fritz — Die Beteiligung als Grund der Abhängigkeit einer Aktiengesellschaft (I), in: DB 1976, 1465-1470.

Röhricht, Volker — Die GmbH im Spannungsfeld zwischen wirtschaftlicher Dispositionsfreiheit ihrer Gesellschafter und Gläubigerschutz, in: Festschrift aus Anlass des fünfzigjährigen Bestehens von Bundesgerichtshof, Bundesanwaltschaft und Rechtsanwaltschaft beim Bundesgerichtshof, Köln 2000, S. 83-122.

Röhricht, Volker/Graf von Westphalen, Friedrich — Handelsgesetzbuch: Kommentar zu Handelsstand, Handelsgesellschaften, Handelsgeschäften und besonderen Handelsverträgen (ohne Bilanz-, Transport- und Seerecht), 2. Auflage, Köln 2001 (zitiert: Röhricht/Graf von Westphalen/*Bearbeiter*).

Roth, Günter H./ Altmeppen, Holger — Gesetz betreffend die Gesellschaften mit beschränkter Haftung (GmbHG), Kommentar, 5. Auflage, München 2005 (zitiert: Roth/Altmeppen/*Bearbeiter*).

Rowedder, Heinz/ Schmidt-Leithoff, Christian — Gesetz betreffend die Gesellschaften mit beschränkter Haftung (GmbHG), Kommentar, 4. Auflage, München 2002 (zitiert: Rowedder/Schmidt-Leithoff/*Bearbeiter*).

Sauter, Herbert — Die gruppenweise Freistellung von Franchise-Vereinbarungen, in: WuW 1989, 284-292.

Schierenbeck, Henner Grundzüge der Betriebswirtschaftslehre, 16. Auflage, München u.a. 2003.

Schießl, Maximilian Die beherrschte Personengesellschaft, Köln 1985.

Schlegelberger, Franz Handelsgesetzbuch: Kommentar, 2. Band (§§ 48-104), 5. Auflage, München 1973 (zitiert: Schlegelberger/*Bearbeiter*).

Schmidt, Karsten Gesellschafterhaftung und „Konzernhaftung" bei der GmbH – Bemerkungen zum „Bremer Vulkan"-Urteil des BGH vom 17.9.2001, in: NJW 2001, 3577-3581.

Schmidt, Karsten Gesellschaftsrecht, 4. Auflage, Köln u.a. 2002.

Schmidt, Karsten Handelsrecht, 5. Auflage, Köln u.a. 1999.

Schmidt, Karsten „Unternehmen" und „Abhängigkeit": Begriffseinheit und Begriffsvielfalt im Kartell- und Konzernrecht – Besprechung der Entscheidung BGHZ 74, 359, in: ZGR 1980, 277-288.

Schneider, Uwe H. Konzernbildung, Konzernleitung und Verlustausgleich im Konzernrecht der Personengesellschaften – Zugleich ein Beitrag zur Bedeutung des Gervais-Urteils für die Entwicklung des Konzernrechts, in: ZGR 1980, 511-547.

Schneider, Uwe H. Die Personengesellschaft als verbundenes Unternehmen – Prolegomena zu einem Konzernrecht für Personengesellschaften, ZGR 1975, 253-293.

Scholz, Franz Kommentar zum GmbH-Gesetz: mit Anhang Konzernrecht, I. Band (§§ 1-44 und Anhang Konzernrecht), 9. Auflage, Köln 2000 (zitiert: Scholz/*Bearbeiter*).

Schroeder, Dirk Die Anwendung des Kartellverbotes auf verbundene Unternehmen, in: WuW 1988, 274-284.

Schütz, Jörg Interne Willensbildung und Kartellrecht, in: WuW 1998, 335-343.

Semler, Johannes Leitung und Überwachung der Aktiengesellschaft – Die Leitungsaufgabe des Vorstands und die Überwachungsaufgabe des Aufsichtsrats, 2. Auflage, Köln u.a. 1996.

Skaupy, Walther Franchise-Systeme und Betriebsräte, in: BB 1990, 134-136.

Skaupy, Walther Das „Franchising" als zeitgerechte Vertriebskonzeption, in: DB 1982, 2446-2450.

Skaupy, Walther Franchising – Handbuch für die Betriebs- und Rechtspraxis, 2. Auflage, München 1995.

Skaupy, Walther Haftung des Franchisegebers für Werbung des Franchisenehmers?, in: BB 1995, 2121-2122.

Skaupy, Walther Die neue EG-Gruppen-Freistellungsverordnung für Franchisevereinbarungen, in: DB 1989, 765-770.

Skaupy, Walther Der Pronuptia-Prozeß 1974-1995, in: BB 1996, 1899-1901.

Skaupy, Walther Replik zu *Buschbeck-Bülow, Brigitte*: Franchise-Systeme und Betriebsverfassung, BB 1990, 1061, in: BB 1990, 1061-1062.

Skaupy, Walther Zu den Begriffen „Franchise", „Franchisevereinbarungen" und „Franchising", in: NJW 1992, 1785-1790.

Soergel, Hans Theodor Bürgerliches Gesetzbuch: mit Einführungsgesetz und Nebengesetzen, Band 3, Schuldrecht II (§§ 433-515): AGB-Gesetz, AkG, EAG, EKG, Un-Kauf Abk., 12. Auflage, Stuttgart u.a. 1991 (zitiert: Soergel/*Bearbeiter*).

starting up 100 Geschäftsideen zum Durchstarten, März/April/Mai 2004, 52-87.

Staub, Hermann HGB-Großkommentar, 4. Auflage, 1. Band Einleitung, §§ 1-104, Berlin 1995; 12. Lieferung §§ 105-113, Berlin 1989; 6. Lieferung §§ 383-406, Berlin 1995 (zitiert: Staub/*Bearbeiter*).

Staudinger, Julius von Kommentar zum Bürgerlichen Gesetzbuch mit Einführungsgesetz und Nebengesetzen, 2. Buch. Recht der Schuldverhältnisse, §§ 433-534, §§ 652-704, 13. Bearbeitung, Berlin 1995 (zitiert: Staudinger/*Bearbeiter*).

Steckler, Brunhilde Die rechtlichen Risiken der Just-in-time-Produktion, Stuttgart, München u.a. 1996.

Steinmann, Christina Qualitätssicherungsvereinbarungen zwischen Endproduktherstellern und Zulieferern: eine Untersuchung ihrer Zulässigkeit und ihrer Auswirkungen auf die gesetzlichen Regelungen, Heidelberg 1993, zugl. Diss. Heidelberg 1992.

Stimpel, Walter Rückblick auf das „Gervais"-Urteil, in: Probleme des Konzernrechts: Symposium zum 80. Geburtstag von Wolfgang Schilling, Heidelberg 1989, S. 11-25.

Stumpf, Herbert Der Know-how-Vertrag, 3. Auflage, Heidelberg 1977.

Stumpf, Herbert/ Groß, Michael Der Lizenzvertrag, 7. Auflage, Heidelberg 1998.

Sudhoff, Heinrich — Personengesellschaften, 8. Auflage, München 2004 (zitiert: Sudhoff/*Bearbeiter*).

Sura, Achim — Fremdeinfluss und Abhängigkeit im Aktienrecht: eine Neuorientierung zu den Grundlagen des Rechts der Verbundenen Unternehmen, Konstanz 1980.

Teubner, Gunther — „Verbund", „Verband" oder „Verkehr" – Zur Außenhaftung von Franchising-Systemen, in: ZHR 154 (1990), 295-324.

Theis, Gisela — Neue Konzernstrategien und einheitliche Leitung im faktischen Konzern, Stuttgart 1992, zugl. Diss. Kassel 1992.

Tietz, Bruno — Handbuch Franchising, 2. Auflage, Landsberg am Lech 1991.

Tietz, Bruno/ Mathieu, Günter — Das Franchising als Kooperationsmodell für den mittelständischen Groß- und Einzelhandel, FIW-Schriftenreihe, Heft 117, Köln u.a. 1986.

Timm, Wolfram — Grundfälle zum Konzernrecht, in: JuS 1999, 553-557, 656-659, 966-970.

Ulmer, Peter — Aktienrechtliche Beherrschung durch Leistungsaustauschbeziehungen, in: ZGR 1978, 457-475.

Ulmer, Peter — Fehlerhafte Unternehmensverträge im GmbH-Recht – Tragweite und Folgen des BGH-Beschlusses vom 24.10.1998, in: BB 1989, 10-19.

Ulmer, Peter — Grundstrukturen eines Personengesellschaftsrechts, in: Probleme des Konzernrechts: Symposium zum 80. Geburtstag von Wolfgang Schilling, Heidelberg 1989, S. 26-62.

Ulmer, Peter — Der Vertragshändler, München 1969.

Ulmer, Peter — Von „TBB" zu „Bremer Vulkan" – Revolution oder Evolution? – Zum Bestandsschutz der abhängigen GmbH gegen existenzgefährdende Eingriffe ihres Alleingesellschafters, in: ZIP 2001, 2021-2029.

Ulmer, Peter — „Wettbewerbbeschränkende Absprachen" im Rahmen von Unternehmenszusammenschlüssen, in WuW 1960, 163-173.

Ulmer, Peter/Brandner, Hans-Erich/Hensen, Horst-Diether/ Schmidt, Harry — AGB-Gesetz: Kommentar zum Gesetz zur Regelung des Rechts der Allgemeinen Geschäftsbedingungen, 9. Auflage, Köln 2000 (zitiert: Ulmer/Brandner/Hensen/*Bearbeiter*).

Veelken, Winfried Der Betriebsführungsvertrag im deutschen und amerikanischen Aktien- und Konzernrecht, Baden-Baden 1975, zugl. Diss. Bielefeld 1974.

Veil, Rüdiger Unternehmensverträge – Organisationsautonomie und Vermögensschutz im Recht der Aktiengesellschaft, Tübingen 2003.

Wank, Rolf Arbeitnehmer und Selbständige, München 1988.

Wank, Rolf Die „neue Selbständigkeit", in: DB 1992, 90-93.

Weber, Hansjörg „Franchising" - ein neuer Vertragstyp im Handelsrecht, in: JA 1983, 347-353.

Wellenhofer-Klein, Marina Zulieferverträge im Privat- und Wirtschaftsrecht, München 1999.

Weltrich, Ortwin Franchising im EG-Kartellrecht: eine kartellrechtliche Analyse nach Art. 85 EWGV, Köln u.a. 1992.

Weltrich, Ortwin Zur Abgrenzung von Franchise- und Arbeitsvertrag, in: DB 1988, 806-810.

Werner, Horst S. Der aktienrechtliche Abhängigkeitstatbestand: eine Untersuchung zu den Herrschaftsmöglichkeiten von Unternehmen über Unternehmen in den faktischen Konzernverbindungen, Göttingen 1979.

Westermann, Harm Peter Banken als Kreditgeber und Gesellschafter – Zur Entscheidungsfreiheit der Bank im Kreditgeschäft, in: ZIP 1982, 379-386.

Westermann, Harm Peter Haftungsrisiken eines „beherrschenden" GmbH-Gesellschafters, in: NZG 2002, 1129-1138.

Wiedemann, Herbert Die Unternehmensgruppe im Privatrecht: methodische und sachliche Probleme des deutschen Konzernrechts, Tübingen 1988.

Wiedemann, Herbert Verbandssouveränität und Außeneinfluß – Gedanken zur Errichtung eines Beirats in einer Personengesellschaft, in: Festschrift für Wolfgang Schilling, Berlin 1973, S. 105-124.

Wilhelm, Jan Zurück zur Durchgriffshaftung – das „KBV"-Urteil des II. Zivilsenats des BGH vom 24.6.2002, in: NJW 2003, 175-180.

Windbichler, Christine Betriebsführungsverträge zur Bindung kleiner Unternehmen an große Ketten – Zugleich zu BGH, Urt. v. 5.10.1981 – II ZR 203/80 und OLG München, Urt. v. 7.3.1986 – 23 U 1936/82, in: ZIP 1987, 825-829.

Wöhe, Günter/ Döring, Ulrich — Einführung in die Allgemeine Betriebswirtschaftslehre, 22. Auflage, München 2005 (zitiert: *Wöhe/Döring*, Betriebswirtschaftslehre).

Wöhe, Günter/ Bilstein, Jürgen — Grundzüge der Unternehmensfinanzierung, 9. Auflage, München 2002 (zitiert: *Wöhe/Bilstein*, Unternehmensfinanzierung).

Wolf, Manfred/ Horn, Norbert/ Lindacher, Walter F. — AGB-Gesetz: Gesetz zur Regelung des Rechts der Allgemeinen Geschäftsbedingungen, Kommentar, 4. Auflage, München 1999 (zitiert: Wolf/Horn/Lindacher/ *Bearbeiter*).

Würdinger, Hans — Aktien- und Konzernrecht, 3. Auflage, Karlsruhe 1973.

Würdinger, Hans — Betrachtungen zur Regelung der Konzernverfassung im Entwurf des Aktiengesetzes, in: DB 1958, 1447-1452.

Zirkel, Herbert — Das Verhältnis zwischen Zulieferer und Assembler – eine Vertragsart sui generis?, in: NJW 1990, 345-351.

Zöllner, Wolfgang — Inhalt und Wirkungen von Beherrschungsverträgen bei der GmbH, in: ZGR 1992, 173-202.

Zwecker, Kai-Thorsten — Inhaltskontrolle von Franchise-Verträgen: eine methodische Untersuchung zu den zivilrechtlichen Gestaltungsgrenzen von Franchise-Verträgen unter besonderer Berücksichtigung der institutionenökonomischen Analyse, Frankfurt am Main 2000, zugl. Diss. Marburg 2000.

Studien zum deutschen und europäischen Gesellschafts- und Wirtschaftsrecht

Herausgegeben von Ulrich Ehricke

Band 1 Detlef Laub: Die Nachgründung nach § 52 AktG als kapitalerhaltende Norm. Auswirkungen auf den Tatbestand und seine Anwendung nach dem Umwandlungsgesetz (UmwG). 2004.

Band 2 Michael Silvio Kusche: Die aktienrechtliche Zulässigkeit der Durchführung einer Due Diligence anlässlich eines Unternehmenskaufes. Mit Due Diligence-Checkliste für die Zielgesellschaft. 2005.

Band 3 Thomas Stephan Oldemanns: Vorratsgründung und Mantelverwendung – Alternativmöglichkeiten zum gesetzlichen Gründungsverfahren? 2005.

Band 4 Gunnar Isenberg: Die Geschäftsordnung für die Organe der Aktiengesellschaft. 2005.

Band 5 Anette Gärtner: Die Umsetzung der Verbrauchsgüterkaufrichtlinie in Deutschland und Großbritannien. 2006.

Band 6 Tobias Teufer: Alternative Beilegung privater Wettbewerbsstreitigkeiten. Kartellmediation, Kartellschiedsgerichtsbarkeit und Wettbewerbsvergleich im Spannungsfeld zwischen Privatautonomie und staatlicher Regelung. 2006.

Band 7 Axel Godron: Das Weisungsrecht des Franchisegebers unter besonderer Berücksichtigung eines Konzerncharakters von Franchisesystemen. 2006.

Band 8 Nadin Pia Sondermann: Die kartellrechtliche Beurteilung von Unterkostenpreisen marktmächtiger Unternehmen auf europäischer Ebene, im Vereinigten Königreich und in Deutschland. 2007.

Band 9 Anne Maria Arnold: Die erbrechtliche Nachfolge in der Partnerschaftsgesellschaft. Unter besonderer Berücksichtigung berufsrechtlicher Implikationen. 2006.

www.peterlang.de

Annette Froehlich

EU-Verordnung zum Schutz des Franchise-Nehmers

Grundzüge für eine europäische Verordnung zum Schutz des Franchise-Nehmers in der vorvertraglichen Aufklärungspflicht

Frankfurt am Main, Berlin, Bern, Bruxelles, New York, Oxford, Wien, 2004.
240 S.
Europäische Hochschulschriften: Reihe 2, Rechtswissenschaft. Bd. 4048
ISBN 3-631-53089-7 · br. € 42.50*

Die von der Wirtschaftspraxis angeregte Arbeit verfolgt ein wichtiges rechtspolitisches Anliegen. Ausgehend von bereits existierenden Gesetzen und der einschlägigen Rechtsprechung in den untersuchten europäischen Ländern werden die Grundzüge für eine einheitliche europäische Verordnung zum Schutz des Franchise-Nehmers im Rahmen der vorvertraglichen Aufklärungspflicht dargelegt. Europaweit sollen künftige Franchise-Nehmer in die Lage versetzt werden, Verpflichtungen aus Franchise-Verträgen erst nach voller Kenntnis der Sachlage einzugehen. Die Verfasserin hat sich eines aktuellen Themas angenommen und gelangt zu neuen wissenschaftlichen und für die Praxis wertvollen Erkenntnissen. Besonderes Gewicht liegt dabei auf der Vielzahl von pragmatischen Problemlösungen.

Aus dem Inhalt: Schuldner der vorvertraglichen Aufklärungspflicht · Informationsgehalt · Anforderungen an das franchise-spezifische Know-how · Notwendigkeit von Marktstudien und Pilotbetrieben · Datenberechnung und -übermittlung · Gegenseitige Mitwirkungspflichten · Betroffener schutzwürdiger Personenkreis · Zeitpunkt für das Erbringen der vorvertraglichen Aufklärungspflicht · Verpflichtung zur Geheimhaltung · Grundzüge für eine Europäische Verordnung zum Schutz des Franchise-Nehmers · Gesetzestexte und ihre deutschen Übersetzungen

Frankfurt am Main · Berlin · Bern · Bruxelles · New York · Oxford · Wien
Auslieferung: Verlag Peter Lang AG
Moosstr. 1, CH-2542 Pieterlen
Telefax 0041(0)32/3761727

*inklusive der in Deutschland gültigen Mehrwertsteuer
Preisänderungen vorbehalten

Homepage http://www.peterlang.de

Kolibri 360 GmbH
Ferdinand-Jühlke-Straße 7
99095 Erfurt, Deutschland
produktsicherheit@kolibri360.de

Druck:
CPI Druckdienstleistungen GmbH
im Auftrag der
Kolibri 360 GmbH
Ferdinand-Jühlke-Str. 7
99095 Erfurt